A GEOGRAFIA DA FELICIDADE

A Geografia da Felicidade

Uma viagem por quatro continentes para descobrir os segredos da alegria de viver

Eric Weiner

TRADUÇÃO DE
Andréa Rocha

EQUILÍBRIO

Título original
The geography of bliss

Adaptação da capa
Estúdio Insólito
Capa original: Roberto de Vic
Foto do autor: Chuck Berman

Copidesque
Carla Mühlhaus

Revisão
Taís Facina
Argemiro de Figueiredo

Produção editorial
Paulo Cesar Veiga

CIP-Brasil. Catalogação-na-fonte
Sindicato Nacional dos Editores de Livros, RJ.

W444g
Weiner, Eric
A geografia da felicidade / Eric Weiner; [tradução Andréa Rocha].
— Rio de Janeiro: Agir, 2009.

ISBN 978-85-220-0795-0

1. Weiner, Eric. 2. Viagens. I. Título.

CDD 910.4
08-5196 CDU 910.4

Uma empresa Ediouro Publicações Ltda.

Rua Nova Jerusalém, 345 – Bonsucesso
Rio de Janeiro, RJ – CEP 21042-235
Telefone (21)3882-8200 – Fax (21)3882-8212/8313
www.ediouro.com.br

Sumário

INTRODUÇÃO

Arrumei minhas malas e separei alguns suprimentos. Estava pronto para aventura. Assim, num fim de tarde de verão, arrastei meu relutante amigo Drew para juntos explorarmos novos mundos e — esta era minha esperança — encontrarmos alguma felicidade pelo caminho. Sempre acreditei que a felicidade está logo ali, virando a esquina. O segredo é encontrar a esquina certa.

Nossa jornada nem bem havia começado e Drew já se mostrava nervoso. Ele me implorou que voltássemos, mas insisti para continuarmos, impelido por uma curiosidade irresistível a respeito do que vinha pela frente. Perigo? Mágica? Precisava saber, e até hoje estou convencido de que alcançaria fosse lá o que estivesse tentando alcançar, se a polícia do condado de Baltimore não tivesse chegado à conclusão, precipitadamente, de que o acostamento de uma auto-estrada não era lugar para uma dupla de meninos de cinco anos de idade.

Algumas pessoas são infectadas pelo vírus das viagens. Outras já nascem com ele. Minha moléstia, vamos dizer assim, retrocedeu durante os muitos anos que se seguiram à minha frustrada expedição com Drew. E então ressurgiu com uma fúria renovada depois que eu já havia me formado. Desejava ardentemente conhecer o mundo, de preferência à custa de outra pessoa. Mas como? Não possuía qualquer habilidade que pudesse me render algum dinheiro, tinha um sentido de moralidade fora do comum e uma tendência à melancolia. Decidi tornar-me um jornalista.

Na função de correspondente internacional para a Rádio Pública Nacional, viajei para lugares como Iraque, Afeganistão e Indonésia: lugares tristes. Sob um determinado aspecto, isso fazia todo o sentido. Sem ter consciência disso, estava obedecendo à primeira regra do ofício da escrita: escreva sobre aquilo que você conhece. Assim, caderno na mão, gravador a tiracolo, percorri o mundo contando as histórias de pessoas melancólicas e tristes. A verdade é que as pessoas infelizes, vivendo em lugares extremamente tristes, rendem boas histórias. Elas inspiram páthos e mexem com os sentimentos mais profundos. Mas também podem marcar, na verdade, suas piores experiências.

E se por acaso, imaginei então, passasse um ano viajando ao redor do globo, não pelos já tão propalados pontos críticos, mas pelos pouco divulgados lugares felizes? Lugares que possuem, de sobra, um ou mais ingredientes que consideramos essenciais para um nutritivo ensopado de felicidade: dinheiro, prazer, espiritualidade, família e chocolate, entre outros. Pelo mundo todo, dúzias de "e se" apresentam-se todos os dias. E se você vivesse num país que fosse tão rico a ponto de ninguém precisar pagar impostos? E se você vivesse num país onde o fracasso *é* uma opção? E se você vivesse num país tão democrático que as pessoas votassem sete vezes por ano? E se você vivesse num país onde pensar em excesso fosse desestimulado? Você seria feliz então?

Era justo isso o que eu planejava descobrir e o resultado dessa temerária experiência é este livro que você tem agora nas mãos.

Nasci em 1963, o ano da Smiley Face. Foi quando um desenhista gráfico de Worcester, Massachusetts, de nome Harvey Ball, inventou o agora onipresente ícone amarelo da carinha sorridente. Originalmente, a criação de Ball foi concebida para alegrar as pessoas que trabalhavam, imagine só, numa companhia de seguros, mas desde então se tornou sinônimo do tipo de felicidade frívola tipicamente americana.

O ícone cordial de Ball nunca surtiu efeito em mim. Não sou uma pessoa feliz, nunca fui. Quando criança, meu personagem favorito na turma do Ursinho Puff (que atualmente se chama Pooh) era o pessimista Bisonho. E durante a maior parte da história da humanidade, eu teria sido considerado normal. A felicidade, nesta vida, nesta Terra, era um prêmio reservado aos deuses e alguns poucos afortunados. Hoje, entretanto, a felicidade não só é considerada algo que qualquer um pode alcançar, como é o que se espera que aconteça. Assim, eu e milhões de outros sofremos de uma enfermidade que é exclusiva da modernidade e que o historiador Darrin McMahon chama de "a infelicidade de não ser feliz". Não tem a menor graça.

Como muitos outros, eu me esforcei. Nunca conheci um livro de auto-ajuda do qual não tivesse gostado. Minha estante é um altíssimo e instável monumento à angústia existencial, abarrotada de livros a me dizerem que a felicidade se encontra dentro de mim, bem lá no fundo. Se não estou feliz, eles advertem, é porque não estou cavando fundo o suficiente.

Esse axioma do complexo industrial da auto-ajuda está tão profundamente enraizado que chega a ser auto-explicativo. Só há um problema: não é verdadeiro. A felicidade não está dentro de nós, mas lá fora. Ou, para ser mais preciso, a fronteira entre lá fora e aqui dentro não é tão nítida como pensamos.

O falecido filósofo britânico Alan Watts, numa de suas maravilhosas conferências a respeito da filosofia ocidental, usou esta analogia: "Se desenho um círculo, a maioria das pessoas, quando indagada a respeito do que desenhei, vai dizer que desenhei um círculo, um disco ou uma bola. Pouquíssimas pessoas vão dizer que desenhei um buraco na parede, porque a maioria pensa primeiro na parte de dentro, em vez de pensar na parte de fora. Na verdade, esses dois lados andam juntos — você não pode ter o que está 'aqui dentro' se não tem o que está 'lá fora.'"

Em outras palavras, o lugar onde estamos é vital para o que somos.

Por "onde", estou falando não apenas do nosso ambiente físico, mas também do nosso ambiente cultural. A cultura é o mar no qual nadamos — tão penetrante, tão absorvente, que acabamos não notando sua existência até que nos afastamos dela. E isso importa mais do que imaginamos.

Com nossas palavras, subconscientemente fundimos geografia e felicidade. Falamos de buscar felicidade, ou encontrar contentamento, como se essas fossem localizações num atlas, como se fossem lugares reais que poderíamos visitar se ao menos tivéssemos o mapa apropriado e os conhecimentos de navegação necessários. Qualquer um que tenha tirado umas férias, digamos, em alguma ilha no Caribe, e a quem tenha de repente ocorrido o indesejável pensamento "eu poderia ser feliz aqui" sabe o que eu quero dizer.

Escondido bem atrás da cortina, é claro, está aquele fascinante e escorregadio conceito conhecido como paraíso. Isso tem distraído os humanos já há algum tempo. Platão imaginou as Ilhas Bem-Aventuradas. Um lugar onde a felicidade fluía como as águas quentes do Mediterrâneo. Até o século XVIII, as pessoas acreditavam que o paraíso bíblico, o Jardim do Éden, era um lugar real. Tanto que a região aparecia em mapas — localizada, ironicamente, na confluência dos rios Tigre e Eufrates, onde se situa hoje o Iraque.

Os exploradores europeus se prepararam para as expedições em busca do paraíso aprendendo aramaico, a língua que era falada por Jesus. Eu parti em minha jornada, minha busca pelo paraíso, falando não o aramaico, mas uma outra língua obscura, a moderna liturgia da felicidade, falada pelos novos apóstolos da emergente ciência da felicidade. Pesquisei "emoção positiva" e "adaptação hedonista". Não carrego nenhuma Bíblia, apenas alguns guias de viagem *Lonely Planet* e uma convicção de que, como disse Henry Miller: "O destino de uma pessoa nunca é um lugar, mas uma nova maneira de ver as coisas."

E então, num dia tipicamente fumegante em Miami (o lugar que é para algumas pessoas o próprio conceito de paraíso), faço minhas malas e parto de casa naquela que sei ser a missão de um tolo, cada milímetro tão tola quanto aquela que tentei empreender como um peripatético menino de cinco anos. Como o autor Eric Hoffer disse: "A busca pela felicidade é uma das principais fontes de infelicidade." Tudo bem. Eu já sou infeliz. Não tenho nada a perder.

Capítulo 1

HOLANDA

A felicidade é um número

Gostar de observar os outros em atividades prazerosas faz parte da natureza humana. Isso explica a popularidade de dois tipos de negócio: a pornografia e os cafés. Os americanos se destacam no primeiro, mas os europeus saem-se melhor no segundo. A comida e o café propriamente dito são quase que irrelevantes. Certa vez ouvi falar de um café em Tel Aviv que prescindia totalmente de café e bebidas: o estabelecimento servia aos clientes xícaras e pratos vazios, sem, no entanto, deixar de cobrar deles dinheiro de verdade.

Os cafés são teatros onde o freguês não só é platéia, como faz parte do elenco. Descubro um desses cafés maravilhosos a apenas um quarteirão do meu hotel, no centro de Roterdã. O lugar é ao mesmo tempo amplo e aconchegante, requintado e decadente. O piso é bonito, de tábua corrida, mas, pelo jeito, não vê uma enceradeira faz tempo. É o tipo do estabelecimento em que você pode passar horas e horas bebericando apenas uma cerveja, e tenho a impressão de que é isso justamente o que muitas pessoas fazem por aqui.

Todos estão fumando, então decido aderir e acendo uma cigarrilha. Há alguma coisa no lugar que parece expandir o tempo e então passo a prestar atenção nos mínimos detalhes. Reparo numa mulher sentada em um dos bancos do bar, as pernas estendidas, apoiadas numa balaustrada próxima, de forma a criar uma pequena ponte levadiça, que ela suspende e abaixa à medida que as pessoas passam.

Peço para beber algo conhecido como cerveja trapista. Está quente. Em geral não gosto de cerveja quente, mas dessa eu gosto. Ao meu redor escuto a risada gostosa dos holandeses. Parece-me vagamente familiar, apesar de não conseguir entender bem por quê. Só então me dou conta de uma coisa. O holandês soa como o inglês falado de trás para frente. Sei disso porque já ouvi um bocado de inglês falado de trás para frente. Na era pré-digital, costumava editar fitas para minhas matérias da Rádio Pública Nacional num gravador de rolo do tamanho de um aparelho de TV. Isso invariavelmente significava ter de tocar trechos da fita de trás para frente. Sentado aqui neste café, com minha cigarrilha e minha cerveja trapista quente, fico imaginando se o holandês gravado e tocado de trás para frente soaria como inglês.

Como você já percebeu, sou um homem que tem tempo de sobra. Muito tempo. Mas este é justamente o sentido de um café europeu: deixar-se ficar completamente à vontade e sem culpa nenhuma. Não é à toa que em sua maioria os grandes filósofos são europeus. Eles vinham para os cafés e deixavam que suas mentes vagassem livres até que alguma escola filosófica radicalmente nova — o existencialismo, por exemplo — lhes viesse à cabeça num estalo. Mas não vim até aqui para inventar uma nova escola filosófica. Não exatamente. Estou empenhado naquilo a que os franceses chamam de *la chasse au bonheur*, a caça à felicidade.

Para ser mais específico, minha presa é um professor holandês de nome Ruut Veenhoven, o padrinho da pesquisa sobre felicidade. Veenhoven é o responsável por algo chamado de *World Database of Happiness*, ou Banco de Dados Mundial da Felicidade. Não, não estou brincando. Ele já reuniu, num único local, a totalidade do conhecimento humano sobre o que nos faz felizes, sobre o que não nos faz felizes e, o que me interessa em especial, sobre quais são os lugares mais felizes do mundo. Se de fato existe em algum lugar um mapa rodoviário da felicidade, um atlas do contentamento, então é Ruut Veenhoven quem será capaz de falar a respeito.

Relutante, deixo o café e tomo o caminho de volta ao hotel para jantar. Roterdã não é uma cidade bonita. É cinzenta e sem graça, com poucos pontos interessantes. No entanto, nota-se aqui uma mistura de holandeses e imigrantes, muitos deles muçulmanos, que leva a justaposições bem interessantes. A *sex shop* Cleopatra, cuja vitrine consiste em uma fauna de pênis artificiais enormes e assustadoramente reais, fica a apenas um quarteirão do Centro Islâmico Paquistanês. A certa altura sinto cheiro de maconha, o perfumado aroma da tolerância holandesa. Dois quarteirões depois, vejo um homem empoleirado numa escada, pendurando um tamanco amarelo gigantesco na fachada de uma loja, enquanto mais abaixo dois homens que julgo serem do Oriente Médio se cumprimentam com duas beijocas simétricas no rosto. Não sei bem de onde eles são, mas alguns dos imigrantes aqui vêm de países onde o consumo de álcool é proibido e as mulheres se cobrem dos pés à cabeça. No lar que eles adotaram, não só o álcool é liberado como a maconha também é legal — assim como a prostituição.

A sala de jantar do hotel é pequena, bem acolhedora. Os holandeses sabem criar ambientes aconchegantes. Escolho a sopa de aspargos. Está gostosa. O garçom recolhe minha tigela e então diz:

— Talvez agora o senhor queira alguma acompanhante.

— O que foi que o senhor disse?

— Acompanhante. O senhor tem direito a uma acompanhante.

Uau, como esses holandeses são permissivos, pensei, antes de me dar conta de que ele estava se referindo ao acompanhamento, algo para acompanhar a refeição.

— Sim — respondo aliviado. — Seria ótimo.

Gosto bastante disso, dessa experiência de um jantar sem pressa, bem ali na sala de jantar do Hotel van Walsum. Dou um gole na minha cerveja, fico com o olhar perdido, e, de um modo geral, não faço nada — até que o garçom traz o meu salmão grelhado, indicando que, por ora, meu acompanhamento terminou.

Pela manhã, pego o metrô até meu Santo Graal: o *World Database of Happiness*, ou WDH. Não costumo associar as palavras "felicidade" e "banco de dados", mas isso aqui é diferente. O *World Database of Happiness* é a resposta dos secularistas ao Vaticano, à Meca, à Jerusalém e à Lhasa, tudo num único pacote. Aqui você pode, com um clique do mouse, acessar os segredos da felicidade. Segredos baseados não apenas em revelações efêmeras feitas em algum deserto remoto, mas em ciência moderna; segredos gravados não em pergaminho, mas em discos rígidos; escritos não em aramaico, mas na língua dos nossos tempos, o código binário.

Caminho alguns blocos a partir da estação de metrô e logo me decepciono. O campus universitário que abriga o WDH mais parece um complexo de escritórios do subúrbio do que um núcleo de felicidade, o repositório do conhecimento da humanidade a respeito do que é ser feliz. Faço o possível para me livrar dessa impressão. Afinal de contas, o que é que eu esperava? O Mágico de Oz? Willy Wonka e os Oompa Loompas correndo de um lado para o outro e gritando em estado de êxtase: "Conseguimos, conseguimos, descobrimos o segredo da felicidade?" Não, acho que não, mas andava esperando algo menos esterilizado. Mais feliz e com menos números.

Sigo por um corredor que não tem nada de especial e bato numa porta menos especial ainda. Um homem com um sotaque holandês grita para que eu entre. Ali está ele. O dr. Bem-estar em pessoa. Ruut Veenhoven é um homem que tem um ótimo aspecto e deve ter pouco mais de 60 anos. Tem uma barba mesclada de fios brancos e olhos elétricos e brilhantes. Ele está todo de preto — preto estiloso, não preto mórbido. Tenho a impressão de que já o vi antes, até que descubro por quê: Veenhoven é uma versão holandesa de Robin Williams, com a mesma energia e um sorriso ligeiramente malicioso. Ele salta de sua cadeira e me estende a mão e um cartão de visita onde se lê: "Ruut Veenhoven, Professor de Estudos da Felicidade."

O escritório dele é como o de qualquer professor: livros e papéis por toda parte. Nem é assim tão bagunçado, mas também não está entre os escritórios mais organizados que já vi. Noto a ausência ostensiva de qualquer uma daquelas carinhas amarelas e sorridentes. Veenhoven me serve uma xícara de chá verde. Depois fica em silêncio e espera que eu fale.

Como jornalista conduzi centenas de entrevistas. Conversei com reis, presidentes, primeiros-ministros, sem mencionar chefes de organizações terroristas como o Hezbollah. No entanto, sentado aqui, diante deste gentil professor holandês que se parece com Robin Williams, estou sem saber o que dizer. Um lado meu, o lado que anseia desesperadamente por paz de espírito, quer gritar: "Dr. Veenhoven, o senhor fez os cálculos, o senhor estudou a felicidade durante toda a sua vida profissional; por favor, conte para mim. Qual é a maldita fórmula para a felicidade?"

Mas não é isso o que falo. Não posso jogar para o alto anos e anos de experiência profissional, aquela que me diz para manter um distanciamento do meu assunto e nunca, jamais, revelar coisas demais a meu respeito. Sinto-me como o policial que está de folga e sai para jantar com a família, mas não consegue parar de vigiar o restaurante em busca de potenciais atiradores.

Assim, em vez de desafogar minha alma, recorro a um velho truque empregado por jornalistas em entrevistas e por mulheres que querem quebrar o gelo durante um encontro amoroso. "Dr. Veenhoven", digo finalmente, "fale-me a seu respeito. Como foi que o senhor começou a trabalhar com a questão da felicidade?"

Veenhoven reclina-se em sua cadeira, feliz em poder ser útil. Ele atingiu a maioridade na década de 1960. No campus da sua faculdade, todo mundo fumava maconha, usava camiseta com a imagem de Che Guevara e falava sobre a sociedade justa. Veenhoven também fumava muita maconha, mas não usava camisetas do Che; e quanto àquelas "sociedades justas", em países do bloco oriental, a opinião dele era a de que deixavam a desejar. Em vez de julgar uma sociedade por seu sistema, ele pensou, por que não julgá-la por seus resultados? Seus cidadãos eram felizes? O herói de Veenhoven não era Che Guevara, mas sim um advogado britânico do século XIX sem muito traquejo social, chamado Jeremy Bentham. Bentham ficou famoso por difundir o princípio utilitário "mais felicidade para o maior número de pessoas". Veenhoven teria de bom grado vestido uma camiseta com o retrato de Jeremy Bentham, caso ela tivesse existido.

Veenhoven estudava sociologia — um campo de estudos que, naquele tempo, significava o estudo apenas das sociedades doentes, as disfuncionais. Sua disciplina irmã, a psicologia, estudava mentes doentes. Mas não o jovem Ruut. Ele estava interessado em mentes sadias e em lugares felizes. Um dia, um pouco tímido, mas, ainda assim, determinado, Veenhoven bateu à porta de seu orientador e perguntou se poderia, por favor, estudar a felicidade. O orientador, um homem sério, de credenciais acadêmicas de respeito, disse a ele, em termos inequívocos, que calasse a boca e nunca mais mencionasse aquela palavra outra vez. Felicidade não era um assunto sério.

Mesmo repreendido, Veenhoven foi embora se sentindo, lá no fundo, satisfeito. Ele sabia que havia farejado algo. Pelo mundo afora, cientistas sociais acordavam para uma nova disciplina: estudos da felicidade. Hoje, Veenhoven está na vanguarda de um campo que gera centenas de artigos acadêmicos a cada ano. Existem conferências sobre felicidade e publicações como o *Journal of Happiness Studies*, editado por Veenhoven. Alunos da universidade de pós-graduação de Clermont, na Califórnia, podem agora fazer um mestrado ou um doutorado na área da psicologia positiva — mais exatamente, em felicidade.

Alguns dos colegas ainda acham que seu antigo orientador tinha razão, que o estudo da felicidade é um equívoco, uma bobagem. Mas eles não podem ignorar Veenhoven. Sua pesquisa está aí: é citada em publicações especializadas, o que no mundo acadêmico quer dizer que ela tem importância.

Refletir sobre a felicidade, é claro, não é novidade. Gregos e romanos na

Antigüidade fizeram muito isso. Aristóteles, Platão, Epicuro e outros se debruçaram sobre questões eternas como o que é uma boa vida e se prazer e felicidade são ou não a mesma coisa.

Mais tarde, outros se uniram aos gregos e romanos. Eram homens de pele clara, vindos de terras mais ao norte, que passaram uma quantidade absurda de tempo em cafés, contemplando os dilemas inextricáveis da vida. Homens como Kant, Schopenhauer, Mill, Nietzsche e, mais adiante, Larry David. Eles, da mesma forma, tiveram muito o que dizer a respeito da felicidade.

E então há a religião. O que é a religião senão um guia para a felicidade, para o contentamento? Cada religião instrui seus seguidores a respeito dos caminhos para alcançar a felicidade, seja nesta vida ou na próxima, através da submissão, meditação, devoção, ou, no caso da fé judaica ou católica, da culpa.

Tudo isso pode ter sido útil, até mesmo esclarecedor, mas não era ciência. Eram opiniões a respeito da felicidade. Opiniões instruídas, sem dúvida, mas ainda assim opiniões, e nos dias de hoje nós não temos muita consideração por opiniões, a não ser pelas nossas próprias e, mesmo assim, nem sempre. O que a gente respeita, aquilo em que a gente realmente presta atenção, é ciência para valer. Acima de tudo, gostamos de um bom estudo. Jornalistas já sabem que a melhor maneira de chamar a atenção das pessoas é começar um texto com estas quatro palavrinhas: "Um novo estudo revelou." Pouco importa o que vem depois. Um novo estudo revelou que vinho tinto faz bem/mata. Um novo estudo revelou que dever de casa embota o cérebro/expande o cérebro. Costumamos gostar em especial daqueles estudos que emprestam credibilidade às nossas idiossincrasias, como: "Um novo estudo revelou que as pessoas que têm a mesa bagunçada são mais inteligentes." Sim, se essa nova ciência da felicidade era para ser levada a sério, precisava de estudos. Mas, antes de mais nada, precisava de vocabulário. Um jargão sério. A palavra "felicidade" não funcionaria. Soaria muito frívola, de fácil compreensão. Isso era um problema. Foi aí que os cientistas sociais apareceram com esta pérola: "bem-estar subjetivo". Perfeito. Não apenas era polissilábico e quase indecifrável para leigos, mas também podia ser condensado numa redução ainda mais obscura: SWB, que corresponde, em inglês, a *subjective well-being*, bem-estar subjetivo. Até os dias de hoje, quem quiser ter acesso às pesquisas acadêmicas mais recentes a respeito de felicidade precisa digitar no Google "SWB", e não "felicidade". Em seguida surgiram outras peças no quebra-cabeça do jargão. "Emoções positivas" é quando algo é agradável; "emoções negativas" é — você adivinhou — quando algo é desagradável.

Em seguida, a nova ciência da felicidade precisava de dados. Números. Porque, afinal, o que é ciência a não ser números, de preferência extensos e com muitas vírgulas? E como é que os cientistas chegam a esses números? Eles medem as coisas.

Oh, não. Uma tremenda barreira na estrada para o estudo da felicidade. Como é possível medir felicidade? A felicidade é um sentimento, um estado de espírito, um humor, uma perspectiva sobre a vida. A felicidade não pode ser medida.

Ou pode? Neurocientistas da Universidade de Iowa identificaram as regiões do cérebro associadas aos bons e maus humores. Eles fizeram isso conectando os participantes da pesquisa (estudantes universitários em busca de dinheiro rápido) a aparelhos de ressonância magnética e mostrando a eles uma série de imagens. Quando as imagens são agradáveis — paisagens bucólicas, brincadeiras entre golfinhos — partes do lobo pré-frontal são ativadas. Quando eles mostram imagens desagradáveis — um pássaro coberto de óleo, um soldado morto com o rosto dilacerado — são as regiões mais primitivas do cérebro que se iluminam. Sentimentos felizes, em outras palavras, se inscrevem nas regiões do cérebro que se desenvolveram mais recentemente. Isso suscita uma questão intrigante: Estaríamos nós, em termos evolucionários, pendendo em direção à felicidade?

Pesquisadores andaram experimentando ainda outras maneiras de medir a felicidade: hormônios do estresse, atividade cardíaca e algo chamado "codificação da atividade facial", que consiste em, por exemplo, contar quantas vezes sorrimos. Todas essas técnicas são promissoras, e, de fato, um dia talvez os cientistas sejam capazes de "medir a sua felicidade" da mesma maneira que um médico hoje mede a sua temperatura.

Acontece, entretanto, que a principal forma usada pelos pesquisadores para medir felicidade se constitui numa técnica de menor sofisticação tecnológica e, pensando bem, bastante óbvia. Eles simplesmente perguntam às pessoas o quanto elas são felizes. Verdade. "Levando em conta todos os aspectos da sua vida, o quão feliz você diria que é hoje em dia?" Essa é, mais ou menos, a pergunta que pesquisadores têm feito às pessoas em todo o mundo, há 40 anos ou mais.

Ruut Veenhoven e seus colegas alegam que as respostas são extraordinariamente precisas. "Você pode ter uma doença e não saber disso", Veenhoven me diz, "mas você não pode ser feliz e não saber disso. Por definição, se você é, você sabe que é."

Pode ser, mas a capacidade que o homem tem de se auto-iludir não deve ser subestimada. Será que somos mesmo capazes de aferir nossa própria felicidade? Houve um momento, por exemplo, quando eu tinha 17 anos de idade, em que achei que era mesmo feliz, completamente satisfeito, sem qualquer preocupação no mundo. Em retrospecto, o que aconteceu foi que naquela época eu vivia chapado. Também havia cerveja nessa história.

Eis mais um redutor de velocidade na estrada para a felicidade. Pessoas diferentes definem felicidade de maneiras diferentes. Sua idéia de felicidade pode não ser a mesma que a minha. Minha definição favorita de felicidade originou-se na mente de um homem infeliz chamado Noah Webster. Quando escreveu o primeiro dicionário americano, em 1825, Webster definiu felicidade como "as sensações agradáveis que derivam da apreciação do bem". Isso diz tudo. A definição tem "sensações agradáveis", a noção de que a felicidade é um sentimento. Os hedonistas iriam ao delírio com isso. Tem "apreciação", o que significa que a felicidade é mais do que puro prazer animal. E apreciação do quê? Do "bem", uma palavra que Webster deveria ter escrito com letra maiúscula. O Bem. Queremos nos sentir bem, mas pelas razões certas. Aristóteles teria aprovado isso. A felicidade "é uma atividade virtuosa da alma", ele disse. Uma vida virtuosa, em outras palavras, é uma vida feliz.

Nós humanos somos criaturas dos últimos cinco minutos. Num determinado estudo, pessoas que achavam uma moeda de dez centavos na calçada minutos antes de serem inquiridas a respeito da questão da felicidade apresentavam níveis mais elevados de satisfação com suas vidas do que aquelas que não haviam encontrado a moeda. Pesquisadores tentaram contornar essa particularidade da psique humana através de algo chamado método de amostragem de experiência. Eles ataram aos participantes da pesquisa pequenos dispositivos parecidos com Palm Pilots e então enviaram bipes, mais ou menos umas 12 vezes por dia. Você está feliz agora? E agora? Aqui, entretanto, o princípio de Heisenberg prevalece.

O mero fato de se observar uma coisa altera esta coisa. Em outras palavras, todos esses bipes podem afetar a felicidade do sujeito pesquisado.

Além disso, a maior parte das pessoas gosta de mostrar uma cara feliz para o mundo. Isso explica por que as pessoas tendem a apresentar níveis de felicidade mais altos quando são questionadas em entrevistas presenciais do que em entrevistas realizadas por e-mail. E mais: se o entrevistador for uma pessoa do sexo oposto, apresentaremos níveis ainda mais altos de felicidade. Instintivamente sabemos que ser feliz é *sexy*.

Pesquisadores da felicidade, entretanto, se apressam em defender seu trabalho. Alegam, por exemplo, que o tempo passa e as respostas se mantêm coerentes. Sem contar que são confirmadas por intermédio de amigos e familiares. "Por acaso o Joe lhe parece uma pessoa feliz?" O que se constata é que essas avaliações externas tendem a estar de acordo com o grau de felicidade que percebemos em nós mesmos. Além do mais, se os cientistas medem QI e atitudes dirigidas a assuntos como racismo, o que também é muito subjetivo, por que não poderiam medir a felicidade? Ou como afirma Mihály Csíkszentmihalyi, um gigante no campo dos estudos da felicidade: "Quando uma pessoa diz que é 'bem feliz' não temos o direito de ignorar sua declaração, ou de interpretá-la como se significasse o oposto."

Então tá. Admitindo-se que esses estudos sobre a felicidade sejam razoavelmente acurados, o que foi que eles descobriram? Quem são as pessoas felizes? E como posso me juntar a elas? É aí que entram Ruut Veenhoven e seu banco de dados.

Veenhoven me leva até uma sala que é tão sem nada de especial e sem alma como o resto do campus. Lá dentro encontra-se uma fileira de meia dúzia de computadores. Eles são tripulados pela pequena equipe do WDH, em sua maior parte composta de voluntários, e nenhum deles parece especialmente feliz. Faço vista grossa para essa incoerência. Afinal, até mesmo um médico que esteja acima do peso pode ter bons conselhos a respeito de exercícios e dietas.

Preciso de uma pausa para assimilar o momento. Nesses computadores, bem na minha frente, encontra-se todo o conhecimento humano acumulado sobre felicidade. Depois de praticamente ignorar o assunto por décadas, cientistas sociais estão agora tentando recuperar o tempo perdido, produzindo um volume enorme de artigos acadêmicos num ritmo prodigioso. A felicidade, poderia se dizer, é agora o que foi antes a tristeza.

As descobertas das pesquisas ora são óbvias, ora desafiam a intuição. São às vezes esperadas, às vezes surpreendentes. Em muitos casos, confirmam os grandes pensadores de séculos passados, como os gregos da Antigüidade. Aqui estão algumas dessas descobertas, sem qualquer ordenação específica.

As pessoas extrovertidas são mais felizes do que as introvertidas; as otimistas são mais felizes do que as pessimistas; as pessoas casadas são mais felizes do que as solteiras (mas os casais com filhos não são mais felizes do que os sem filhos); republicanos são mais felizes do que democratas; pessoas que freqüentam cultos religiosos são mais felizes do que aquelas que não o fazem; pessoas que têm diploma de curso superior são mais felizes do que aquelas que não têm, embora aqueles com títulos acadêmicos avançados sejam menos felizes do que os que têm apenas um diploma de graduação; pessoas que têm vida sexual ativa são mais felizes do que aquelas que não têm; homens e mulheres são igualmente felizes, apesar das mulheres terem um aspecto emocional mais amplo; ter uma relação extraconjugal pode fazer uma pessoa mais feliz, mas não vai compensar a grande perda de felicidade a qual ela vai estar sujeita quando o seu cônjuge descobrir a traição e lhe abandonar; as pessoas são menos felizes enquanto se deslocam para o trabalho; pessoas ocupadas são mais felizes do que aquelas que não têm muito o que fazer; as pessoas ricas são mais felizes do que as pobres, mas só um pouco mais felizes.

O que fazer com essas descobertas? Casar, mas não ter filhos? Passar a freqüentar a igreja regularmente? Abandonar aquele programa de doutorado? Calma. Cientistas sociais dão um duro danado para elucidar o que eles chamam de "causalidade reversa" e o que nós mortais chamamos de o dilema do ovo e da galinha. Por exemplo, pessoas saudáveis são mais felizes do que as adoentadas; ou será que as pessoas felizes tendem a ser mais saudáveis? Pessoas casadas são felizes; ou, quem sabe, as pessoas mais felizes têm mais probabilidade de se casar? Difícil dizer. A causalidade reversa é o diabrete travesso de muitos projetos de pesquisa.

O que eu quero mesmo saber, entretanto, não é quem são as pessoas felizes, mas onde elas o são — e por quê. Quando o indago a respeito disso, Veenhoven suspira e me serve mais uma xícara de chá. Nesse ponto os cálculos se tornam espinhosos. Será que realmente podemos afirmar quais os países e povos mais felizes? Teria a minha busca pelos países mais felizes do mundo acabado antes de começar?

Todas as culturas têm uma palavra para felicidade e algumas têm muitas. Mas será que a palavra inglesa *happiness* significa a mesma coisa que a francesa *bonheur*, ou a espanhola *felicidad*, ou a árabe *sahaada*? Em outras palavras, será que felicidade tem tradução? Há algumas evidências de que a resposta seja sim. Os suíços apresentam níveis iguais de felicidade, sejam as pesquisas realizadas em francês, alemão ou italiano, as três principais línguas do país.

Todas as culturas prezam a felicidade, mas não com a mesma intensidade. Países do leste asiático tendem a dar ênfase à harmonia e ao cumprimento de obrigações sociais, mais do que ao contentamento individual; talvez não por coincidência esses países também apresentem níveis baixos de felicidade, o que tem sido chamado de Falha na Felicidade do Leste Asiático, que para mim soa mais como algum tipo de Grand Canyon chinês. Depois existe o "viés do desejo de aceitação social". A preocupação aqui é que as pessoas não respondam às pesquisas sobre felicidade com sinceridade, mas da maneira que seria aprovada por suas sociedades. Os japoneses, por exemplo, são famosos pela discrição, temerosos de se tornarem o proverbial prego que se destaca e leva a martelada. A felicidade deles não é proporcional ao seu nível de prosperidade. Morei no Japão durante anos e nunca me acostumei à imagem das mulheres japonesas cobrindo a boca quando riam ou sorriam, como se tivessem vergonha da própria alegria.

Nós americanos, por outro lado, anunciamos nossa felicidade aos quatro ventos e, no máximo, ficamos culpados de exagerar nosso contentamento com a intenção de impressionar. Aqui está o que uma polonesa que vive nos Estados Unidos disse à escritora Laura Klos Sokol a respeito dos americanos: "Quando americanos dizem que foi ótimo, sei que foi bom. Quando dizem que foi bom, sei que foi O.k. Quando dizem que foi O.k., sei que foi ruim."

Isso não vai ser fácil. O atlas da felicidade, se é que existe um, não é lá muito legível. É como aquele mapa todo amarrotado que fica no seu porta-luvas. Mas eu estava determinado a seguir abrindo caminho, convencido de que, se por um lado não somos capazes de diferenciar gradações sutis de felicidade entre países, certamente podemos dizer que alguns países são mais felizes que outros.

Veenhoven me dá total acesso a seu banco de dados e me deseja sorte, mas antes disso me previne:

— Você poderá não gostar do que vai descobrir.

— O que o senhor quer dizer com isso?

Os lugares mais felizes, ele explica, não necessariamente se encaixam em nossas previsões. Alguns dos países mais felizes do mundo — Islândia e Dinamarca, por exemplo — são homogêneos, derrubando a crença americana de que há força e felicidade na diversidade. Veenhoven também se tornou muito impopular entre seus amigos sociólogos quando descobriu que a distribuição de renda não é prognóstico de felicidade. Países com amplas disparidades entre ricos e pobres não são menos felizes do que países onde a riqueza é distribuída com mais igualdade. Às vezes são até mais felizes.

— Meus colegas não estão achando graça — diz Veenhoven. — Aqui no departamento de sociologia, a desigualdade é um negócio e tanto. Carreiras inteiras foram construídas com base nela.

Educadamente aceito seu conselho, mas acho que ele pode estar exagerando a respeito dos perigos que devo encontrar pela frente. Bem, ele não está. Procurar pelos lugares mais felizes do mundo pode derrubar qualquer um — ou ao menos render uma dor de cabeça lancinante. A cada clique do mouse vou me deparando com mistérios e aparentes contradições. Exemplo: muitos dos países mais felizes do mundo também apresentam uma taxa alta de suicídios. Ou: pessoas que freqüentam cultos religiosos revelam-se mais felizes do que aquelas que não têm esse hábito, mas as nações mais felizes são seculares. E, oh, os Estados Unidos, o país mais rico, mais poderoso do mundo, não é a superpotência da felicidade. Muitas outras nações são mais felizes do que nós.

Meus dias em Roterdã engrenam numa agradável rotina. Tomo café-da-manhã no hotel e pego o metrô até o *World Database of Happiness*, o nosso Banco de Estudos da Felicidade. Lá, examino com atenção os artigos científicos e os dados, em busca do meu arisco atlas da felicidade. À noite, vou até meu café (nunca consigo gravar o nome do lugar), onde bebo cerveja quente, fumo cigarrilhas e reflito sobre a natureza da felicidade. É uma rotina que envolve bastante contemplação, quantias moderadas de substâncias tóxicas e muito pouco trabalho de verdade. Trata-se, em outras palavras, de uma rotina bastante européia. Estou me tornando um nativo.

Não sei por que, decido começar pelo degrau mais baixo da escada da felicidade e depois ir subindo. Quais são os países menos felizes? Como era de se esperar, muitas nações africanas caem nessa categoria. Tanzânia, Ruanda e Zimbábue estão lado a lado, bem no fundo do poço da felicidade. Alguns poucos países africanos, tais como Gana, conseguem alcançar níveis moderados de felicidade, mas isso é tudo. As razões parecem óbvias. Pobreza extrema não leva à felicidade. O mito do nobre e feliz selvagem é apenas isso: um mito. Se nossas necessidades básicas não forem atendidas, é provável que não sejamos felizes.

Curiosamente, encontro um outro lote de nações emperradas na parte mais baixa do espectro da felicidade: as antigas repúblicas soviéticas — Belarus, Moldávia, Ucrânia, Usbequistão e mais uma dúzia delas.

Seriam as democracias mais felizes do que as ditaduras? Nem sempre. Muitas dessas antigas repúblicas soviéticas são quase-democracias. De certo que são mais livres agora do que nos tempos soviéticos, no entanto, seus níveis de felicidade diminuíram desde o colapso da União Soviética. Ron Inglehart, um professor na Universidade de Michigan, passou a maior parte de sua carreira estudando a relação entre democracia e felicidade. Ele acredita que a causalidade corre na direção inversa: democracias não promovem felicidade, mas lugares felizes têm mais probabilidade de serem democráticos — o que, é claro, não é um bom presságio para o Iraque.

E o que dizer dos lugares quentes e ensolarados, aqueles paraísos tropicais que costumamos associar à felicidade e onde gastamos um bom dinheiro para passar as férias? O que acontece é que esses lugares não são tão felizes assim. Fiji, Tahiti, Bahamas — todos se localizam nas latitudes medianas da felicidade. Os países felizes tendem a ser aqueles localizados em climas temperados, e alguns dos mais felizes — a Islândia, por exemplo — são absolutamente frios.

É difícil de acreditar, mas a maior parte das pessoas no mundo se diz feliz. Quase todos os países do mundo apresentam um resultado de algo em torno de cinco ou oito numa escala de zero a dez. Existem algumas exceções: os taciturnos moldávios com regularidade alcançam em torno de 4,5, e por um breve período, em 1962, os cidadãos da República Dominicana foram capazes de alcançar apenas 1,6, o menor nível de felicidade jamais observado em todo o planeta. Mas, como já disse, essas são raras exceções. A maior parte do mundo é feliz.

Por que é que isso soa tão surpreendente? Na minha opinião, dois tipos de pessoas podem ser responsabilizadas: jornalistas e filósofos. A mídia, da qual sou um membro culpável, em geral transmite apenas notícias ruins: guerras, fome, a última implosão de um casal hollywoodiano. Não pretendo com isso subestimar os problemas do mundo e Deus sabe como tenho vivido bem à custa do meu trabalho como jornalista, mas nós da imprensa de fato pintamos um quadro distorcido da realidade.

Os filósofos, entretanto, são os verdadeiros culpados — os branquelos meditabundos da Europa. Todos costumavam vestir-se só de preto, fumar à beça e ter dificuldades para arranjar encontros. Então, sozinhos, freqüentaram cafés, refletiram sobre o universo e — surpresa! — chegaram à conclusão de que se trata de um lugar infeliz. É claro que é. Quer dizer, se você por acaso é um branquelo, meditabundo e solitário. As pessoas felizes, digamos, da Heidelberg do século XVIII, estavam ocupadas sendo felizes, e não escrevendo longas e confusas diatribes destinadas a torturar algum estudante universitário em Bloomington, ainda nem nascido naquele tempo, e que precisa passar na cadeira de introdução à filosofia para poder se formar.

O pior de todos foi Freud. Apesar de não ter sido tecnicamente um filósofo meditabundo, Freud em muito contribuiu para moldar a maneira como encaramos a felicidade. Certa vez ele disse: "A intenção de que o homem seja 'feliz' não está no plano da 'Criação'." Essa é uma afirmação digna de nota, ainda por cima porque vem de um homem cujas idéias estabeleceram as bases do nosso sistema de saúde mental. Imagine se na Viena da virada do século algum médico tivesse declarado: "A intenção de que o homem tenha um corpo saudável não se acha incluída no plano da Criação." Nós provavelmente o prenderíamos, ou pelo menos caçaríamos seu diploma. E com certeza não basearíamos todo o nosso sistema médico nas idéias dele. No entanto, foi justamente isso o que fizemos com Freud.

E ainda assim, as pessoas em sua maioria são felizes? Isso não faz muito sentido para mim. Sou uma pessoa e não sou particularmente feliz. O que me levou a pensar: onde foi que caí na constelação dos dados de felicidade de Veenhoven? Se eu for sincero, e é melhor que o seja, já que estou me dando ao trabalho de escrever isso, diria que estou no nível seis da escala. Isso me faz bem menos feliz do que meus camaradas americanos, mas de acordo com o WDH eu me sentiria em casa na Croácia.

Estou inclinado a concordar com a lingüista e companheira de rabugice, Anna Wierzbicka que, ao ser confrontada com a mesma alegação de que a maior parte das pessoas é razoavelmente feliz, reagiu com uma pergunta simples: "*Quem* são essas pessoas ditas felizes?"

É verdade, quem são elas, afinal de contas? A essa altura, a minha cabeça dói. Será que embarquei numa missão furada para encontrar os lugares mais felizes do mundo? Então noto que um país em especial apresenta, sistematicamente, um escore alto na escala da felicidade. Não vem a ser o número um do ranking, mas está muito perto disso. Esse país, por acaso, vem a ser o país em que me encontro neste exato momento.

Volto para o meu café, peço uma cerveja e fico refletindo a respeito da felicidade holandesa. Por que deveria a Holanda, um país plano e sem nada de excepcional, ser tão feliz?

Bem, para início de conversa, os holandeses são europeus e isso significa que eles não precisam se preocupar com seu seguro de saúde ou com seu trabalho. O Estado tomará conta deles. Eles têm zilhões de semanas de férias a cada ano e, na condição de europeus, também têm direito, sem qualquer custo adicional, a uma atitude vagamente superior em relação aos americanos. Fico imaginando, enquanto dou uns goles na minha cerveja trapista, se presunção leva à felicidade. Não. Deve haver alguma outra coisa.

Tolerância! Esta sim é que é a nação cujo lema na bandeira deveria ser "não mexa comigo", como a frase que se lê nas primeiras bandeiras americanas (em inglês *don't tread on me).* Uma nação onde, aparentemente, os adultos estão fora da cidade e os adolescentes assumiram o comando. E não estamos falando somente dos finais de semana.

Os holandeses são capazes de tolerar qualquer coisa, inclusive a intolerância. Nas últimas décadas eles receberam, de braços abertos, imigrantes de todo o mundo, incluindo aqueles vindos de nações que não toleram coisas como liberdade religiosa e mulheres que trabalham, dirigem ou mostram seus rostos. É verdade que a tolerância holandesa tem um preço, como deixou claro o assassinato do cineasta Theo van Gogh por um muçulmano extremista. Mas a pesquisa de Veenhoven mostra que as pessoas tolerantes tendem a ser felizes.

Que cara tem a tolerância holandesa no dia-a-dia? Três coisas vêm à mente: drogas, prostituição e ciclismo. Na Holanda, todas as três atividades são legais. Todas as três podem levar à felicidade, desde que certas precauções sejam tomadas. Usar capacete ao andar de bicicleta, por exemplo.

Eu precisava investigar uma dessas atividades de perto, a fim de chegar ao âmago da felicidade holandesa. Mas qual delas? Não há dúvida de que o ciclismo vale a pena e Deus sabe como os holandeses amam suas bicicletas, mas estava um tanto frio do lado de fora, frio demais para sair pedalando por aí. Prostituição? Em geral essa atividade não é realizada ao ar livre, então as condições atmosféricas, ao menos, não seriam um obstáculo. E a prostituição claramente é uma atividade que faz algumas pessoas felizes. Mas havia a questão da minha mulher. Ela tem apoiado minha pesquisa sobre felicidade até um limite, e algo me diz que contratar os serviços de uma prostituta holandesa extrapolaria esse limite.

Então, as drogas são a pedida. Drogas leves, como maconha e haxixe, são legais na Holanda. São servidas em cafés, que de cafés não têm nada. São bocas-de-fumo, na verdade. É que "café" soa melhor do que "boca-de-fumo".

Mas qual delas devo experimentar? São tantas as opções. Em Roterdã, a impressão que se tem é a de que a cada três ou quatro fachadas de loja uma é um "café". Sinto-me atraído por um chamado Sky High (nas nuvens), mas o nome me parece muito... óbvio. Outros soam muito moderninhos. Não curto um barato desde o meu primeiro ano da faculdade. Não quero dar vexame.

Afinal encontro o lugar. O Alpha Blondie Café. É perfeito. Além do nome irresistível, como o do célebre cantor de *reggae* africano, o Alpha Blondie também oferece ventilação, uma janela aberta, o que representa uma vantagem inegável. Toco a campainha e depois subo uma escada estreita. Lá dentro há uma mesa de totó (ou pebolim, como também é conhecido o futebol de mesa no Brasil) e um refrigerador cheio de Fanta Laranja e Coca-Cola, assim como muitas barras de Snickers e pacotinhos de M&M's — para as laricas, sem dúvida. Fico surpreso ao encontrar uma máquina de café neste estabelecimento, mas o equipamento está num estado tal que parece fora de uso há meses. Percebe-se que ele, afinal, é apenas um objeto de cena.

Estão tocando umas músicas ruins da década de 1970, e um pouco alto demais. Numa das paredes, noto um quadro que parece ter sido pintado por um talentoso colegial. Em primeiro plano há um carro que acabou de se esborrachar numa árvore e deixou marcas de derrapagem que vão se dissipando na direção do horizonte. Embaixo está escrito: "Algumas estradas só existem em mentes drogadas." Fico na dúvida se a obra é um alerta a respeito dessas estradas ou uma promoção das mesmas.

Todos parecem ser freqüentadores assíduos, com exceção, é claro, de mim. Sou instantaneamente transportado de volta ao meu quarto no dormitório da universidade, em Nova Jersey. Tentando dar uma de descolado, tentando me encaixar, mas fracassando de modo vergonhoso.

Um homem de pele morena se aproxima e, num inglês sofrível, explica o cardápio. O destaque do dia é a maconha tailandesa, ele diz, como se descrevesse a sopa do dia, alem de dois tipos de haxixe: marroquino e afegão.

Fico na dúvida. Então faço o que costumo fazer quando o cardápio parece complicado demais. Peço ao garçom que me dê uma sugestão.

— Você prefere forte ou suave? — ele pergunta.

— Suave.

— Sendo assim, eu sem dúvida optaria pelo marroquino.

Dou a ele uma nota de cinco euros (mais ou menos seis dólares), e ele me dá um saquinho plástico com um tablete marrom esbranquiçado, do tamanho de um selo postal.

Não tenho a menor idéia do que fazer com aquilo.

Chego a ficar com vontade de ligar para meu velho colega de quarto na universidade, Rusty Fishkind. Rusty com certeza saberia o que fazer. Ele era sempre o mais descolado. Sabia lidar com um baseado como o violinista Yo-Yo Ma sabe segurar um *cello*. Tenho certeza de que a essa altura Rusty é um advogado corporativo, que mora num bairro residencial afastado do centro e é pai de quatro filhos, mas, ainda assim, aposto que saberia o que fazer com este naco de haxixe marroquino.

Como se seguisse uma deixa, Linda Ronstadt começa a cantar. *You're no good, you're no good, baby, you're no good.* (*Você não presta, você não presta,* baby, *você não presta.*)

Por uns segundos, considero engolir o haxixe e tomar uns goles de Pepsi para ajudar a descer, mas penso melhor na idéia e fico apenas brincando com a droga, tentando parecer o mais desamparado possível, o que não é difícil nessas circunstâncias. Finalmente, um barbudo de jaqueta de couro fica com pena de mim. Sem dizer uma palavra, pega o haxixe nas mãos e esmigalha como um queijo grego farelento. Daí, desenrola um cigarro, dos comuns, e introduz o haxixe. Depois de uma hábil sacudidela, uma lambida e algumas pancadinhas, ele me entrega o cigarro — agora turbinado de haxixe.

Agradeço e acendo.

Algumas observações. Em primeiro lugar, eu realmente recomendo o marroquino. É de fato um fumo suave. Em segundo lugar, metade da diversão que é fruto do engajamento em atividades ilícitas se encontra no lado ilícito da coisa e não na atividade em si. Em outras palavras, fumar haxixe legalmente em Roterdã não chega nem perto da diversão que é fazer a mesma coisa às escondidas, no seu dormitório da faculdade com Rusty Fishkind, sabendo que a qualquer momento você pode ser flagrado.

Mesmo assim, estou me sentindo bem. Não doeu. E, à medida que o marroquino vai se instalando em meu córtex cerebral, imagino: e se eu ficasse assim o tempo todo? Será que não seria feliz o tempo todo? Poderia terminar minha busca pelos lugares mais felizes aqui mesmo, no café Alpha Blondie, em Roterdã. Talvez este seja o lugar mais feliz do mundo.

O filósofo Robert Nozick tinha algo a dizer a respeito do assunto. Não a respeito do Alpha Blondie, que não deve ter sido freqüentado por ele, nem a respeito do haxixe marroquino, que ele pode ou não ter fumado. Mas Nozick de fato pensou longa e detidamente sobre a relação entre hedonismo e felicidade. Certa vez ele elaborou um experimento mental chamado Máquina de Experiências.

Imagine que os bambambãs da neuropsicologia tenham inventado um modo de estimular o cérebro de uma pessoa de forma a induzir experiências prazerosas. É perfeitamente seguro, não há qualquer chance de dar defeito e não é prejudicial à saúde. A pessoa experimentaria prazer constante, para o resto da vida. Você toparia? Você se conectaria à Máquina de Experiências?

Se sua resposta é não, diz Nozick, então você acaba de provar que a vida não é só prazer. Queremos *alcançar* nossa felicidade, não apenas vivenciá-la. Talvez até queiramos experimentar a infelicidade, ou pelo menos permitir que a infelicidade seja uma possibilidade, de forma a aproveitar de verdade a felicidade.

Lamentavelmente, tenho de concordar com Nozick. Eu não me conectaria à Máquina de Experiências e, portanto, não estarei de mudança para o Alpha Blondie. O que é uma pena. Por acaso cheguei a mencionar como é suave o haxixe marroquino?

Na manhã seguinte, com a mente livre dos efeitos do marroquino, faço minha viagem diária até o WDH. Falo do meu pequeno experimento a Veenhoven. Ele aprova, é claro. Quando comentei pela primeira vez que muitas das atividades às quais os holandeses se dedicam normalmente me levariam para a cadeia nos Estados Unidos, ele apenas deu um risinho e disse: "Eu sei. Divirta-se."

Veenhoven me diz que o banco de dados pode fornecer algumas respostas à velha questão: será o prazer o mesmo que a felicidade? Depois de alguma pesquisa, encontro um artigo escrito pelo próprio Veenhoven: "Hedonismo e Felicidade".

Leio o resumo. "A relação entre felicidade e consumo de estimulantes segue o mesmo trajeto de uma curva em U invertida. Bêbados inconvenientes e pessoas que abusam do álcool são menos felizes do que consumidores moderados." Em outras palavras, como os gregos da Antigüidade aconselharam alguns milhares de anos atrás, moderação é tudo. Prossigo com a leitura e aprendo que "diversos estudos observaram uma correlação positiva entre atitudes permissivas em relação ao sexo e felicidade pessoal."

Presumivelmente, essas pessoas felizes e permissivas não são as mesmas pessoas felizes que freqüentam a igreja com regularidade. Quanto às drogas, um estudo de 1995 descobriu — nenhuma surpresa nisso — que o uso de drogas pesadas tende, com o tempo, a diminuir a felicidade. Mas o que dizer a respeito das drogas leves, como, por exemplo, o haxixe marroquino? O que acontece é que, até hoje, pouca pesquisa foi feita nessa área.

Quem diria, pensei enquanto deslizava para longe do monitor. Na noite passada, no Alpha Blondie Café, primeiríssima etapa da minha viagem, eu já estava engajado numa pesquisa de ponta na área de felicidade.

É meu último dia em Roterdã. Uma cidade da qual a gente se esquece com facilidade, mas ainda assim uma cidade que vai deixar saudades. Está na hora de me despedir de Veenhoven e não sou bom de despedidas. Agradeço a ele por toda a ajuda, por todos os seus dados felizes. Então, numa espécie de reflexão de última hora, paro junto à porta e digo:

— Deve ser maravilhoso trabalhar na área de estudos da felicidade.

Veenhoven parece perplexo.

— Como assim?

— Bem, o senhor deve ter uma fé permanente na aptidão da humanidade para a felicidade.

— Não, na verdade não.

— Mas o senhor vem estudando e analisando a felicidade durante toda a sua vida.

— É, mas para mim não faz diferença se as pessoas são felizes ou não, desde que algumas pessoas sejam mais felizes do que outras. Assim, ainda posso fazer os meus cálculos.

Por um momento fico ali parado, atordoado. E eu aqui achando que Veenhoven era um companheiro de viagem, um camarada na caça à felicidade. Mas como dizem lá no Sul, ele foi para essa caçada sem cachorro. Veenhoven não é um jogador no jogo da felicidade. Ele é o juiz que está marcando os pontos. E, como qualquer bom juiz, para ele pouco importa quem vence a partida. Felicidade ou melancolia, é tudo a mesma coisa. Desde que um dos lados prevaleça.

Imagino que este seja todo o sentido de seu novo e desapaixonado estudo da felicidade. Veenhoven e os outros felicilólogos queriam desesperadamente que a comunidade acadêmica levasse sua pesquisa a sério para não serem rejeitados como mais uma onda *New Age* passageira. Eles conseguiram o que queriam, mas fico imaginando a que preço. No mundo deles, a felicidade foi reduzida a mais uma estatística, a dados para serem fatiados, cortados em cubos, analisados, processados pelo computador e, por fim, inevitavelmente, reduzidos a planilhas. E não consigo imaginar nada menos feliz do que uma planilha.

Chego à conclusão de que minha visita ao WDH foi um bom começo, mas um começo incompleto. Em nenhum lugar, entre os oito mil estudos e artigos, encontrei qualquer menção à felicidade que uma nação tira de sua arte, do prazer resultante de se ouvir em voz alta e bem lido um poema de beleza singular, ou de se assistir a um filme danado de bom, acompanhado de um balde de pipoca, sem manteiga. E nem o banco de dados revela qualquer coisa a respeito das linhas invisíveis que unem uma família. Algumas coisas estão para além dos cálculos.

Então construo o meu próprio atlas da felicidade, meu mapa rodoviário do contentamento, baseado em parte no banco de dados de Ruut Veenhoven e em parte nos meus próprios palpites. Rico ou pobre, quente ou frio, democracia ou ditadura, não importa. Vou seguir o rastro da felicidade, seja lá onde for que ele me leve.

Com o meu atlas à mão, embarco no trem na estação central de Roterdã. Quando o vagão começa a se mover e o campo holandês a deslizar suavemente, sinto uma inesperada sensação de alívio. Uma sensação até mesmo de liberdade. Liberdade do que? Não sei. Minha visita foi ótima. Bebi ótimas cervejas, fumei um ótimo haxixe, e cheguei até mesmo a aprender uma coisa ou outra a respeito da felicidade.

Então cai a ficha. Liberdade disso tudo é... liberdade. Tolerância é excelente, mas com facilidade pode resvalar para a indiferença, e isso não tem a menor graça. Além do mais, não consigo viver com tanta folga assim. Sou muito fraco. Não saberia quando parar. Se me mudasse para a Holanda, alguns meses depois você na certa me encontraria envolvido por uma nuvem de haxixe marroquino, com uma prostituta de cada lado.

Não, o estilo holandês não é para mim. Talvez a minha próxima parada seja a certa. Estou indo em direção a um país onde os trens não atrasam, as ruas são limpas e a tolerância, como qualquer outra coisa, é cuidadosamente distribuída, com moderação. Estou indo para a Suíça.

Capítulo 2

SUÍÇA

A felicidade é um tédio

Os primeiros suíços que conheci me irritaram muito além da medida. Já sei o que você está pensando. Os suíços? Aqueles caras legais, neutros, que sempre carregam um canivete, que usam relógio e comem chocolate? Sim, aqueles suíços.

Era final da década de 1980 e eu estava na Tanzânia. Minha namorada e eu participávamos de um safári. O esquema era bem econômico, na companhia de outras quatro pessoas que também viajavam sem gastar muito: dois noruegueses despreocupados e um casal de suíços sossegados.

Nosso motorista era um tanzaniano chamado Boa Sorte. Achamos que isso fosse um bom sinal. Só mais tarde descobrimos que nós é que precisaríamos de sorte. Mas aí já era tarde demais e as coisas começaram a dar tremendamente errado. Primeiro, um caminhão passou por cima de uma pedra, que quicou, foi bater no nosso pára-brisa e quebrou o vidro do carro. Ninguém se machucou. Mas passamos os dois dias seguintes parando em cada povoado da Tanzânia, procurando, em vão, por um vidro substituto. Daí veio a chuva, que parecia ignorar o fato de que não estávamos na estação chuvosa. Minha namorada e eu conseguimos armar nossa barraca, mas minutos depois o abrigo já havia desabado, deixando-nos encharcados, enlameados e arrasados. A barraca dos noruegueses também mal se sustentava.

Mas e os suíços? A barraca deles era geodésica e tão firme quanto o monte Matterhorn. A estrutura, inabalada pela chuva inclemente e pelos ventos fortes, manteve-os aquecidos e secos. Aposto que eles estavam tomando um chocolatezinho quente lá dentro. Malditos, pensei, que vão todos juntos para o inferno, esses suíços eficientes e competentes.

Esta lembrança ainda está fresca em minha cabeça enquanto o trem de Roterdã passa pela Alemanha e entra na Suíça. Estou aqui por uma razão e essa razão não envolve vingança, eu juro. Os suíços, na verdade, ocupam um lugar junto ao cume da pirâmide de Ruut Veenhoven. Localização privilegiada. Sim, os suíços sabem o que fazem — os felizes, felizes patifes.

Meu trem está atrasado 18 minutos, o que causa uma grande comoção na Basiléia, a cidade fronteiriça onde tenho de pegar meu trem para Genebra. Os horários se desorganizam todos. Passageiros, eu incluso, saem em tumulto do trem alemão, que está apenas um pouco atrasado, e correm para pegar o nosso trem suíço perfeitamente pontual. Impressionante, eu penso, enquanto subo, esbaforido, um lance de escada. Só os suíços mesmo para fazerem os alemães parecerem desleixados.

O.k., então o estereótipo é verdadeiro. A suíça é eficiente e pontual. Além de próspera e quase sem desemprego. E, oh, o ar é limpo. As ruas são quase imaculadas. E não se esqueça do chocolate, que é delicioso e abundante. Mas felizes? Não vi qualquer alegria nos rostos do casal suíço bom de barraca que encontramos na África. Só uma satisfação tranqüila, com um leve traço de presunção.

Para desvendar esse mistério, nos voltamos outra vez para aqueles filósofos mortos, infelizes e brancos. Nenhum deles foi mais infeliz do que Arthur Schopenhauer. Se a felicidade é de fato a ausência de sofrimento, como ele acreditava, então os suíços têm todas as razões para serem felizes. Mas se a felicidade é mais do que isso, se a felicidade requer um elemento de alegria, então a felicidade suíça permanece como um mistério tão profundo e escuro quanto uma barra de chocolate Lindt.

Por que os suíços deveriam sistematicamente alcançar uma colocação mais alta nas tabelas de felicidade do que os italianos e franceses, dois países que têm *joie de vivre* de sobra? Diacho, os franceses praticamente inventaram o *joie de vivre*.

Tudo isso está chocalhando dentro da minha cabeça quando o meu táxi pára em frente ao prédio onde mora minha amiga Susan, em Genebra. Susan é uma escritora de Nova York. É uma mulher que diz o que pensa, em inglês e em francês. Sua franqueza está sempre batendo de frente com a discrição suíça. Susan reclama que os suíços são "culturalmente constipados" e "avarentos com a informação". Mesmo se a informação é vital — como "seu trem está saindo agora" ou "sua roupa está pegando fogo" — os suíços nada vão dizer. Falar abertamente é considerado um insulto, já que pressupõe ignorância da parte da outra pessoa.

O modo nova-iorquino franco e provocativo de Susan nem sempre a torna mais querida pelo corpo diplomático de Genebra, formado por milhares de homens e mulheres bem intencionados que se queixam dos problemas do mundo em tempo integral. Eles fazem suas queixas bem vestidos e, sempre que possível, em torno de um almoço. Ou, se uma lamúria extrema é necessária, em conferências. Europeus amam conferências. Reúna três europeus e são altas as chances de que uma conferência se instale imediatamente. Tudo o que é necessário são aqueles pequenos crachás e muitos, muitos litros de Perrier.

Costuma se dizer que Genebra é um ótimo lugar para morar mas não para visitar. Há algo de verdadeiro nisso. Os suíços acham que Genebra é entediante, e se os suíços acham algum lugar entediante, você pode ter certeza de que esse lugar é de fato muito entediante. Eu, entretanto, não tenho essa impressão. O apartamento da Susan tem vista para um bairro superpovoado, cheio de becos e ruas estreitas. Genebra, como a maior parte das cidades européias, é construída numa escala adequada a seres humanos e não aos automóveis, e isso a torna interessante.

Até mesmo Susan não é de todo negativa. Ela considera cativantes certos aspectos da vida por aqui — uma disposição cortês, por exemplo. O fato de que você pode estar num ônibus e encontrar aquele adolescente com um corte de cabelo moicano, botas de combate e todo jeito de encrenca, que com toda a gentileza vai oferecer seu lugar para uma mulher mais velha. "Em Nova York ninguém moveria uma palha," diz Susan.

Desfaço minhas malas. Eu, é claro, trouxe comigo um canivete suíço. O meu é um modelo antigo — hoje em dia, eles vêm com *pen drive* — mas gosto muito dele. Levo para todos os lugares. Se pelo menos todos os exércitos no mundo fossem célebres por algo como o canivete suíço! Até onde sei, nenhuma guerra foi travada com canivetes suíços, nem qualquer comissão internacional foi estabelecida para discutir sua perigosa proliferação.

A primavera nessa parte da Europa chega tarde, mas com uma deliciosa vingança. Quase instantaneamente, ao primeiro sinal de calor, as pessoas começam a se despir e sungas Speedo aparecem em plena floração ao longo do lago Léman. O dia está mesmo lindo. Então Susan e eu fazemos a única coisa européia sensata a fazer: vamos a um café.

Susan cuidou para que eu encontrasse alguns suíços de verdade. Escolhemos uma mesa enorme e nos instalamos à moda dos europeus, como se não estivéssemos apenas bebendo cerveja, mas nos mudando para o restaurante por alguns meses. As bebidas são escolhidas, os cigarros acesos, as faces beijadas.

Na nossa mesa está reunido um grupo eclético. Tem o Tony, um banqueiro rico que se descreve como "culturalmente inglês, mas geograficamente suíço". Fico me perguntando o que diabos isso significa. Se for assim, eu também sou geograficamente suíço, já que, geograficamente falando, estou na Suíça neste momento. Depois tem o Dieter, que é suíço, não só geograficamente, mas em todos os outros sentidos. Ele é médico, tem cabelo e autoconfiança de sobra. Junto dele está sua esposa, Caitlin, uma ex-agente hollywoodiana que há dez anos mora na Suíça. Reparo que ela é a única da mesa com um BlackBerry, aparelho que ela mexe com dedos nervosos durante os momentos de calmaria das conversas.

Todos estão surpresos que minha pesquisa tenha me levado à Suíça. Felizes, os suíços? Deve haver algum engano. Insisto que isso foi o que me disse um holandês que é a cara do Robin Williams. E ele tem estudos para sustentar sua tese. Faço uma pesquisa informal entre os presentes. De uma maneira geral, o quão felizes vocês têm andado ultimamente? Esses são os resultados: substanciais notas oito e nove por todos os lados e sete por parte da americana. Os suíços parecem surpresos, como se pensassem. "Hmmm. Talvez nós sejamos mesmo felizes. Quem diria?"

— Bem, agora que nós determinamos que vocês são de fato felizes, qual é a fonte da felicidade suíça? — pergunto.

— Limpeza, diz Dieter. — Você já viu nossos banheiros públicos? Eles são muito limpos.

A princípio encaro o que ele disse como uma piada, mas logo descarto essa possibilidade, já que os suíços não fazem piadas. Sobre qualquer coisa que seja. Nunca.

Ele está certo. Os banheiros suíços são limpos de verdade. Fico pensando se Ruut Veenhoven e seus colegas fizeram algum estudo correlacionando a felicidade de uma nação com a limpeza de seus banheiros. Aposto que os resultados seriam esclarecedores.

Não apenas os banheiros são limpos na Suíça, mas todo o resto também. Em alguns países seria suicídio beber a água da torneira. Na Suíça, todo mundo bebe. Chega a ser motivo de orgulho nacional e muitos suíços se gabam a respeito com os turistas.

Não há buracos nas estradas suíças. Tudo funciona. A Suíça é uma sociedade altamente eficiente e se por um lado isso não é uma fonte de alegria, por outro elimina várias das razões que tornam as pessoas infelizes.

Tão sedutora é a imagem da Suíça como um país próspero, limpo e bem administrado que outros países se imaginam como a Suíça das regiões a que pertencem. Singapura é a Suíça da Ásia, Costa Rica é a Suíça da América Central. Mas aqui estou eu naquela que corretamente pode ser chamada de a Suíça da Europa. A autêntica.

Acontece que, às vezes, até mesmo aquela que é a autêntica frustra suas próprias expectativas. Às vezes as coisas não funcionam tão bem na Suíça. Dieter me conta que "se um trem está 20 minutos atrasado, as pessoas ficam muito ansiosas". Alguns anos atrás, ele conta, todo o sistema de trens entrou em colapso por 18 horas, lançando toda a nação num período de profunda crise existencial.

— Então qual é a sua fonte de felicidade além dos banheiros limpos e dos trens pontuais?

— A inveja.

— É por isso que vocês são felizes?

Não, ele explica, os suíços são felizes porque fazem de tudo para não provocar inveja nos outros. Os suíços sabem instintivamente que a inveja é a grande inimiga da felicidade e eles são capazes de fazer qualquer coisa para reprimi-la. Tomando um gole de cerveja, Dieter esclarece: "Nosso lema é: não fique sob a luz forte dos holofotes ou pode acabar sendo atingido."

Os suíços odeiam falar a respeito de dinheiro. Para eles seria preferível falar de suas verrugas genitais a revelar quanto ganham. Conheci alguns suíços que não se permitiam sequer pronunciar a palavra começada pela letra "d". Quando precisavam falar de dinheiro, apenas esfregavam um dedo no outro. A princípio, isso me pareceu estranho, dado que a economia suíça é baseada em negócios bancários — uma atividade que, desde a última vez em que pesquisei o assunto, tinha alguma coisa a ver com dinheiro. Mas os suíços sabem que dinheiro, mais do que qualquer outra coisa, provoca inveja.

Enquanto o estilo americano é "Se você tem, ostente", o estilo suíço é: "Se você tem, esconda." Um suíço me disse: "Você não deve se vestir ou agir como se fosse rico. Agora, se quiser, é claro que pode ter uma máquina de café de quatro mil dólares em seu apartamento."

Pergunto ao Dieter o porquê do subterfúgio.

Uma pessoa suíça rica, ele explica, não ostenta seu dinheiro porque não precisa. Todo mundo sabe que ela é rica, porque os suíços sabem tudo a respeito de seus vizinhos. De fato, se uma pessoa rica, de repente, começa a ostentar seu dinheiro por aí — comprando um carrão novo de luxo, por exemplo — as pessoas suspeitam que haja algo de errado, que ela esteja enfrentando alguma dificuldade financeira.

Nos Estados Unidos, a pior coisa que você pode ser é um perdedor. Na Suíça, a pior coisa que você pode ser é um vencedor exibido, um *nouveau riche*. "Um pavor," um suíço comentou comigo ao referir-se a um novo-rico, como se falasse de alguma doença terrível.

Certa vez, o filósofo Martin Heidegger definiu o tédio como "o bafo quente do nada no nosso pescoço". Na Suíça esse bafo quente é onipresente. Está no ar. Os suíços fizeram pelo tédio o que os franceses fizeram pelo vinho e os alemães pela cerveja: aperfeiçoaram e produziram em massa.

Suíços vivem vidas atenuadas. Eles seguem cantarolando, satisfeitos, sem nunca afundar abaixo de um determinado nível, mas também sem nunca tocar o teto. Um suíço nunca descreveria alguma coisa como impressionante ou super, mas apenas *c'est pas mal*, nada mal. Será esse o segredo da felicidade? Uma vida que *c'est pas mal*? Ou talvez os suíços até considerem muitos aspectos da vida impressionantes, mas saibam, em algum nível subconsciente, que tais superlativos enfraquecem a experiência. Descreva algo como impressionante e essa coisa deixa de ser impressionante.

Pesquisadores da felicidade descobriram que, de um ponto de vista estatístico, os suíços sabem das coisas. Melhor viver nesse meio termo do que constantemente oscilar entre altos bem altos e baixos terríveis.

Ninguém entende mais de tédio suíço do que Jonathan Steinberg, um acadêmico que passou toda a sua carreira estudando a Suíça. Quando ele anunciou para seus alunos que estaria dedicando uma aula à guerra civil suíça, metade da sala se levantou e foi embora, levando Steinberg à depressiva conclusão de que se uma guerra civil acontece na Suíça, ela deve ser entediante, mesmo sendo uma guerra civil de verdade.

Não apenas entediante, aliás, mas sem humor. Ou talvez eu esteja enganado. Talvez o humor suíço opere numa freqüência inteiramente diferente, incapaz de ser detectado pelos meus ouvidos não suíços. Então, com uma postura aberta, pergunto para Dieter (com diplomacia, é claro) se é verdade que os suíços não têm senso de humor.

— Defina senso de humor — ele responde no mesmo segundo, colocando um ponto final na questão.

A falta de humor dos suíços tem uma história longa e séria. Fico sabendo através de uma pessoa do meio acadêmico que, no século XVII, na Basiléia, era realmente proibido rir em público. Tal lei não existe mais, é lógico. Mas isso é porque não há mais necessidade dela. A falta de humor dos suíços, como a maioria dos aspectos da vida aqui, é auto-regulada.

Os suíços são tão aficionados por leis quanto os holandeses são por maconha e prostituição. Em muitas partes da Suíça, você não pode cortar a grama ou bater seus tapetes no domingo. Não pode estender roupas na sua sacada em nenhum dia da semana. Não pode dar descarga no seu vaso sanitário depois das 22h.

Conheci uma britânica que vivia na Suíça e que repetidas vezes entrou em rota de colisão com as regras suíças. Como na vez em que voltou para casa depois de trabalhar no turno da noite e compartilhou algumas gargalhadas e cervejas com seus colegas. Nada muito estridente, apenas aquela "descompressão" costumeira de depois do trabalho. No dia seguinte, encontrou um bilhete pregado na porta. "Por favor", dizia a mensagem, "nada de risadas depois da meia-noite."

Experimente deixar o seu carro sujo na Suíça e logo alguém vai botar um bilhete dizendo "Por favor, lave seu carro." Não um simpático "lave-me" que um americano preferiria rabiscar no próprio veículo. Os suíços, desprovidos de qualquer senso de ironia detectável, querem dizer o que dizem. Separe o seu lixo de maneira imprópria e algum vizinho intrometido encontrará o item ofensivo e o devolverá para junto da sua porta com um bilhete lacônico anexado. Este não é apenas um Estado que age como uma babá. É um Estado que age como uma super babá.

Na Suíça tudo é rigorosamente controlado, até mesmo a anarquia. Uma vez por ano, no feriado de Primeiro de Maio, anarquistas quebram as vitrines de algumas lojas, mas é sempre no mesmo horário. Como um suíço disse em tom de gracejo, numa rara exibição de humor: "Sim, nós temos anarquia. É à tarde."

Vamos a um balanço do que já temos até aqui. Os suíços são uma nação sem senso de humor e muito rígida. Tudo funciona, em geral, e a inveja é reprimida, mas a um custo: você é permanentemente vigiado, monitorado e julgado. Onde fica a felicidade?

"É simples", diz Dieter. "Natureza. Nós, suíços, temos uma forte ligação com a natureza." Estou surpreso, não tanto pela declaração, que já ouvi da parte de muitos abraçadores de árvores e vez por outra até de mim mesmo, mas surpreso pelo autor da declaração. Dieter é o sujeito mais urbano que se possa imaginar, não há um fio de cabelo dele que seja ligado à natureza.

No entanto, ele está certo. Um suíço, não importa o quão cosmopolita e aparentemente afastado de seu *habitat* natural, nunca perde o amor pela terra. Até mesmo bilionários na Suíça no fundo se vêm como montanheses.

"Você não pode entender os suíços sem visitar os Alpes", Dieter me diz.

Então é pra lá que eu vou.

Susan e eu chegamos à cidade alpina *kitsch* de Zermatt. Mensagens gravadas nos saúdam em japonês e em quatro outras línguas. Pequenos carros elétricos passam zunindo pela cidade. Carros comuns são proibidos, uma regulamentação ambiental que os suíços aceitam de bom grado para proteger os seus amados Alpes.

Tomamos um teleférico para chegar ao topo da montanha que fica ao lado do famoso Matterhorn. Ainda estamos na temporada de esqui e todos (exceto nós) estão bem paramentados em seus modernos trajes de esqui. São pessoas mais velhas, endinheiradas e com a pele já bem curtida.

Enquanto nos deslocamos suavemente em direção ao alto, me dou conta de que o mais sublime aspecto deste terreno montanhoso é a luz. A coloração e a intensidade são fluidas e mudam a todo instante, enquanto o Sol se esconde por trás de um pico e de outro. Um pintor italiano do século XIX, Giovanni Segantini, certa vez disse que as pessoas que vivem nas montanhas vêm o Sol nascer e se pôr como uma bola de fogo dourada, cheia de vida e energia, enquanto os habitantes das terras planas conhecem apenas um Sol cansado e embriagado.

Finalmente, alcançamos o pico: são 3.890 metros. Uma placa nos informa que este é o "mais alto cume europeu acessível por teleférico". O atributo de certa forma enfraquece nosso espírito de aventura. Neva um pouco. Vejo uma cruz de madeira, o que me parece estranho num país secular como este. Em sua base há três palavras: "Seja mais humano."

Uma calma vai aos poucos se apoderando de mim, um sentimento tão fora do comum que a princípio fico sobressaltado com ele. Não o reconheço. Mas não há como negar sua existência. Estou em paz.

O naturalista E. O. Wilson deu um nome a esse sentimento agradável e indistinto que experimento: biofilia. Ele o definiu como "a associação emocional inata dos seres humanos a outros organismos vivos". Wilson afirmou que nossa ligação com a natureza está profundamente arraigada no nosso passado evolucionário. Essa ligação nem sempre é positiva. Veja as cobras, por exemplo. As chances de se encontrar uma cobra, que dirá de morrer de uma picada, são muito remotas. No entanto, estudos revelaram que humanos modernos continuam a temer as cobras ainda mais do que acidentes de carro, homicídios ou qualquer das outras dúzias de maneiras mais prováveis de conhecermos nosso fim. O medo de cobras fica lá, no fundo do nosso cérebro primitivo. O medo da Via Expressa de Long Island foi acrescentado mais recentemente.

Por outro lado, a hipótese da biofilia, como Wilson a denomina, também explica por que consideramos os cenários naturais tão pacíficos. Está em nossos genes. É por isso que, a cada ano, o número de pessoas que visitam zoológicos é maior do que o número de pessoas que comparecem aos eventos esportivos.

Em 1984, um psicólogo chamado Roger Ulrich estudou pacientes que se recuperavam de cirurgia da vesícula biliar, num hospital da Pensilvânia. Alguns deles foram encaminhados para um quarto com vista para uma pequena fileira de árvores que se modificavam a cada estação. Outros foram encaminhados para quartos que davam para uma parede de tijolos. Urlich descreve os resultados: "Pacientes com a janela com uma paisagem natural permaneciam menos tempo no hospital depois da cirurgia, apresentavam um número menor de informações negativas nas anotações das enfermeiras e tendiam a alcançar uma pontuação menor em termos de complicações cirúrgicas menos importantes, tais como dor de cabeça persistente ou náusea que requeresse medicação. Além disso, pacientes que tinham vista para a parede de tijolos precisaram de um número maior de injeções contra dor."

As implicações desse obscuro estudo são enormes. A proximidade com a natureza não apenas nos dá uma sensação agradável e indistinta. Também afeta nossa fisiologia de maneiras reais e comensuráveis. Não seria exagero concluir que a proximidade com a natureza nos torna mais felizes. É por isso que os prédios de escritórios mais funcionais possuem um parque ou um átrio. Um trabalhador mais feliz, sem dúvida, é um trabalhador mais produtivo.

A hipótese da biofilia não é como a do manjado ambientalismo Berkeley/Al Gore/Coma os Legumes. Não apela diretamente à nossa liderança ou à nossa responsabilidade. Apela a uma predisposição humana mais desprezível e comum, o egoísmo. O que essa hipótese diz, na verdade, é: proteja o meio ambiente porque isso vai lhe fazer feliz. Num país como os Estados Unidos, que tem a palavra "felicidade" em seu documento fundador, seria de supor que os ambientalistas já teriam aderido à biofilia há muito tempo.

Eu, com certeza, aderi. Sinto-me como se estivesse flutuando acima do vale que está lá embaixo. Leio uma outra placa: "Grandes são os trabalhos do Senhor", e eu inclino a cabeça numa concordância silenciosa. Já me sinto agradavelmente tonto e até acho que posso ouvir um melódico gorjear. Será que estou tendo uma experiência transcendental?

Não, é o celular da Susan, anunciando a chegada de uma mensagem de texto. O pico mais alto da Europa entre aqueles acessíveis por teleférico é também, pelo visto, acessível por telefone celular. Meu momento de felicidade evapora como a neve no alto das montanhas em julho.

De volta a Zermatt, fico pensando no que aconteceu comigo lá no alto. Uma explicação racional é hipoxia, falta de oxigênio. Pode provocar muitos sintomas (incluindo morte, a culminação de todos os outros), mas um dos mais comuns é uma sensação de euforia.

Também pode, eu descubro, dar fome. Susan decide que preciso viver a experiência do *fondue*. A última vez em que ouvi a palavra "fondue", ou pensei a respeito dela de alguma maneira, foi em 1978. Minha mãe tinha um aparelho de *fondue*. Ainda sou capaz de me lembrar do objeto com clareza. Tinha uma cor laranja enjoativa, e pequenas endentações nas quais se apoiavam os garfinhos. Permaneceu na nossa sala de jantar por muitos anos, como uma espécie de peça de museu. Não me lembro de ninguém tê-la usado algum dia.

O *fondue* que escolhemos vem num recipiente grande — que não é cor de laranja — e está gostoso. Depois de nos servirmos algumas vezes, a euforia se vai, mas estou me sentindo, acho, muito suíço. Satisfeito. Neutro. Talvez isso explique a neutralidade suíça. Talvez ela não se baseie numa moralidade profundamente enraizada, mas numa razão mais prática. *Fondue* e guerra não se misturam.

De volta a Genebra, Susan me apresenta a Jalil, um cara suíço que toca numa banda. Estamos bebendo vinho. O inglês dele é meio rudimentar, então quem traduz é sua namorada americana, uma loura meio doce, meio amarga, de Minnesota. O nome dela é Anna. Ela é doce quando está sóbria, mas pura amargura é o que se manifesta quando bebe, o que imagino que aconteça com muita freqüência.

— Por que os suíços são tão felizes? — pergunto a Jalil.

— Porque sabemos que sempre existe a possibilidade de nos matarmos — ele diz com uma risada, mas não está fazendo piada. A Suíça tem uma das leis de eutanásia mais liberais do mundo. As pessoas chegam de toda a Europa para morrer aqui.

A estranheza de tudo isso fica muito clara. Na Suíça é ilegal dar a descarga depois das 22h, ou cortar a grama aos domingos, mas é perfeitamente legal se matar.

Quando disse para amigos que estava indo para a Suíça continuar a minha pesquisa a respeito da felicidade, algumas pessoas comentaram: "Não é verdade que eles têm uma taxa de suicídio alta?". Sim, eles têm, uma das mais altas do mundo. Isso não parece fazer o menor sentido. Como pode um país feliz ter uma taxa de suicídios tão alta? Na verdade, isso pode ser explicado com facilidade. Em primeiro lugar, o número de suicídios ainda é estatisticamente baixo, então não afeta muito as pesquisas a respeito da felicidade, já que as chances de um pesquisador entrevistar um suicida são muito baixas. Mas há uma outra razão. As coisas que nos impedem de nos matarmos são diferentes daquelas que nos fazem felizes. Países católicos romanos, por exemplo, tendem a ter taxas de suicídio muito baixas por causa da proibição católica ao suicídio. Entretanto, isso não quer dizer que esses países sejam felizes. Um bom governo, trabalho significativo, laços familiares fortes — todos esses são fatores que contribuem bastante para a felicidade, entretanto, se você é infeliz, desesperançado de todo, nenhum deles vai impedir que você cometa o suicídio.

Talvez, parte do problema se encontre no fato de que estar cercado de pessoas felizes pode às vezes provocar uma boa dose de frustração. Franz Hohler, um autor suíço muito conhecido, me disse: "Se não estou feliz, penso: 'Droga, toda essa beleza, toda essa funcionalidade, por que diabos não estou feliz? O que há de errado comigo?'"

Todos os países têm o que se pode chamar de sua "pergunta de coquetel". Uma única e simples indagação, cuja resposta revela uma fonte generosa de informação a respeito da pessoa que você acabou de conhecer. Nos Estados Unidos essa pergunta é: "O que é que você faz?" Na Inglaterra é: "Em que escola você estudou?" Na Suíça é: "De onde você é?" Isso é tudo o que você precisa saber a respeito de alguém.

Os suíços são profundamente enraizados. Seus passaportes listam o nome da cidade de seus ancestrais. Não a cidade natal, mas a cidade de suas raízes. Talvez eles nem tenham nascido lá. Talvez eles sequer tenham estado lá um dia. Mas é a terra deles. Diz-se que um suíço só se torna suíço quando sai do seu país. Até esse momento, ele é genebrês, zuriquenho, ou então definido por seja lá qual for o lugar de onde ele vem.

Não é de se estranhar que tenham sido os suíços os inventores do moderno conceito de saudade. Eles foram os primeiros a usar uma palavra, "*heimweh*", para aquele sentimento incômodo de deslocamento, para aquele sentimento de perda que vivenciamos quando somos desenraizados do lugar a que chamamos de casa.

Será então que toda felicidade, como toda política, é local? Não tenho certeza. A ênfase suíça ao local, sem dúvida, faz as pessoas se sentirem enraizadas. Entretanto, existem aspectos negativos nessa localidade extremada. Jonathan Steinberg explica: "Há ignorância demais a respeito do que acontece na porta ao lado." Isso não é surpresa num país com quatro línguas oficiais. Ou, como um amigo suíço me contou: "Nós suíços nos damos tão bem porque não entendemos uns aos outros."

Pode até ser, mas eles de fato *confiam* uns nos outros. Fui capaz de reservar um quarto de hotel sem fornecer o número do meu cartão de crédito. Coloquei gasolina sem pagar com antecedência. Muitos suíços trabalham no sistema de honra, assim como naquelas pequenas cabanas inabitadas que pontilham os Alpes e servem de abrigo aos viajantes. Nelas há sempre comida disponível. As pessoas comem e em troca deixam algum dinheiro.

John Helliwell, um economista canadense, passou muitos anos estudando a relação entre confiança e felicidade. Chegou à conclusão de que os dois são inseparáveis. "Você não pode se sentir devidamente comprometido se não confia nas pessoas com quem costuma se comprometer. Compromisso gera confiança;

confiança sustenta compromisso. É uma via de mão dupla; ambas as partes são cruciais."

Considere também esta declaração: "Em geral, pode-se confiar nas pessoas." Estudos revelaram que as pessoas que concordam com isso são mais felizes do que as que não concordam. Confiar nos seus vizinhos é especialmente importante. Simplesmente conhecê-los pode fazer uma diferença e tanto na sua qualidade de vida. Um estudo revelou que dentre todos os fatores que afetam a taxa de crime numa determinada área, aquele que faz a maior diferença não é o número de patrulhas policiais ou qualquer coisa do tipo, mas sim quantas pessoas você conhece numa caminhada de 15 minutos partindo da sua casa.

Estou amando. O objeto da minha aventura amorosa não é uma mulher, nem mesmo uma pessoa. É o sistema ferroviário suíço. Eu o amo. Amo a maneira como os trens são suaves feito sussurros e o modo como as portas deslizantes de vidro entre os vagões abrem e fecham tão graciosamente. Amo o modo como atendentes de paletó passam com café fresco e *croissants*, e também os vagões-restaurantes com suas refeições elaboradas por *gourmets* e servidas em louça de verdade. Amo os painéis de madeira dos banheiros. Amo os assentos de couro. Amo o modo como no desembarque pequenas plataformas surgem como que por milagre sob os nossos pés. Sou, de fato, dominado por um impulso de permanecer para sempre nos trens suíços, num eterno vaivém entre Genebra, Basiléia, Zurique e onde mais for. Não importa. Eu poderia ser feliz aqui, nos trens suíços.

Salto em Berna, a sonolenta capital suíça. É como Anna, a americana meio doce, meio amarga, a descreveu: graciosamente antiquada ao extremo. Sim, algo pode realmente ser graciosamente antiquado demais, eu penso, enquanto caminho pela antiga cidade murada. Então reparo que alguém escreveu numa parede: "A polícia que se ferre." Isso não é graciosamente antiquado. Em qualquer outro lugar eu consideraria essa pichação ofensiva, perturbadora. Mas na Suíça fico apenas satisfeito de encontrar sinais de vida.

Faço uma visita ao parlamento suíço, um prédio que consegue ser grandioso, ornado, e ao mesmo tempo sem um pingo de exagero. Toda nação tem sua figura emblemática, estátuas que de maneira concisa resumem o que vem a ser essa nação: os fuzileiros navais erguendo a bandeira em Iwo Jima; lorde Nelson todo imponente na Trafalgar Square, em Londres. A Suíça tem uma pessoa conhecida como Nicholas, o Conciliador. Sua estátua se encontra em exibição aqui. Ele está com os braços abertos, as palmas das mãos voltadas para baixo, como se dissesse: "Calma, minha gente; vamos conversar sobre isso racionalmente." É muito suíço.

Albert Einstein viveu em Berna. Esta é a cidade onde ele diz ter tido o pensamento mais feliz da sua vida. Esse pensamento foi a revelação que o levou à teoria da relatividade. O lugar era um apartamento modesto, na principal rua de comércio da cidade. É agora um pequeno museu. Foi restaurado para que ficasse exatamente como era quando Einstein viveu aqui: um sofá, cadeiras de madeira, uma garrafa de vinho com rótulo de 1893, um carrinho para o seu filho Hans e o terno que ele usava para ir ao seu trabalho como funcionário no departamento de patentes. Há também diversas fotos em preto e branco de um Einstein jovem, posando com a família, antes do visual descabelado. Sua esposa e seu filho estão olhando para a câmera, mas Einstein, em todas as fotos, está com um olhar distante. Estaria ele ruminando a respeito de energia e massa? Ou pensando em pular fora do seu casamento, o que acabou de fato fazendo?

Abro as janelas à francesa, estico meu pescoço, e olho para a rua lá embaixo. A não ser por alguns carros o cenário está, imagino, quase inalterado desde 1905. Fecho os olhos por alguns segundos, então abro de novo, em parte acreditando que possa ser transportado de volta no tempo. Einstein, afinal de contas, provou que tal coisa é pelo menos teoricamente possível.

Alguém vive no apartamento de cima. Um designer gráfico. Puxa, morar no mesmo prédio onde Einstein morou! A princípio, penso como isso seria maravilhoso. Uma emoção e tanto. Daí me dou conta de que a pressão seria enorme. Todas as vezes em que eu subisse as escadas, exatamente as mesmas escadas que Einstein havia subido, ficaria decepcionado se não me saísse com algo do tipo $E = mc^2$.

Einstein, como eu, achou Berna agradável, mas entediante. Então reflito: será que se os suíços fossem mais interessantes, ele teria devaneado tanto? Será que, se sua atenção tivesse se voltado mais para os suíços, ele teria desenvolvido a teoria da relatividade? Em outras palavras, será que isso diz alguma coisa a favor do tédio?

O filósofo britânico Bertrand Russell achava que sim. "Uma certa quantidade de tédio é... essencial para uma vida feliz", ele escreveu. Talvez eu tenha sido injusto ao julgar os suíços. Talvez eles saibam alguma coisa a respeito do tédio e da felicidade, algo que o resto de nós não sabe.

Paciência e tédio são intimamente relacionados. Tédio, um certo tipo de tédio, é na verdade impaciência. Você não gosta do modo como as coisas são, elas não são interessantes o suficiente para você, então você decide — e o tédio é uma decisão — que está entediado.

Russell teve algo a dizer a respeito: "Uma geração incapaz de suportar o tédio será uma geração de homens pequenos, de homens excessivamente divorciados do lento processo da natureza, de homens nos quais cada um dos impulsos vitais murcha aos poucos, como flores cortadas num vaso."

Estou começando a pensar que, no fim das contas, talvez os suíços não sejam tediosos. Eles só parecem ser assim.

Estou na companhia do meu amor outra vez. Estou de volta a um trem suíço. Minha próxima parada é Zurique, uma cidade que é limpa a ponto de fazer Genebra parecer uma favela. Instalo-me no hotel e tenho algum tempo livre. Pego um pequeno trem para o alto de uma colina que fica aqui perto. O transporte público de Zurique funciona no sistema da honra, só que fiscais disfarçados também viajam nos trens e enquadram as pessoas que não pagam a passagem. Confiam, mas verificam. É isso o que está acontecendo no meu pequeno trem. Um homem de meia-idade está sendo interrogado. Ele tenta se safar com explicações. Está pálido não de medo, mas de vergonha. Chego à conclusão de que não é a multa o que detém aqueles que pensam em viajar de graça, mas a humilhação pública de ser flagrado.

No topo da colina, observo toda a cidade de Zurique que se espalha lá embaixo, como numa pintura renascentista. Eu me sinto seguro aqui no alto e então me ocorre que talvez essa seja a razão de gostarmos dos terrenos que ficam no alto das montanhas. Talvez isso remonte aos nossos dias como chimpanzés, pulando de galho em galho. De uma posição favorável no alto, a pessoa era capaz de identificar qualquer perigo potencial e relaxar se nada fosse localizado.

O dia está lindo, o céu de um azul profundo, uma visibilidade infinita. As pessoas trouxeram seus almoços e estão se deliciando com piqueniques improvisados. Vejo um idoso e uma mulher sentados no banco de um parque. Ele está com um boné italiano de dirigir e quase nem se mexe. Ali perto, uma mulher leva os cachorros para passear. Os dois bichos estão mordendo um o calcanhar do outro e sorrindo, eu juro. Não têm coleiras, mas nem tentam fugir. São cachorros suíços.

Bem, tudo isso é muito bom, penso, mas preciso ir embora. Esse é o tipo de pensamento que volta e meia tenho e a respeito do qual nem me questiono, só que desta vez fico paralisado. E para onde exatamente você precisa ir? São 15h de um lindo dia de primavera na Suíça. Não tenho ninguém para encontrar, nenhum lugar aonde devo ir.

O estudioso britânico Avner Offer escreveu que "a prosperidade gera impaciência e a impaciência mina o bem-estar", ele está certo. Você não vê muitas pessoas pobres impacientes. (Elas são infelizes por outras razões. Tratarei disso mais adiante.) Então algo de repente me ocorre. Os suíços são prósperos *e* pacientes, uma rara combinação. Eles sabem como se deixar ficar, simplesmente. De fato, já estou na Suíça há duas semanas e não houve uma só pessoa que tivesse olhado para o relógio folheado a ouro e perfeitamente sincronizado (suíço, é claro) e dissesse "tenho de ir" ou "preciso mesmo voltar para o trabalho". Sou eu, o escritor desocupado, quem está sempre lançando olhares furtivos para o meu Seiko de cinqüenta dólares.

Com a ajuda de um amigo, criei um blog para solicitar comentários dos suíços a respeito da felicidade. Um em particular me chamou a atenção: "Talvez a felicidade seja isto: não ter a sensação de que você deveria estar em outro lugar, fazendo outra coisa, sendo outra pessoa. Talvez as condições atuais na Suíça tornem apenas mais fácil a pessoa 'ser' e, portanto, 'ser feliz.'"

Então fico sentado no alto dessa colina por mais uns 20 minutos. Fico irrequieto durante todo o tempo. Isso praticamente me mata. Mas não a ponto de me enlouquecer. Considero isso um pequeno avanço.

Chego à conclusão de que sou muito pouco suíço em vários aspectos. Não gosto de regras. Não sou ordeiro. Tenho uma tendência a intempestivas oscilações de humor. Não tenho dinheiro de família, antigo, a não ser que se considere aquela nota de dez dólares velha e amarrotada na minha carteira, que deve ter sido impressa por volta de 1981. Uma coisa que nós realmente temos em comum, os suíços e eu, é nosso amor por chocolate. Isso não é uma característica em comum que se possa desprezar. Os suíços consomem uma quantidade enorme de chocolate e há alguma evidência digna de crédito de que o chocolate nos deixa mais felizes.

A fim de investigar essa ligação, visito uma fábrica de chocolate. O lugar me lembra uma galeria de arte, uma galeria de arte comestível. Os funcionários escolhem as trufas com pinças, como se estivessem manipulando alguma jóia rara e preciosa. Existe uma parede inteira de chocolate, com todos os tipos imagináveis. Chocolate feito com cacau da Colômbia, do Equador e de Madagascar. Chocolate com laranja, framboesa, pistache, passas, conhaque, rum ou uísque puro malte. Compro um de cada e levo de volta para o meu quarto no hotel, sentindo-me quase que literalmente uma criança numa loja de doces. Tranco a porta e espalho meu tesouro sobre o edredom. Dou uma mordida no Madagascar e é gostoso — chocolate suíço ruim é uma coisa que não existe.

Mas, como eu disse, isto não é mero prazer. Isto é pesquisa. Cientistas isolaram as substâncias químicas que estão presentes no chocolate e nos fazem sentir bem. Na verdade, há uma série de substâncias químicas envolvidas. Triptofano é o que o cérebro usa para produzir o neurotransmissor serotonina. Níveis altos de serotonina podem produzir sensações de alegria, até mesmo de êxtase. Depois há algo chamado anandamina, um neurotransmissor que age nas mesmas regiões do cérebro que o tetraidrocanibinol, o ingrediente ativo da maconha. Mas essa teoria do chocolate-como-maconha permanece apenas isso, uma teoria, já que de acordo com um artigo da BBC a respeito do assunto, seria necessário comer alguns quilos de chocolate a fim de sentir o mesmo efeito da maconha. Alguns quilos, hein? Quanto seria isso convertido para libras, me pergunto, enquanto me ocupo do chocolate espalhado diante de mim como um banquete.

A relação entre escolha e felicidade é complicada, e em nenhum outro lugar é mais complicada do que na Suíça. Costumamos pensar em escolha como algo desejável, algo que nos faz felizes. Isso em geral é verdade, mas nem sempre. Como Barry Schwartz mostrou de maneira convincente em seu livro *O paradoxo da escolha*, escolhas em demasia pode ser um problema. Confrontados com um excesso de opções, ficamos confusos e assoberbados, logo, menos felizes.

Por outro lado, os suíços têm mais escolhas do que qualquer outro povo no planeta, e não apenas no que se refere ao chocolate. O sistema de democracia direta deles significa que estão sempre votando, em questões grandes e pequenas: juntar-se ou não às Nações Unidas, banir ou não o absinto. O suíço comum vota de seis a sete vezes por ano. Os suíços acreditam que qualquer coisa que vale a pena ser feita vale a pena ser feita com seriedade. E assim acontece com o hábito de votar. Houve uma ocasião em que os suíços votaram para aumentar seus próprios impostos. Não consigo imaginar os eleitores americanos fazendo a mesma coisa.

O sistema de democracia direta não é perfeito. É uma democracia do povo de verdade e às vezes o povo pode ser completamente imbecil. Por exemplo, os suíços não deram direito de voto às mulheres até 1971; num determinado estado, não antes de 1991.

Ainda assim, John Helliwell, o canadense que pesquisa felicidade, acredita que esse tipo de governo é disparado a variável mais importante na explicação para a diferença nos níveis de felicidade entre os países. O pesquisador e economista suíço Bruno Frey estudou a relação entre democracia e felicidade nos 26 estados suíços. Ele descobriu que os estados com o maior número de referendos, com mais democracia, eram também os mais felizes. Até mesmo estrangeiros que moravam nesses cantões eram mais felizes, apesar de não poderem votar. (O ganho de felicidade deles, entretanto, não era tão grande quanto o dos que votavam.)

Tudo bem, ao que parece os suíços gostam de escolhas. Mas então como explicar os resultados de um pequeno e engenhoso experimento realizado pelo psicólogo Paul Rozin, da Universidade da Pensilvânia? Ele fez uma pergunta simples a uma amostra da população de seis países (Estados Unidos, Reino Unido, França, Alemanha, Itália e Suíça): "Imagine que você quer tomar um sorvete e que pode escolher entre duas sorveterias. Uma delas oferece uma seleção de dez sabores. A outra oferece uma seleção de cinqüenta sabores. Qual das duas sorveterias você escolheria?"

Só em um país, os Estados Unidos, a maioria (56%) dos entrevistados escolheria a sorveteria com os cinqüenta sabores. Os suíços estavam no extremo oposto do espectro. Apenas 28% deles preferiram a sorveteria com mais opções.

Escolha se traduz em felicidade apenas quando é dirigida a algo que importa. Votar importa. Sorvetes importam, também, mas não cinqüenta sabores.

De novo num trem. Dessa vez meu destino é Saint-Ursanne, uma cidade "da meia-idade". Quando ouvi isso, imaginei uma cidade inteira repleta de homens gordos e meio carecas, a bordo de seus carros esporte vermelhos. Na verdade, o suíço do outro lado da linha queria dizer que era uma cidade medieval, da Idade Média.

Seu nome é Andreas Gross, e todos disseram que ele era alguém a quem eu deveria conhecer. Ele é um parlamentar suíço e um grande defensor da democracia direta. Gross viaja pelo mundo advogando as virtudes desse sistema. Ele é mais famoso, entretanto, pela proposta de votação apresentada por ele em 1989. Gross queria abolir o exército suíço, simplesmente acabar de vez com ele. Ninguém imaginou que a idéia fosse receber mais do que um pequeno número de adesões. Mas 35% dos votos foram a favor. Os suíços ficaram chocados. A votação sacudiu o sistema e o exército suíço hoje é metade do que era em 1989.

Vou até o vagão-restaurante. Isto aqui não é Amtrak (American Track, companhia ferroviária administrada pelo governo). O cardápio, em quatro línguas, informa as minhas opções: *penne* com cogumelos frescos ou risoto com aspargos frescos. Estou no céu.

O trem cruza a linha divisória lingüística entre a Suíça que fala alemão e a que fala francês e eu faço uma transição suave entre o francês do homem das cavernas para o alemão do homem das cavernas: "Eu querer café. Você tem?" Os suíços traduzem tudo para pelo menos três línguas. Isso significa que mesmo a placa mais simples ocupa boa parte do terreno. Vejo uma que diz "Perigo: não Atravesse os Trilhos da Ferrovia." Quando você chegar ao inglês, na base da pirâmide lingüística, é bem capaz de já ter sido eletrocutado.

Chegamos a Saint-Ursanne e Andreas Gross vem me receber. Ele está de jeans, tem uma barba grisalha e apenas a sugestão de uma barriga. Mais parece um *hippie* que envelheceu do que um eminente parlamentar. Nós nos encaminhamos para o seu Instituto, que na verdade é apenas uma velha casa adaptada.

Andreas prepara para mim uma xícara de expresso — a contribuição da Itália para a felicidade — e nós nos sentamos para conversar. Logo fica claro que Andreas não tem muito entusiasmo por todo esse negócio de felicidade. Para ele, a questão não é séria o suficiente. Ele quer conversar sobre democracia direta e sessões plenárias, assuntos suíços sérios. Ele cita Rousseau e diz coisas como: "Gostaria que os suíços fossem mais como os suíços que eles pensam que são." Não tenho a menor idéia do que ele está falando.

Ele me conta como os suíços se preocupam com seu meio ambiente a ponto de estarem prestes a gastar o equivalente a 20 bilhões de dólares para cavar um enorme túnel sob os Alpes. Os caminhões que quiserem cruzar o país vão ser colocados em trens e literalmente transportados através das montanhas. Ele me diz que "os direitos humanos nascem da guerra. Todos os grandes avanços da humanidade advêm da guerra". Os suíços não entram em guerra desde 1848.

— Então acho que os suíços precisam guerrear mais — eu digo.

— Não, não, não — ele discorda, deixando passar despercebido o meu humor sarcástico, como eu previa que fosse acontecer. — Nós precisamos encontrar outras maneiras de promover os direitos humanos.

Conversamos um pouco mais sobre pós-modernismo, democracia, neutralidade e, como não poderia deixar de ser, banheiros limpos. Andreas, como Dieter, gosta muito deles.

— Até mesmo a menor das estações ferroviárias tem um banheiro limpo — diz ele, orgulhoso.

Continuamos nossa conversa enquanto Andreas me leva de carro até a estação. Chegamos antes da hora, e está chovendo do lado de fora. O ar tem um cheiro doce. Permanecemos em seu velho e bolorento Saab e conversamos um pouquinho mais. Ele me conta como certa vez conheceu um militante americano das antigas, ainda agarrado às idéias dos anos 1960, um organizador sindical que foi para a Nicarágua e esteve ombro a ombro com os sandinistas.

O velho ativista ficou impressionado com o idealismo de Andreas e lamentou que a juventude americana houvesse perdido sua centelha de rebeldia. Nada do que se diga parece fazer diferença nos Estados Unidos.

— Por que é que vocês não votam pela representação proporcional? — Andreas perguntou a ele.

— Não tenho tempo para esses procedimentos todos — o velho ativista respondeu com rispidez.

— Então você quer bater sua cabeça no concreto por mais vinte anos? — retrucou Andreas.

Para Andreas o problema não está em ficar batendo a cabeça, mas em ficar batendo a cabeça no concreto. Ele acredita em mudar o sistema, com um procedimento tedioso de cada vez. Trata-se de uma abordagem bastante suíça — e admirável. Requer paciência e uma grande tolerância ao tédio. Os suíços possuem as duas coisas.

Dou uma última olhada em Andreas Gross. Aposto que nos Estados Unidos ele seria relegado ao papel de um furioso e inerte tagarela de um café de Berkeley. Aqui, é um eminente parlamentar que quase aboliu todo o exército suíço. No final das contas, os suíços não são assim tão tediosos.

Quando embarco em mais um trem, o trem que vai me levar para fora da Suíça, uma fisgada de infelicidade me atinge inesperadamente. Vou sentir saudade deste lugar. Os suíços não me irritam mais.

Mas será que eles são felizes? Satisfeitos, parece mais o caso. Não, satisfeitos também não é a melhor definição. As palavras me fogem. Temos muito mais palavras para descrever estados emocionais desagradáveis do que agradáveis (e esse é o caso com todas as línguas, não apenas o inglês). Se não estamos felizes, temos um *smörgasbord* de palavras à disposição. Podemos dizer que estamos nos sentindo deprimidos, tristes, desgraçados, irritados, desanimados, desolados, mal-humorados, melancólicos, na pior, indispostos, acabrunhados. Mas se estamos felizes, esse *smörgasbord* fica reduzido a um mero balcão de saladas do Pizza Hut. Podemos dizer que estamos exultantes, satisfeitos, contentes. Essas palavras, entretanto, não captam as nuances da felicidade.

Precisamos de uma nova palavra para descrever a felicidade suíça. Algo mais do que mera satisfação e menos do que alegria plena. "Satisfagria", uma mistura de satisfação com alegria, quem sabe. Sim, isso é o que os suíços possuem: uma total satisfagria. Poderíamos usar essa palavra para descrever todos os tipos de situações onde nos sentimos alegres, mas calmos ao mesmo tempo. Muito freqüentemente, quando dizemos que nos sentimos alegres, estamos na verdade nos sentindo agitados. Nossa alegria é de uma natureza frenética, tem um quê de pânico; temos medo de que o momento acabe de repente. Mas então há outros momentos quando nossa alegria está fundada em bases mais sólidas. Não estou falando de um momento transcendental, de êxtase nem contentamento, mas de algo menos do que isso, algo suíço.

Podemos experimentar satisfagria quando fazemos algo corriqueiro, como varrer o chão, separar o lixo, ou escutar aquele velho CD do Bob Dylan que a gente não ouve há anos. Sim, é isso. Os suíços podem não ser felizes, mas eles com certeza sabem como se satisfagriar.

Capítulo 3

BUTÃO

A felicidade é uma política de governo

Chegou um momento, ele percebeu, quando a estranheza de tudo tornou cada vez mais difícil a percepção da estranheza de qualquer coisa.

— James Hilton, *Horizonte perdido*

O Airbus mantém uma altitude de 37 mil pés, em algum lugar sobre o Himalaia. A cabine tem uma luminosidade suave e acolhedora. Os comissários de bordo deslocam-se com leveza pelos corredores, sempre gentis e atenciosos.

Estou olhando pela janela, já que fui alertado pelos Bem-Informados de que não valia a pena sentar no corredor. Não neste vôo.

Durante um longo tempo não vejo nada a não ser um espesso cobertor de nuvens. Estou começando a questionar a sabedoria dos Bem-Informados quando, de repente, as nuvens já não estão mais lá, e as montanhas se revelam. Montanhas elevadíssimas e fascinantes. O Himalaia faz todas as outras montanhas parecerem morrinhos insignificantes.

As pessoas à minha volta esticam os pescoços, procurando suas câmeras, num coro de *ahs* e *ohs*. Meus pensamentos, entretanto, estão em outro lugar. Estou me lembrando de um outro avião e um outro tempo. O ano é 1933 e esse avião é um vacilante avião a hélice. Essa aeronave também sobrevoa o Himalaia, não muito longe de onde me encontro agora, mas a cabine nesse avião é fria, os assentos são duros, não há comissários de bordo. Os passageiros — três britânicos e um americano — precisam gritar para se fazerem entender por causa do barulho do motor. A apreensão nas vozes deles, entretanto, não deixa dúvidas. O piloto, brandindo um revólver, está bem fora da rota, voando em direção a um destino ignorado. Eles estão sendo seqüestrados.

O destino acaba se revelando um lugar extraordinário de uma "tranqüilidade suntuosa". Um lugar de eterna paz, onde monges meditam, poetas contemplam pensativamente e todos vivem vidas extremamente longas e agradáveis. Um lugar remoto desligado dos horrores do mundo exterior, mas não de seus prazeres tangíveis.

O lugar é Shangri-lá, e os quatro passageiros são personagens do livro *Horizonte perdido*. Shangri-lá é, logicamente, um lugar inventado. Para realizar sua pesquisa o autor James Hilton nunca se aventurou por qualquer lugar mais distante do que o Museu Britânico em Londres. Mas a idéia de Shangri-lá é muito real. Quem nunca sonhou com um lugar ao mesmo tempo plácido e intelectualmente revigorante? Um lugar feito para a cabeça e para o coração, onde ambos vivem em feliz harmonia até a madura idade de 250 anos.

Quando o livro e o filme foram lançados, em 1930, *Horizonte perdido* se apoderou da imaginação de um público americano nas garras da Grande Depressão, recuperando-se de uma guerra mundial e preparando-se para outra. Franklin D. Roosevelt batizou de Shangri-lá o seu refúgio presidencial (mais tarde ele foi renomeado Camp David). Hotéis, grandiosos e espeluncas, se intitularam Shangri-lá, na esperança de serem banhados pela luminosidade de seu brilho utópico.

Shangri-lá contém todos os ingredientes clássicos do paraíso. Em primeiro lugar, é de difícil acesso. O paraíso, afinal de contas, não é o paraíso se você pode tomar um táxi para chegar lá. Além do mais, deve haver uma demarcação clara entre paraíso e vida comum, uma região infernal que apenas algumas afortunadas almas são capazes de transpor. O paraíso, em outras palavras, é um clube exclusivo. Exatamente como a classe executiva, que deve seus prazeres, e de maneira significativa, à presença de outros viajantes menos afortunados do que você mesmo e que ficam lá atrás, na classe econômica, entupindo-se de frango borrachento e enfiando as mãos nos bolsos em busca de algum dinheiro trocado (os comissários de bordo agradecem) para se anestesiarem com miniaturas de garrafas de vodka. Você não consegue enxergar essas pobres criaturas. É para isso que servem as cortinas — mas você sabe que elas estão lá, e isso faz toda a diferença.

E então o enigmático alto lama de Shangri-lá proclama: "Somos um único bote salva-vidas singrando os mares numa tormenta; podemos acolher apenas alguns sobreviventes ao acaso, mas se todos os náufragos nos alcançarem e conseguirem subir a bordo nós afundaremos." Como aconteceria com um avião de passageiros, sem dúvida, se as cortinas caíssem e a ralé se deslocasse em massa em direção à classe executiva.

Apesar de ter sido inventada mais de 70 anos atrás, a Shangri-lá de James Hilton constitui-se num tipo de paraíso muito moderno. Contém a sabedoria acumulada do Oriente, sim, mas também o encanamento, a água quente e as melhores banheiras do Ocidente. Sem contar uma sala de leitura equipada com os melhores livros protegidos por encadernações de couro. Acomodações confortáveis, enfim. E comida abundante e deliciosa. Shangri-lá, em outras palavras, foi o primeiro pólo do turismo de aventura moderada. Paraíso em versão *light.*

A questão com o paraíso, entretanto, é que nós nem sempre o reconhecemos de primeira. Sua essência paradisíaca leva tempo para ser identificada. Em *Horizonte perdido*, a maior parte dos estrangeiros seqüestrados conspira para escapar de Shangri-lá. Eles estão desesperados para voltar à "civilização" e desconfiam, com razão, das desculpas oferecidas pelos lamas. Mau tempo. Falta de mantimentos suficientes. Enquanto isso um cara do grupo, um diplomata britânico desajustado chamado Conway, fica enfeitiçado por Shangri-lá e escolhe permanecer. Quando li *Horizonte perdido* pela primeira vez, identifiquei-me com Conway e teria dado qualquer coisa para trocar de lugar com ele.

Horizonte perdido me passou uma mensagem que permaneceu oculta por muitos anos. Até eu ouvir falar do Butão. Naquele tempo eu morava na Índia, no início da década de 1990, como correspondente da *National Public Radio*. Era o primeiro correspondente da rede naquele país, o caminho ainda não havia sido desbravado. De vez em quando macacos passeavam pelo meu apartamento. Encantadores de serpente faziam uma visitinha. Eu me divertia como nunca.

Entre os países incluídos na área de cobertura a mim designada — meu pequeno domínio, por assim dizer — estava o Butão. Mal conseguia acreditar na minha sorte. Ali estava um país que, na minha cabeça, era o que havia de mais parecido com Shangri-lá. O Butão tinha as montanhas, os picos elevadíssimos que tocavam os céus. Tinha as idiossincrasias necessárias com um rei benevolente, por exemplo, e suas quatro esposas — todas elas irmãs. Tinha lamas e místicos e uma política governamental de Felicidade Nacional Total.

Meus editores em Washington, D.C., não compartilhavam do meu entusiasmo. Aonde você quer ir? Quanto vai custar? Ninguém tem muito interesse numa minúscula nação himalaica que tem um monarca polígamo e uma fixação na felicidade.

Os anos se passaram. Desloquei-me para outro posto em Jerusalém, depois em Tóquio, e continuava ansiando pelo Butão. Para mim, um lugar não visitado é como um amor não correspondido. É uma dor vaga: por mais que você tente deixar de pensar nele, tente convencer-se de que realmente não era o país certo para você, ele simplesmente não o deixa em paz.

— É sua primeira vez?

Giro a cabeça, fui pego desprevenido.

— O que você disse?

— Essa é a primeira vez que você vai para o Butão?

As palavras são ditas por um executivo butanês que está sentado ao meu lado no Airbus. Ele está com uma jaqueta de camurça marrom e me olha nos olhos.

— É, minha primeira vez.

— O momento é perfeito — diz ele. — Você vai chegar na época do *tse-chu*, o grande festival. Vai ver coisas que nunca viu antes. Coisas impressionantes.

O Airbus afunda. Começamos nossa descida. No alto-falante, a voz do capitão tem um tom tranqüilizador do tipo tudo-está-sobre-controle. "Aqueles que estão voando por Paro pela primeira vez não precisam se assustar se avistarem montanhas muito próximas. Essa é a nossa aproximação padrão."

Como era de se esperar, o Airbus se inclina numa curva forte — primeiro para a direita, depois para a esquerda, então para a direita novamente — e em cada uma das vezes uma montanha aparece grande na minha janela, perto o suficiente para ser tocada, ao menos é a impressão que tenho. Afinal, passamos dos picos, o Airbus cai bruscamente e, com um guincho de pneus, tocamos o solo. Os comissários de bordo abrem as portas. O ar é revigorante, o céu de um azul profundo.

Na maior parte dos países, a chegada de um passageiro acontece em etapas, sua transição para um novo ambiente é facilitada pela familiaridade e pela uniformidade hermética do Mundo dos Aeroportos. Mas no Butão não há Mundo dos Aeroportos. Verdade seja dita, mal existe um aeroporto. Apenas uma pequena cabana num terminal que, com seu madeiramento todo esculpido e com espirais em tons intensos de vermelhos e azuis, mais parece um templo budista do que um aeroporto.

No Butão, um guia é designado a cada visitante. O salário dele está incluído nos duzentos dólares por dia que você é obrigado a desembolsar para uma agência de turismo pelo privilégio de estar no Butão — parte do esforço do país para manter afastado o tipo de mochileiro de cabelos desgrenhados que se infiltra no vizinho Nepal. Isso me deixa mais do que só um pouco apreensivo. Em missões de reportagem no Iraque durante o tempo de Saddam Hussein, nossos guias eram chamados de zeladores. Eram homens de cabelos oleosos, de ternos mal ajustados que supostamente estavam ali para "facilitar" o trabalho de jornalistas internacionais. Na verdade eles estavam lá para facilitar o trabalho da *mukhabarat*, a polícia secreta de Saddam Hussein. Eles eram espiões. Todo mundo sabia disso. Nós sabíamos disso. Eles sabiam que a gente sabia.

O rapaz que está me esperando do lado de fora do aeroporto não se parece com um espião. Estaria mais para um escoteiro butanês, se eles tivessem escoteiros no Butão. De pele morena, com um rosto brilhante e recém-lavado, está usando um *gho* marrom-escuro, a vestimenta butanesa tradicional para os homens. Um *gho* parece algo como um roupão de banho, só que mais pesado e com bolsos profundos. Homens butaneses são conhecidos por tirarem todos os tipos de objeto de dentro de seus *ghos*: xícaras, telefones celulares, pequenos animais domésticos. Numa situação de apuro, o *gho* pode virar cobertor ou cortina. (É bom que o *gho* seja assim tão versátil, porque todos os homens butaneses devem usá-lo durante o horário de trabalho. O Butão é o único país no mundo com regras para as roupas masculinas.)

"Bem-vindo ao Butão, senhor", diz o rapaz de *gho*, laçando o meu pescoço com uma echarpe branca. Ele se apresenta como Tashi, e então aperta minha mão. É um aperto de mão diferente de qualquer aperto de mão que eu já tenha experimentado. Duas mãos fechadas em concha sobre a minha, a cabeça abaixada numa quase mesura. Trata-se de uma ação estudada. A princípio eu a considero desconcertante. Estou apenas apertando sua mão, Tashi, nós não vamos começar um relacionamento estável. Mais tarde, entretanto, acabaria aprendendo a apreciar o aperto de mão butanês, assim como o modo como eles atravessam a rua e lavam os pratos. Os butaneses fazem quase tudo deliberada e atentamente.

"Atenção" é uma palavra subestimada. Uma palavra que não recebe a... bem, a atenção que merece. Nós homenageamos amor e felicidade e, Deus sabe como, produtividade, mas raramente temos alguma coisa boa a dizer a respeito da atenção. Estamos muito ocupados, suspeito. E, no entanto, sem atenção, nossas vidas são vazias e despidas de significado.

Minha filha de dois anos de idade está reclamando aqui aos meus pés enquanto digito estas palavras. O que ela quer? Meu amor? Sim, de certa forma, mas o que ela realmente quer é a minha atenção. Atenção pura, não diluída. As crianças são especialistas em reconhecer atenção forçada. Talvez amor e atenção sejam a mesma coisa. Uma não pode existir sem a outra. O estudioso britânico Avner Offer caracteriza atenção como "a moeda universal do bem-estar". Pessoas atenciosas, em outras palavras, são pessoas felizes.

Tashi carrega minhas malas para o nosso carro. Dada a reputação das estradas no Butão eu esperava algo mais robusto como um Toyota Land Cruiser. É um Toyota, mas está longe de ser um Land Cruiser. Nós nos amontoamos dentro de um Corolla 1993 bastante rodado. São 8h e durante a noite, no avião, não dormi nem um instante.

— Para onde gostaria de ir, senhor?

— Para qualquer lugar que sirva café, Tashi.

Dirigimos até um pequeno café, mas chamar aquilo de café é forçar um pouquinho a barra. É uma construção de concreto com algumas mesas e cadeiras de madeira. Eles servem apenas café instantâneo. Como um amante do café, acho isso profundamente incômodo, mas bebo e não reclamo.

Tashi é gentil e faz tudo para agradar. Ele tem também, não demoro a descobrir, uma aptidão impressionante para o óbvio. Ele diz coisas como "Chegamos ao nosso destino, senhor", quando já saltamos do carro ou "Está chovendo, senhor", quando estamos completamente encharcados.

Seus maneirismos são corteses, como o dos nobres do século XVIII. Ele segura a porta para eu passar, carrega minha mala e ronda o lugar onde estou como um helicóptero numa perseguição a um carro em Los Angeles. Se ele pudesse me carregar, provavelmente o faria.

No entanto, ele faz tudo isso de uma maneira que é mais nobre do que bajuladora. Os butaneses nunca foram colonizados nem conquistados, então a hospitalidade deles é pura, destituída da deferência gratuita e do puxa-saquismo tão comuns nesta parte do mundo.

O inglês do Tashi é tosco e peculiar. Não se trata apenas do seu sotaque, que é forte, mas do seu vocabulário. Ele diz coisas como: "Será que devemos levar alguma comida vestigial, senhor?" A princípio não faço a menor idéia do que ele está falando — alguma iguaria butanesa, talvez? Então me dou conta de que ele está se referindo às sobras. "Vestigial", como em "vestígio", como em "aquilo que restou".

Explico a ele que em geral não se usa muito essa palavra. Entretanto, ele continua usando e afinal paro de tentar corrigi-lo.

— O.k., Tashi, vamos para Thimphu. — É a capital do Butão e meu lar pela próxima semana ou mais.

— Nós não podemos ir, senhor.

— Por que não?

— A estrada está fechada.

— Por quanto tempo vai permanecer fechada?

— Por algum tempo.

Nesta parte do mundo, Por Algum Tempo é a última coisa que você quer ouvir. Fortunas foram ganhas e perdidas "Por Algum Tempo." Impérios se ergueram e caíram durante "Por Algum Tempo." O problema é que "Por Algum Tempo" pode significar cinco minutos, cinco dias ou cinco anos. Não importa o que você esteja esperando — o próximo ônibus para Bombaim ou um transplante de rim. "Por Algum Tempo" não vai chegar até chegar. A não ser que não chegue.

— Que tal seguirmos por uma estrada alternativa? — eu sugiro, tentando ajudar. Tashi e o motorista acham muita graça no que digo. É o que suponho pelo estrondo das risadas e pelos tapas que dão nos joelhos. Estrada alternativa! Essa é boa, senhor, estrada alternativa, ha ha.

Não há uma estrada alternativa. Mal existe uma estrada. A estrada de Butão generosamente batizada de Auto-Estrada Nacional é a única estrada do país — e nem mesmo chega a ser uma estrada, é larga apenas o suficiente para passar um carro.

Então nós nos sentamos e esperamos. Tudo bem, eu penso, no meu melhor estilo Buda. Isso me dá alguns minutos para recuperar o fôlego, tarefa nada fácil nesta altitude, e para fazer uma avaliação do lugar.

Por que estou aqui? Onde é que o Butão se encaixa no meu atlas da felicidade? Sim, o país lembra a Shangri-lá de Hilton, ao menos superficialmente, e isso é para mim um enorme atrativo. A felicidade está até mesmo no hino nacional: "Assim como a doutrina do Grande Buda floresce, que o sol da paz e da felicidade brilhe sobre o povo." E depois há a política butanesa de Felicidade Nacional Bruta. Em poucas palavras, essa política visa a medir o progresso da nação não pela sua balança de pagamentos, mas sim pela felicidade — ou infelicidade — do seu povo. Trata-se de um conceito que representa uma mudança profunda na maneira como pensamos a respeito do dinheiro, da satisfação e da obrigação de um governo para com o seu povo.

Acontece que tenho minhas dúvidas a esse respeito. Será que o Butão é mesmo um "laboratório de aprimoramento humano", como disse um observador? Ou não passa de mais um buraco de merda, para usar a expressão deselegante empregada pelos correspondentes internacionais ao se referirem aos países onde o governo é corrupto, as estradas são lentas e o café, instantâneo?

Ainda não sou capaz de responder a muitas dessas questões e em lugar disso encontro consolo nas palavras de Conway, ao tentar acalmar seus arrogantes companheiros retidos em Shangri-lá: "Estamos aqui porque estamos aqui. Se vocês querem uma explicação, esta eu sempre achei reconfortante."

Afinal, depois de esperarmos "Por Algum Tempo", a estrada para Thimphu é reaberta e nos amontoamos dentro do Toyota. Não demoro a perceber que dirigir no Butão não é para qualquer um. As curvas em U, os declives vertiginosos (nenhuma grade de proteção) e um motorista que acredita piamente em reencarnação proporcionam uma experiência muito angustiante. Não há ateus nas estradas do Butão.

Por sorte, durmo durante quase toda a viagem e só acordo quando começamos a subir uma montanha ao som dos estouros do carro. Na volta da escola, alunos butaneses falam e riem sem parar, enquanto abrem caminho para o nosso Corolla, como o Mar Vermelho para Moisés. Fazem isso sem falas hostis ou caras feias. Algo mais que se vê por aqui — ou, melhor, não se vê por aqui. Não se vê *outdoors* ou letreiros de néon. Quase não há anúncios no Butão e os próprios sinais de néon eram proibidos até alguns anos atrás. Entretanto, na beira da estrada, vejo uma placa pintada à mão, sustentada por dois pedaços de madeira.

Quando a última árvore for cortada,
Quando o último rio secar,
Quando o último peixe for pescado,
Só então o Homem vai perceber que não pode comer dinheiro.

Estou refletindo a respeito dessas palavras quando o Corolla pára em frente a um pequeno hotelzinho no alto da montanha. Sou cumprimentado por todos os funcionários como se fosse uma majestade em visita oficial. Mais uma echarpe é laçada em meu pescoço e então sou levado para meu quarto no segundo andar. A proprietária, uma mulher bonita de nome Sangay, me diz que certa vez Richard Gere ficou hospedado justo neste quarto. "Eu me lembro muito bem", ela diz. "Ele falou que o quarto tinha 'uma vista de um milhão de dólares'."

A vista é mesmo maravilhosa. A cidade de Thimphu, com suas casas brancas de telhados verdes, fica logo abaixo, e mais ao longe se vê as montanhas e nuvens finas na linha do horizonte. Só que uma "vista de um milhão de dólares" não me soa como a expressão certa para descrevê-la, não aqui no Butão, um país empenhado em diminuir a importância do dinheiro nas vidas dos seus cidadãos.

Exausto, faço uma pirueta e desabo sobre o colchão. Fecho os olhos e tento imaginar Richard Gere, *o* Richard Gere, deitado nesta mesmíssima cama. Não gosto das imagens evocadas e em vez disso penso em beisebol. Nada pessoal. Não tenho nada contra Richard Gere. Na verdade, posso até dizer, com sinceridade, que se ele fosse melhor ator eu poderia não estar casado hoje. No meu primeiro encontro com a minha atual esposa, fomos assistir a um filme dele no Greenwich Village. Chamava-se *Mr. Jones* e era tão ruim, sob tantos aspectos, que passamos o resto da noite dissecando sua má qualidade e estabelecendo o forte vínculo que dura até hoje entre nós. Portanto, agora que tenho a chance, gostaria de dizer: obrigado, Richard Gere, obrigado.

Tenho um sono agitado, com sonhos confusos, e imagino que isso se deva à altitude. Acordo na manhã seguinte ao som de vaias e gritos ao longe. Uma insurreição? Um golpe de Estado?

— Não, isso que o senhor está ouvindo é na certa uma disputa entre arqueiros — diz Sangay, enquanto como meus ovos mal-passados com torradas de café-da-manhã. O arco-e-flecha é o esporte nacional do Butão. É disputado com empenho e algazarra. Os butaneses rezam em silêncio, tudo o mais eles fazem de forma bem barulhenta.

Depois disso, tenho algum tempo livre até que Tashi venha me buscar, então decido fazer uma coisa que, até recentemente, seria impensável no Butão. Assisto à televisão. O Butão foi o último país do mundo a ter televisão, em 1999. Esse meio de comunicação logo se transformou numa parte indispensável — e controversa — da vida aqui. Os adolescentes butaneses, por razões não muito claras, desenvolveram um gosto pelo *Wrestlemania*, evento anual de lutas dos

EUA. O governo baniu os canais que transmitiam o esporte. Isso funcionou por um tempo. Logo outros canais adquiriram os direitos de transmitir os combates de *wrestling*. Depois de séculos de isolamento, o Butão se encontra invadido por tipos como o lutador Hulk Hogan.

Sangay Ngedup, ex-primeiro-ministro do Butão, expressou uma preocupação que é compartilhada por muitos butaneses. "Até pouco tempo atrás, relutávamos em matar insetos, e agora somos convidados a assistir na TV pessoas explodindo cabeças com espingardas", disse ele ao jornal inglês *The Guardian*.

O noticiário na BBS — o *Bhutan Broadcasting Service* — é bem produzido. O âncora vestindo um *gho* lê as notícias com aquela mistura de autoridade e camaradagem na qual os âncoras americanos se tornaram peritos. Atrás dele está uma fotografia do Dzong de Thimphu, o equivalente butanês à Casa Branca. Embaixo, mal consigo identificar os rabiscos. Espere um minuto. Os rabiscos estão se movendo. O que está acontecendo? Chego minha cadeira mais perto da tela. Meu Deus, eles têm um equipamento de inserção de caracteres! Apenas sete anos de televisão e eles já têm esse equipamento. E o mesmo acontece com o salto que o Butão dá em direção ao século XXI. Agora há cibercafés, telefones celulares e ainda aquele sinal definitivo de civilização, pelo menos a civilização de aproximadamente 1973: discotecas. Não se esqueça de que este é um país que até 1962 não tinha uma única estrada, escola ou hospital. Não tinha nem mesmo uma moeda nacional.

Tashi chega ao hotel e anuncia com grande fanfarra: "Senhor, já estou aqui." Cheguei à conclusão de que Tashi não é um espião. Ele não é esperto o suficiente. Não, Tashi é mais um guia, ou, no jargão jornalístico, um *fixer*. Um *fixer* consegue entrevistas, serve de intérprete, cava informações junto a autoridades relutantes, tem sempre alguma historinha interessante para contar, tira fotos, providencia café e às vezes escreve artigos. Em outras palavras, os *fixers* fazem a maior parte do trabalho do correspondente, sem levar crédito e por muito menos dinheiro. Alguns podem achar que isso é injusto, até mesmo pouco ético. Pode ser, mas a relação entre o *fixer* e o correspondente tem uma longa e orgulhosa tradição. E eu não estou aqui para quebrá-la.

Ainda assim, estou preocupado que Tashi possa não ser um bom *fixer*. O inglês dele é muito rudimentar e é óbvio que ele é novo no ramo, tão verde quanto um abacate. Devo ter deixado minha preocupação transparecer para alguém lá no hotel, porque recebo uma ligação da chefe de Tashi, Sonam, gerente da agência de turismo que organiza minha viagem.

— Pelo que entendo o senhor não está satisfeito com Tashi — diz ela sem rodeios. Uau, este *é* um país pequeno.

— Nããão — minto, envergonhado pela minha indiscrição —, estou perfeitamente satisfeito com ele. — Ela insiste e se oferece para me mandar um outro guia. Poderia ter concordado, poderia ter me livrado de Tashi ali mesmo mas, por razões que ainda não entendo, decido permanecer com ele.

Informações sobre minhas inquietações, entretanto, já chegaram aos ouvidos de Tashi. Ele interpretou minha crítica como se eu tivesse querendo dizer que ele não está ficando por perto o suficiente, abrindo portas o suficiente ou carregando malas o suficiente, então ele redobra seus esforços.

Descemos a montanha para chegar até Thimphu. Toda pessoa aficionada por trivialidades adora salientar que esta é a única capital que não tem um único sinal de trânsito. É o meu caso: Thimphu é a única capital do mundo que não tem um único sinal de trânsito! Em vez disso, no principal cruzamento, um policial de luvas brancas orienta o tráfego à base de gestos precisos e quase cômicos. Alguns anos atrás eles tentaram substituir o policial por um sinal de verdade mas o rei não gostou e, sendo o rei aqui bem parecido com o Papa — isto é, infalível —, todos concordaram que não se tratava de uma boa idéia. O sinal foi retirado.

Thimphu é uma cidade encantadora, mais ou menos do tamanho de Burlington, em Vermont. A silhueta das construções contra o céu inclui um emaranhado de fios de eletricidade e bandeiras de oração. A vida em Thimphu me lembra muito a descrição que James Hilton fez dos habitantes de Shangri-lá: "Eles eram bem-humorados e moderadamente inquisitivos, corteses e despreocupados, dedicados a inúmeras tarefas, mas sem nenhuma pressa em cumpri-las."

Thimphu tem a quantidade certa de alvoroço e caos: trabalhadores indianos que aproveitam o dia de folga para colocar a fofoca em dia; hotéis de segunda; antenas parabólicas que brotam no alto dos telhados como cogumelos selvagens; uma placa me agradecendo por não cuspir; cibercafés encardidos; andaimes precários de bambu; turistas de tênis, queimados de sol e acompanhados de guias que mais parecem agentes do Serviço Secreto; mulheres butanesas e seus guarda-chuvas contra o sol do meio-dia.

E cachorros sem dono. Muitos deles. Cachorros que ficam tomando sol ou, quando lhes dá na telha, atravessam a rua. Eles fazem isso com um ar de invencibilidade. Sabem que ninguém se atreveria a atropelá-los. No Butão, os cachorros são os reis da rua. A última vez em que presenciei tal arrogância da parte de um animal foi na Índia, onde a vaca, presunçosa em sua condição de animal sagrado, desenvolveu um sério problema de conduta. Vacas ficam perambulando pelo meio da rua, ruminando e desafiando motoristas para que sigam em frente e as atropelem, se forem homens.

Na minha outra vida quero voltar como um cachorro butanês. Eles estão com tudo. Com certeza o respeito dos butaneses por todos os entes sencientes tem algo a ver com isso. Mas essa crença, por mais nobre que seja, não é assim tão altruísta quanto parece. Se você acredita em reencarnação, então você também acredita que possa voltar na sua próxima vida como um cavalo ou uma vaca e, se isso acontecer, você vai gostar de ser bem tratado como um cavalo ou uma vaca. É assim que Ringzin Dorji, citado no livro de Barbara Crossette sobre os reinos budistas do Himalaia, descreve esse fenômeno: "Hoje minha mãe pode ser humana. Mas quando eu morrer posso renascer como um cachorro e, portanto, minha mãe poderá ser uma cadela. Então, é por isso que se deve pensar que todas as coisas vivas são meus pais. Meus pais são infinitos. Não deixe que meus pais sofram."

Essa passagem me marcou muito quando a li pela primeira vez. Não me chamou a atenção apenas a proposição dúbia de que "minha mãe pode ser uma cadela", mas a noção mais profunda de que nossos pais são infinitos. De que somos todos aparentados.

Pego um jornal, o *Bhutan Observer*. Uma manchete me chama atenção: "Em segredo, vendas clandestinas nas ruas." Essa não, penso, o Butão tem um problema de drogas ou, pior, um movimentado comércio de armas contrabandeadas. Leio o corpo da matéria: "Os principais itens vendidos aqui são frutas, legumes e laticínios frescos e puros." Então entendo o que acontece: é que durante o fim de semana os vendedores ambulantes não conseguem vender todos os seus produtos no mercado oficial, e por isso permanecem em Thimphu na segunda-feira e fazem vendas clandestinas de abobrinha e de aspargos, antes de viajarem de volta para os seus povoados.

Pelo visto, isso é o que se chama de crime no Butão. Mas a polícia está preocupada. Eles sabem que se trata de um caminho sem volta. Vendas de abobrinhas e aspargos no mercado negro podem com facilidade levar a vegetais mais pesados.

É lógico que o baixo índice de criminalidade no Butão — quase não se ouve falar em assassinato — contribui para a felicidade como um todo por aqui. Não é de se estranhar que lugares com altos índices de criminalidade tenham uma colocação baixa na escala da felicidade. (Alguns lugares, diga-se, fogem do padrão. Porto Rico, por exemplo, é ao mesmo tempo dominada pelo crime e feliz.)

As razões dessa correlação são menos óbvias do que se possa imaginar. Alguém que tenha sido roubado ou assaltado, é claro, na certa não vai ficar feliz, mas as vítimas do crime ainda se constituem numa pequena parte da população (pelo menos na maioria dos países). Não é o crime por si só o que torna o país infeliz. É a sensação de medo que vai se insinuando e que permeia a vida de todos, mesmo daqueles que nunca foram — e provavelmente nunca serão — vítimas do crime.

Nas últimas décadas, o Butão fez progressos tremendos no tipo de estatística que costuma animar as pessoas. A expectativa de vida aumentou de 42 para 64 anos de idade (ainda está longe dos 250 anos de Shangri-lá, mas já é um avanço). O governo agora promove assistência médica e educação gratuita para todos os seus cidadãos. O Butão é a primeira nação não-fumante do mundo. A venda de fumo é proibida. Há mais monges do que soldados. O exército, de pouco valor, produz a maior parte das bebidas alcoólicas do Butão, incluindo a cerveja Red Panda e o meu favorito Dragon Rum. Imagine se todos os exércitos do mundo entrassem para o ramo de bebidas alcoólicas. "Faça drinques, não faça guerra" poderia se tornar o grito de convocação para toda uma nova geração de pacifistas.

Eu queria conhecer melhor a política de Felicidade Nacional Bruta, que visa complementar a maneira mais tradicional de se medir o progresso, o produto nacional bruto. Isso é mesmo para valer?

Todas as pessoas que têm o mínimo de conhecimento que seja a respeito do Butão sugeriram que eu me encontrasse com Karma Ura. Ele administra o mais importante *think thank* do Butão, uma espécie de instituto catalisador de idéias. Não vejo a hora de conhecê-lo, em parte por ser um homem que pensou longa e detidamente sobre a natureza da felicidade, em parte por causa de sua imensa força intelectual neste país, e também porque nunca tive a oportunidade de conhecer alguém chamado Karma.

Tashi e eu vamos de carro até os arredores de Thimphu, não muito longe de onde vive o rei, e estacionamos em frente a uma construção antiga. Sou levado a uma sala de reuniões a alguns metros dali. Caminho sobre uma trave de madeira, equilibrando-me para passar sobre um buraco cheio de lama. Minhas expectativas para a "sala de reuniões" são baixas, mas quando abro a porta fico surpreso ao encontrar um espaço bem projetado, cortado por uma longa mesa de madeira. O Butão resiste a uma tendência que se observa na maior parte dos países em desenvolvimento, onde o dinheiro escoa em gastos com aparências — um terminal de aeroporto de luxo exagerado e cercado de favelas, por exemplo, ou hotéis com saguões extravagantes e quartos em mau estado. No Butão, o que está do lado de dentro em geral é mais impressionante do que o que está do lado de fora.

Entrego para Karma a echarpe branca que Tashi me deu, numa troca circular, e ele responde com o prenúncio de um sorriso. Está usando um *gho* xadrez e tem um rosto fino e bonito. Ele fala devagar, deliberadamente. Não é que ele pense antes de falar. Ele pensa *enquanto* fala e assim o faz de uma maneira calculada e sincrônica. O silêncio me deixa desconfortável — todo esse nada me leva à loucura — e tenho de conter o meu impulso de preencher os espaços em branco da nossa conversa.

Para Karma Ura, um governo é como um piloto no comando de um avião. Se o tempo está ruim, ele tem de se fiar em instrumentos de navegação. Mas o que acontece se os instrumentos estão com defeito? O avião com certeza vai se desviar da rota, mesmo que o piloto esteja operando os equipamentos de forma adequada. Esse, ele diz, é o estado em que o mundo se encontra hoje, com sua dependência ao produto nacional bruto como a única maneira real de medir o progresso de uma nação. "Veja a educação", ele diz. "Ficamos preocupados em medir o número de matrículas, mas não olhamos para o conteúdo. Ou então considere uma nação como o Japão. As pessoas vivem muito tempo, mas qual é a qualidade da vida delas depois dos sessenta?" Ele tem razão. Nós medimos aquilo que é mais fácil medir, não o que realmente importa para a vida da maioria das pessoas — uma disparidade que a Felicidade Nacional Bruta procura corrigir.

Percebo que estou escorregando para o meu velho estilo profissional e distante de entrevistar e me dou conta de que está na hora de a coisa toda ficar mais pessoal.

— Karma, você é feliz?

— Olhando em retrospecto para a minha vida eu acho que a resposta é sim. Alcancei a felicidade porque não tenho expectativas irrealistas.

Essa explicação me soa estranha. Nos Estados Unidos, as expectativas altas são máquinas que nos impulsionam, são a gasolina no nosso tanque, a força por trás dos nossos sonhos e, por extensão, da nossa busca de felicidade.

— Meu modo de pensar é bem diferente — ele diz. — Não tenho tais montanhas para escalar. Basicamente, acho que viver por si só já é uma luta e se estou satisfeito, se já consegui ao menos fazer isso, viver bem, à noite suspiro e digo: "Foi o.k."

— Você tem dias ruins?

— Sim, mas é importante colocá-los na perspectiva da insignificância. As conquistas alcançadas na vida são como um teatro na sua cabeça. Você as considera muito importantes, mas na verdade elas não chegam a fazer uma diferença significativa para a vida de qualquer pessoa. Assim também são os dias ruins.

— Então, Karma, você está dizendo que tanto nossas grandes conquistas como nossos grandes fracassos são igualmente insignificantes?

— Sim. Nós gostamos de pensar que de fato fizemos uma diferença. O.k., na escala de uma semana pode ter sido interessante. Deixe passar mais uns quarenta anos e eu não teria tanta certeza. Deixe passar três gerações e você terá sido esquecido sem deixar vestígios.

— E você considera isso algum tipo de conforto? Eu acho extremamente depressivo.

— Como dizemos no budismo, não há nada maior do que a compaixão. Se você fez algo de bom, então nesse momento você deve sentir satisfação. Eu até matava muitas moscas e mosquitos todos os dias, porque tinha um certo receio de contrair malária, mas às vezes não o fazia. Parava e pensava: "Bem, este inseto não está me prejudicando, não está me ameaçando. Ele é indefeso. Por que é que o estou esmagando?" É aí que eu o liberto e há um momento — trata-se de um ato insignificante, eu sei — mas há um momento de genuína paz. Apenas deixo que ele vá embora.

Então decido fazer algo que não é do meu feitio. Falo de mim mesmo. Não sei bem por quê. Talvez seja a delicadeza desse homem, o nome Karma, ou então a natureza desorientadora do Butão. Por qualquer que seja a razão, conto uma história a Karma, uma história que se passou em Miami, algumas semanas antes do começo da minha busca pelos lugares mais felizes do mundo.

— Acorde — ouço o médico dizer, impaciente, olhando para baixo, enquanto abre a porta da sala de exames.

— Estou acordado — eu digo.

— Não — o médico me repreende. — Estou falando com o meu computador.

É claro. Agora consigo ver o microfone — do tamanho e da forma de uma bola de chiclete, pairando diante da sua boca — e também a prancheta reluzente em sua mão.

Essa estranha visão me distrai por um momento até que me lembro por que estou aqui. A dormência nas minhas mãos e nos meus pés. A falta de ar. Esses sintomas pioraram nas últimas semanas, e me mantiveram acordado durante a noite.

Então o que aconteceu foi que na idade crítica de 43 anos, em clima de quem está com a vida por um fio, encontro-me sentado numa sala gelada de exames, com um médico que fala com seu computador, à espera dos resultados da ressonância magnética que eu sei, simplesmente *sei,* vão oferecer a implacável confirmação do meu inoperável tumor cerebral. Ou talvez, se eu tiver sorte, de doença de Lou Gehrig. Duas semanas antes, deitado de bruços no tubo que parece um sarcófago, o mecanismo invisível produzindo cliques e zumbidos ao meu redor, quase posso ouvir os técnicos por trás da divisória de vidro murmurando um para o outro. "Coitado, esse aí não vai durar mais muito tempo."

Enquanto espero pelos resultados oficiais, minha vida passa diante dos meus olhos como uma apresentação ruim feita em PowerPoint. *Slide* final: morte. Obrigado por comparecerem ao nosso seminário. Café e pãezinhos estão servidos na sala ao lado.

— Bem, estou com os resultados da ressonância aqui comigo — o médico diz.

Sim, eu sei que você está. Posso vê-los na palma das suas mãos frias e impiedosas. Diga logo, doutor. Serei capaz de agüentar. Na verdade, não serei. Mas pode me dizer assim mesmo.

— E nós temos também o resultado do seu exame de sangue.

Sim, meu exame de sangue, eu sei. Quanto tempo eu ainda tenho?

— E... nós descobrimos...

— Nada. Eles não acharam nada — interpõe-se Karma, categoricamente, sem titubear.

Estou chocado. Ele está certo. A dormência nas mãos e nos pés era causada por uma respiração errática e um fluxo de oxigênio inconsistente. Em outras palavras, um ataque de pânico. Apenas mais uma passagem rápida pela hipocondria.

— Mas, Karma, como é que você sabia?

Karma faz uma de suas pausas e então responde com uma receita.

— Você precisa pensar sobre a morte todos os dias por cinco minutos. Isso vai curá-lo.

— Como?

— É essa coisa, esse medo da morte, esse medo de morrer antes de termos concluído nossos planos, ou antes de vermos nossos filhos crescerem. Isso é o que está incomodando você.

— Mas soa tão deprimente, pensar a respeito da morte todos os dias. Por que é que eu iria querer fazer isso?

— As pessoas ricas do Ocidente nunca tocam em cadáveres, feridas recentes, coisas apodrecidas. Isso é um problema. Pois essa é a condição humana. Temos de ficar preparados para o momento em que deixaremos de existir.

É só então que ele me fala a respeito de seu câncer. O diagnóstico. Quimioterapia. Cirurgias em hospitais longe de casa. E afinal, remissão.

Agora sou eu quem fica em silêncio.

Nós nos despedimos e faço questão de dizer que quero vê-lo mais uma vez antes de deixar o Butão. Então passo de novo pela trave de madeira e chego ao Corolla. Estamos voltando para o hotel, algo que Tashi se sente compelido a anunciar, e estou pensando neste admirável homem que acabei de conhecer. Um homem feliz. Um acadêmico que estudou em Cambridge e pode fazer comentários inteligentes a respeito de análise regressiva com os maiores especialistas, mas no minuto seguinte já está falando sobre Buda e sobre o câncer que quase o matou. Sem mudar o tom. A vida de Karma Ura é integrada. Orgânica. Não uma série de silos — família, amor, trabalho — como é o caso da vida da maioria das pessoas que conheço. Como é o caso da minha.

Quando chegamos ao hotel — coisa que Tashi salienta declarando "Chegamos ao hotel, senhor" — não estou disposto a ficar de conversa fiada com os funcionários, então levo uma cadeira para a varanda do meu quarto e fico sentado ali. Apenas isso. Minha cabeça está dando voltas. Karma Ura mexeu comigo. Felicidade é não ter expectativas altas? Como é que eu concilio isso com a força propulsora da ambição, que tão bem me serviu na vida? Será que serviu mesmo? E aquilo que ele mencionou sobre a compaixão ser a ambição máxima? O que ele quis dizer com isso?

Então o vejo. A menos de um metro de distância de mim. Um inseto. Está virado de barriga para cima, as perninhas minúsculas esperneiam em vão. Desvio o olhar. Mas meus olhos são arrastados de volta para essa criatura diminuta em estado tão patético.

Considero minhas opções. Opção um: posso esmagar o inseto e acabar com o sofrimento dele. A principal vantagem da opção um é que acaba o sofrimento, o do inseto e o meu. Opção dois: posso ignorá-lo, que é como costumo reagir ao ser confrontado com o sofrimento dos outros. Não se envolva. Seja um bom jornalista. Mantenha-se neutro a todo custo. Mas isto aqui não é uma matéria jornalística. Não vai haver nada de "Inseto Morre no Himalaia. Família Abalada. Veja as imagens às 11h."

Existe, eu me dou conta, uma opção três. Eu poderia interferir e salvar uma vida — a vida de um inseto, é verdade, mas ainda assim uma vida. Caminho hesitante em direção ao bichinho e acerto nele um chute de leve. Só que não sai tão leve quanto era a minha intenção e o inseto desliza uns bons três metros pátio afora, ainda de barriga para cima, ainda esperneando. O.k., mais uma intervenção humanitária fracassada. Os Estados Unidos, com todos os seus recursos, não foram capazes de salvar a Somália ou o Iraque, então por que eu deveria me sentir mal por não conseguir salvar um inseto?

Desço e peço uma cerveja Red Panda. Quando volto para o meu quarto, meia hora depois, só por uma curiosidade mórbida, dou uma espiada no pátio e vejo que o inseto ainda esperneia, apesar de já estar perdendo força. Por que diabos eu deveria me importar? Que droga, eu odeio insetos. Mas toda essa conversa budista sobre compaixão me afetou. Tá bom, dou outro chute no inseto, dessa vez com mais delicadeza e num instante ele consegue sair daquela posição e escapulir. Sem me agradecer, mas tudo bem. A sensação é gostosa. Salvei uma vida, me envolvi.

Quando mais tarde, naquela mesma noite, fui para o pátio e encontrei um inseto, exatamente o mesmo inseto, tenho certeza, mais uma vez de barriga para cima, não consegui acreditar no que vi. Dessa vez não fiz nada. Nem por isso custei a pegar no sono. Ninguém, nem mesmo Karma Ura, eu aposto, pode salvar um inseto dele mesmo.

O Butão é um lugar de cabeça para baixo. Aqui, o número 13 é considerado número da sorte. As crianças cumprimentam você com *bye-bye*. O rei quer abolir a si próprio.

Veja só o caso da maconha. No Butão, eles têm um novo uso para a planta. Ela alimenta os porcos. Isso faz com que os animais tenham mais fome e assim fiquem gordos. Na primeira vez em que ouvi isso, não pude evitar a imagem de um quintal cheio de porcos com aquela larica. Eles marcham até uma loja de conveniência 7-Eleven, uma 7-Eleven para porcos, e compram tortilhas pegajosas de frango e agora — posso enxergar isso com nitidez — estão tentando aquecê-las no microondas, mas suas rechonchudas patas de porco ficam presas na porta do aparelho e eles começam a guinchar descontroladamente, como os porcos fazem, até que o atendente, também um porco, se aproxima com um andar gingado e pede a eles, em linguagem de porco, para, por favor, acabarem com aquela barulheira, porque afinal aquilo é um 7-Eleven e não um quintal ou coisa parecida.

Esses são os tipos de pensamento que me vêm no Butão. Pode ser a altitude, mas acho que é algo mais do que isso. Esse lugar libera a minha imaginação. Na maior parte do tempo eu a mantenho na coleira. No Butão, ela corre solta, estragando a grama que acabou de ser cortada e às vezes fazendo suas necessidades onde não deve, mas também me recompensando de maneiras inesperadas.

Por todas essas razões, para se viajar pelo Butão é preciso deixar a incredulidade de lado. Realidade e fantasia vivem lado a lado. Às vezes são indistinguíveis.

Estou sentado aqui no hotel, tomando um chá, quando Sangay, a proprietária, diz, do nada:

— Meu marido é irmão do Dalai Lama.

— É mesmo? — comento. — Ele é irmão do Dalai Lama? Não sabia que o Dalai Lama tinha um irmão.

— Não, não irmãos agora, mas numa vida passada. Meu marido é a 12ª encarnação de um lama tibetano.

Esse tipo de confusão acontece a toda hora no Butão. Esta vida, a vida passada, a próxima vida. Todas elas se misturam de maneira indistinta e feliz. Repare só neste diálogo travado com uma das gentis jovens que trabalham no hotel onde estou:

— Como tem chovido nos últimos dias — eu digo, puxando assunto.

— É mesmo, senhor, isso é por causa do Abençoado Dia de Chuva. É um festival que nós temos todos os anos para marcar o final da estação de chuvas. Depois do Abençoado Dia de Chuva, não haverá mais chuva. — Ela diz isso com absoluta certeza, como se estivesse explicando para um imbecil que o Sol sempre nasce no leste.

No dia seguinte, a chuva parou.

Tashi e eu decidimos fazer uma visita ao mercado do fim de semana, onde estão à venda todos os tipos de legumes e de artesanato: maçãs do tamanho da sua cabeça e Budas a granel. Sentado na entrada do mercado encontramos um astrólogo. "Um homem muito bom, muito famoso", diz Tashi. Ele está de cócoras, há um cobertor aberto diante dele. Só então reparo que é um leproso. Não tem nenhum dos dedos, apenas tocos. Ainda assim, dá um jeito de segurar um baralho de cartas da sorte, cada uma do tamanho de um adesivo de pára-choque.

Ele me pede para escolher três cartas. Então joga três dados. O veredicto: "O que você está fazendo agora está bem, tudo vai acabar bem. Todos os seus sonhos vão se realizar." Fico imaginando se a minha boa sorte tem a ver com a pequena remuneração que desembolsei. Menciono isso para Tashi e ele mais uma vez me garante que o adivinho é "um homem muito bom, muito respeitado". Mais tarde nessa noite, lendo a respeito das aventuras de Lorde Ronaldshay, um explorador britânico no Butão, descubro que ele encontrou a mesma boa sorte um século atrás. "Fui convidado a fazer ofertas à divindade e a jogar os dados. Foi o que fiz, e por incrível que pareça tirei três números um. Um lance que foi imediatamente proclamado pelo lama oficiante como uma sorte suprema!"

Na manhã seguinte, acordo depois de um sono entrecortado e de mais sonhos perturbadores e indefinidos — isso *é* causado pela altitude elevada, não tenho mais dúvidas — e desço para o café cambaleante. Estou sorvendo ruidosamente meus ovos malpassados quando ouço "Bom dia" numa voz de barítono profundo. Por um momento acho que é a televisão, mas quando giro em minha cadeira sou saudado por um homem sorridente com uma careca brilhante e bochechas grandes. Ele está usando um colete vermelho e uma reluzente camisa amarela. Parece-se com o irmão mais moço do Dalai Lama.

Ele é Barba Tulku, o marido de Sangai, também conhecido pela expressão honorífica Rinpoche, que significa "o precioso". Ele é um homem expressivo, com olhos bondosos e uma risada vigorosa. Quando ele fala, todo o seu corpo se sacode e balança. Ele se encurva para argumentar, então se estica e depois se encurva de novo. É nesse encurva-e-estica que ele conta sua história.

Dias antes de seu nascimento, alguns lamas respeitados visitaram sua casa. "De repente, uma fonte de água surgiu no jardim, com uma água muito branca, como leite. Todos os potes e panelas se encheram com essa água. Então um arco-íris apareceu sobre a casa." Esses são os sinais clássicos, ele diz, de que um encarnado estava prestes a nascer.

Ainda criança, ele começou a falar tibetano, apesar de nunca ter estudado a língua.

Barba Tulku viajou para a Índia quando tinha 18 anos e encontrou-se com o Dalai Lama.

"Ele me puxou num canto e disse: 'Você é muito especial. Onde foi que aprendeu o tibetano?' Expliquei que apenas sabia. Ele disse: 'Venha amanhã de manhã.'" Foi no encontro daquela manhã que o Dalai Lama chegou à conclusão de que o rapaz, o homem com o sorriso vigoroso, era um lama reencarnado do Tibet oriental.

Tulku ficou então sob os cuidados do Dalai Lama e foi convidado por ele a estudar na cidade indiana de Dharamsala, a capital do governo tibetano no exílio.

— Foi uma excelente oportunidade para receber os ensinamentos oralmente; você pode ler e reler o texto para compreender algumas idéias, mas as palavras escritas podem desorientá-lo. É melhor se for expresso ao vivo.

Não sei bem o que achar desse homem de olhos bondosos e risada compulsiva. Onde eu moro, histórias de milagres, reencarnação e fontes de águas brancas como o leite me pareceriam fantasiosas, talvez até psicóticas. Decido mudar minha linha de ação.

— O povo butanês é feliz?

Ele hesita por um bom tempo antes de dizer:

— Talvez — e ri intensamente, seu corpo sacudindo e convulsionando tanto que chego a considerar se ele não estaria tendo um ataque apoplético. Decido não insistir mais no assunto e apenas escuto ele me contar mais coisas malucas. A respeito de uma terra escondida onde tesouros espirituais estão enterrados e a respeito de como certa vez meditou por três anos, três meses e três dias.

Depois ele me fala de alguém que viveu no Butão quinhentos anos atrás, alguém conhecido como Divino Louco. Seu nome era Drukpa Kunley e ele era o Howard Stern (radialista americano célebre pelo estilo irreverente) do budismo tibetano. Um homem santo diferente de qualquer outro.

— Ele era uma pessoa impressionante. Ia a tabernas e mexia com as mulheres. Sua mãe dizia: "Kunley, por que é que você não pode ser como o seu irmão mais velho, que está sempre meditando? Sua expressão é tão concentrada."

"Não, mãe", Kunley respondia. "Meu irmão mais velho está procurando um banheiro. É por isso que ele está sempre fazendo essa cara." Kunley estava certo, assim como estava certo a respeito da maior parte das coisas. Seu irmão mais velho era constipado, não consagrado. A moral da história, o Rinpoche explica:

— Não podemos julgar pela ação, apenas pela motivação.

Essa foi a primeira vez que ouvi falar de Drukpa Kunley, o Divino Louco, mas não foi a última. De fato, me disseram que você não pode realmente entender o Butão sem entender Drukpa Kunley. Mencione o nome dele e as pessoas caem na gargalhada. Mas não uma gargalhada qualquer. Uma gargalhada reverencial, se é que tal coisa é possível.

Kunley pertence a uma escola espiritual de pensamento conhecida como louca sabedoria. Toda religião tem sua ramificação louca. Os cristãos têm o seu Loucos Por Cristo. Os muçulmanos têm o seu Sufi Mast-Qalandar. Os judeus têm Woody Allen. No entanto, nenhum deles é tão maluco, ou tão sábio, como Drukpa Kunley.

Eu estava decidido a descobrir mais sobre ele. Numa livraria abarrotada em Thimphu, encontrei uma tradução para o inglês de suas obras reunidas. Algumas partes são obscenas mesmo para os padrões licenciosos de hoje em dia. Numa passagem, Kunley "solta gases como um dragão". Em muitas ocasiões, ele abaixa as cuecas e emprega seu "flamejante raio de sabedoria". (Sim, é isso mesmo que você está pensando.) Drukpa Kunley era um namorador extraordinário, com uma preferência por virgens. Ou, como ele disse: "O melhor vinho *chung* fica no fundo do balde / E a felicidade se encontra abaixo do umbigo."

Havia uma razão para os desvarios de Kunley. Sua conduta ultrajante visava chocar os butaneses para que saíssem de seu estupor. Keith Dowman, que traduziu as aventuras de Kunley para o inglês, diz que o argumento dele era que "emoções, principalmente os desejos, não devem ser suprimidas, devem ser purificadas". Em outras palavras, eram os gregos antigos virados de cabeça para baixo. Tudo em excesso, nada com moderação.

Estou atrasado para um café à tarde com Linda Leaming, uma americana que há nove anos mora no Butão. A Ásia atraiu sua porção de pessoas dedicadas a buscas espirituais, ou puxa-sacos de lama, como alguns às vezes se referem a elas. Mas o Butão era fechado aos forasteiros até o ano de 1970 e, mesmo depois disso, não era fácil entrar no país. Quem o fazia, portanto, era porque queria muito.

Linda Leaming quis. Ela vendeu tudo o que tinha e se mudou de Nova York para ensinar inglês no Butão. Apaixonou-se pelo país e depois por um butanês. Desde então ela vive aqui.

Linda sugere um lugar chamado Art Café, uma novidade em Thimphu. É iluminado e arejado, com almofadas bem cheias e chão de madeira clara. Poderíamos estar em qualquer cidade universitária dos Estados Unidos. Reparo que a mulher atrás do balcão está lendo *O livro tibetano da vida e da morte*. Como eu disse, poderíamos estar em qualquer cidade universitária nos Estados Unidos.

Linda chega de repente, com um cachecol estampado e toda alvoroçada. Pelo visto, está ávida por uma conversa em inglês fluente e suas palavras disparam como uma metralhadora.

"A espiritualidade está em todos os lugares por aqui", diz ela, deleitando-se com um *brownie*. "Está nas rochas, nas árvores." Esta aí o tipo de comentário que me daria vontade de rir se fosse feito em qualquer outro lugar. Mas não no Butão. Como disse um escritor, não existem objetos inanimados no Butão. Tudo está imbuído de um espírito. Isso advém menos de suas crenças budistas do que de uma fé animista chamada Bon. Sempre associei o animismo a um tipo primitivo de fé, mas se você parar para pensar, todas as coisas são animadas com uma força de vida, e isso soa um tanto progressista.

— Aqui, a geografia determina a vida — Linda continua. — O isolamento fez do Butão o que ele é.

— Será isso uma coisa boa ou ruim?

— É uma coisa boa. As montanhas, o isolamento, isso desacelera todo mundo. A postura é "O que fazer, *la*."

O Butão é a terra do *la*. A palavra monossilábica serve como uma afirmação para todas as finalidades, honoríficas e de tiques verbais. Na maioria das vezes é um suavizador, acoplado a quase tudo. *La* significa "senhor", mas também significa "você sabe". Gosto do modo como soa e, durante minhas semanas no Butão, eu mesmo uso, mas sempre meio acanhado, nunca no ritmo certo.

— E você, Linda? Você acredita em toda essa complicação tântrica?

— Ah, sim, sem dúvida. Estou nessa — diz ela. — Dei o salto da fé. Quando cheguei aqui pela primeira vez, uma típica mulher neurótica, com quase 40 anos, eu me disse: "Não quero ficar velha e amarga antes de chegar a minha hora." O Butão me acalmou, me desacelerou.

Então lá está ela de novo: a morte. Um assunto que, estranhamente, aparece muitas vezes na minha pesquisa sobre felicidade. Talvez nós não possamos mesmo ser felizes sem antes entrarmos num acordo com a nossa mortalidade.

Linda me conta que na verdade nunca tinha visto uma pessoa morta até vir para o Butão. "Vi muita morte e sofrimento aqui", diz ela, e seu tom de voz sinaliza que isso não é necessariamente uma coisa ruim. "Aqui, você pensa na morte com mais freqüência. As pessoas morrem de maneira mais trágica, mais aberta. Os cadáveres permanecem aqui por dias e dias." Então há o desconforto da vida no Butão. "Sinto frio, no inverno preciso usar um casaco dentro de casa. O estranho é que isso faz você se sentir vivo."

Muitos homens butaneses, Linda explica, partem em retiros de três anos, como o Rinpoche fez. Por três anos, três meses e três dias, eles não fazem nada além de meditar. Eles nem mesmo cortam o cabelo. "E por três anos eles não falam." Para mim essa já é uma cláusula inegociável. O máximo de tempo que já fiquei sem falar foram nove horas. E quando isso aconteceu eu estava dormindo.

O governo leva luz elétrica até os lugares onde os homens meditam, em pequenas cabanas de madeira, empoleirados na beira de um abismo. Que outro país no mundo gastaria cem mil dólares para instalar uma rede elétrica nesse minúsculo lugar nas montanhas?

E é isso o que chama atenção no Butão. Eles fazem coisas que economicamente não parecem ter sentido. Como, por exemplo, abandonar milhares de dólares em receita com o turismo ou recusar-se a vender madeiras preciosas. Os butaneses, pobres como são, não se dobram aos deuses da eficiência e da produtividade.

Quando eu estava de partida para minha viagem ao Butão um colega me desejou tudo de bom. “Espero que você faça uma viagem produtiva”, ele disse. Na época não pensei nada a respeito disso, mas aqui no Butão me parece um absurdo. Uma viagem produtiva? Por que não uma viagem divertida ou uma boa viagem?

Afinal, Linda fica em silêncio. Permanecemos assim por um tempo que parece infinito, mas na certa foram apenas trinta segundos. Então Linda olha para mim e diz:

— Sabe de uma coisa, se você ficar aqui tempo suficiente acaba perdendo contato com a realidade.

— De uma maneira boa ou de uma maneira ruim?

— Não tenho certeza. Você decide.

No dia seguinte, estou tomando meu café-da-manhã quando Rinpoche aparece. Ele tem nas mãos um objeto esférico, enrolado em jornal. Não demora e desfaz o embrulho com um floreio. É uma maçã. A maior maçã que já vi, do tamanho de uma bola de basquete daquelas de brinquedo.

Ele me entrega a maçã. Agradeço e então indago a respeito de seu trabalho como curandeiro. Pelo que soube, as pessoas vêm de todas as partes do mundo para vê-lo. Os médicos do Ocidente fazem muitas coisas boas, ele diz, mas seria melhor se entendessem que nem tudo pode ser curado pela medicina. Ele me convida para ir um dia observá-lo em atividade e eu aceito sem pestanejar.

— Veja só, todo mundo tem sua divindade pessoal, toda pessoa, toda criança tem um guru, e o seu guru acorda você para sua própria realidade — e com isso Rinpoche sacode a cadeira que está próxima dele, com tanta força que fico achando que ela vai se quebrar. Ele deve ter se dado conta do meu ceticismo.

— Você não acredita em mim, não é mesmo?

Pergunto como é que ele sabe que tudo isso é verdade, já que não há prova dessas coisas.

— Você vê esta luz? — ele pergunta, fazendo um gesto em direção à lâmpada no teto.

— Sim, eu vejo.

— Mas você não pode prová-la. Se você tivesse nascido cego, não poderia vê-la. Se você quer provas, jamais vai ser iluminado.

Nos Estados Unidos, poucas pessoas são felizes, mas todo mundo fala de felicidade o tempo todo. No Butão, a maioria das pessoas é feliz, mas ninguém fala nisso. Esta é uma terra desprovida de introspecção, destituída de livros de auto-ajuda e tremendamente carente de angústia existencial. Não existe um Dr. Phil butanês (psicólogo americano que se tornou célebre por sua participação como consultor no programa de Oprah Winfrey e depois criou seu próprio programa). Existe, na verdade, apenas um psiquiatra em todo o país. Ele não tem o nome de Phil e, sinto informar, também não tem seu próprio programa de televisão.

Talvez Platão estivesse errado. Talvez seja a vida examinada que não valha a pena ser vivida. Ou, para dizer isso de uma outra maneira e para citar um outro homem morto: "Pergunte a você mesmo se é feliz e deixará de sê-lo." Esse foi John Stuart Mill, o filósofo britânico do século XIX que acreditava que a felicidade deveria ser abordada de lado, "como um caranguejo". Será que o Butão é uma nação de caranguejos? Ou será toda essa noção de Felicidade Nacional Bruta apenas uma engenhosa manobra de marketing, como aquela com que Aruba concebeu alguns anos atrás. "Venha para Aruba: a ilha onde mora a felicidade." Será que fui enganado, afinal?

Sinceramente, acho que não. Para começar, os butaneses não são assim tão sofisticados. Eles sofrem de um excesso de sinceridade, traço que é um anátema para o bom marketing. Os butaneses levam a idéia da Felicidade Nacional Bruta a sério, mas por felicidade eles entendem uma coisa bem diferente da versão borbulhante de carinhas amarelas sorridentes em voga nos Estados Unidos. Para os butaneses, a felicidade é um esforço coletivo.

A frase "felicidade pessoal" não faz sentido para eles ou, como Karma Ura explicou: "Nós não acreditamos nessa felicidade do tipo Robinson Crusoé. Toda a felicidade é relacional."

Uma pergunta rápida. O que os seguintes eventos têm em comum? A guerra no Iraque. O vazamento de óleo do *Exxon Valdez*. O aumento da população carcerária dos Estados Unidos. A resposta: todos contribuem para o produto nacional bruto da nossa nação, ou ao que agora se refere como produto doméstico bruto, ou GDP (*gross domestic product*), e, portanto, todos são considerados "bons", pelo menos aos olhos lúgubres dos economistas.

O GDP é simplesmente a soma de todos as mercadorias e serviços que uma nação produz durante um determinado período. A venda de um fuzil e a venda de um antibiótico contribuem da mesma forma para o cálculo nacional (considerando-se que o preço de venda seja o mesmo). É como se controlássemos nossa ingestão de calorias, mas não ligássemos a mínima para o tipo de caloria que consumimos. Grãos integrais, toucinho ou veneno para rato. Calorias são calorias.

O GDP não registra, como Robert Kennedy disse, "a beleza da nossa poesia, a força dos nossos casamentos, ou a inteligência do nosso debate público". O GDP mede tudo, Kennedy concluiu, "exceto aquilo que faz a vida valer a pena". O GDP também não leva em conta trabalho não-remunerado, a chamada economia solidária. Uma pessoa idosa que mora num asilo está contribuindo para o GDP, enquanto outra que é cuidada por parentes em casa não está. Na verdade, ela pode até ser responsabilizada por uma redução do GDP se as pessoas que cuidam dela são forçadas a tirar licença de trabalho não-remunerada. É preciso dar crédito aos economistas. Eles pegaram um defeito — o egoísmo — e o converteram numa virtude.

Uma pesquisa recente a respeito da felicidade, ou do bem-estar subjetivo, revela que, de fato, o dinheiro compra felicidade. Até certo ponto. Esse ponto, no entanto, é surpreendentemente baixo: por volta de 15 mil dólares por ano. Depois disso, a ligação entre crescimento econômico e felicidade se evapora. Os americanos são em média três vezes mais ricos do que meio século atrás, nem por isso são mais felizes. A mesma coisa se pode dizer a respeito do Japão e de outras nações industrializadas. Pense a respeito disso como fez o professor da London School of Economics, Richard Layard: "Eles se tornaram mais ricos, trabalham menos, têm feriados mais longos, viajam mais, vivem mais e são mais saudáveis. Mas não estão mais felizes."

Computar Felicidade Nacional Bruta foi uma idéia discutida pela primeira vez em 1973 pelo rei do Butão, Wangchuk. Entretanto, ela realmente não emplacou até que um jovem jornalista chamado Michael Elliott entrevistou o rei, em 1986, para o *Financial Times*. A manchete da matéria não poderia ter sido mais eloqüente: "Rei do Butão: Felicidade Nacional Bruta mais importante do que Produto Nacional Bruto."

Economistas convencionais com certeza acharam que o rei estava sofrendo de uma falta de oxigênio lá em seu poleiro no Himalaia. Ou talvez tivesse voltado a beliscar a comida dos porcos. Você não pode medir felicidade, e mesmo se pudesse, como um governo pode ter uma política para a felicidade? É absurdo.

E, no entanto, a idéia emplacou junto a outros países em desenvolvimento, e mesmo junto a alguns poucos países industrializados. Artigos foram escritos. Conferências organizadas. Cantos de louvor entoados. "O Butão é a primeira nação a oficialmente dizer 'não' e a primeira a desafiar a idéia de que o dinheiro por si só é absolutamente bom", escreve Jeff Johnson no compêndio *Desenvolvimento e felicidade nacional bruta.*

John Ralston Saul, o filósofo canadense, descreve a Felicidade Nacional Bruta como um truque brilhante. "O que isso faz é trocar o discurso num estalar de dedos. De repente você está falando a respeito de uma outra coisa. Não está tentando fazer emendas ao velho discurso, mas apresentando um novo discurso partindo do zero; é isso o que é tão importante e inteligente a respeito da Felicidade Nacional Bruta."

Drukpa Kunley, o Divino Louco e espertalhão extraordinário, teria amado a Felicidade Nacional Bruta. Ela é tão absurda, tão bizarra, que nos sacode do nosso estupor.

Mas o que é exatamente a Felicidade Nacional Bruta? Que cara ela tem? A melhor explicação que ouvi veio de um butanês barrigudo que é dono de hotel e se chama Sanjay Penjor. A Felicidade Nacional Bruta, Penjor me disse, "significa saber suas limitações; saber o quanto é suficiente". Economias de livre mercado trouxeram muitos benefícios ao mundo, mas se calam quando o conceito de "suficiente" é levantado. Como diz o renegado economista E. F. Schumacher: "Existem sociedades que têm muito pouco. Mas onde está a sociedade rica que diz 'Alto lá! Já temos o suficiente?' Não há nenhuma que o faça."

A riqueza é libertadora, sem dúvida. Ela nos liberta de realizar trabalhos braçais, de trabalhar no campo sob um implacável sol de meio-dia ou de fritar hambúrgueres em lanchonetes. Mas a riqueza também pode obstruir o espírito humano e isso é algo que muito poucos economistas parecem reconhecer. Como disse Schumacher: "Quanto mais rica uma sociedade, mais difícil se torna fazer coisas que tenham valor sem receber uma recompensa imediata." Essa é uma afirmação radical e profunda. Numa sociedade rica, industrializada, uma sociedade em que estamos supostamente desfrutando de uma abundante colheita de tempo para lazer, somos desencorajados a fazer qualquer coisa que não seja produtiva — em termos monetários ou em termos de prazer imediato. Os butaneses, por outro lado, de muito bom grado passariam um dia inteiro jogando dardos ou apenas não fazendo nada. E aqui peço licença para fazer mais um paralelo com Shangri-lá, reproduzindo o seguinte diálogo do livro, travado entre a missionária britânica, senhorita Brinklow, e Chang, o inescrutável anfitrião de Shangri-lá.

— O que fazem os Lamas?

— Eles se dedicam, senhorita, à contemplação e à busca da sabedoria.

— Mas isso não é estar fazendo alguma coisa.

— Então, senhorita, eles não fazem nada.

Certa vez, Albert Einstein disse: "Nenhum problema pode ser resolvido pelo mesmo grau de consciência que o gerou." A ciência econômica há muito está em atraso com relação ao tipo de mudança radical no pensamento que Einstein trouxe para o campo da física. Será que a Felicidade Nacional Bruta representa uma ruptura equivalente? Será que ela é a resposta elusiva que tantos de nós temos buscado? Não necessariamente. Ao menos não por enquanto, mas ela dá à pergunta uma nova moldura. E isso importa mais do que você pode imaginar.

Sendo a Felicidade Nacional Bruta a política oficial do governo do Butão, supõe-se que cada decisão, cada ordem, seja vista por esse prisma. Será que essa ação que estamos prestes a tomar aumenta ou diminui a felicidade total do povo? Um objetivo nobre, sem dúvida, mas estaria funcionando? Para apurar isso preciso conversar com alguém do governo.

Mais fácil falar do que fazer, é o que acabo descobrindo. Considerando-se que administram uma nação mínima, um borrão nos mapas-múndi (isso quando chegam a aparecer no mapa), as autoridades butanesas fazem jogo duro. E nem contei com o rei, reverenciado como um deus vivo e quase tão inacessível quanto. Estava de olho no ministro do interior, um homem que, às vezes, também se faz de embaixador itinerante da felicidade.

Ai de mim. Fui informado que o honorável ministro estava ocupado demais para me receber. Então decido fazer o que qualquer jornalista que tem amor-próprio faria. Penetro na festa dele. A festa é, para ser mais preciso, um evento chamado "Experimente Felicidade Nacional Bruta". O encontro é patrocinado por um grupo de japoneses filantropos que moram no Butão. O ministro é o convidado de honra. Sento-me na primeira fila. Todos se levantam quando o ministro entra. É um homem que está em boa forma, tem uns cinqüenta e tantos anos, imagino, cabelos suavemente grisalhos, bem distinto.

No palco encontra-se uma gigantesca garça de papel e um cartaz que diz: "Amor, emoção, sentimento." Oh, não. Eu me preparo para um massacre de pieguice. Os filantropos japoneses mostram um filme sobre o bombardeio americano a Nagasaki. Uma seqüência de imagens horríveis vai passando com rapidez pela tela. Crianças com a pele se soltando do corpo como uma camada de roupa. Homens cujos olhos pendem das órbitas. As pessoas na platéia lançam olhares furtivos na minha direção, o único americano presente, como se eu, em pessoa, tivesse jogado a bomba.

Não estou bem certo do que tudo isso tem a ver com felicidade, a não ser por sublinhar o argumento um tanto óbvio de que uma bomba nuclear, lançada numa cidade, vai de certo suprimir seus níveis de felicidade. Esse é um dos problemas de se lidar com a Felicidade Nacional Bruta. Trata-se de um conceito vago, fácil de ser cooptado por qualquer um que tenha uma causa. Uma vez que isso acontece, a Felicidade Nacional Bruta torna-se apenas mais um *slogan* e não um novo modelo econômico, não uma nova maneira de vivermos nossas vidas.

O filme termina e todos se dispersam para um intervalo. Vou atrás do ministro, que segue em linha reta para a mesa do bufê, do lado de fora. Ele está equilibrando um prato de *momos* numa mão e um copo de suco de maçã na outra, quando faço minha abordagem.

— O que é que Nagasaki tem a ver com Felicidade Nacional Bruta? — eu pergunto. De repente, seu rosto assume um ar de surpresa. Ele fica desconcertado com a minha investida — só por um momento, entretanto, até retomar seu tom diplomático.

— Eu realmente acredito que um país que tem um compromisso com a felicidade não será belicoso. Se nós não buscarmos um modo de vida sustentável, teremos necessidade de lutar por recursos. Não apenas por petróleo e não apenas entre nações. Essa poderá ser uma luta por água entre San Diego e Los Angeles.

Ele vai se encaminhando outra vez para o salão de conferências. Continuo na cola dele. Será que adotar uma política de felicidade nacional não coloca um fardo sobre sua pequena nação, uma presunção de um estado de felicidade que pode criar expectativas difíceis de serem cumpridas?

— O Butão nunca disse que somos um povo feliz — ele se esquiva. — O que dizemos é que estamos comprometidos com este processo de Felicidade Nacional Bruta. Trata-se de um objetivo.

— Mas muitas pessoas no Butão, nos povoados, nem ao menos ouviram falar da Felicidade Nacional Bruta — eu contesto.

— Não, mas eles estão vivendo isso.

Boa resposta. Talvez apenas inteligente, talvez mais do que isso. Conversamos por mais alguns minutos. Ele comendo aos poucos os seus *momos*, eu me apoiando na borda da minha cadeira. Ele uma pessoa tremendamente importante de uma nação insignificante. Eu, uma pessoa insignificante de uma nação tremendamente importante. De alguma maneira, esses dois fatos inversos cancelam um ao outro, criando uma estranha simetria entre nós dois.

Ele fala a respeito de suas viagens para os Estados Unidos, onde é saudado como uma estrela em lugares como Berkeley, onde é de esperar que isso aconteça. ("É impressionante, salões lotados em todos os lugares.") Ele fala a respeito da necessidade de se criar índices de felicidade. ("Governos só respondem a dados.") Agora ele parece ter tempo de sobra para mim, um pouco de tempo demais, eu penso, considerando-se que ele é o terceiro homem mais poderoso do Butão. Afinal, ele termina seu último *momo*, e eu aproveito isso como uma desculpa para me despedir.

O evento Experimente Felicidade Nacional Bruta termina um tempo depois com uma tradicional dança folclórica butanesa. Todos formam um círculo e balançam a um só tempo ao som da melódica música. Estou fora da roda quando alguém segura o meu braço e, num segundo, faço a transição de observador para participante. Em geral, participação em quase qualquer coisa me deixa enjoado, mas há algo inexplicavelmente agradável — não há outra palavra para isso — nessa simples dança folclórica. Braços para o alto. Um, dois. Um passo para a direita. Três, quatro. Estava em algum lugar entre cinco e seis quando vi o ministro indo de um lado para o outro com todo o resto. Por que ele está fazendo isso? Seria a atitude equivalente a de um político fazendo gracinha para as câmeras num jogo de beisebol? Não mesmo. Não há câmeras. Ocorre-me então que o ministro, o terceiro homem mais importante do Butão, está dançando porque todo mundo no Butão dança. Nada mais, nada menos.

Quando a música vai chegando ao fim e as pessoas começam a sair do salão, eu me pego pensando no meu país. É provável que os americanos tenham sido assim, há muito tempo, antes de os consultores e os grupos de discussão drenarem a sinceridade de suas veias. Antes de confundirmos forma e substância.

Na manhã seguinte acordo cedo, perturbado mais uma vez por um sonho ruim do qual não consigo me lembrar. Hoje é um grande dia. Fiquei de assistir ao Rinpoche em ação. Depois do café-da-manhã, sou conduzido ladeira acima por uma trilha lamacenta que vai dar numa porta. Tiro meus sapatos (dada a quantidade de lama no Butão, isso se dá mais por razões pragmáticas, mesmo). Há duas salas na casa. Uma para curas espirituais, a outra para assistir à televisão. Esta última está abarrotada de cadeiras e tem uma Panasonic de tela panorâmica, onde passa um filme indiano aos berros.

Sou conduzido da sala de televisão para a sala de cura e sou orientado a sentar-me e a assistir em silêncio. O aposento é um esplendor de cores: tons bem fortes de azul e amarelo. Parece uma loja tibetana de antigüidades depois de uma explosão. Há coisas por todos os lados. *Thangkas* e outras pinturas, instrumentos musicais. A maior parte, entretanto, oferendas de pacientes agradecidos — ou esperançosos? Dinheiro, é claro, mas também frutas, biscoitos e grandes garrafas plásticas de Coca e Fanta. Na parede estão pendurados colares e algo que parece uma medalha olímpica de ouro. Mais tarde fico sabendo que é mesmo uma medalha olímpica, uma prova de agradecimento de um nadador americano que sofre de mal de Parkinson.

Quatro ou cinco homens estão na sala, sentados em silêncio. Mais tarde eles têm uma audiência no tribunal e estão aqui para melhorar suas chances de uma decisão a favor deles. Não me parece uma causa particularmente nobre, mas guardo para mim esse pensamento. Os homens estão ajoelhados e de frente para o Rinpoche, que está sentado numa espécie de altar de madeira, as pernas cruzadas, os olhos fechados. Ele canta baixinho e está com a expressão de quem sente um pouco de dor, como se estivesse constipado. Os homens se levantam, todos ao mesmo tempo, e o Rinpoche respinga água na testa deles. Depois disso eles vão embora. Acabou.

Agora estou sozinho na sala com o Rinpoche, mas por alguns minutos ele age como se não reparasse na minha presença. Ainda está cantando, os olhos fechados. De repente fala.

"Isto aqui é vaselina", ele explica, erguendo um pequeno pote para que eu veja. Fico imaginando aonde ele quer chegar com isso. "Antes nós usávamos manteiga de vaca para untar as bênçãos. Mas isto funciona muito melhor. É bom em especial para doenças, feridas e coisas assim."

Peço a ele que me explique o que acontece exatamente durante uma cura, o que passa pela cabeça dele. "Estou concentrado numa divindade, não o Buda, a divindade da totalidade. É como um reflexo no espelho. Nós nos dissolvemos, a divindade e eu, e nos tornamos um só."

Uma mulher de meia-idade entra na sala. Está com uma ferida gigantesca numa perna, que ela apóia sobre um banco. O Rinpoche, de olhos bem fechados, cantando, sopra na direção da perna dela. Então ele dá a ela uma água, que ela bochecha. Ele ainda está cantando quando ela deposita suas oferendas, maçãs e biscoitos, no altar.

Estou mais uma vez sozinho com o Rinpoche. Ele abre os olhos.

— Sabe, para essas pessoas eu sou o último recurso. Primeiro, eles preferem hospitais e a tecnologia mais avançada. Eles vão se tratar em Bangcoc e nos Estados Unidos. Depois eles vêm até mim. — Ele me conta que a mulher com a perna ferida estava muito pior antes de começar a vê-lo. —Você sabe, eu preciso vivenciar minhas próprias ações, se não nesta vida, na próxima — diz ele, enigmático.

Estou prestes a perguntar o que ele quer dizer com isso quando começo a ouvir um estranho som que parece vir de umas sinetinhas. Nunca ouvi nada igual. Está vindo do altar, junto aos pés do Rinpoche, e vai ficando mais alto a cada segundo.

— Desculpe — ele diz, inclinando-se para pegar e então desligar seu celular. — Onde estávamos?

— Você estava falando sobre vivenciar suas próprias ações.

Ele me conta uma história a respeito de um homem que se referia ao seu criado como macaco — "Traga-me um chá, seu macaco; leve o lixo para fora, macaco." Na vida seguinte, o homem renasceu como — adivinhe — um macaco.

Gosto da história, mas não estou certo do que significa, além da óbvia constatação de que colhemos o que semeamos. Decido mencionar um assunto delicado. Pergunto ao Rinpoche se ele às vezes tem alguma dúvida a respeito desse negócio de cura.

— Não, não tenho. Já ajudei milhares de pessoas. Ajudei e isso me trouxe alegria e felicidade de verdade.

Estou anotando seus comentários em meu pequeno caderno quando ele olha para mim e diz:

— Você está sempre escrevendo, escrevendo em seu caderninho. Você precisa vivenciar. Vivenciar de verdade.

Estou anotando cada palavra — "sempre escrevendo... precisa vivenciar" — quando me dou conta da ironia. Paro de escrever e levanto a cabeça. Resmungo qualquer coisa a respeito de hábitos antigos, difíceis de cortar.

— Veja, tudo é um sonho. Nada é real. Você vai perceber isso um dia. — Então ele ri e volta a cantar bem baixinho.

Thimphu pode não ter nenhum sinal de trânsito — ou lanchonetes *fast-food* ou caixas eletrônicos — mas ainda assim é uma capital. Uma viagem pela estrada está agendada. Na manhã seguinte, Tashi e nosso motorista colocam nossa bagagem no Toyota e partimos em direção ao leste. Nosso destino é a província de Bumthang, a uns 300 quilômetros da capital. Trata-se de uma jornada que na maioria dos lugares do mundo levaria de cinco a seis horas. No Butão, leva dois dias.

Em inglês, a palavra *travel* (viagem) se origina da mesma raiz de *travail* (trabalho árduo). Há uma razão para isso. Durante séculos, viajar era igual a sofrer. Apenas peregrinos, nômades, soldados e loucos viajavam.

Viajar no Butão ainda tem esse elemento de *travail*, de sofrimento. Mais sofrimento do que viajar na classe econômica do vôo noturno de Los Angeles para Nova York. No Butão as estradas não subjugam a natureza, mas são subjugadas por ela, submetidas aos seus caprichos, fazendo curvas e serpenteando em torno das montanhas numa série interminável de ziguezagues. Acho isso meditativo por uns dez minutos. Daí começo a achar nauseante. Agora sei como um par de meias se sente dentro de uma máquina de secar. Não é à toa que elas somem.

Então há os animais. As ruas do Butão rivalizam com os melhores zoológicos do mundo. Nós passamos por vacas, javalis selvagens, cabras, cavalos, macacos e incontáveis cachorros.

Há momentos em que a viagem é divertida. As simples descidas íngremes já fazem com que eu tenha a sensação de que estamos voando pela cordilheira, um sentimento ampliado pelos passarinhos que ocasionalmente nos acompanham, como golfinhos que brincam na esteira de um barco.

A alguns quilômetros de Thimphu, encontro os primeiros pênis. Assustadoramente reais, pintados na lateral de uma casa. Haveria ainda muitos pênis, muitos mais. Pênis coloridos. Pênis monocromáticos. Grandes, pequenos. Pênis pendurados no caibro de telhados de um prédio, outros balançando na ponta de uma barra, como brindes de festa. Digo algo com referência a isso: "Que negócio é esse com os pênis, Tashi?"

Tashi explica que eles são destinados a afastar maus espíritos. Sendo eu mesmo proprietário de um pênis, não consigo imaginar nenhuma parte do corpo menos qualificada para afastar maus espíritos do que o pênis. Os pênis se perdem e são notoriamente pouco confiáveis. São vulneráveis a ferimentos e nem sempre se mostram à altura da situação. E, se atraem alguma coisa, os pênis tendem a atrair o mal — e não repeli-lo. Melhor seria se os butaneses usassem polegares de madeira, ou dedos do pé ou cotovelos — qualquer coisa, pelo amor de Deus, exceto pênis.

Todos esses pênis, entretanto, acabam me lembrando mais uma vez de Drukpa Kunley, o Divino Louco. E acontece que um templo dedicado a Kunley fica aqui por perto. É muito popular entre casais inférteis.

Paramos o Toyota num pequeno povoado. De lá, eu e Tashi caminhamos numa trilha lamacenta que nos leva através das plantações de arroz, muito bem dispostas e de um tom amarelo impossível. Passamos por um idoso com a boca cheia de caldo de bétele (planta usada para tingir tecidos). A erva tingiu seus lábios de um tom vermelho rubi. Folhas se projetam de sua boca. Ele parece ter engolido um galo. Tashi conversa com o homem não sei como, tamanha a explosão de cores e texturas em sua boca.

O homem galo nos dá orientações de como chegar ao templo e continuamos a andar. Passamos por uma placa que diz "Feliz Visita". Sou tomado de um sentimento de paz e penso, é isto, isto é felicidade, quando ouço Tashi gritar: "Pare, senhor! Pare!" Estou prestes a dizer: "O que foi agora, Tashi? Será que você não percebe que estou desfrutando de um raro momento de felicidade?" É neste momento que uma flecha passa zunindo na minha frente, a apenas alguns centímetros de distância.

Os butaneses amam o arco-e-flecha. Eles também amam beber. E eles tendem a combinar as duas paixões, o que é preocupante. Peço desculpas a Tashi, e, assim que o arqueiro vai embora, continuamos nossa expedição subindo uma ladeira lamacenta. Afinal, lá está ele: o templo do Divino Louco. Não é nada extravagante, como Drukpa Kunley teria feito questão que fosse. Entramos no templo e Tashi lança-se diversas vezes no chão em postura de adoração, toca a testa no piso, depois fica de pé, e então vai para o chão de novo. Ginástica rítmica budista. No altar, há uma pilha de oferendas de dinheiro, nozes e barras de chocolate Kit Kat. Encontro-me com o abade, um homem redondo, com um sorriso agradável.

"Sim, é verdade," diz ele, quando pergunto sobre o templo atuar também como clínica de fertilidade. "Muitas mulheres vieram aqui para serem abençoadas. Mulheres que não podiam ter filhos foram enfim capazes de engravidar." Ele me conta a respeito de uma mulher americana, de 45 anos de idade, que só conseguiu conceber depois de ter sido abençoada pelo Consolo Sagrado. É assim que eu o chamo. Um falo de madeira de 35 centímetros esculpido com detalhes impressionantes. Pingentes coloridos pendem de uma extremidade — aquela que seria acoplada a um homem de verdade, se homens de verdade fossem dotados de pênis de madeira de 35 centímetros.

O abade me mostra fotografias — casais sorridentes (alguns estrangeiros, outros butaneses) com suas trouxinhas de alegria nos braços. Cartões, também.

"Obrigado por nos abençoar com a maior alegria de nossas vidas... nosso filho," assinado Barbara Banks-Alterkruse.

Estou manuseando a pilha de cartões quando umas mulheres butanesas aparecem. Com grande delicadeza, o sacerdote vai até elas e toca, uma a uma, no alto de suas cabeças, com o Consolo Sagrado. Elas parecem satisfeitas com o tratamento e logo vão embora.

Tashi pergunta se pode tirar alguns minutos de suas funções como guia para que o abade leia a sua sorte. Respondo que sim, é claro. Tashi segura três dados junto à testa e depois os lança. O abade olha para os dados por um longo segundo e diz a Tashi que seu desejo será realizado. Jogo o dado e também ouço que meu desejo será realizado. Caminhando para fora do templo, pergunto a Tashi se é possível ter má sorte no Butão. "Oh, sim, senhor, com certeza."

Ali perto, um idoso está sentado no chão, girando contas na mão e de vez em quando empurrando uma gigantesca roda de oração que está atrás dele. É enorme, do tamanho de uma geladeira, e é necessário um bom esforço para movimentá-la. Pergunto a ele há quanto tempo ele vem fazendo isso.

— Eu sempre faço isso — ele diz.

— Nada mais?

— Não, nada mais. — Não me parece uma vida muito movimentada, mas quem sou eu para questionar a fé?

Pernoitamos numa cidade ali perto chamada Wangdue. A hospedaria é surpreendentemente boa. Até café de verdade eles servem. Estou sentado no terraço, com vista para um rio de correnteza forte, que fica um pouco mais abaixo. É um bonito cenário e de maneira instintiva pego meu caderno e minha câmera. Mas logo me contenho. As palavras do Rinpoche ecoam em minha cabeça. Vivenciar. Você precisa vivenciar. Ele está certo. Registrar a vida é um substituto inferior para a opção de vivê-la de verdade. Então, pelos 20 minutos seguintes fico sentado naquele terraço, ouvindo o rugido do rio, sem fazer nada. Absolutamente nada. Sem caderno, câmera ou gravador. Só eu e a vida. E um feroz enxame de mosquitos butaneses assassinos. Por ora basta de vivência.

Seguimos em frente dirigindo ainda mais para leste, rumo ao coração do Butão. Alguma coisa — ou alguém — está bloqueando a estrada. Mais ou menos uma dúzia de criaturas com corpos brancos e caras escuras começam a correr quando nosso carro se aproxima. Macacos langur, Tashi me diz. Ele me conta que encontrá-los é um bom sinal.

— Existe alguma coisa que seja um mau sinal no Butão, Tashi?

— Sim, senhor, os macacos marrons. Se o senhor os encontrar, é um mau sinal.

Por fim os macacos se cansam de perambular pela estrada e podemos continuar. De vez em quando passamos por uma placa pintada à mão que diz, simplesmente: "Obrigado." Obrigado pelo quê? A placa não especifica, mas mesmo assim eu gosto do pensamento.

Não agüento mais as curvas em ziguezague e peço ao motorista que pare. Ele encosta o Toyota e eu e Tashi saímos para caminhar. Tashi confessa que não gosta de andar daquela maneira no escuro.

— Por causa dos ursos, Tashi? — Sonam, a operadora do passeio, havia alertado a respeito deles.

— Não, senhor, por causa dos demônios. Tenho mais medo dos demônios do que dos ursos. Desde o nascimento somos ensinados a temer os demônios.

Pode isso ser saudável? Todos esses demônios correndo em estado de fúria nas mentes butanesas?

Estamos de volta ao Toyota, subindo, para alturas cada vez maiores. Mais de três mil metros. A estrada só tem espaço para passar um carro de cada vez. A passagem é negociada com uma série de elaborados gestos de mão e eu me lembro do que um butanês me disse lá em Thimphu: "Não há espaço no Butão para babacas arrogantes." Ele tem razão. Tudo neste país requer cooperação. Fazer a colheita. Passar um outro carro na estrada.

No Ocidente e nos Estados Unidos, principalmente, tentamos eliminar a necessidade de compromisso. Carros chegam a ter "controles pessoais de temperatura" de forma que o motorista e o passageiro não precisem negociar uma temperatura mutuamente agradável. Nem mesmo marido e mulher precisam concordar quanto à firmeza ideal do colchão, que já sai da fábrica com espumas diferentes de cada lado. Nós adotamos essas tecnologias porque, seja num carro ou numa cama, por que não deveriam todos desfrutar de seu próprio "nível de conforto pessoal"? Fico pensando, entretanto, o que perdemos por conta dessas conveniências. Se não precisamos nos comprometer com coisas fáceis, como colchões, então o que dizer dos assuntos importantes de verdade? Afinal o compromisso é uma habilidade e, como toda a habilidade, ela atrofia com a falta de uso.

Chegamos a Trongsa, uma cidade minúscula construída junto a uma encosta. O hotelzinho é bem simples, quase um pulgueiro. É administrada por uma divorciada rechonchuda com um largo sorriso. Pergunto se ela é feliz, ela explode num sorriso ainda maior e diz, "Sim!", me lembrando um Buda sorridente.

Na parede, uma fileira de relógios me mostra a hora em Tóquio, Nova Délhi, Nova York e Bangcoc. Fico impressionado. Ninguém em Trongsa dá a menor bola para que horas são em Trongsa, que dirá em Nova York.

No dia seguinte, mais estrada. Num dado momento, Tashi e eu decidimos sair do Toyota e caminhar até um templo local. O Sol está forte, mas depois de dois dias de viagem é gostoso ficar fora do carro.

— Senhor — pergunta Tashi —, é verdade que caubóis são muito respeitados no seu país? — Tento explicar para ele que sobraram muito poucos caubóis no meu país. Ele parece um pouco decepcionado. Tashi pergunta se quero ouvir um poema que ele aprendeu a recitar na escola. Digo que sim.

— Subindo pela encosta sob as árvores de sombra...

Mal consigo entender as palavras — "sob" soa como "pôde" — mas Tashi está orgulhoso. "Se nós não recitássemos direito, os professores nos batiam sem piedade", diz ele, dando socos no ar, como um lutador de boxe, para dar ênfase ao que está dizendo. Desconfio que Tashi tenha apanhado muitas vezes e fico imaginando se isso explica algumas coisas a respeito dele. Pergunto se esse tipo de comportamento ainda acontece no Butão. "Apenas nas áreas rurais, senhor." Isso pouco me consola; 80% dos butaneses vivem em áreas rurais.

Enquanto caminhamos em silêncio na direção de um mosteiro próximo, percebo o quanto passei a gostar de Tashi. Seus hábitos que me irritavam agora me parecem cativantes. Será que ele mudou, ou fui eu?

Na manhã seguinte estou andando sozinho por uma trilha no alto das montanhas, o ar está revigorante e fresco. Eu me sinto bem. Daí me lembro de Sonam e de seus avisos sobre ursos. Já não me sinto tão bem. Quando foi que fiquei com tanto medo da natureza? Por que é que me sinto mais seguro no frenesi de Tóquio ou Nova York do que aqui, numa montanha no sopé do Himalaia, entre os pés de abetos e os pássaros a gorjear? Sacudo a cabeça, intrigado com as minhas apreensões infantis quando vejo um objeto, um objeto muito grande, mover-se ao longe. Não consigo enxergá-lo completamente porque uma árvore atrapalha minha visão, mas não estou nem um pouco interessado em descobrir. Giro nos calcanhares e começo a caminhar rapidamente na direção oposta. Ora bolas, que caminhar rapidamente que nada. Estou é correndo mesmo!

Depois de algumas dúzias de metros, olho para trás e percebo que estive fugindo de uma enorme e feroz... vaca. Decido fazer uma pausa. Caminho em direção a um mosteiro ali perto, sento-me na saliência de uma rocha e fecho os olhos. Karma Ura tem razão. Há um teatro em minha mente. Só que é um teatro *off-off-Broadway*. Os críticos arrasaram com o espetáculo. Sei que está na hora de tirar a peça de cartaz, mas não sei como.

Saio-me melhor ao aceitar um conselho de Karma Ura a respeito de uma outra questão. Decido visitar o povoado onde ele cresceu, como ele havia sugerido. A casa da família dele é uma construção sólida, com chão de madeira bem firme. No entanto, a não ser por uma mesa que vai até a altura do joelho chamada *chokse*, quase não há móveis. A mãe de Karma Ura, uma senhora de 79 anos, está sentada à mesa, com um cobertor de lã escuro dobrado no colo e um livro aberto diante dela. Estava rezando.

Sua pele é enrugada, mas mantém uma elasticidade. Ela já perdeu muitos dentes. Sou calorosamente recebido por ela, que faz um gesto para que eu me sente numa almofada no chão. Diferente do filho, ela não fala nenhuma palavra de inglês. Tashi se oferece para traduzir. O que é ótimo, já que a sra. Ura acaba se revelando muito falante.

— Mudei-me para este povoado quando tinha 20 anos de idade. Na minha infância, viajávamos a cavalo. Percorríamos quilômetros, duas vezes por semana, para conseguir mantimentos básicos como o sal. Agora temos carros, estradas pavimentadas e eletricidade.

— Havia alguma coisa que fosse melhor naquele tempo? — pergunto.

— Não — diz ela, como se eu fosse um bobalhão. — A vida é melhor agora. A não ser pela televisão. Isso é bom e ruim.

Pergunto a ela a respeito dos planos do rei de transformar o Butão numa democracia. Ela está preparada para isso?

— Não pode ser bom para o povo. Vai haver corrupção e violência. Eu vi as imagens da TV sobre o Nepal e a Índia, pessoas jogando pedras na polícia, e a polícia atirando nas pessoas, atirando gás lacrimogêneo e outras coisas piores. Nada de produtivo, nada de bom, virá com essa democracia. Estamos implorando ao nosso rei, por favor, não queremos democracia. — Alguns meses depois, de volta a Miami, eu viria a ler um artigo no *New York Times*: o rei abdicou para dar lugar ao filho. Eleições simuladas foram realizadas. As verdadeiras não estariam distantes. Pensei logo na sra. Ura, que na certa não ficaria satisfeita.

Ela se levanta, com uma agilidade que me surpreende, e me oferece chá. Não aceito, mas ela insiste. "O que o meu filho diria se eu não lhe oferecesse chá?" As mães são iguais em todos os lugares.

De volta ao Toyota, já tomando a direção de volta a Thimphu, Tashi me conta uma história. Em 1999, seis meninos partiram numa caminhada até um lago. Lá eles jogaram pedras e lixo na água. De repente, uma neblina surgiu e os meninos se perderam. Três sobreviveram, três morreram. Tashi está convencido de que isso aconteceu porque eles incomodaram uma divindade, a dama do lago.

— Muitas pessoas acreditam nisso. Você não deve poluir os lagos.

— E quanto aos rios?

— Rios são diferentes, senhor.

Paramos por mais uma última noite. Nossas andanças estão quase acabando. Depois do jantar, estou saboreando minha Red Panda quando escuto um sotaque familiar. Americano. Condado de Suffolk, Long Island, para ser mais preciso. Um pequeno grupo de turistas americanos. Terri e seu marido, Marty, me convidam para juntar-me a eles. Conto que estou escrevendo sobre a felicidade no Butão e todos se interessam. Falo a eles a respeito da política de Felicidade Nacional Bruta. Marty reage com ceticismo. "Como é que você pode medir felicidade? É aquilo em que você acredita que faz você feliz e não é possível medir crenças."

A conversa se encaminha para a gigantesca disparidade econômica entre o Butão e os Estados Unidos. O americano médio ganha quase cem vezes mais do que o butanês médio.

— Lembra daquela casa que visitamos em Long Island? — Marty diz à esposa. — Aquela mulher tinha um *closet* onde se podia entrar e que era todinho só para guardar sapatos. Aqui, algumas pessoas não têm um único par.

— É, mas elas parecem ser felizes — diz Terri. — Mesmo aquelas mulheres com um bebê amarrado às costas, quebrando pedras na beira da estrada, elas parecem felizes. Elas sorriem quando passamos de carro por elas.

Não tenho coragem de dizer para Terri que aquelas mulheres não são nem butanesas, nem felizes. Elas são trabalhadoras indianas importadas para fazer o trabalho que os butaneses não querem fazer. Mas o argumento dela é válido. As pessoas no Butão realmente parecem felizes.

— Então talvez nós não precisemos tanto quanto achamos que precisamos para sermos felizes — eu considero.

— Não, essas pessoas apenas não conhecem nada melhor — ela diz. — Se você as levasse para os Estados Unidos, elas veriam o que estão perdendo.

Digo a ela que dos butaneses que estudam no exterior, 90% voltam para o Butão, abandonando as rendas do Ocidente pela vida aqui no país natal. Terri não diz nada, percebe-se que está confusa. "Por que eles fariam isso?", ela diz, afinal.

Estamos de volta a Thimphu. O Toyota pára em frente ao hotel. Descanso por alguns minutos, mas estou com pressa. Só tenho mais dois dias no Butão e há algumas pessoas que preciso ver mais uma vez, algumas perguntas que precisam ser respondidas.

Karma Ura mora no alto das montanhas com vista para a capital. Eu ligo para perguntar como se chega até sua casa e ele diz que basta perguntar para qualquer um onde ele mora. "Eles saberão dizer." Ele estava certo e alguns minutos depois o Toyota vai subindo suavemente até chegar a uma propriedade murada. Um criado me leva através de um portão de alumínio enrugado até um amplo quintal, onde duas meninas pulam num trampolim. Sou então conduzido a uma sala toda envidraçada, do chão ao teto. O aposento tem poucos móveis. Com exceção do *laptop* Dell num canto, não é diferente — não mesmo — da sala onde encontrei a mãe de Karma.

Karma está com uma calça esportiva e um colete, hoje nada de *gho*, e está sentado no chão, com um cobertor de lã no colo. Seu rosto está pálido e suspeito que não esteja se sentindo bem. Ele me oferece nozes, que ele muito habilmente abre com um martelo.

Conversamos sobre assuntos sem importância, então pergunto a ele a respeito da história que Tashi me contou, sobre a dama do lago. Será que as pessoas realmente acreditam nisso?

— Sim, acreditam — diz Karma. — E isso é bom. — A seu ver, essas divindades — "divindades ecológicas", como ele diz — representam a forma mais elevada de ambientalismo. As pessoas nos Estados Unidos não poluem em parte porque temem serem multadas. As pessoas no Butão não poluem porque temem as divindades ecológicas.

Será que uma maneira de pensar é mesmo melhor do que a outra?

Karma está de pé agora. Com muita agilidade ele pega uma mosca na palma da mão e leva para fora, onde a liberta. Ele ainda está falando. Deve ter se dado conta do meu ceticismo, porque me conta uma história a respeito da cirurgia para remover os tumores em seu estômago.

— A cirurgia foi bem; eles retiraram os tumores, mas por dois anos meu estômago não funcionou bem. Os médicos atribuíram o problema à "complicações pós-operatórias". O que isso significa? Significa que eles não sabem qual é o problema, não fazem a menor idéia. Mas eles têm de chamar de algum jeito, então eles dão um nome. Complicações pós-operatórias. Será que isso é muito diferente do que acreditar em divindades que vivem em lagos?

Ele me convida para ficar para o jantar. Sentamos no chão comendo arroz e vagem, que ele planta no seu quintal. Faço a pergunta que o Butão requer que se faça: será que o dinheiro pode comprar felicidade?

Karma responde rápido (é o que parece; ou a fala dele se acelerou ou minha tolerância ao silêncio aumentou):

— O dinheiro às vezes compra a felicidade. Você tem de saber separar. O dinheiro é um meio para uma finalidade. O problema é quando você pensa que é uma finalidade em si. Felicidade é relacionamento e as pessoas no Ocidente pensam que o dinheiro é necessário para os relacionamentos. Mas não é. No fim das contas é uma questão de confiança.

Eu ouvi a mesma coisa na Suíça. Confiança é um pré-requisito para a felicidade. Confiança não apenas no seu governo, nas instituições, mas, sim, confiança nos seus vizinhos. Diversos estudos, de fato, revelaram que confiança — mais do que renda ou até mesmo saúde — é o maior fator na determinação da nossa felicidade.

Isso não quer dizer que o dinheiro seja irrelevante. Um pouco de dinheiro pode comprar muita felicidade até certo ponto, como eu disse. O problema é que o Butão ainda não atingiu esse ponto. Ainda está na ascendente da curva felicidade/renda. Se os cientistas sociais estão certos, a maneira mais eficiente de fazer alguém do Butão feliz é dar a essa pessoa mais dinheiro, pelo menos até que ela esteja ganhando por volta de 15 mil dólares por ano.

Mas até lá um modo de vida já se estabeleceu e fica difícil fazer uma mudança radical — não apenas para o Butão, mas para todos nós. No passado, correr atrás do dinheiro nos trouxe felicidade, então supomos que acontecerá a mesma coisa no futuro. É como dizer para um homem faminto: "Tome aqui, coma este hambúrguer, você vai se sentir melhor. Foi bom, não foi? Agora, tome aqui, coma outro, e outro, e mais outro."

No dia seguinte, Linda me convida para jantar em seu apartamento. Ela também mora nas montanhas com vista para Thimphu. Mora perto das quatro rainhas mas, como se apressa em salientar, não como uma rainha. Seu apartamento é pequeno, mas confortável. Ela me apresenta ao marido, Namgay. "Eu me casei com o 'bom selvagem'", ela diz afetuosamente.

Depois do jantar, Linda relata a primeira visita de Namgay a uma loja Sharper Image, nos Estados Unidos. Ele ficou perplexo. Ali estava uma loja abarrotada de produtos extraordinários, concebidos para satisfazer necessidades que Namgay nem mesmo sabia que possuía. Ele ia pegando cada um dos itens — digamos, uma combinação de espremedor de frutas com massageador de shiatsu — e os examinava com verdadeiro assombro. "Mas o que acontece é que", diz Lisa, "ele não tinha desejo de comprar coisa alguma, de possuir qualquer coisa. Ficava perfeitamente satisfeito em admirar os produtos, depois devolvê-los à prateleira e ir embora."

Agora estamos reclinados em cadeiras grandes e confortáveis, bebendo um péssimo vinho indiano, admirando a vista de um templo e de Thimphu lá embaixo. Linda está me contando das duas coisas das quais ela tem mais saudade a respeito da vida nos Estados Unidos, a liberdade de expressão garantida pela Constituição e banheiros que funcionam, quando, de repente, ela muda o rumo da conversa e me pergunta sem rodeios: "E então, você está feliz aqui?"

Isso me pega desprevenido. Será que *eu* estou feliz aqui? Apesar de ter tido alguns momentos felizes, a verdade é que não cheguei a me fazer essa pergunta. Estive muito ocupado andando de um lado para o outro, tentando verificar se os butaneses são felizes. Respondo que sim, mas sem muita convicção. Vou precisar pensar a respeito disso.

Mas, em primeiro lugar, o bar me aguarda. É minha última noite no Butão e consegui convencer Tashi a juntar-se a mim para uma cerveja. Depois de alguns goles da Red Panda, Tashi fica vermelho, desinibido e confessa que nem todas as suas visitas são igualmente maravilhosas. Os turistas alemães são os piores. Muito ranhetas. Mais confissões: Tashi está preocupado com seu futuro. Ele tem 20 anos e ainda não se casou. Para os padrões do Butão, já é velho demais. Também está preocupado com o futuro do seu país, com novos hotéis sendo erguidos a toda hora e com o cheiro de dinheiro no ar. O que é bom para os negócios, Tashi reconhece, mas não necessariamente representa felicidade. Quando nos despedimos, Tashi me entrega um presente. Um volume cilíndrico, embrulhado com papel marrom simples.

Naquela noite, deitado na cama, fico pensando se me encantei demais pelo Butão, se minha visão crítica de jornalista ficou embaçada. Será que me transformei num "puxa-saco de lama"?

Lembro-me das palavras de outro guia turístico butanês que encontrei um dia. "As pessoas aqui dizem que são felizes, mas não são. Elas têm problemas. Elas estão contando para você apenas 50% da verdade." Cinqüenta por cento feliz não é nada mau, considero, e então me lembro do presente de Tashi. É longo e parece um daqueles brinquedos de cachorro em forma de osso. Por que Tashi me daria um negócio desses? Desembrulho e descubro que não se trata de um osso de brinquedo, mas um falo, de 35 centímetros, com testículos e tudo. Em qualquer outro país, se o meu guia comprasse para mim um falo gigante de madeira como suvenir, eu ficaria preocupado. No Butão, fico comovido.

Na manhã seguinte, acordo antes do dia raiar e encontro Tashi lá embaixo. Alguns minutos depois nosso motorista estaciona o Toyota junto ao minúsculo prédio do terminal e Tashi anuncia: "Chegamos ao aeroporto, senhor."

Vou sentir saudade desse cara. Apertamos as mãos para nos despedirmos. Uso as duas mãos, uma sobre a outra em concha e, intencionalmente, prolongo o momento.

Passo sem demoras pela alfândega, pelos procedimentos de segurança e me vejo com tempo de sobra nas mãos antes do meu vôo. Está chovendo lá fora e fico pensando se é seguro decolar nessas condições, com as montanhas tão próximas, tão alto.

Penso mais a respeito de desastres de avião do que a maioria das pessoas. Sei pilotar aviões, dos pequenos, mas isso não me tranqüiliza na hora de voar como passageiro. Na verdade, o efeito é o oposto. Cada sacudida, solavanco, me dá medo. Será que este flape está na posição correta? Será que estamos baixando rápido demais? O barulho deste motor esquerdo não está esquisito?

No entanto, sentado aqui neste terminal de aeroporto que se parece com um templo budista, assistindo a uma prova de arco-e-flecha numa pequena tela de TV e bebendo café instantâneo de má qualidade, sou dominado por um sentimento que é estranho para mim: calma. Não a calma induzida pelo haxixe ou pelo álcool, mas a coisa de verdade. Pego minha caneta e escrevo as seguintes palavras em meu caderno, usando letras grandes, fazendo uns garranchos pela página inteira, de forma que, ao acharem meu corpo nos destroços, seja mais fácil de encontrar:

Eu não teria feito nada de maneira diferente.

Todos os momentos da minha vida, todas as pessoas que conheci, todas as viagens, cada sucesso desfrutado, cada asneira cometida, cada perda suportada foi a coisa certa. Não estou dizendo que tudo foi bom, nem mesmo que aconteceu por alguma razão, mas que tudo isso foi justo. Foi... o.k. Enquanto revelação, reconheço que essa é bem capenga. "O.k." não é felicidade, nem mesmo contentamento. O.k. não é a base para uma nova religião ou movimento de auto-ajuda. O.k. não vai me levar até o programa da Oprah. Mas o.k. é um começo e estou grato por isso.

Será que posso agradecer ao Butão por esse avanço? É difícil dizer. O Butão não é Shangri-lá, disso tenho certeza, mas é um lugar estranho, peculiar, de grandes e pequenas maneiras. Lá você se desorienta e quando isso acontece, uma fissura se cria na sua armadura. Uma fissura grande o suficiente, se você tiver sorte, para permitir que entrem algumas flechas de luz.

Capítulo 4

CATAR

A felicidade é um bilhete de loteria premiado

Algo estranho estava acontecendo. Era final de 2001 e um xeque árabe solitário se movimentava a bordo de um jato pela Europa, indo de uma galeria de arte a outra, garimpando obras-primas — e pagando muito bem pelas peças. Segundo relatos, ele teria gasto um bilhão e meio de dólares no intervalo de mais ou menos dois anos. Se o xeque aparecia num leilão, outros colecionadores nem se davam ao trabalho de fazer qualquer lance. Sabiam que não tinham a menor chance. "Para ele, o céu era o limite", lamentou um colecionador.

Quem era o misterioso xeque?

Seu nome era Saud bin Mohammed al-Thani, um membro da família real do Catar. Sua orgia consumista sinalizava que o Catar, um paisinho de nada, havia chegado. O Catar estava cheio da grana.

Como estudioso da felicidade, acompanhei com interesse os hábitos extravagantes do xeque. Talvez os butaneses tenham entendido tudo errado. Talvez o segredo da felicidade *seja* o dinheiro. Muito dinheiro. E se o dinheiro pode comprar felicidade, ou pelo menos alugá-la por um tempo, então com certeza o Catar, o país mais rico do mundo segundo determinados critérios, deve também ser o mais feliz. O argumento definitivo era que a palavra "Catar", quando escrita em letra cursiva árabe, lembra a carinha sorridente de lado. Quer dizer, mais ou menos, se você apertar um pouco os olhos. De qualquer maneira, decidi reservar uma passagem para Doha, a capital do país.

Mal sabia eu como a viagem abalaria minhas percepções de felicidade. Deixaria o Catar algumas semanas depois, com uma caneta muito cara, um forte apreço por bares dentro de piscinas e duas conclusões inesperadas: impostos são bons, famílias são ruins. Mas estou me adiantando.

Se você pretende investigar a relação entre dinheiro e felicidade, seria intelectualmente desonesto fazê-lo de forma econômica. Decido voar na classe executiva. Estou surpreso de encontrar-me sozinho nesta área do avião. Onde estão os catarenses? Eles com certeza podem pagar pela executiva. Mais tarde descubro que eles estão instalados, com toda a comodidade, na parte da frente do avião, na primeira classe; nenhum catarense iria se submeter a viajar numa mera classe executiva.

Com todo o espaço só para mim, sou o centro das atenções. Os comissários de bordo praticamente caem uns por cima dos outros oferecendo toalhas quentes, servindo noz-macadâmia a uma temperatura perfeita ou indagando se por acaso o sr. Weiner não gostaria de uma outra taça de champanhe *brut*. Claro, sim, o sr. Weiner gostaria.

O serviço na companhia aérea do Catar é tão bajulador — quase pornográfico — que o prazer da experiência, como acontece com todas as minhas experiências prazerosas, é maculado por uma fina, diáfana camada de culpa. Lá embaixo, apenas dez quilômetros abaixo, estão os menos afortunados, pessoas que precisam puxar água de poço e que quando comem nozes, se é que comem, elas são servidas à temperatura ambiente. Que horror!

Aperto um botão no meu infinitamente ajustável Sistema Pessoal de Assento e giro de forma a poder dar uma espiada nessas pobres almas. Vejo apenas deserto. Areia, nada de gente. Sou atingido por uma onda de alívio. Minha culpa esmaece, apesar de não desaparecer por completo. Isso nunca acontece.

Curiosamente, não há qualquer comissário de bordo da companhia aérea do Catar que seja do Catar. Em vez disso, eles possuem aquele visual étnico ambíguo, tão apreciado pelas redes de televisão globais e pelas agências de modelos internacionais. Toda a tripulação é de Algum Outro Lugar, mas eu não saberia especificar ao certo de que Algum Outro Lugar. Esta, eu suspeito, é a idéia. A companhia aérea do Catar envolve os passageiros num macio roupão de luxo, esperando que eles não cheguem à desconfortável e inevitável conclusão: o Catar terceirizou sua própria companhia de aviação.

Funciona. Pouco me importa se os catarenses não trabalham para a sua companhia aérea — uma empresa onde nenhum supérfluo é supérfluo demais, onde nenhuma despesa é alta demais. Ou boba. Quando aterrissamos em Doha, sou transportado do avião para o terminal, uma distância de mais ou menos cem metros, num BMW sedan que cheira a novo. Mal tenho tempo de afundar nos assentos de couro e acariciar os acabamentos de madeira e já está na hora de sair outra vez. Por que todo esse trabalho? Ah, eu estava fazendo a pergunta errada. No Catar, ninguém pergunta por quê. Por quê? Porque você pode. É por isso.

Passo pela alfândega e piso fora do prédio do terminal. Sou logo violentamente confrontado por uma parede de calor. O calor tem velocidade. Qualquer um que tenha conseguido ficar acordado durante as aulas de física do ensino secundário sabe que as moléculas aquecidas se movem mais rápido do que as mais frias. Mas o calor do Catar também tem massa. É um sólido, uma coisa, que exerce uma força em você com um peso considerável. Muito como a gravidade, só que não tão agradável.

O calor, na verdade, é a única coisa sólida no Catar. O resto da nação é efêmera, gasosa. O que faz todo o sentido. O Catar é uma nação que se fez graças ao gás. Sob a areia, e nas águas quentes do Golfo Pérsico, encontra-se a terceira maior reserva de gás natural, gás suficiente para aquecer cada uma das casas nos Estados Unidos durante os próximos cem anos.

Do lado de fora do terminal, esperando um táxi, sou confrontado com um caleidoscópio de rostos, em todas as colorações imagináveis: vermelho-rubi, preto-breu, branco-fantasma, queimado-de-sol. Alguns rostos são invisíveis, cobertos por panos pretos. O Catar, como a Arábia Saudita, segue a severa ramificação do islamismo conhecida como wahhabismo, e quase todas as mulheres catarenses se cobrem, em público, da cabeça aos pés. Os catarenses, entretanto, se apressam em salientar que praticam o "wahhabismo-*light*" e que se divertem consideravelmente mais do que os sauditas. As mulheres no Catar, por exemplo, podem dirigir e até mesmo votar.

A colagem de rostos é acompanhada de uma miscelânea de línguas: a cantilena do filipino, o ritmo britadeira do tâmil, e um que considero particularmente deslocado — um barítono Nova Jérsei. Trata-se de um soldado americano que está de folga, farreando com os colegas. Estão aqui para um descanso da guerra do Iraque. Não consigo deixar de sentir pena deles. O Catar não é nenhuma Bangcoc, que era local de descanso e recreação para os soldados americanos durante a guerra do Vietnã. Vejo outros ocidentais: rapazes brancos muito pálidos, de *short*, com barrigas que se projetam sobre os cintos feito prateleiras. São os operários do petróleo e do gás, ou, como já dizem no mundo inteiro, *oilngas*. (em inglês, junção das palavras petróleo e gás).

Fico hospedado no Four Seasons. Se uma pessoa quer levar a sério uma investigação a respeito da ligação entre dinheiro e felicidade, precisa ser coerente. Entro no saguão, que é construído com a escala e a grandiosidade de uma catedral, ou, suponho, de uma mesquita. Ando apenas uns poucos metros até ser abordado por um pequeno exército de funcionários, vestidos de forma impecável, com *blazers* cor creme. Eles são excessivamente educados, acompanham-me até a recepção como se conduzissem uma noiva ao altar.

A cortesia se estende até o banheiro, onde um funcionário liga a água para mim e me entrega uma toalha. Depois, me agradece. Por quê? Por ter urinado? Foi muito fácil, sério. Faço isso toda hora.

Decido dar uma olhada no bar do hotel, que é chamado, por conta de uma imaginação fértil, de Bar. Sou atendido por um garçom — indonésio, presumo, mas não tenho certeza — cujos movimentos são um verdadeiro tratado em eficiência e graça. Nada é feito ao acaso, todos os gestos são calculados.

Peço um uísque escocês e um gaspacho. Minutos depois, ele me traz três taças de cristal, empilhadas em três níveis, como aqueles bolos de casamento. Estou prestes a salientar o seu erro quando me dou conta de que, espera aí, este *é* o meu gaspacho.

Enquanto tomo a minha sopa, reflito sobre a natureza da felicidade. Associamos felicidade a conforto, mas será que há mesmo alguma ligação entre as duas coisas? Será que não existe um momento em que o conforto excessivo acaba mesmo diluindo nosso contentamento? Será que é possível um hotel ser bom demais? E será que é considerado mal-educado tomar gaspacho de canudo e fazendo barulho?

A grande pergunta é: o que acontece com a alma de uma pessoa quando ela se entrega a quantidades excessivas, obscenas — muito obscenas mesmo — de luxo abjeto? Não sabia a resposta a essa pergunta, mas meu cartão American Express e eu estávamos determinados a descobrir.

A nossa não é a primeira era a associar dinheiro à felicidade. Os gregos da Antigüidade, por mais que tenham contribuído muito para a civilização, não estavam livres de alguma boa avareza à moda antiga. "Os gregos antigos falavam dos deuses como abençoados ou felizes muito por causa de sua prosperidade material", escreve Darrin McMahon em sua excelente história da felicidade. E assim continuou. Ao longo dos séculos e por todo o mundo as pessoas, da boca para fora, rendiam devoção ao velho provérbio sobre dinheiro não comprar felicidade e então seguiam agindo exatamente de maneira contrária.

Se você tivesse que bolar um experimento para estudar a relação entre riqueza repentina e felicidade, precisaria inventar algo como o Catar. Pegue um pedaço de areia parado no tempo e empobrecido no Golfo Pérsico, acrescente um montão de petróleo, um bocado de gás natural e mexa bem. Ou imagine que você e seus familiares sejam ricos. Absurdamente ricos. Agora duplique essa quantidade. Depois, imagine que sua família tem o seu próprio país, em algum lugar na Península Arábica. Isso descreve muito bem o Catar. É, com efeito, menos um país e mais uma família. Uma tribo com uma bandeira.

Como todas as famílias ricas, a família Catar tem desentendimentos sobre dinheiro e privilégios. Só que em vez de ser uma discussão sobre quem fica com a casa de Berkshires, é quem fica com o palácio em Doha e quem vai ser ministro do exterior este ano.

O Catar tem mais ou menos o tamanho de Connecticut. Ao contrário do que acontece em Connecticut, entretanto, não há dinheiro antigo no Catar. Apenas dinheiro estalando de novo. Cinqüenta anos atrás os catarenses ganhavam a vida com dificuldade, mergulhando em busca de pérolas e cuidando de rebanhos de carneiros. Hoje, as únicas pérolas que eles encontram são aquelas de milhões de dólares enroladas nos seus pescoços, e os únicos carneiros com que eles se deparam são os assentos de pele de carneiro que cobrem os bancos de seus Mercedes. Poucas vezes na história uma nação enriqueceu tanto e de maneira tão rápida.

Pelas muitas maneiras que tipicamente usamos para estimar o progresso humano, a vida no Catar melhorou a toque de caixa. As pessoas vivem mais e de maneira mais saudável — apesar da obesidade ser um problema crescente. Elas têm um nível de instrução melhor e têm condições de viajar para o exterior (de primeira classe, é claro), sempre que desejarem. Mas essas medidas objetivas não são iguais à medida subjetiva a que chamamos de felicidade. Aqui o veredicto está longe de ser claro.

Os catarenses, como todo *nouveau-riche*, possuem uma estranha mistura de arrogância e insegurança. O que eles anseiam, acima de tudo, é reconhecimento. O Catar está usando dinheiro para levar a cabo esse objetivo. Doha parece um gigantesco canteiro de obras. Eles estão construindo 41 hotéis, 108 arranha-céus e 14 estádios. E isso apenas para os próximos dois ou três anos. Não é de se estranhar que o país sofra de uma escassez de cimento.

Estou sentado no saguão, olhando fixo para o teto, onde há uma cúpula. Funcionários de *blazers* e de nacionalidade indeterminada pairam ao meu redor, bem discretos, só para o caso de eu precisar de qualquer coisa. Quando se está sem rumo certo, numa terra distante, não há nada que seja mais tranqüilizador do que o conforto hermético de um hotel cinco estrelas. Longas auto-estradas — os verdadeiros fossos dos tempos atuais — separam você do país que está lá fora. Uma vez ultrapassadas as portas deslizantes, a vida é climatizada em todos os sentidos da palavra. A mensagem é clara: por que sair deste palácio quando tudo o que você precisa está bem aqui? Dentro dos limites do hotel, você pode comer, beber, exercitar-se, passar um fax, mandar um e-mail, casar-se, receber uma massagem, participar de reuniões, jogar tênis, nadar, fazer compras, divorciar-se, receber cuidados médicos, reservar uma passagem de avião, e ainda muito mais. No mundo em desenvolvimento, que costumávamos chamar de Terceiro Mundo, os hotéis servem como pontos de encontro para a elite local. Certa vez, em Manila, transmiti toda uma matéria para a NPR sem sair do meu hotel. Todas as pessoas a quem eu precisava entrevistar estavam no saguão, sentadas em cadeiras de espaldar alto, bebericando suco de lima, fumando charutos e fofocando.

Entretanto, aqui neste hotel oh-tão-maravilhoso, onde todas as minhas necessidades são atendidas instantaneamente — às vezes até mesmo antes que eu tenha consciência delas — não estou feliz. O que há de errado comigo? Depois de alguns momentos, uma palavra me vem de repente à cabeça, e, a julgar pelo ambiente que me cerca, uma palavra inesperada. "Túmulo." Sim, isso mesmo. O hotel é um túmulo muito agradável, mobiliado com muito bom gosto e climatizado. As tumbas são feitas para pessoas mortas. E eu ainda não estou morto.

Decido telefonar para Lisa, uma americana que mora no Catar desde o ano passado. Ela trabalha para uma importante universidade americana que estabeleceu um campus em Doha, parte de algo chamado Cidade da Educação. Baseia-se numa premissa simples e irrefutável: por que mandar catarenses para universidades americanas quando você pode mandar as universidades americanas para o

Catar? Os alunos recebem a mesma educação e ganham os mesmos diplomas que ganhariam nos Estados Unidos, só que sem as festas das repúblicas de estudantes e sem os grupos de teatro ou, na verdade, qualquer diversão que seja.

Estou esperando a Lisa vir me buscar. Da janela do meu quarto tenho um bom panorama do trânsito lá embaixo. Você pode dizer muito a respeito de um país pelo modo como as pessoas dirigem. Colocar alguém atrás do volante de um carro é como levar essa pessoa a um estado profundo de hipnose; seu verdadeiro eu se revela. *In veículo veritas.* Os israelenses, por exemplo, dirigem de uma maneira que é ao mesmo tempo defensiva e ofensiva e que é, se você parar para pensar, a maneira como os israelenses fazem quase todas as coisas. Certa vez, um policial em Israel mandou que eu parasse o carro. Não consegui imaginar qual poderia ser o motivo. Será que eu estava dirigindo rápido demais? Não, ele explicou, eu estava dirigindo devagar demais. Não ridiculamente devagar, veja bem, só devagar demais para uma nação de motoristas aloprados. Miami não é melhor do que isso. Dirigir lá é como dirigir um carrinho bate-bate, e quanto a usar sua seta, não use. Como brincou Dave Barry, humorista e morador de Miami, usá-la "é um sinal de fraqueza". Os motoristas de Miami não são passivo-agressivos. Eles são agressivo-agressivos. Há também o exemplo dos suíços. Em geral, eles são honrados e tediosos, mas coloque-os atrás do volante de um carro e eles se tornam... honrados e tediosos. Bem, às vezes as pessoas são exatamente como aparentam ser.

Os catarenses, entretanto, são um caso à parte. O Departamento de Estado costuma divulgar alertas de viagens para americanos que se aventuram fora do país. Normalmente esses avisos são reservados para perigos como terrorismo e guerra civil, entretanto o Departamento de Estado chama atenção sobre o trânsito no Catar, onde dirigir é considerado um "esporte radical".

Um motorista no Catar indica que quer lhe ultrapassar colocando-se a 15 centímetros do seu pára-choque traseiro, piscando o farol alto várias vezes e buzinando forte até que você decida ceder. Se ainda assim você não captar a mensagem, ele pode bater em você por trás. Por quê? Porque ele pode. O passaporte catarense é como aquele cartão de saída livre da prisão que há no Banco Imobiliário. Uma estrangeira que mora aqui me contou que estava parada num sinal de trânsito quando um catarense bateu no carro dela por trás. O juiz decidiu que a culpa era dela — note que na hora da colisão ela não estava em movimento. No Catar, o estrangeiro é sempre culpado.

Os estrangeiros no Catar reagem a esse modo atroz de dirigir de duas maneiras: alguns reclamam constantemente, outros aderem ao estilo local. Lisa, não demorei a descobrir, decidiu aderir.

Ela chega em alta velocidade e encosta seu Audi na entrada do hotel. Saio do túmulo para entrar no calor. Transpiro, só por um instante, e é uma sensação gostosa. Uma confirmação de que ainda continuo realmente vivo.

Lisa está feliz de ver uma cara nova. Doha, apesar de toda a riqueza, permanece uma cidade pequena e sofre da claustrofobia que aflige todas as cidades pequenas.

— Você notou uma coisa a respeito de Doha? — ela pergunta, acelerando o carro de forma alarmante.

— Você quer dizer além da quantidade absurda de dinheiro, do calor opressivo e dos maus motoristas?

— Não, os 7-Elevens — diz ela, enigmática. — Pense só nisso. Onde estão os 7-Elevens?

Ela tem razão. Doha tem muitos cafés da rede Starbucks e lojas de grifes famosas, mas nem um único 7-Eleven ou qualquer outra loja de conveniência encontrada nos países mais ricos. Lisa tem uma teoria. Doha não tem 7-Eleven porque os catarenses não têm necessidade da conveniência de uma loja de conveniências. Os empregados — todo catarense tem pelo menos um — fazem as compras e, como são empregados, sua conveniência não é motivo de preocupação para ninguém.

Outro estrangeiro, um professor, dava um curso sobre negócios e meio ambiente. Um dia ele falou aos seus alunos a respeito de hotéis que já começavam a utilizar sabão ecologicamente correto para lavar roupas. Foi aí que se deparou com um mar de expressões perplexas. Não apenas os alunos não haviam sido capazes de entender o conceito de "ecologicamente correto", como também ficaram confusos com "sabão para lavar roupa". Nunca tinham visto tal coisa, mal tinham ouvido falar nisso. Lavar roupas era uma coisa que os empregados faziam.

No Catar a população é formada em sua maioria por empregados, Lisa explica, enquanto quase atinge de raspão a lateral de uma caminhonete. Existe uma clara hierarquia da servidão. Na parte mais baixa da escala estão os operários do Nepal: homens de pele vermelho-rubi, corpos de espantalho e uma espantosa habilidade para escalar andaimes sem equipamentos de segurança. Você pode vê-los trabalhando duro sob o sol brutal do meio dia, sem reclamar nem um milímetro, porque, ei, isso é melhor do que estar no Nepal. Em seguida vêm os indianos. De pele mais escura, dirigem táxis e também não reclamam muito. Então há os filipinos, que, com seu domínio da língua inglesa, trabalham em hotéis e restaurantes. "Eu também sou uma empregada", Lisa me confidencia, acelerando para passar num sinal vermelho. "Só que um nível mais elevado de empregada."

Lisa e eu chegamos ao restaurante. Estou um pouco abalado pelo seu estilo de direção, mas acho melhor não mencionar nada. Saímos do carro com o ar-condicionado para o calor sólido, transpiramos por alguns segundos, então entramos no restaurante com um megassistema de ar-condicionado.

A vida no Catar é uma série contínua de momentos com ar-condicionado, brevemente interrompidos por intervalos sem ar-condicionado. É crucial que esses intervalos sem ar-condicionado, também conhecidos como ar livre, sejam mantidos a um mínimo absoluto. Os catarenses garantem esse mínimo das formas mais imaginativas. Eles são capazes, por exemplo, de converter qualquer estabelecimento num *drive-in*. Funciona assim: um catarense dirige até a loja, qualquer loja, e aperta a buzina várias vezes e com bastante força. Em uma questão de segundos, um funcionário paquistanês, indiano ou cingalês sai em disparada da loja, no calor chamejante, e anota o pedido do catarense. Alguns minutos depois ele está de volta com a mercadoria. Toda a transação acontece sem que nem ao menos uma vez seja rompida a inviolabilidade do ambiente climatizado. Isto é, ao menos para o motorista catarense.

Li em algum lugar que o Catar é 98,09% deserto. Fico imaginando o que deve ser o 1,91 restante. Mercedes, talvez. As dunas de areia podem alcançar alturas de até 60 metros e, devido aos ventos, estão sempre mudando de lugar. O Catar, em outras palavras, nunca é exatamente o mesmo de um momento para o outro. Não é de se admirar que as pessoas aqui se sintam tão desenraizadas. O chão — a areia — está literalmente se deslocando sob seus pés.

Desertos não são considerados lugares felizes. Falamos de desertos culturais, de desertos da alma. Desertos são lugares vazios, duros e impiedosos. Por outro lado, coisas maravilhosas e inesperadas às vezes florescem no deserto. Duas das maiores religiões do mundo — islamismo e judaísmo — se estabeleceram no deserto. A literatura árabe, em especial, está repleta de homenagens à vida no deserto. Ibn Khaldoun, o grande intelectual árabe do século XIV, escreveu de uma maneira encantadora a respeito das pessoas do deserto: "O povo do deserto que não tem cereais e condimentos é fisicamente mais saudável e tem melhor caráter do que as pessoas das colinas que têm tudo." Khaldoun acreditava que a grande maldição da civilização não era a guerra, nem a fome, mas a umidade: "Quando a umidade com seus vapores maus sobe para o cérebro, a mente e o corpo e a habilidade de pensar ficam embotadas. O resultado é estupidez, negligência e uma intemperança geral." Uma descrição acurada, também, dos habitantes de Nova York durante os dias de calor em agosto.

Durante o almoço, Lisa dá a entender que teve um passado turbulento. Imagino que seja alguma coisa relacionada ao álcool e às drogas, possivelmente associados e, na certa, em excesso, mas me parece indelicado ficar fazendo perguntas. Contudo, não me surpreenderia. Lugares como o Catar atraem pessoas que estão fugindo de alguma coisa: um casamento ruim, uma ficha suja na polícia, um e-mail inapropriado enviado para toda a empresa e outras várias infelicidades. A sabedoria convencional nos diz que isso não funciona. Levamos nossas bagagens junto. Bem, não tenho certeza quanto a isso. Viajar, quando funciona, nos transforma de modos que nem sempre são aparentes, até que estejamos de novo em casa. Às vezes realmente deixamos nossas bagagens para trás, ou, melhor ainda, elas são extraviadas, vão parar em Cleveland e nunca mais ouvimos falar nelas.

Depois do almoço, Lisa me leva de volta ao Túmulo. Sou logo abordado por um pelotão de funcionários de paletó, que me perguntam a respeito do meu dia, se por acaso preciso de alguma coisa, ou desejo alguma coisa, ou ainda se já antevejo alguma necessidade ou desejo para um futuro próximo. É isto. Eu de fato preciso de algo. Preciso sair deste hotel, preciso sair agora mesmo. Tenho certeza de que a uma determinada altura do caminho — quando estiver, digamos, morto — vou realmente considerar um túmulo bastante atraente. Mas não agora. Não ainda.

Faço minhas malas e entrego meu cartão de crédito para o homem bem vestido na recepção.

— Estava tudo satisfatório? — ele pergunta, notando que estou deixando o hotel muitos dias antes do que estava previsto.

— Oh, muito mais do que satisfatório — eu respondo. — Muito, muito mais.

Ele me olha um tanto perplexo antes de retornar ao seu sorriso corporativo. Alguns minutos depois, estou me registrando em outro hotel — nenhuma espelunca, veja bem, mas nenhum túmulo também. No saguão, ninguém me cumprimenta. Um bom começo. Noto que a pintura no teto está começando a descascar. Há uma pequena rachadura na parede. Sou atingido por uma onda de alívio.

Meu novo hotel, entretanto, de fato possui um luxo genial: um bar dentro da piscina. Se há alguma invenção que faz a pessoa se sentir mais decadente, mais inteiramente desocupado do que um bar dentro da piscina, ainda tenho que descobri-la. Enquanto nado de cachorrinho até esse bar especial, eu me pego especulando a respeito da gênese de tão brilhante idéia. Posso imaginar em minha cabeça a reunião, a voz alterada do jovem executivo do hotel: "E nós poderíamos colocar um bar bem na piscina e as pessoas, vejam só, poderiam nadar até o bar e pedir seus drinques, bem ali, na água." E então aquele momento doloroso e desconfortável, os outros jovens executivos à mesa, olhando para o chefe que não diz nada por um tempo interminável, até que ele finalmente anuncia: "Brilhante. Adorei." Sim, tenho certeza de que foi assim que aconteceu.

Estou curtindo minha cerveja Corona, a água da piscina batendo na altura da minha cintura, uma água que está divinamente fria. O que é surpreendente, já que está fazendo 48 graus do lado de fora. Acontece que a água é esfriada para alcançar uma temperatura agradável, até mesmo as piscinas do Catar são climatizadas.

Estou digerindo a enormidade desse conceito quando me dou conta de que o Catar me parece estranhamente familiar, como se eu já tivesse visto muitos Catares antes. Teria eu sido um nômade do deserto em vidas passadas? Não, não é isso. Então cai a ficha. Toda a nação do Catar é como um bom terminal de aeroporto: agradavelmente climatizado, com muitas lojas, uma grande variedade de comidas e pessoas de várias partes do mundo.

Em trânsito. Não sei se existem duas palavras mais doces do que essas. Suspenso entre ir e vir, nem aqui, nem lá, minha mente fica mais vagarosa, e, em meio a *free-shops* e aos avisos no sistema de alto-falante, alcanço algo que é quase calma. Muitas vezes fantasiei a respeito de viver no Mundo Aeroporto. Não um aeroporto, é importante frisar, como no caso do personagem de Tom Hanks naquele filme, mas uma série de aeroportos. Eu apenas permaneceria voando pelo mundo, num estado de aviação suspensa. Sempre vindo, nunca chegando.

Mas aqui, neste saguão de aeroporto em forma de nação, minha fantasia é menos interessante. Humanos, mesmo nômades, necessitam de uma sensação de lar. O lar não precisa ser um único lugar, ou qualquer lugar que seja, mas todo lar tem dois elementos essenciais: um sentido de comunidade e, ainda mais importante, uma história. Perguntei a um suíço se ele sabia qual era essa cola que mantém o país dele unido, dadas as diversidades lingüísticas, se não étnicas. Sem hesitar ele respondeu: história. Será que a história pode mesmo fazer isso? Será que é tão poderosa assim?

Espaço e tempo, as duas dimensões em que nós humanos habitamos, estão intimamente ligados. "A paisagem é a história pessoal e tribal tornada visível", escreveu o geógrafo Yi-Fu Tuan em seu livro *Espaço e lugar*. O que ele quis dizer, imagino, é que lugares são como máquinas do tempo. Eles nos transportam de volta a anos já passados. Como observa Rebecca Solnit em seu livro adorável e lírico *A Field Guide to Getting Lost* ("Um guia prático para você se perder"): "Talvez seja verdade que nós não sejamos capazes de voltar no tempo, mas você pode voltar ao cenário de um amor, de um crime, da felicidade e de uma decisão fatal; os lugares são aquilo que resta, são aquilo que você pode possuir, são aquilo que é imortal."

É por isso que nos sentimos tão desorientados, até mesmo irritados, quando essas pedras de toque do nosso passado são alteradas. Não gostamos quando a nossa cidade natal muda, mesmo que sejam pequenas mudanças. É perturbador. O lugar onde eu brincava! Era bem aqui! Mexa com a nossa cidade natal e você está mexendo com nosso passado, com quem nós somos. Ninguém gosta disso.

O Catar tem um passado, é claro, mas nem tanto. Mil anos de história, aproximadamente entre 650 d.C. até 1.600, não têm registro, simplesmente desapareceram. O passado mais recente do país está melhor documentado, mas vem sendo apagado com rapidez por um monstro de aço cromado e cimento.

Stephen Ulph, um acadêmico britânico, contou-me uma coisa que me fez pensar a respeito de como o passado dá forma às nossas vidas, à nossa felicidade. Ulph é um especialista no mundo árabe. Ele fala árabe com bastante fluência e viaja muito freqüentemente para o Oriente Médio. Ulph sempre gosta muito de suas visitas às cidades antigas da região — Cairo, Damasco, Beirute. Mas as nações do Golfo Pérsico enriquecidas pelo petróleo fazem com que ele se sinta vazio.

"Visitei Dubai e todas as construções parecem tão novas, como se fossem feitas de papelão, como se mal estivessem ali. Depois voltei para casa em Londres. E nunca pensei que fosse falar isso a respeito de Londres — o tempo por lá é pavoroso, você sabe — mas eu me senti tão melhor! As construções parecem sólidas, como se ainda continuassem seis andares para baixo."

Será que essa solidez é um pré-requisito para a felicidade? Será que nos mantém com os pés no chão? Impedindo-nos de flutuar pelo espaço celeste, de cair no desespero? Antes que comecemos a condenar os catarenses — ou os chineses, outra nação que está rapidamente passando um trator em seu passado — como se eles fossem um *nouveau-riche* desastrado, sem nenhuma consideração pela história, quero antes contar a vocês uma experiência que tive no Japão. Aconteceu num templo que visitei. Era um templo muito antigo e muito bonito. Com mais de mil anos de idade, meu guia me contou. Que extraordinário, pensei. Nunca vi uma estrutura tão antiga que fosse tão bem preservada. A madeira quase não tinha farpas e não havia nada fora do lugar. Li uma placa instalada num pequeno pedestal em frente ao templo e, de fato, o edifício havia sido construído no século VIII. Mas então, notei algumas outras palavras, numa letra menor. "Templo reconstruído em 1971."

O que estava acontecendo? Estariam os japoneses tentando passar a perna nos ingênuos turistas, fingindo que o templo tinha 1.200 anos de existência, quando na verdade tinha menos de 40 anos? Não exatamente. Em muitas culturas asiáticas, o que importa não é a idade da estrutura física, mas o espírito do lugar. É comum que os templos no Japão sejam destruídos e reconstruídos e, no entanto, as pessoas contam o seu tempo de existência a partir do dia em que foram construídos pela primeira vez.

Isto não é um truque semântico. Diz muito a respeito do modo como uma cultura se relaciona com seu passado. Pode até mesmo explicar, por exemplo, por que tão poucos chineses parecem se importar que aquelas vizinhanças antigas em cidades como Shangai estejam sendo destruídas num ritmo prodigioso para dar espaço a mais um arranha-céu (outra razão, é claro, pode ser a pura ganância). A essência da estrutura original se mantém, ainda que o mesmo não aconteça com a construção propriamente dita.

E se por um lado os chineses não veneram seus antigos templos e casas, eles sem dúvida cultuam seus mortos. O culto aos ancestrais é a maneira chinesa de se manter conectado ao passado. E quem somos nós para dizer que cultuar os mortos é de alguma maneira melhor ou pior do que cultuar edificações mortas?

Seja como for, um ingrediente importante na vida boa, na vida feliz, é conectar-se a alguma coisa maior do que nós mesmos, reconhecer que não somos meros sinais luminosos na tela do radar cósmico, mas parte de algo maior. Para alguns, um prédio vitoriano, com suas escadas rangentes e seus acabamentos de madeira sem brilho, propicia essa conexão. Para outros, é dar um novo telefone celular, embrulhado para presente, para o tio Wen, que morreu 20 anos atrás, mas ainda faz parte da família.

Bertrand Russel, o filósofo britânico, termina seu livro *A conquista da felicidade* com esta descrição de uma pessoa feliz: "Tal homem se sente um cidadão do Universo, desfrutando com liberdade o espetáculo que ele oferece e a alegria que proporciona, sem se deixar perturbar por pensamentos de morte, porque não se sente realmente separado daqueles que virão depois dele. Trata-se de uma união tão profunda e instintiva com o fluxo da vida, que a maior de todas as alegrias é alcançada."

Essa é uma afirmação bastante transcendental para um autoproclamado ateu. Isso me lembra o que Jonas Salk, inventor da vacina da pólio, disse quando perguntado sobre qual havia sido o principal objetivo de sua vida: "Ser um bom ancestral." Um comentário como esse só pode vir de um homem profundamente ciente de seu lugar no Universo.

Não sou nenhum Jonas Salk, e na metade das vezes não consigo nem lembrar o lugar onde estacionei meu carro, que dirá meu lugar no Universo, mas nos últimos tempos ando pensando muito a respeito. Se considerarmos nossas vidas com os meros 70 ou 80 anos (se tivermos sorte) durante os quais perambulamos por este planeta, então elas são de fato insignificantes. Mas se, como disse o estudioso budista, "nossos pais são infinitos", então talvez nós sejamos também.

Ocorre-me que já faz alguns dias que estou no Catar e ainda não encontrei nenhum catarense. Isso é um problema. Meus instintos jornalísticos, aprimorados durante duas décadas, me dizem que para investigar a alma do catarense poderia ser útil falar com um catarense de verdade. Mas onde? O costumeiro truque dos jornalistas de entrevistar o motorista de táxi não estava funcionando. Eles eram sempre da Índia. Da mesma forma, não podia entrevistar meu garçom (filipino) ou o gerente na recepção do hotel (egípcio). Nada disso, o que eu precisava era de uma recomendação, uma *entrée* nesta sociedade tribal.

Havia uma pista. O número de telefone de um tal de Sami. Ele é amigo de um amigo e trabalha na Al Jazeera, a controvertida rede de TV árabe sediada no Catar. Sami não é catarense, mas aposto que conhece alguns. Ele concorda em me encontrar onde todo mundo se encontra no Catar: no shopping.

Sami está muito bem vestido, de gravata, num paletó impecável. Nós nos sentamos num café no mezanino. Peço um suco de lima. Sami pede um chá.

Sami é etnicamente árabe, mas foi criado na Grã-Bretanha e educado nos Estados Unidos. Ele é capaz de nadar bem em ambos os rios, o árabe e o ocidental. É o tipo de pessoa, sei por experiência, que tem a chave para a compreensão de um lugar. Ele é um intérprete cultural.

Pergunto a Sami a respeito de cultura tribal. Trata-se de um termo que nós no Ocidente usamos muito e de uma maneira não lisonjeira. Embora nunca digamos isto exatamente, a cultura tribal é considerada uma cultura atrasada.

Não é o caso aqui, diz Sami. "Tribo" é apenas mais um nome para família — uma família grande e estendida. O termo não me sai da cabeça. Fico imaginando: pode uma família ser estendida demais? E se isso é possível, será que é tão doloroso quanto esticar demais o joelho e sofrer uma distensão? Nossas famílias são nossas grandes fontes de amor e de apoio. Elas também são aquelas que, estatisticamente, têm mais chance de nos matar. Como Yi-Fu salienta: "Nós oprimimos tanto os nossos inimigos quanto aqueles que amamos." E assim é com as famílias. Elas são nossa salvação e nossa ruína.

"Valores tribais são como valores familiares", continua Sami. Algo em torno do que podemos nos unir durante os bons momentos e algo para lamentarmos a perda durante os momentos difíceis. E assim como as famílias desacreditam os forasteiros — não fale com estranhos, nossos pais nos alertaram —, as tribos são cautelosas com relação aos intrusos. Ou você é um membro da tribo ou não é. Não há um meio-termo.

A cultura tribal e a cultura corporativa são na verdade muito semelhantes, explica Sami. Ambas honram a lealdade sobre todas as coisas e a recompensam generosamente, seja com ações ou dança do ventre. Ambos jogam duro com os traidores, seja através de demissões ou de degolas.

O CEO de uma empresa americana é igual ao líder tribal do Oriente Médio, diz

Sami: "Se você trabalhasse na Time Warner, não iria até o CEO com um problema pequeno. Você sabe o seu lugar." E assim é com o país do Catar. Todos têm acesso ao emir que está no poder — a porta do palácio dele está sempre aberta — mas as pessoas usam esse acesso judiciosamente.

— Mas por que os catarenses são tão mal-humorados? Até mesmo rudes algumas vezes?

— Você tem que entender, Eric. Este é um povo do deserto. Tempos atrás, a vida era dura. Se você caminha quilômetros e mais quilômetros no deserto e afinal acha alguém com água, você não diz: "Com licença, caro senhor, por acaso poderia me ceder um pouco d'água?" Você apenas fala sem pensar: "Me dá essa água, agora!" É por isso, explica Sami, que o catarense contemporâneo grita para o barista no Starbucks quando pede um grande latte (café expresso com leite aquecido no vapor e geralmente com espuma de leite em cima). É por causa do deserto.

Não se trata de uma teoria tão improvável. Nós somos moldados não apenas pela nossa geografia do momento, mas pela nossa geografia ancestral também. Os americanos, por exemplo, mantém um espírito de fronteira mesmo que a única fronteira que ainda exista seja aquele vasto espaço aberto entre as caminhonetes e as lojas no estacionamento do shopping de rua. Somos o nosso passado.

Tomo um gole do suco de lima e pergunto a Sami se ele poderia me ajudar a encontrar alguns catarenses. Se você visse a reação dele iria pensar que eu pedi um almoço com a rainha da Inglaterra, em vez de apenas alguns encontros com cidadãos do exato país que por acaso visito neste momento. Antes de falar, Sami espana do ombro um pontinho invisível de poeira.

— Isso vai ser difícil. Veja só com o que estamos lidando. Em primeiro lugar, você é americano. Um a zero. Depois, você é jornalista. Dois a zero. E o seu nome soa tremendamente judeu.

— Três a zero. Perdi?

— Vou ver o que posso fazer. Só me dá algum tempo. — E então ele se levanta para ir embora.

O calor vai ficando pior a cada dia. Às 8h, o Sol brilha no céu com um tom intenso de laranja e exerce um peso sobre mim, sem piedade. Por volta do meio-dia, é fisicamente doloroso ficar do lado de fora por mais de um minuto ou dois. O calor é tão debilitante quanto uma tempestade de neve. Apenas tolos e estrangeiros se aventuram do lado de fora.

Eu me encaixo em pelo menos uma dessas duas categorias, talvez em ambas, e então desafio o sol do meio-dia para visitar o mercado, na parte antiga de Doha, a parte da cidade por onde ainda não passaram os tratores. Um dos raros exemplos de lugar em que os catarenses valorizam o que é antigo.

Dentro do mercado, o chão é branco cor de pérola. Tudo é branco, inclusive o calor. Noto um McDonald's que foi projetado para estar em harmonia com a arquitetura das adjacências. Parece-se com... espera aí... parece-se com uma mesquita. Uma McMesquita. Imaginei uma placa na frente da loja: "Mais de um bilhão salvos!" Acho isso muito, muito engraçado. Sim, o calor está mesmo me afetando.

Fico vagando pelo labirinto de lojas, todas administradas por estrangeiros. Os nomes dos estabelecimentos refletem o país de origem dos proprietários: Mãe Índia Alfaiates, Barbeiro Manila. Suponho que isso empreste uma atmosfera internacional à cidade, e, no entanto, há algo de inegavelmente melancólico nisso, um anseio pelo país de origem. Os estrangeiros são as abelhas operárias da economia do Catar. Eles vivem aqui por 20, 30 anos — talvez até tenham nascido aqui — mas nunca vão se tornar cidadãos catarenses. Trata-se de uma troca que eles aceitam sem hesitar, apesar dela parecer, ao menos para mim, uma troca ruim. A maior parte deles deixa a família em seu próprio país até, enfim, se aposentar, retornar de maneira triunfal e construir uma grande casa. Bem a tempo de morrer.

Faço uma pausa para tomar um chá. Uma bebida quente esfria a pessoa de maneira mais eficiente do que uma gelada, mais uma das ironias da vida no deserto. Pego o jornal local, o *Península Times*. Há uma foto do emir num encontro com o embaixador nepalês, que está se despedindo do cargo. Os jornais trazem as mesmas fotos todos os dias, tiradas na mesma sala ornada, com a mesma caixa de lenços de papel folheada a ouro, só que com uma autoridade diferente sentada junto ao emir, parecendo desconfortável como o diabo, enquanto o governante, um homem de circunferência nada insignificante, se afunda em sua cadeira, apenas esperando. Viro a página. Há uma matéria sobre uma séria escassez de aparelhos de ar-condicionado. Está escrita da mesma maneira urgente, ansiosa, que alguém poderia escrever sobre, digamos, uma escassez de antibióticos.

A convocação para as orações, a trilha sonora do Oriente Médio, ricocheteia pelo mármore branco. Quantas vezes ouvi esse som, e em quantos países diferentes? É uma coisa bonita, realmente; você não precisa ser muçulmano para apreciar o talento vocal de um bom *muezzin*. Nos últimos tempos, entretanto, depois dos ataques de 11 de setembro, acho que a beleza também tem um tom de ameaça.

Os muçulmanos rezam cinco vezes por dia. Isso é o que o Corão determina. Por que cinco vezes? Por que não quatro ou seis? Só Alá sabe, mas quando o islamismo germinou no deserto árabe há mais ou menos 1.400 anos, para uma coisa a nova religião serviu, intencionalmente ou não: fazer com que as pessoas se reunissem. A oração obrigatória levava todos a deixarem suas tendas e irem para tendas maiores, comunitárias e, no final, mesquitas.

Aproximadamente 1.300 anos depois, o existencialista francês Jean-Paul Sartre cuspiu na noção de felicidade comunitária ao declarar: "O inferno são os outros."

Sartre estava errado. Ou então estava saindo com as pessoas erradas. Cientistas sociais estimam que 70% de nossa felicidade se origina de nossos relacionamentos, tanto em quantidade, quanto em qualidade, com amigos, colegas de trabalho e vizinhos. Durante os períodos difíceis da vida, a camaradagem alivia nosso sofrimento; durante os momentos bons, aumenta nossa felicidade.

Então a grande fonte de felicidade são as outras pessoas — e o que o dinheiro faz? Ele nos isola das outras pessoas. Ele nos permite construir paredes, literais e figurativas, em torno de nós mesmos. Nós nos deslocamos de um dormitório de faculdade apinhado de gente para um apartamento, para uma casa e, se formos ricos de verdade, para uma mansão. Achamos que estamos ascendendo, quando na verdade estamos nos emparedando.

O motorista do meu táxi não faz a menor idéia de onde se localiza o Museu Nacional do Catar e tem de parar três vezes para pedir informações. Um sinal, eu penso, de que Lisa está certa. Um dia, enquanto tomávamos café-da-manhã, ela afirmou que os catarenses não têm cultura.

Eu me senti compelido a defender os catarenses, não sei bem por quê.

— Isso me parece um pouco radical. Todo país tem uma cultura.

— O.k. — disse ela. — Eles não têm uma culinária, não têm uma literatura e não têm artes. Para mim, isso significa que eles não têm cultura.

— Mas eles têm um Ministério da Cultura.

— É, e eles também têm um Ministério da Justiça. Isso não significa que eles tenham justiça.

O argumento dela era consistente. A única cultura no Catar, Lisa sustenta, é o tipo de cultura que chega via aérea: artistas e escritores trazidos de avião todos os dias, bem fresquinhos, o equivalente cultural às lagostas do Maine.

— O.k. — eu disse, ainda sem estar pronto para ceder. — Eles têm um museu. Eu vi no mapa. Se eles têm um museu, devem ter uma cultura.

Lisa apenas deu um sorrisinho de desdém e disse:

— Você já viu o museu?

Então aqui estamos, no museu. A primeira coisa que me impressiona a respeito deste edifício atarracado de concreto é que deve ser o único edifício sem ar-condicionado em todo o país. Seria isso um esforço para simular a adversidade da vida catarense antes do advento do ar-condicionado? O calor no interior das salas de concreto é insuportável. Numa questão de segundos, riachos de suor se formam na minha testa e pingam nos meus olhos, que ardem.

Felizmente, há poucos motivos para permanecer ali. As exposições são, em uma palavra, patéticas. Lisa observa uma caixa de vidro que abriga uma coleção do que parecem ser pedaços das unhas de um camelo. Há uma exposição sobre medicina popular, com ênfase no popular. Um cartaz informa: "Xícaras eram usadas para aliviar a pressão alta, cujos sintomas são dores de cabeça e desmaios." Não está claro se esses sintomas são causados pela pressão alta ou pelo uso das xícaras. Uma fotografia mostra um homem idoso com colheres gigantescas presas à sua cabeça e sangue escorrendo nas xícaras de plástico. Acredito que nos tempos medievais isso fosse conhecido como sangria.

Uma das exposições mais interessantes é a de uma série de fotos aéreas de Doha, a mesma vista tirada em 1947, 1963 e 1989. Foto após foto você pode ver a cidade se espalhando como um borrão de tinta.

Andamos um pouco pelo pátio, onde uma suposta brisa agita o ar quente. Não sei se é o calor, ou o museu triste, mas é aqui que Lisa me conta a respeito do seu passado. Na verdade, um passado que é muito como o do Catar: conturbado, inconstante — e com grandes períodos sem registro. Enquanto Lisa vai desfiando sua história, não consigo deixar de pensar: e se todos nós tivéssemos um museu pessoal, um prédio de verdade, dedicado a contar nossas histórias?

O Museu de Lisa seria um pouco depressivo, muito como o Museu Nacional do Catar, só que com ar-condicionado e provavelmente sem os pedacinhos de unha de camelo. Numa exposição figuraria o empoeirado copo plástico em que Lisa tomou sua primeira bebida. Logo abaixo, uma placa informaria: "Este é o autêntico copo no qual Lisa, aos dez anos de idade, misturou uísque escocês, rum e gim, obtidos no 'armário de bebidas' de seus pais. Outra exposição daria destaque ao verdadeiro Pontiac LeMans conversível, laranja-cheguei, para onde ela pulou de carona a fim de fugir de casa aos 15 anos de idade. E veja só, logo ali, uma réplica exata do centro de reabilitação em Columbus, Ohio, onde Lisa deu entrada aos 19 anos de idade.

Depois, se vocês vierem por aqui, cuidado com o narguilé, por favor, estamos entrando nos primórdios do Período Tunisiano. Lisa largou a bebida e juntou-se ao Peace Corps. Eles a enviaram para a nação norte-africana da Tunísia. Tudo está bem, mas... oh, não... o que é isto? Uma foto de Lisa com uma garrafa de cerveja na mão, um cigarro pendendo do canto da boca. Devemos ter entrado na Era da Reincidência. A placa nos informa que Lisa enfiou o pé na jaca, os dois. Ela é transportada para Amsterdã, a caminho de casa, mas não quer ir, e Lisa nunca, jamais, faz qualquer coisa contra sua vontade. Então ela recorre a um de seus velhos truques da Era de Moleque de Rua. Age como se estivesse maluca. Roda o vídeo granulado de Lisa no aeroporto Schiphol de Amsterdã. "Com licença, você sabe que o mundo está acabando?" é o que ela está dizendo, sem parar, para qualquer um que dê ouvidos a ela e mesmo para aqueles que não se mostram interessados. As autoridades holandesas a internam num hospital psiquiátrico. Dão a ela uma medicação, que Lisa esconde dentro da boca com habilidade, apenas fingindo que engoliu — um outro velho truque dos tempos de fugitiva. Afinal, os holandeses desistem e a colocam num vôo de volta para casa, na América. No avião, ela faz sexo no banheiro com um cabeludo que acabou de conhecer.

Esperemos que você deixe o Museu de Lisa sentindo-se como eu me sinto a respeito dela: amigável e afetuoso, desejando tudo de bom enquanto ela se encaminha para uma Era Dourada repleta de aulas de ioga e encontros dos Alcoólicos Anônimos (AA). Que Lisa tenha tanta sorte quanto o Catar. Que ela encontre grandes reservas de gás natural nas profundezas de suas areias.

Enquanto caminhamos de volta para o carro, fico pensando: como seria o meu museu? Não sei dizer e isso me deixa muito perturbado. Será que o arco da minha vida é tão indiscernível, tão amorfo, a ponto de nenhum curador ser capaz de contar minha história num lugar só?

— E então? Eu estava ou não estava com a razão? — Lisa pergunta.

Sim, dou o braço a torcer, ela estava certa. Os catarenses não têm cultura. Francamente, não posso culpá-los. Se você tivesse passado alguns milhares de anos ralando no deserto, defendendo-se do calor sólido, isso sem mencionar as várias tribos invasoras, você não teria tempo para cultura. Naquela época, a vida era dura demais para cultura. Hoje, entretanto, é confortável demais para cultura. "Cidades criativas, ambientes urbanos criativos, são lugares de grande turbulência intelectual, não são de maneira alguma lugares confortáveis", observa o historiador britânico Peter Hall.

O emir do Catar, soberano da terra, está determinado a fazer alguma coisa a respeito de sua cultura ausente. Num autêntico estilo catarense, planeja comprar uma cultura e, de quebra, alguma história também. Soa como um plano sensato. Mas há um impedimento. Se por um lado é verdade que o dinheiro fala, ele fala apenas no tempo futuro. O dinheiro é 100% potencial. Você pode construir um futuro com dinheiro, mas não um passado.

Isso não impediu o emir de tentar. Logo ele abrirá diversos museus de muitos milhões de dólares (provavelmente com ar-condicionado), celebrando o recém-construído passado do Catar. Já posso imaginar os cartazes: "Sua Herança Cultural. Em Breve Aqui!"

O emir do Catar não é o típico líder árabe que poderíamos imaginar. Ele chegou ao poder num golpe de Estado familiar; o que parece apropriado para um país que é basicamente um negócio de família. Em pouco tempo estabeleceu-se como um novo tipo de soberano árabe. Um absolutista flexível e fofo que dá vontade de abraçar.

O emir é perito em fazer jogo duplo. O Catar abriga uma das maiores bases militares americanas no mundo — os Estados Unidos comandaram a invasão ao Iraque em 2003 a partir daqui. O Catar também abriga a Al Jazeera, o belicoso canal de TV por satélite que é mais conhecido por colocar no ar as fitas de Osama bin Laden. Dessa forma, o emir consegue ser pró e anti-americano ao mesmo tempo. Um feito nada fácil.

O emir é, no mínimo, generoso. Ele compartilha com seus súditos a vasta riqueza de petróleo e gás do Catar. De fato, este é o máximo que há em termos de

Estado do Bem-Estar Social. A gasolina é vendida a cinqüenta centavos o galão, mais barato do que água. Quer dizer, isso não é bem verdade. A água no Catar é de graça. Assim como a eletricidade, o atendimento médico e a educação. O governo chega até mesmo a pagar um pequeno salário para estudantes universitários do Catar. Quando um homem catarense se casa, o governo dá a ele um lote para que ele construa uma casa, mais uma hipoteca livre de juros e, para completar, uma mesada de mais ou menos sete mil dólares. Ao contrário do que acontece em Estados do Bem-Estar Social europeus, os catarenses não são sobrecarregados com impostos altos. Na verdade, eles não são sobrecarregados com qualquer imposto que seja. Nada de imposto de renda. Nada de imposto sobre vendas. Nada.

Você pode imaginar que isso seja uma coisa maravilhosa, como foi o caso comigo a princípio. Mas um estudo recente, conduzido na Universidade do Oregon, sugere o contrário. Os pesquisadores deram a 19 voluntários cem dólares e então fizeram com que eles ficassem de papo para o ar e assistissem ao dinheiro desaparecer através de uma série de transações financeiras que bruxuleavam pela tela de um computador. Enquanto isso, os pesquisadores escanearam a atividade cerebral dos participantes com um aparelho de ressonância magnética.

Na experiência, os participantes ativamente escolheram uma boa causa para a qual doar seu dinheiro. Ao fazê-lo, duas das partes mais primitivas dos seus cérebros — o núcleo caudado e o núcleo acumbente — se iluminaram. A descoberta mais surpreendente, entretanto, é que mesmo quando os participantes eram forçados a desistir do dinheiro deles (para uma boa causa, eles foram informados) as partes do cérebro associadas ao altruísmo ainda disparavam. Não tanto quando a escolha havia sido feita voluntariamente, mas a maioria dos economistas não teria previsto qualquer atividade cerebral, pelo menos não do tipo positivo, em alguém forçado a entregar dinheiro involuntariamente — em outras palavras, pagar impostos.

O que podemos concluir desse estudo? Será que deveríamos conectar todo mundo a uma máquina de ressonância magnética para determinar sua faixa de contribuição apropriada? Acho que não, e o experimento tem suas deficiências. No mundo real, impostos nem sempre são vistos como justos, e a maneira como eles são gastos é às vezes questionável. Mas é claro que pagar impostos é bom. Veja bem, não estou dizendo que impostos *altos* são bons. Estou apenas dizendo que o conceito de taxação é bom, é necessário para uma democracia saudável. "Imposto" é uma outra palavra para voto. Se um funcionário público estiver dando mancada no trabalho, os catarenses não têm como castigá-lo com aquele velho recurso: "Ei, meu chapa, eu pago o seu salário." Não, você não pode. Os catarenses não têm nem impostos, nem representação, e isso não é algo feliz.

Um telefonema de Sami. Boas notícias. Ele conseguiu um encontro para mim com alguns catarenses nos escritórios da Al Jazeera. Pego um táxi e me encontro com eles do lado de fora do prédio da sede. A não ser pela pequena mesquita junto à entrada, esta poderia ser qualquer rede de televisão. Nós nos dirigimos para a lanchonete dos funcionários. Estou impressionado. Chão de madeira clara, mobília escandinava e — pendurada na parede como uma obra de arte moderna — uma TV de tela plana. Al Jazeera é cria do emir, e o emir trata bem os seus filhos.

Sami me apresenta a seus amigos, todos eles vestidos com *dishdashas* brancas, a túnica longa e solta usada pelos árabes do Golfo Pérsico, com os acessórios padrão: abotoaduras, relógios caros e canetas Mont Blanc enfiadas nos bolsos do peito. Como *dishdashas* são roupas que todos usam, esses acessórios são a única maneira que os homens catarenses têm de ostentar sua riqueza. O poder aquisitivo deles é de fundamental importância na vida aqui.

Há os apertos de mão, um café é servido e os charutos são acesos. Decido abrir a conversa indagando a respeito do modo como as pessoas dirigem no Catar. Por que é tão ruim?

Há uma longa pausa.

— Próxima pergunta — um dos homens fala e todos riem.

— Na verdade — diz um deles —, a culpa é de vocês, americanos. Nós aprendemos a dirigir assistindo aos filmes de Hollywood, perseguições de carro e outras coisas mais. É um negócio de macho.

O.k., já chega de conversa fiada. Crio coragem e acabo lançando de supetão a grande pergunta.

— Vocês são felizes?

Faz-se um silêncio longo e desconfortável. Por fim, um dos homens diz, com uma ponta de irritação na voz:

— Por que é que você faz uma pergunta como essa?

Essa pergunta, o tipo de pergunta que nós americanos nos indagamos todos os dias, todas as horas, não é de todo apropriada num país muçulmano como o Catar. Noto que as pessoas se retraem um pouco quando pergunto e educadamente tentam mudar de assunto. Isso acontece porque a felicidade está nas mãos de Alá, não do homem. Se estamos felizes é desejo de Deus e, da mesma forma, se estamos tristes também é desejo de Deus. Perguntar se eles eram felizes foi como se eu tivesse perguntado àqueles caras se eles raspavam as pernas. Minha vontade é sair de fininho.

— O.k., se você insiste, sim, sou feliz — um homem diz, afinal.

— Não existe essa coisa de felicidade completa — diz um terceiro, jogando a fumaça do charuto para longe.

— Se você quer conhecer felicidade verdadeira, deveria se tornar muçulmano — diz um quarto. —Você deveria acreditar e saber que tudo está nas mãos de Deus. Você vai alcançar aquilo que Alá escreveu para você. Sim, se quer conhecer a felicidade, deveria se tornar muçulmano.

A ligação entre religião e felicidade é um assunto que poderia ocupar prateleiras e mais prateleiras de livros, e, de fato, é o que acontece. Vou afundar meu dedão neste reservatório profundo destacando uma estatística proveniente da jovem ciência da felicidade. As pessoas que freqüentam cultos religiosos relatam ser mais felizes do que aquelas que escolhem não freqüentá-los. Por quê? Será por causa de alguma experiência transcendental, por causa do lado religioso de um culto? Ou será o lado referente ao culto em si, à reunião de pessoas que têm a mesma opinião? Em outras palavras, será que esses felizes freqüentadores de igreja receberiam o mesmo auxílio hedonista se pertencessem a uma liga de boliche, ou, vai saber, à sede local da Ku Klux Klan?

Acho que não. Considere as seguintes descobertas: as pessoas que declaram concordar com a afirmação "Deus é importante na minha vida" relatam ser significativamente mais felizes do que as pessoas que discordam dessa declaração, independente de sua participação em religiões organizadas. Traduzindo em termos financeiros terrenos, tal bônus de felicidade é o equivalente a uma duplicação de seus salários.

Posso ouvir os urros de protesto dos ateus. Algo como "Se a crença numa religião dogmática e ilusória o faz feliz, então não se trata de uma felicidade da qual eu queira ter qualquer participação, muito obrigado". Os ateus devem saber o que fazem. Os felicilólogos, por exemplo, não levam em conta a sustentação moral da felicidade. Um pedófilo que apresente níveis altos de felicidade — digamos, um nível nove numa escala de zero a dez — conta a mesma coisa que um trabalhador social que também revele ser um nove na escala da felicidade. Da mesma forma, um homem-bomba, firme em sua crença em Alá, pode muito bem ter um resultado mais alto tanto em relação ao pedófilo como em relação ao trabalhador social. Ele pode ser um dez apenas minutos antes de se explodir e de levar junto com ele algumas dúzias de inocentes. Aristóteles esclareceria essa confusão moral num minuto. A felicidade, ele acreditava, significava não apenas sentir-se bem, mas *fazer* o bem. Assim, o pedófilo e o homem-bomba apenas *pensavam* que fossem felizes. Na verdade, eles não eram de forma alguma felizes.

Talvez não seja a crença em Deus o que nos faz mais felizes, mas a crença em algo, em qualquer coisa. De que outra forma explicar que os países mais felizes do mundo — Dinamarca, Islândia, Suíça e Holanda — sejam tão pouco religiosos? Os cidadãos desses países, entretanto, claramente acreditam em alguma coisa. Eles acreditam em seis semanas de férias, em direitos humanos, em democracia, em tardes desocupadas gastas à mesa de cafés, em vestir meias e sandálias ao mesmo tempo. Crenças que podemos admirar ou, no caso da combinação sandália-e-meia, achar abomináveis.

— Então, tudo o que preciso fazer é acreditar em Alá? — Tomo cuidado para evitar um tom de confronto com os homens da Al Jazeera. Estou pisando num terreno sagrado e traiçoeiro aqui. — Não preciso fazer mais nada para ser feliz?

— Você precisa fazer um esforço, mas é o esforço o que conta, não o resultado — diz um dos homens.

O islamismo, como outras religiões, sustenta que se você deseja ser feliz, deve se esforçar bastante para viver uma vida virtuosa e não esperar nada, absolutamente nada. Deve separar suas ações dos resultados delas, e a felicidade vai fluir como óleo.

A conversa vai perdendo o fôlego e os homens, um após o outro, começam a brincar com suas canetas Mont Blanc e a olhar para seus relógios incrustados com diamantes. Nós dizemos adeus e eles me deixam com estas palavras de despedida ligeiramente ameaçadoras:

— Religião é como uma faca. Se você a usa da maneira errada, pode se cortar.

Um momento decisivo na história da humanidade aconteceu na região holandesa de Flandres no ano de 1445, só que você não vai encontrar isso nos livros de história. Flandres foi o lugar onde se realizou a primeira loteria. O prêmio não era muito grande — uma cabeça de cabra e um encontro com uma moça graciosa de real virtude, eu presumo — mas o evento marcou uma importante mudança, o que eu poderia chamar de uma mudança de paradigma se eu fosse o tipo de pessoa que usasse termos como "mudança de paradigma". Pela primeira vez na história, um membro da plebe tinha a possibilidade de se tornar rico de uma hora para outra, e sem mover um dedo. Exatamente como os bem-nascidos proprietários de terra. Prostituição legalizada e agora isso. Os holandeses, mais uma vez, sabiam o que estavam fazendo.

Desde então as loterias se tornaram populares. Hoje, elas existem em dúzias de países por todo o mundo. Quem nunca fantasiou a respeito de ganhar o prêmio acumulado? Quem nunca imaginou o exato momento em que entraria no escritório do chefe na segunda-feira de manhã e, de maneira polida, sem qualquer sinal de malícia, diria a ele para fazer o favor de se ferrar e morrer? Você não trabalha mais lá. Você não trabalha mais em *nenhum outro lugar*. Você viaja. Você faz compras. Você come Doritos e assiste a reprises de *Seinfeld*.

Contudo, você não seria um daqueles ganhadores de loteria egoístas. Oh, não, você espalharia a riqueza. Compraria aquela casa num condomínio da Flórida para sua mãe, aquele carro esporte para seu irmão e até doaria alguns milhares para uma causa merecedora. Darfur, talvez. Você também não seria um daqueles esbanjadores. Não, senhor, seria responsável. Você investiria. Finalmente, depois de alguns anos, você poderia até voltar a ter algum tipo de trabalho. Nas terças-feiras. À tarde. Talvez. Sim, se você ganhasse na loteria, você seria, numa palavra, feliz.

Era isso o que o Catar também achava. O país ganhou a loteria do petróleo e do gás, e não está mais trabalhando na lanchonete da esquina. Como outros ganhadores de loterias, o Catar gasta muito dinheiro mimando a si próprio e lidando com os apelos de primos que não vê há muito tempo e de velhos amigos da escola secundária, só que neste caso a escola secundária das Nações Unidas. "Catar, como diabos está você? Quem fala aqui é o seu velho camarada Somália. Faz muuuuuito tempo. Precisamos almoçar juntos."

Então fim da história. Catar está cheio da grana e, portanto, feliz também.

Calma, não tire conclusões tão apressadas.

Em 1978, o psicólogo Philip Brickman estudou dois grupos diferentes. Um deles era formado de pessoas que haviam acabado de ganhar na loteria e agora estavam ricas. O outro era formado de pessoas que haviam se envolvido em acidentes e agora estavam paralíticas. Como era previsível, pouco depois desses acontecimentos, os ganhadores de loterias relataram índices cada vez maiores de felicidade, enquanto as vítimas de acidentes estavam menos felizes. Só que, ao acompanhar os grupos por mais tempo, Brickman notou que algo totalmente inesperado aconteceu. Os ganhadores da loteria logo retornaram para os níveis de felicidade anteriores ao seu enriquecimento. Enquanto isso, as vítimas de acidente que haviam ficado paralíticas retrocederam para níveis de felicidade só um pouco mais baixos do que os anteriores aos seus acidentes.

O que estava acontecendo? Brickman deduziu que, no caso dos ganhadores de loteria, eles agora obtinham significativamente menos prazer de atividades corriqueiras como comprar roupas ou conversar com amigos. O que antes era divertido, de repente deixou de ser. Os psicólogos chamam isso de "esteira hedonista". Como uma esteira comum, a esteira hedonista faz você suar e deve ser evitada a qualquer custo. Mas diferente de uma esteira comum, a variedade da esteira hedonista com certeza não é boa para sua saúde. Esse ciclo infinito de prazer e adaptação vai deixar você maluco. Curiosamente, existem duas consideráveis exceções: barulho e seios grandes. Estudos revelaram que nunca nos acostumamos com barulhos altos, mesmo submetidos a uma exposição prolongada a eles. E um outro estudo descobriu que mulheres que fazem implantes nos seios nunca se cansam do prazer que isso traz a elas, e presume-se que seus companheiros se sintam do mesmo modo.

Aristóteles estava certo quando disse: "É claro que pequenos incidentes felizes ou infelizes não pesam muito na balança." E se o estudo de Brickman está certo, então grandes acontecimentos felizes também não perturbam o teor de nossa vida. Nada perturba. O que nos leva à pergunta inevitável: por que se dar ao trabalho de levantar da cama de manhã?

Para responder a essa pergunta, precisamos dar um passo atrás. As loterias na verdade não dizem respeito apenas a dinheiro. Dizem respeito a um cruzamento entre sorte e felicidade. Trata-se de um cruzamento movimentado, com alto índice de acidentes. Os gregos antigos acreditavam que a felicidade requeria um certo grau de boa sorte. Até mesmo Aristóteles, que pregava a necessidade de se levar uma vida virtuosa, também acreditava na necessidade da sorte: "Com efeito, o homem de má aparência, ou mal-nascido, ou solitário e sem filhos, não tem muitas probabilidades de ser feliz, e talvez tivesse menos ainda se seus filhos ou amigos fossem visceralmente maus e se a morte lhe houvesse roubado bons filhos ou bons amigos."

Em todas as línguas indo-européias, a palavra usada para felicidade é ligada à palavra usada para sorte. A palavra inglesa *happiness*, felicidade, vem da antiga palavra nórdica *hap*, ou sorte. Quando nos acontece um *mishap*, um contratempo, isso é um acesso de má sorte. No alemão moderno, a palavra *glück* significa tanto "felicidade" quanto "sorte". No tempo de Aristóteles, a sorte era concedida pelos deuses. Hoje, esse trabalho fica a cargo das loterias.

Mas, como revelam os estudos sobre ganhadores de loterias, o que a princípio parece boa sorte pode acabar sendo o seu oposto. Há pouco tempo me deparei com um pequeno artigo de uma agência de notícias paquistanesa:

> Multan, 16 de março: um prisioneiro de nome Haq-Nawaz, de 70 anos, morreu na noite passada na Nova Prisão Central de Bhawalpur quando foi informado de que a corte havia suspendido seu encarceramento e ordenado sua libertação. Quando as autoridades da prisão o informaram de que seria libertado na quinta-feira, ele não pôde controlar a felicidade e seu coração parou devido a um excesso de emoção. O corpo de Haq-Nawaz foi entregue aos seus parentes para ser sepultado.

Pendurei esse artigo na porta da minha geladeira. Um lembrete diário para mim mesmo: felicidade pode matar.

Naquela noite, Lisa e eu jantamos no restaurante indiano do hotel. É delicioso e bastante autêntico, o que não é de se estranhar dado o fato de que toda a equipe de funcionários provavelmente chegou ontem de Bombaim.

Tentamos ficar de conversa fiada, mas a honestidade arrebatadora de Lisa acaba interferindo. E então, entre o *papadam* e o *biryani*, ela me pergunta, sem rodeios, se estou feliz no Catar.

— Na verdade — respondo —, eu me sinto triste. Muito triste. Não consigo explicar.

— Isso acontece porque você precisa disso, você ama isso.

— Amo o quê?

— A tristeza. Você é viciado em tristeza.

Ela não diz isso como se fosse alguma teoria leviana. Ela diz isso como se fosse um fato. A terra é redonda. Sou viciado em tristeza. Será que tal coisa é mesmo possível? Que pessoa sã seria capaz de ansiar por algo como a tristeza?

Se isso é verdade, se sou de fato viciado em tristeza, absolvo minha pessoa de qualquer culpa. A responsabilidade repousa firme sobre meu cérebro. Trata-se de um defeito de projeto. Pior do que o do Ford Pinto 1975 e tão perigoso quanto.

Neurocientistas descobriram que as partes do cérebro que controlam o querer e as partes do cérebro que controlam o gostar são separadas; elas operam de maneira independente uma da outra e envolvem químicas diferentes. Os neurocientistas sabem disso da mesma forma que sabem tudo a respeito de como nosso cérebro funciona: fazendo coisas estranhas e muitas vezes sádicas aos ratos.

Na década de 1950, pesquisadores canadenses introduziram minúsculos eletrodos no cérebro dos ratos e estimularam eletricamente uma parte do cérebro conhecida como hipotálamo lateral. Os ratos adoraram. Depois os cientistas deram aos ratos minúsculas alavancas, proporcionais ao tamanho deles, para que as empurrassem. Isso os permitiria estimular seu hipotálamo lateral sem qualquer ajuda externa. Os ratos gostaram disso ainda mais. "Dedicados a obter essa recompensa, eles (os ratos, não os cientistas) tendem a ignorar membros do sexo oposto sexualmente receptivos, comida, e até mesmo água, em sua obstinada busca por mais uma dose", escreve Daniel Nettle em seu livro *Happiness: The Science Behind Your Smile* ("Felicidade: a ciência por trás do seu sorriso").

Meio estranho, você pode pensar, mas ainda dentro da esfera do explicável. Seja lá o que for que essas correntes elétricas estejam fazendo ao hipotálamo lateral dos ratos, deve ser algo muito agradável, algo de que os ratos gostam bastante e, em conseqüência, algo pelo que serão capazes de fazer qualquer coisa.

De certo foi isso que os cientistas pensaram também quando elaboraram outro experimento. Eles estimularam o hipotálamo do rato enquanto os animais comiam. Os resultados foram surpreendentes. Os ratos comeram mais, só que, a julgar pela sua linguagem corporal, não estavam tendo prazer com a ação — uma evidência clara, diz Nette, de que "você pode ansiar muito por alguma coisa, mas obter pouco ou nenhum prazer nela depois de tê-la conquistado". Qualquer um que já tenha sido viciado em cigarro ou que já tenha assistido a *Nancy Grace* (ex-promotora, personalidade de TV nos Estados Unidos) sabe disso de maneira intuitiva.

Querer coisas de que não gostamos. Se for verdade, isso praticamente vem a demolir todo o campo da economia. Os economistas baseiam seus estudos na premissa de que seres humanos racionais buscam coisas que vão aumentar sua "utilidade", o correspondente em economês para a palavra felicidade. Joe faz hora-extra no trabalho e mal tem tempo de ver a família a fim de conseguir economizar dinheiro para comprar um BMW novo. Portanto, o BMW novo deve aumentar a utilidade de Joe, sua felicidade. O que os economistas deixam de levar em conta é que Joe é um idiota. Não, isso também não é justo. Joe não é um idiota; mas o cérebro de Joe certamente é, pois tem mecanismos neurológicos tais que levam Joe a buscar coisas que não o fazem feliz.

Muito da miséria humana pode ser explicado por esses loucos mecanismos. Nós presumimos que nossos sentimentos intensos de querer algo — um carro novo, um bilhete de loteria premiado — significam que, uma vez obtidas, essas coisas vão nos tornar felizes. Mas essa é uma conexão que, neurologicamente falando, não existe. Então ficamos decepcionados, mas não aprendemos com nossa decepção, porque nosso software é defeituoso. Não são dados defeituosos, mas sim uma programação defeituosa o que está nos refreando, e isso é mais difícil de corrigir.

Viciado em tristeza. As palavras de Lisa ainda estão chacoalhando em minha cabeça quando meu *saag paneer* chega. O garçom insiste em servir meu prato e tenho a impressão de que cortaria a comida para mim e me alimentaria se eu pedisse. Fazendo isso ele está aumentando o meu conforto, sim, mas também está me negando o prazer tátil de empilhar o espinafre e o queijo no meu prato. Ele está apenas fazendo seu trabalho, então decido não fazer qualquer comentário.

Viciado em tristeza. Ainda não consigo aceitar isso. A tristeza não é prazerosa. Eu nem a quero, nem a desejo. Não, dessa vez Lisa está errada. Será que está mesmo? Sentir-se triste ainda é sentir, da mesma maneira que acreditar em absurdos ainda é acreditar. Ambos estados de espírito são preferíveis à alternativa do nada. Os seres humanos não medem esforços para evitar o nada. Conquistaremos terras estrangeiras, voaremos até a Lua, assistiremos à TV a cabo sozinhos em quartos de hotel, mataremos 32 pessoas, comporemos músicas bonitas.

Viciado em tristeza. Enquanto corto um pedaço de *naan*, a coisa vai começando a fazer sentido. Decerto que sou triste. Nenhuma discordância quanto a esse ponto. E eu de fato tenho minha cota de vícios. Há um em particular que me vem logo à cabeça. Minha esposa acha que eu deveria buscar ajuda profissional. Uma vez ela me encontrou, tarde da noite, encurvado sobre meu *laptop* de maneira furtiva.

— O que é que você está olhando aí? — ela perguntou num tom acusatório, enquanto eu rapidamente minimizava a janela do navegador.

— Nada.

— Não é nada. Eu vi você olhando para uma fotografia.

Fui descoberto. Fim do jogo. Clico o mouse e a fotografia enche a tela. Lá estava ela, em toda a sua glória. Uma beleza de verdade, também, com os zíperes abertos.

— Oh, meu Deus — minha mulher suspirou enojada, e então ficou em silêncio.

Eu permaneci ali parado, a cabeça baixa de vergonha, esperando ela dizer mais alguma coisa. Por fim, ela falou.

— Por que é que você não pode se interessar por pornografia como um cara normal?

Na tela estava uma Billingham 335, uma bolsa para câmera lindamente feita à mão com costura dupla e alça de ombro acolchoada. Sim, meu nome é Eric e sou viciado em bolsas. Pronto, falei. Já me sinto melhor.

Como todos os vícios, esse foi tomando conta de mim, de maneira espontânea. Não tenho certeza de quando foi que dobrei essa esquina e passei de um mero interesse entusiasmado por bolsas para um vício totalmente desenvolvido. Os sinais estavam lá. Como na vez em que abri a porta de um armário e uma pilha de bolsas caiu sobre a minha cabeça, quase me sufocando, como numa cena de desenho animado. Ou na vez em que, em Tóquio, comprei uma pasta Gurkha de 500 dólares. Fiquei com tanto medo da ira da minha esposa, uma pessoa que chega a ser irritante de tão sensata, que escondi o artigo num guarda-volumes na nossa estação de metrô local por uma ou duas semanas, antes de levá-lo sorrateiramente e em segurança para dentro do nosso apartamento e então guardá-lo dentro do armário — junto com as outras bolsas.

No momento, minha coleção de bolsas ("coleção" é o termo que prefiro usar; soa mais normal) totaliza 64 itens. Por acaso isso lhe parece excessivo? Minha mulher acha que sim. Mas ela não entende o prazer tátil que obtenho da sensação de uma lona de qualidade contra minha pele. Não entende as alegrias de uma ergonomia cuidada, de um bolso localizado no lugar ideal, ou de um compartimento com zíper onde cabe com perfeição a minha agenda Filofax (um outro item colecionável). Uma bolsa bem desenhada é como um prolongamento bem desenhado, e tão necessário quanto.

Se pude me tornar viciado em algo tão cotidiano quanto bolsas, me dou conta disto quando o garçom traz o *masala chai*, então decerto que poderia ser viciado em algo mais importante, de mais peso. Como a tristeza.

É quarta-feira, 15h. Decido fazer o que qualquer catarense de respeito faria neste horário. Vou a um Starbucks. Os homens catarenses estão tomando pequenos goles de seus cafés e fumando embaixo do aviso de não fumar, resguardados pela certeza de que nenhum barista filipino se atreveria a pedir que eles obedeçam às regras. No Catar, a pergunta não é qual é a regra, mas sim quem a está impondo.

Pode-se ouvir uma música. *We will, we will rock you* (Nós vamos, nós vamos sacudir você). Mas ninguém vai ser sacudido por aqui. Não haverá revolução. As pessoas estão confortáveis demais e o conforto é o pior inimigo dos revolucionários. O Catar, como todos os países bem supridos de recursos naturais, sofre da Maldição do Petróleo. Como Thomas Friedman, colunista do *New York Times* mostrou, existe uma relação inversa entre o preço do petróleo e a democracia. À medida que o preço do petróleo sobe, o ritmo das mudanças em direção à democracia declina. Os líderes dessas nações ricas de petróleo não se sentem impelidos a relaxar seu controle do poder. Por que deveriam? Todos estão confortáveis e, portanto, felizes.

Será mesmo? Talvez estejam morrendo aos poucos de ferimentos psíquicos, auto-infringidos com uma faca folheada a ouro, que faz as incisões de forma tão indolor que a pessoa só nota quando já é tarde demais. Uma confortável morte em ambiente refrigerado.

No século XIX, cem anos antes de um país chamado Catar existir, Emile Durkheim, o sociólogo francês, escreveu a respeito do "suicídio anômico". É o que acontece quando as estruturas morais de uma sociedade são abaladas. E elas podem ser abaladas, acreditava Durkheim, tanto por grandes desastres quanto por grandes riquezas.

A primeira parte nós entendemos. Achamos natural que aqueles que sofrem com dificuldades financeiras entrem em desespero numa velocidade vertiginosa. Mas não esperamos desalento de pessoas que ganharam na loteria, ou de cidadãos de países ricos. Entretanto, isso acontece. A maioria de nós já experimentou, uma vez ou outra, um estranho e totalmente inesperado instante de inquietação que acompanha as boas notícias: uma promoção, digamos, ou uma sorte inesperada. As pessoas estão parabenizando você, você sabe que deveria estar feliz, mas não está e não sabe explicar porquê.

É uma luta encontrar uma mesa. O Starbucks está lotado. Um pouco lotado demais para uma quarta-feira às 15h. Será que esses homens não têm emprego? De fato, mais tarde fico sabendo, eles tinham empregos sim, e estavam, naquele exato momento, em meio aos seus cafés, recebendo salário integral. Eles são o que se conhece por aqui como trabalhadores fantasmas. Pessoas que não se apresentam ao trabalho mas, devido ao poder de sua tribo, recebem um contracheque mesmo assim.

Pagos para ficar à toa no Starbucks. Soa como um trabalhinho e tanto, uma maravilhosa trilha cafeinada para a felicidade. Um economista tradicional concordaria. Os trabalhadores fantasmas eliminaram uma externalidade negativa, o trabalho, enquanto maximizaram uma mercadoria desejável: tempo para lazer. Eles ainda recebem um salário, então devem ter um ganho líquido em utilidade — isto é, felicidade.

Só que isso não acontece. Diversos estudos descobriram que pessoas desempregadas na Europa são significativamente menos felizes do que pessoas que têm trabalhos, mesmo que os trabalhadores dispensados ainda recebam o equivalente a um salário integral, graças ao generoso sistema de bem-estar social. Esse fato inconveniente enfraquece a noção de que a boa vida é uma vida ociosa. De fato, pesquisadores descobriram que as pessoas que estão muito ocupadas são mais felizes do que aquelas que não estão ocupadas o suficiente. Em outras palavras, o autor teatral Noël Coward acertou em cheio quando observou que o trabalho interessante é mais "divertido do que divertimento".

Sinto uma distância desconfortável entre mim e o Catar. Estou aqui, mas será que estou mesmo aqui? Preciso pensar como um catarense, preciso entrar na *dishdasha* deles, nem que seja por alguns minutos. Mas como? Não estou planejando converter-me ao islamismo, ou a começar a fumar ou ainda a dirigir como um maníaco. Passando em frente à loja do hotel, tenho uma idéia. Vou comprar uma caneta. Sim, uma Caneta Ridiculamente Cara. Nunca possuí uma Caneta Ridiculamente Cara, nunca achei necessário. Sou sem dúvida capaz de um materialismo insensato, como atesta minha coleção de bolsas, mas não quando ele se refere a canetas. Trata-se de um território traiçoeiro, esse materialismo. Estudos revelaram que pessoas materialistas são menos felizes do que pessoas que não o são. É a atitude delas em relação ao dinheiro, não o seu saldo bancário, o que interessa. E, no entanto, o fascínio de uma caneta bacana ou de um carro, ou seja lá o que for, é irresistível. Esses produtos representam felicidade potencial. A despeito de nós mesmos, acreditamos que essas coisas vão nos modificar.

Escolher uma Caneta Ridiculamente Cara é um exercício de intuição. Não há uma escolha racionalmente correta. Diferente do que acontece na compra de um carro, a segurança não é algo que se deva levar em conta. Desde que a caneta não acabe explodindo em seu bolso ou emitindo gazes nocivos como nos filmes de James Bond, será uma caneta segura.

Faço um *test-drive* em diversos modelos, equilibrando cada um deles entre o polegar e o dedo indicador para estimar o peso. O peso é muito importante quando se escolhe uma Caneta Ridiculamente Cara. Muito pouco pesada não é bom. A caneta dá a impressão de ser barata. Peso demais, entretanto, pode resultar num esforço excessivo para os músculos da mão. Também não é bom. O critério seguinte é a aparência. Minha opção era uma absurdidade atenuada. Por último e, por incrível que pareça, menos importante, uma Caneta Ridiculamente Cara deve ser capaz de escrever. Você ficaria impressionado ao saber quantas delas não fazem isso muito bem. Elas deixam borrões ou falham no meio de um traço.

Afinal, depois de muitas hesitações e interjeições, encontro a Caneta Ridiculamente Cara que é perfeita para mim. Uma Lavin macia com linhas simples e acabamento preto fosco. Uso na mesma hora, para assinar o recibo do cartão de crédito. A caneta tem uma atuação admirável.

Moza al-Malki é uma raridade no mundo árabe — uma pessoa que se autopromove, incendiária e petulante, e que por acaso vem a ser uma mulher. Já a encontrei uma vez. Eu estava fazendo uma matéria sobre mulheres no mundo árabe. Ela foi uma das primeiras a disputar eleições. Sofreu uma derrota esmagadora, mas ainda assim considera a experiência um sucesso. Moza possui o que, num contexto cultural diferente, poderia ser chamado de *chutzpah*. A expressão vem do iídiche e significa descaramento inacreditável, insolência, audácia.

Quando telefono, ela se lembra de mim, ou pelo menos finge lembrar. É difícil ter certeza quando se está lidando com pessoas que se autopromovem como Moza. Ela concorda em se encontrar comigo.

Espero por 30 minutos, mas ela não chega. Afinal, telefono. Ela parece agitada.

—Onde você está? — pergunta Moza.

— Eu estava esperando por você no Starbucks, como você combinou.

— Qual deles?

Nunca tinha me ocorrido que haveria dois Starbucks no mesmo shopping num país que alguns anos atrás mal existia. Mas de fato há, e eu estava esperando no Starbucks errado.

Moza já não está mais neste shopping e retornou ao seu estado natural: moto contínuo. Ela não pretende retroceder para o shopping anterior, porque Moza nunca anda para trás. Em vez disso, sugere que nos encontremos em outro shopping, do outro lado da cidade. Dessa vez ela pede que eu a encontre no Häagen-Dazs, assegurando-me de que lá existe apenas um.

Quando chego, Moza já está lá. Seu rosto está descoberto, com mechas de cabelo preto retinto escapulindo de seu delicado lenço de cabeça. Ela está forçando os limites aceitáveis da *hijab*, as normas de vestimentas islâmicas para as mulheres, e a verdade é que está tendo o que muitas mulheres catarenses considerariam um comportamento escandaloso: encontrar-se com um homem que não é seu parente num lugar público.

Mas Moza não é como a maior parte das mulheres catarenses. Ela dirige desde 1983. Até 1997, as mulheres catarenses não tinham permissão para dirigir.

— Foram muitas as vezes em que a polícia me parou na rua. Eles diziam: "Você é mulher. Você não pode dirigir." E eu dizia: "O que é que você vai fazer? Tirar minha carteira de motorista? Eu não tenho carteira." Eles diziam que iam levar o meu carro e eu respondia: "Ótimo, eu tenho um outro carro." Então eles diziam: "Vamos levar você para a prisão e eu rebatia: Uau! Prisão. Isso é ótimo. Posso escrever três ou quatro artigos enquanto estiver na prisão." — Era nessa altura que os policiais em geral deixavam Moza ir embora com uma advertência.

Peço um *sorbet* de framboesa. Ela escolhe um *waffle* com calda de chocolate e sorvete desnatado de baunilha por cima. Conversamos sobre a falta de livrarias, sobre política catarense, sobre sua mal-sucedida candidatura, e, é claro, sobre se ela era feliz.

— Oh, claro — ela diz, toda borbulhante. — Numa escala de um a dez, sou um dez. Viajo pelo mundo. Mês passado, fui a três conferências. Eles pagaram por todas as minhas despesas, me deram passagem de primeira classe e me hospedaram nos melhores hotéis.

— E então? O dinheiro pode comprar felicidade?

Ela faz uma pausa, olhando fixo para a poça de sorvete de baunilha desnatado que derreteu em seu prato.

— Não, não exatamente. Mas o luxo facilita sua felicidade. Ajuda. Você precisa de dinheiro para viajar de primeira classe, para percorrer o mundo todo e ficar em hotéis luxuosos. Para mim, isso é parte da minha felicidade. Minha bisavó era feliz numa tenda, mas eu não poderia ser feliz numa tenda.

Então ela me conta uma história, uma história verdadeira. Alguns dias atrás, um homem catarense muito rico comprou um número de telefone de sorte para o celular dele. Fiquei surpreso em ouvir qual era o número do celular, 66666 (um número de sorte no mundo árabe), e mais surpreso ao ouvir o preço: 2,5 milhões de dólares. Isso causou um pouco de alvoroço. Esse materialismo, essa veneração ao dólar, havia ido longe demais, alguns catarenses disseram. Moza, entretanto, foi à televisão para defender o homem. Todo mundo tem sua própria idéia de felicidade, ela disse, e se esse homem estava feliz em gastar 2,5 milhões de dólares num número de telefone, então quem somos nós para discutir?

— Só que há maneiras de gastar dinheiro que valem a pena e há maneiras que são tolas — eu digo.

— Isso cabe a eles decidir — opõe-se Moza. — Para eles não é tola. Uma das minhas amigas acabou de gastar oito mil dólares numa bolsa. É uma bolsa bonita, da Saks Fifth Avenue, e isso a deixou muito feliz.

Não duvido que tenha deixado. Mas as pesquisas mais recentes da área das ciências sociais, para não mencionar filosofia antiga estóica, prevêem que a bolsa não vai fazer a amiga de Moza feliz por muito tempo. O mais provável é que ela logo vá querer uma bolsa de dez mil dólares, e então uma de 15 mil dólares para obter o mesmo tanto de satisfação.

Moza e eu nos despedimos. Ela é tão ocidentalizada em seus pontos de vista que eu quase me engano e dou um beijo no rosto dela. Isso teria feito muitas pessoas infelizes. Ela promete me mandar seu currículo por fax, junto com seus artigos mais recentes. Quando chego de volta ao hotel, o material já está à minha espera. Uma pilha grande e grossa.

— Ah, Eric — a voz do outro lado da linha diz, afetuosamente, como se fôssemos velhos amigos. — Estava esperando seu telefonema.

Em geral, detesto quando as pessoas que eu acabei de conhecer usam meu nome como se fôssemos colegas de escola. Mas Abdulaziz faz isso com naturalidade, de maneira encantadora. Já gosto dele.

Disseram-me que ele era alguém a quem eu deveria conhecer. Um catarense introspectivo. Ele concorda em me encontrar mais tarde naquele dia, numa confeitaria francesa chamada Eli France, localizada num dos *souks* modernos de Doha. Algumas horas mais tarde, quando meu táxi chega ao local, noto que o *souk* se parece muito com o que na América chamamos de shopping de rua. Mas acho que "souk" soa mais exótico do que "shopping de rua".

Estou alguns minutos adiantado. Peço à recepcionista uma mesa para dois. Ela fica paralisada, não sabe o que dizer. Depois de um momento, entendo o problema. Não dei a ela informação suficiente. Ela precisa saber quem será minha companhia para a refeição: masculina ou feminina. Se for uma mulher, ela nos sentará no "setor família" — discretamente isolados do resto do estabelecimento, uma área onde maridos, esposas e seus filhos podem jantar sem serem molestados pelos olhos de homens estranhos. Se meu convidado for um homem, então ela vai nos sentar no setor dos solteiros, reservado aos homens que não estão acompanhados de suas famílias. Revejo minha solicitação e peço uma mesa para dois homens. Ela parece aliviada e me leva para uma pequena mesa de tampo de mármore. Peço um suco de lima e espero por Abdulaziz.

Ele chega alguns minutos depois. Seus olhos são enrugados, vivos e dão umas piscadelas enquanto ele fala. Ele pede um chá, um Earl Grey. Noto que trata a garçonete com respeito, como um ser humano, não uma criada.

O pai de Abdulaziz era um professor escolar, um trabalho que nenhum catarense hoje consideraria digno de mérito. Seu pai possuía um carro, mas que não era grande coisa. Às vezes funcionava de manhã, às vezes não. Naquele tempo Doha se resumia a uma rua e umas poucas casas. Os catarenses limpavam seus próprios lares, educavam suas próprias crianças. A vida era mais dura do que hoje, só que mais doce.

Então veio o *boom* na década de 1980 e tudo mudou. Primeiro um hotel Sheraton, na forma de uma pirâmide do Egito e tão venerado quanto. Depois outros hotéis, condomínios, edifícios de escritórios, todos construídos por um exército crescente de trabalhadores que usavam macacões azuis idênticos e eram felizes por estar ganhando três ou quatro vezes mais do que podiam ganhar em seu país de origem. Então vieram as empregadas, as cozinheiras, as babás e outras categorias profissionais cuja única finalidade era tornar a vida dos catarenses mais confortável.

— Agora nós buscamos a felicidade da maneira errada. As pessoas associam felicidade a dinheiro. — Dinheiro, ele concluiu, não é apenas a raiz de todo o mal, mas também é a raiz de toda a infelicidade.

— Os catarenses reclamam muito. Eles acham que o governo deveria tornar suas vidas mais fáceis. Se o governo pede às pessoas que paguem pela eletricidade — mesmo uma pequena quantia —, eles reclamam. Se o governo tenta cobrar impostos, só um pouco, eles reclamam. E as autoridades também têm sua parcela de culpa nisso. Esse governo acha que a única maneira de fazer as pessoas felizes é lhes dando dinheiro — e isso é estúpido. De bom grado eu cederia metade do meu salário para ter um sistema melhor.

Abdulaziz conta uma piada que anda circulando por Doha.

Um homem diz para o amigo: "Você ouviu falar sobre os criminosos que seqüestraram o filho de oito anos de um homem rico? Eles não puderam pedir resgate, porque o homem rico não deu por falta do filho."

"Grande erro", diz o outro homem. "Eles deveriam ter seqüestrado a empregada. Dessa forma o homem rico teria notado que alguém havia sumido."

Uma geração de crianças catarenses está sendo criada por babás que não falam a língua delas e não têm autoridade para discipliná-las. Meninos são mimados e estragados.

— Quando eles alcançam a idade de 13 ou 14 anos, a família nem tenta mais discipliná-los. Ninguém controla o comportamento deles em público. Trata-se de um verdadeiro inferno para professores, que em geral são estrangeiros e sem autoridade de fato. Esses jovens não ouvem ninguém. Nem mesmo a polícia — diz Abdulaziz.

Não soa como uma receita para a felicidade, eu admito. Mas a diversidade no Catar moderno, as pessoas de todas as partes do mundo que moram aqui, isso certamente representa algo de positivo. Certamente acrescenta algum tempero à vida no deserto.

— Não mesmo — diz Abdulaziz, tomando seu chá. — Olhe para isso do ponto de vista de um catarense. Você é apenas 20% da população em seu próprio país, então todos os dias você é confrontado por um mar de rostos estrangeiros. Precisa desses estrangeiros para fazer seu país andar, porque de outra forma toda essa riqueza é inútil. Mas você se ressente deles tanto quanto depende deles. Esse multiculturalismo parece bom quando é visto a distância. Mas não de perto.

— O que aconteceria se o Catar simplesmente pedisse a todos os estrangeiros que fossem embora?

— O país entraria em colapso. Precisamos dessas pessoas. Pelo amor de Deus, até mesmo nossos juízes são estrangeiros. Imagine só isso. Nossos juízes são estrangeiros!

Pergunto a Abdulaziz a respeito da natureza tribal de um país como o Catar. Sabemos que famílias são importantes para nossa felicidade. E, além do mais, o que é uma tribo senão uma grande família? Então, por conta disso, você poderia imaginar que uma sociedade tribal como o Catar seja muito feliz, especialmente quando se leva em conta o dinheiro que escoa livre e torna a vida tão fácil e tão confortável.

A vida tribal é acalentadora, concorda Abdulaziz. É uma rede de segurança, mas a rede está enrolada em torno do pescoço deles e os estrangulando.

— Aqui você está sempre em estado de alerta, com medo de fazer ou falar alguma coisa errada, porque está sempre sendo vigiado.

— Pela polícia secreta?

— Não — diz Abdulaziz, rindo da minha ignorância de uma maneira delicada —, pela sua própria família.

Ele continua:

— Digamos que você queira se casar com uma estrangeira ou até mesmo com alguém de uma tribo diferente. Você vai achar muito difícil. Não é impossível, mas você tem de se lançar numa espécie de campanha política. Um banquete deve ser oferecido, as mentes devem ser modificadas.

No Catar, sua posição dentro da tribo determina dinheiro ou educação. Apesar de todas as mudanças na linha do horizonte de Doha, todas as espeluncas *fast-food*, o país está socialmente estagnado. Você vai morrer com o mesmíssimo *status* com que nasceu. Não importa o que você faça. O que importa é o seu nome.

Com essa informação, Abdulaziz pode determinar a situação de alguém, sua posição dentro da tribo, seu nível de renda. Ele pega um guardanapo, puxa uma caneta (uma boa caneta, eu noto, mas não uma Mont Blanc) do bolso da camisa e desenha uma série de círculos concêntricos.

— Esta é a sociedade catarense — diz ele, apontando para o guardanapo. — E essas são famílias, ou tribos — fala indicando os círculos. — No meio, é claro, estão os al-Thanis, a família que está no poder.

— E onde é que você se encaixa?

Ele desenha um X próximo ao centro. Estou surpreso de ver o quão próximo. A julgar pelo seu descontentamento, eu o teria classificado como um excluído. Decido não mencionar isso e passo para outro assunto.

— Toda essa riqueza. Será que faz as pessoas felizes?

— Não, não mesmo. Você precisa de dinheiro suficiente para ter sua dignidade. Desse ponto em diante, não o fará feliz.

Noto como ele usa a palavra "dignidade". Não dinheiro suficiente para comprar seu conforto ou sua segurança, mas sua dignidade ou, para extrapolar um pouco, sua honra: a força motriz no mundo árabe. Nós, os homens liberados do Ocidente, não estamos livres de sua influência. O executivo de Wall Street que trabalha uma semana de 80 horas na esperança de elevar seu salário de um milhão de dólares é motivado por uma insaciável necessidade de honra, de respeito por parte de seu rebanho.

Terminamos nossas bebidas e nos encaminhamos até a porta ao lado, em direção à Jari's, a única livraria do Catar. Abdulaziz, um homem de óbvia curiosidade intelectual, fica constrangido com a falta de variedade aqui. Alguns poucos livros americanos de auto-ajuda, que me fazem sentir perfeitamente em casa, e um *best seller* da Arábia Saudita chamado *Riyadh Girls*, literatura árabe voltada para garotas. Não há nada que possa nem de longe ser chamado de literatura catarense.

— Dinheiro não pode comprar cultura — diz Abdulaziz, contradizendo a filosofia deste governo e desenvolvendo um discurso bem parecido com o de Lisa.

— Mas pode comprar muitas obras de arte — digo, referindo-me ao xeque que garimpou todas aquelas obras-primas.

Abdulaziz abaixa o tom de voz. Agora estamos falando de um membro da família real; prudência é necessária.

— O problema é que ele confundiu a compra que fazia para o museu nacional com a compra que fazia para sua própria coleção particular. — Centenas de milhões de dólares foram desperdiçados, tudo à custa dos contribuintes catarenses. Isto é, se os catarenses pagassem impostos.

— Nenhuma regra — continua Abdulaziz. — Esse cara recebeu bilhões de dólares para gastar e nenhuma regra.

Nenhuma regra e, ainda assim, dentro da tribo de cada um, regras demais. Que jeito terrível de viver. Não pela primeira vez, lamento por Abdulaziz, morando aqui, nesta caixa de areia coberta de ouro. Acho que ele percebe isso e me conta como uma vez planejou emigrar para o Canadá. Mas agora ele não pensa mais nisso. Não depois dos ataques de 11 de setembro. Não com um nome como Abdulaziz.

Está na hora de irmos embora. Ele se oferece para me deixar no hotel. Já estamos no carro, a caminho, quando o telefone celular de Abdulaziz toca. Meu árabe mal existe, mas meus ouvidos ficam aguçados quando escuto a palavra "*mushkala*" (problema). "*Mushkala*" é uma palavra muito popular no Oriente Médio. Em geral é utilizada, digamos, num momento tenso num cruzamento de fronteira. "*Ayn mushkala*", sem problema, seu motorista vai assegurar a você. Tradução: problema grande. Problema muito grande.

— Eric — diz Abdulaziz, depois de desligar. — O que é que você faz quando um problema pesa tanto em você, de uma maneira tão pesada que você não sabe se pode continuar a viver? O que é que você faz?

A pergunta me derruba, faz com que eu me contorça no banco do carro. Estou sensibilizado por Abdulaziz ter confiado em mim, dado que não sou exatamente um membro da tribo, pelo menos não da tribo dele. Mas a minha outra afiliação tribal está interferindo na minha humanidade. A tribo conhecida como jornalistas. Como todas as tribos, essa tribo tem regras rigorosas, apesar de tácitas. Regra número um: tire à vontade das pessoas a quem você entrevista, utilize as histórias e as dores dessas pessoas, mas nunca, jamais, ofereça nada em troca. Não ofereça dinheiro (isso faz sentido) e não ofereça amizade, nem conselho. No entanto, isso é exatamente o que Abdulaziz está pedindo de mim agora.

Então resolvo improvisar. Decido contar uma história a Abdulaziz. (Minha tribo aprova histórias.) Em termos de história essa é um tanto fraca, e nem estou certo se ela se relaciona à pergunta de Abdulaziz. Mas é um começo.

Estava em casa escutando a NPR quando ouvi uma voz familiar, uma colega que também trabalha como repórter para a rede. Ela havia criado uma pequena obra-prima. Um artigo que tinha o tom perfeito. Minha velha nêmesis, a inveja profissional, entrou em ação. Deus, pensei, a vida dela é perfeita. Tão equilibrada. Tudo está indo de vento em popa para ela, enquanto eu estou me afogando num mar de irrelevância. Mandei um e-mail para minha amiga, dizendo a ela o quanto gostara da matéria e acrescentando, despreocupado, sem um pingo de inveja, que esperava que tudo estivesse bem com ela.

Obrigada, ela me escreveu de volta, mas não, as coisas não andavam bem. Exatamente um dia antes, seu filho de três anos de idade havia sido diagnosticado com uma doença rara e debilitante.

Eu me senti um idiota. Havia interpretado erroneamente a realidade, mais uma vez deixando de me dar conta de que, como dizem os hindus, tudo é *maya*, ilusão. As coisas não são como parecem. Nós humanos não sabemos de porcaria nenhuma. A respeito de coisa alguma. Um pensamento assustador, mas também, de certa forma, libertador. Nossos bons momentos, nossas conquistas, não são reais. Assim como também não são nossos reveses, nossos *mushkala*. Eles também não são reais.

Abdulaziz assimila minha história em silêncio. Não sei bem o que ele está pensando e tenho minhas dúvidas se minha história ajudou em alguma coisa. Ele acaba não me contando qual é o seu *mushkala*, e não me parece correto perguntar. Afinal ele me diz: "Entendo o que você quer dizer. Obrigado." Não sei se está apenas sendo educado.

Abdulaziz me deixa no hotel. A essa altura, baixei de nível para algo que é quase um pulgueiro. Aprendi minha lição. O conforto é melhor quando entremeado por momentos de grande desconforto. Aqui não há um bando de funcionários que tentam agradar a qualquer custo, apenas um cara paquistanês com pêlos saindo pelo ouvido que trabalha na recepção e, se você pedir com jeito, pode conseguir uma cerveja gelada. Esta noite eu preciso de duas.

Não consigo parar de pensar em algo que Abdulaziz disse. Quando ele está se sentindo triste, ele contou, fala com o seu Deus. Não reza, mas fala, essa foi a palavra que ele usou. Gosto da maneira como isso soa. Falar é uma coisa que acontece com naturalidade para mim. Rezar, não. É claro, o Deus de Abdulaziz é Alá. Não exatamente o meu Deus. Fico pensando então qual é o meu Deus. Nenhuma resposta óbvia me vem à cabeça. Ao longo dos anos tenho sido promíscuo em termos espirituais, andei me envolvendo superficialmente com o hinduísmo, o budismo, o zoroastrismo e às vezes até mesmo com o judaísmo. Nenhuma dessas, entretanto, se qualificaria como minha fé em tempo integral, como meu Deus. Então, de repente, seu nome surge na minha cabeça e o nome Dele não é um nome que eu esperasse. Ambição. Sim, esse é o meu Deus.

Quando a Ambição é seu Deus, o escritório é seu templo, o manual do funcionário é seu livro sagrado. A bebida sagrada, o café, é ingerida cinco vezes ao dia. Quando você venera a Ambição, não há sabá, nenhum dia de descanso. Diariamente você acorda cedo e se ajoelha diante do Deus Ambição, voltado para a direção do seu computador. Você reza sozinho, sempre sozinho, mesmo que alguma outra pessoa esteja presente. A Ambição é um Deus vingativo. Ele vai castigar aqueles que deixam de venerá-lo religiosamente, mas isso não é nada se comparado ao que ele tem reservado para os fiéis. Esses sofrem o pior destino de todos. Porque é só quando eles estão velhos e cansados, sepultados num escritório envidraçado, que a compreensão bate como um trovão bíblico. O Deus Ambição é e sempre foi um Deus falso.

Vou embora do Catar na noite seguinte. Está escuro quando chego ao aeroporto, mas juro que ainda posso sentir o Sol, um calor fantasma que me acompanharia por algumas semanas.

Enfiei o cartão de Abdulaziz no bolso da camisa, junto com minha Caneta Absurdamente Cara. O prazer intenso que tiro da caneta, a maneira como ela repousa perfeitamente na palma da minha mão, a maneira como ela desliza pela página como se flutuasse — tudo isso vai, de acordo com Ruut Veenhoven e os outros especialistas da felicidade, diminuir com o tempo. E então vou ansiar por uma caneta melhor e mais cara.

Os especialistas estavam redondamente enganados. Eu me deleitei com a caneta durante todo o tempo em que ela me pertenceu. Exatos nove dias. Foi depois desse tempo que a perdi, num táxi em Nova York. Ou então de passagem pelo Heathrow Airport. Essa não é a questão. A questão é: já era. Minha primeira e única Caneta Ridiculamente Cara foi embora para sempre. E por mais que em alguns momentos eu sofra pela minha Lavin perdida, sei que suas alegrias eram ilusórias, uma miragem no deserto.

Voltei a usar uma Bic de 99 centavos. Não tem peso ou estilo. Não diz nada a meu respeito. É apenas uma caneta. Não peço dela nada além disso, e esse, eu suspeito, é o motivo pelo qual nós nos damos tão bem.

Capítulo 5

ISLÂNDIA

A felicidade é o fracasso

De todas as substâncias conhecidas pelo homem, a menos estável é uma chamada frâncio. Nunca durou mais do que 22 minutos. A qualquer hora que seja, há no máximo 30 gramas de frâncio na crosta terrestre. "Tão rara que praticamente não existe", é como costumam defini-la. Há lugares que também são assim.

Na minha chegada, um vento forte sopra a neve, o céu está negro, tão escuro e vasto quanto o espaço cósmico. São 10h.

— Quando é que o Sol nasce? — pergunto ao rapaz simpático da recepção.

Ele olha para mim como se eu fosse doido. Quando afinal me responde, fala devagar e cuidadosamente.

— O Sol? Acho que hoje o senhor não vai ver Sol nenhum.

Ele diz isso como se fosse um fato óbvio, assim como quem dissesse: "Oh, é domingo, é claro que hoje as lojas estão fechadas.

Não ver o Sol? Não gosto do modo como isso soa. No passado, o Sol sempre esteve ali para mim, o corpo celestial com o qual eu podia contar. Ao contrário de Plutão, que durante décadas me levou a acreditar que fosse um planeta de verdade, quando era apenas um planeta anão.

Durante o longo vôo que partiu de Miami, tive tempo de sobra para refletir a respeito de corpos celestes. Voar da Flórida para a Islândia no auge do inverno é na melhor das hipóteses um contra-senso e no máximo pura loucura. Meu corpo sentiu isso antes do restante de mim. Sabia que algo estava errado, que alguma violação da natureza estava em curso e expressava seu desagrado se contraindo e expelindo mais gases do que de costume.

Contudo, tenho minhas razões. De acordo com o banco de dados da felicidade de Ruut Veenhoven, a Islândia sempre se classifica como um dos países mais felizes do mundo. Em algumas pesquisas alcança o primeiro lugar.

Quando vi os dados pela primeira vez, tive a mesma reação que você na certa está tendo agora. Islândia? A terra do gelo? Fria, escura e oscilando na beira do mapa como se pudesse cair a qualquer momento? Sim, essa Islândia.

Quanto à questão do inverno, calculei que qualquer um poderia ser feliz durante o verão islandês, quando o sol brilha até a meia-noite e a temperatura fica "agradavelmente não fria", como disse um islandês. Mas o inverno, sim, o frio e escuro inverno, esse era o verdadeiro teste da felicidade islandesa.

Afundo como uma pedra na cama do hotel e pego no sono por algumas horas. Isso é fácil de fazer no meio do dia, já que o meio do dia se parece muito com o meio da noite. Quando acordo, o céu clareou um pouco, assumindo um estado agradavelmente não escuro, mas agradavelmente não escuro não é a mesma coisa que claro, assim como agradavelmente não frio não é a mesma coisa que quente.

Surpreendo-me refletindo a respeito da escuridão, algo que admito não ter feito muito no passado. Para mim, como suspeito que seja para a maioria das pessoas, o escuro sempre foi escuro. O que há nisso para se refletir a respeito? Na verdade, existem tantas variedades de escuridão quanto existem tipos de paisagem ou nuvens. Uma escuridão pode ser dura e impiedosa. Outra pode ser suavizada pelo brilho da Lua ou das luzes de uma cidade ao longe. E ainda outra pode ser a escuridão expectante das 5h, quando intuímos, mas ainda não podemos ver, o amanhecer que está a caminho.

A escuridão islandesa se encaixa numa categoria toda própria, uma escuridão mesquinha que não revela nada e que, se pudesse falar, na certa o faria com um forte sotaque nova-iorquino: "Preocupado com a Escuridão, *brother*?" É uma escuridão que por vários meses a cada ano engole o país, o sufoca e o envolve, como uma daquelas burcas que vão da cabeça aos pés de algumas mulheres muçulmanas. Tão pretas e tão limitadoras quanto.

Olhando para o grande e negro nada pela janela do hotel, para este véu de escuridão, fico imaginando como é possível que os islandeses sejam felizes. Sempre associei os lugares felizes a palmeiras e praias, drinques azuis e, é claro, bares dentro da piscina. Isso é que é paraíso, certo? A indústria global de viagens com certeza quer que a gente pense assim. A felicidade, o anúncio nos diz, se encontra em algum outro lugar, e esse algum outro lugar é ensolarado e tem uma temperatura de 26 graus. Sempre. Nossa língua também reflete essa tendência das palmeiras. As pessoas felizes têm uma disposição ensolarada e sempre enxergam a vida pelo lado luminoso. Pessoas infelizes possuem mentes escuras e bile negra.

Mas os responsáveis pelos cálculos no *World Database of Happiness* dizem que, mais uma vez, entendemos tudo errado. O clima importa, mas não da maneira que pensamos. Considerando-se os dados, mais frio significa mais feliz. As implicações disso são tremendas. Talvez devêssemos todos tirar férias na Islândia, não no Caribe. E com isso o aquecimento global adquire uma significância ainda maior. Não apenas ameaça destruir os ecossistemas, alagar cidades costeiras e acabar com a vida na Terra, mas também nos deixar bastante deprimidos. Essa deve ser a verdade mais inconveniente de todas.

São abundantes as teorias a respeito das razões que fazem com que climas temperados produzam pessoas mais felizes do que os quentes climas tropicais. Minha teoria favorita é a que chamo de Teoria do Seja-Camarada-ou-Morra. Em lugares quentes, afirma essa tal teoria, a vida é muito fácil; sua próxima refeição simplesmente cai de um coqueiro. A cooperação com outros é opcional. Em lugares mais frios, entretanto, a cooperação é obrigatória. Todos devem trabalhar juntos para assegurar uma boa colheita ou uma pescaria substancial de bacalhau. Do contrário, todos morrem. Juntos.

A necessidade pode ser a mãe das invenções, mas a interdependência é a mãe do afeto. Nós humanos precisamos uns dos outros, então cooperamos — a princípio por razões puramente egoístas. A uma determinada altura, entretanto, a necessidade desaparece e tudo o que resta é a cooperação. Ajudamos as outras pessoas porque podemos, ou porque isso nos faz sentir bem, não porque estejamos contando com uma futura retribuição. Existe uma palavra para isso: amor.

Preciso de uma bebida forte com urgência. Em nome da pesquisa, é claro. Antes da minha viagem, pessoas que conhecem a Islândia me disseram que para descobrir de verdade a essência da alma islandesa, para entender o que explica o comportamento desses nada convencionais filhos dos *vikings*, eu precisaria observá-los em seu estado natural: embriagados.

Por sorte, cheguei num sábado, no meio do decadente fim de semana islandês, que não deve ser confundido com a sóbria semana islandesa. Islandeses praticam uma permissividade delimitada. Tudo com moderação, eles acreditam — inclusive a moderação. No fim de semana é perfeitamente aceitável beber até ficar em estado de coma, mas basta dar um golinho num cálice de Chardonnay numa terça à noite para ser taxado de beberrão. Os islandeses atribuem essa esquisitice, como todos os seus pecadilhos, ao seu passado *viking*. A teoria diz o seguinte: Durante os tempos difíceis de antigamente, as pessoas nunca sabiam quando a próxima safra de peixe ou colheita de vegetais estaria disponível, então, quando isso acontecia, eles a devoravam com avidez. É claro, hoje em dia não há qualquer tipo de escassez na Islândia, a não ser de luz do sol, mas mentalmente a velha farra permanece. Só que mais divertida.

Na verdade, a melhor explicação que ouvi para a bebedeira de fim de semana veio de um pingüim bronzeado, um islandês de nome Magnus que mora em Miami Beach. Magnus acredita que os islandeses bebem tanto assim porque a população é muito pequena. Entra dia, sai dia, eles sempre vêem os mesmo rostos. Quando chega o final da semana, eles precisam de alguma mudança, mas sair da ilha não é fácil. Então eles bebem — bastante — e de repente todos aqueles rostos familiares parecem um pouco menos familiares. "É como experimentar óculos novos, com uma receita diferente", explicou. "O mundo fica um pouco diferente, um pouco menos familiar."

Aqui em Reykjavik, a capital da Islândia, há um bar bem próximo ao meu hotel. Chama-se Sirkus. A fachada é pintada com tons fortes de vermelho e verde. Parece até que fica numa ilha no Caribe e não na escura e fria Reykjavik. Pergunto ao rapaz simpático da recepção se ele me recomendaria esse bar. Ele me dá uma olhada de cima a baixo antes de declarar:

— Não acho que seja para o senhor.

— Você está insinuando — respondo, fazendo o possível para soar magoado — que não sou moderninho o suficiente para este bar?

— Não exatamente. Estou insinuando que o senhor não escuta música *punk* e nem compra roupas de segunda mão.

Ele tem razão. Eu recuo e em vez disso me dirijo a um estabelecimento mais adulto, recomendado por ele.

O bar é de fato adulto, se você fosse um adulto vivendo em, digamos, 1982. Há uma inquietante quantidade de painéis de madeira e luminárias dispostas em trilhos. Suspeito que a música ambiente seja *disco*. Noto um grupo de jovens islandeses numa das mesas, olhos voltados para a principal atração: duas garrafas grandes de gim Tanqueray, aninhadas em baldes de gelo. Eles estão evidentemente se acomodando para uma séria noite de permissividade delimitada.

Peço uma cerveja, que custa tanto quanto uma formação universitária em determinados países. O alto custo do álcool (e de quase tudo o mais) na Islândia é uma outra explicação para o estilo arrasador dos bebedores. Como a bebida é muito cara, os islandeses acham que se você não está ficando bêbado, está desperdiçando seu dinheiro. É difícil contestar uma lógica tão resoluta quanto a nórdica.

A Islândia tem uma longa e peculiar história com o álcool. Durante um curto período de tempo o país tentou proibi-lo, mais ou menos na mesma época em que os Estados Unidos, e com quase o mesmo sucesso. Mas a proibição foi suspensa em 1930 e os islandeses vêm bebendo com entusiasmo desde então. Estranhamente, o governo continuou a banir a cerveja por muitas décadas ainda - na certa com receio de que as pessoas fossem permanecer levemente bêbadas durante toda a semana, em vez de intercalar sua bebedeira com alguns dias de sobriedade. Por fim, em 1989, a proibição à cerveja foi retirada e os islandeses deixaram de lado seus copos pequenos e ergueram suas canecas de cerveja. Um psicólogo islandês me disse: "Os islandeses costumavam se embebedar com bebidas fortes, como a vodca; agora eles ficam bêbados com vinho e cerveja." Ele disse isso como se a informação representasse um grande progresso.

Estou tomando uns goles da minha cerveja extravagante, me divertindo com o cálculo de quanto deve custar cada um dos goles — um gole, e lá se vão 1 dólar e 25 centavos; outro gole, este foi pequeno, mais 75 centavos — quando ouço uma voz feminina.

— Será que você poderia me amarrar? — Viro e dou de cara com uma mulher corpulenta com uma tatuagem de alguma coisa — é difícil dizer do que — no antebraço esquerdo. Fico apenas sentado ali, olhando perplexo por um instante mais longo do que o normal.

— Você poderia amarrar? — ela repete, dessa vez suprimindo o pronome que havia emprestado um ar lascivo ao seu pedido. Ela aponta para o laço desfeito nas costas do vestido. Dou o laço e me apresento.

O nome dela é Eva e ela está bêbada. Em poucos minutos, fico sabendo que hoje é seu aniversário, que ela é mãe solteira, que apanhava do ex-marido, que durante os últimos sete anos viveu fora da Islândia e que no momento trabalha em três lugares diferentes. Ela, é claro, não é tímida, nem particularmente feliz. Um seis numa escala de um a dez, ela diz. Eva me apresenta sua amiga Harpa, que está não só mais feliz, como mais bêbada também — um consistente nove, diz ela, colocando o braço sobre meus ombros como se fôssemos velhos amigos. Faço umas contas rápidas. Harpa e Eva, quando se faz uma média, chegam na nota 7,5, o que as torna apenas um pouco menos felizes do que o islandês típico. Não é de se estranhar que sejam amigas.

Harpa e Eva não se embebedaram neste bar. Elas já chegaram bêbadas. Tipicamente, elas me contam, os islandeses começam a beber em casa, onde a bebida é mais barata, e então, uma vez calibrados o suficiente, dirigem-se aos bares. Algumas pessoas, aquelas que estão em situação financeira particularmente ruim, estacionam uma garrafa de bebida na calçada junto ao bar e de tempos em tempos dão um pulo do lado de fora para tomar um trago. É esse tipo de engenhosidade, imagino, que explica como este resistente bando de *vikings* conseguiu sobreviver mais de mil anos numa ilha que é quase tão favorável à habitação humana quanto o planeta Plutão — quer dizer, se Plutão fosse um planeta, coisa que não é.

A música está alta. Eva e Harpa estão muito bêbadas. Estou sob os efeitos do *jet lag*. Esses três fatores conspiram contra uma conversação coerente.

— Sou escritor — conto para Eva, tentando abrir caminho em meio ao nevoeiro.

Ela parece não entender. — Um instrutor? De quê? De vôo?

— Não, ESCRITOR — eu grito.

Ponto para mim. Na Islândia, ser escritor é praticamente a melhor coisa que você pode ser. Um escritor de sucesso, um escritor na batalha, publicado em livros ou apenas na cabeça, não importa. Os islandeses adoram seus escritores. Em parte isso representa uma espécie de narcisismo, já que quase todo mundo na Islândia é escritor ou poeta. Motoristas de táxi, professores universitários, funcionários de hotéis, pescadores. Todo mundo. Os islandeses brincam que um dia vão erguer uma estátua no centro de Reykjavik para homenagear o único islandês que nunca escreveu um poema. Eles ainda estão esperando essa pessoa nascer.

"Melhor ficar descalço do que sem um livro", diz o provérbio islandês. O governo auxilia os escritores com subvenções generosas — salários, de verdade — que podem durar por três anos. O mais famoso escritor islandês, o ganhador do

Prêmio Nobel, Halldór Laxness, uma vez comentou: "Não entendo esse mito do artista esfomeado. Nunca deixei de fazer uma refeição."

Calculo que agora seja o momento de mergulhar de cabeça com a pergunta que me trouxe a este bar todo revestido com painéis de madeira e caro demais.

— Então, por que é que os islandeses bebem tanto?

— É por causa da escuridão — declara Harpa confiante. — Bebemos porque é escuro demais.

— Então vocês não bebem no verão?

— Oh, não, nós também bebemos no verão. Por causa da luz. Bebemos porque estamos tão felizes com a claridade.

Por alguns instantes Harpa permanece apenas parada ali, balançando para frente e para trás, caneca na mão, seu cérebro encharcado de cerveja contemplando uma conclusão inevitável: islandeses bebem o ano todo.

Não tenho condições de pagar por mais uma cerveja e Harpa e Eva se tornaram quase incompreensíveis. Está na hora de ir embora.

— Espere — diz Harpa, se esforçando para um acesso final de lucidez —, você precisa saber de uma coisa. Sobre a escuridão.

— Sim, o que é que tem a escuridão?

— Não lute contra ela. Abrace-a.

E com isso ela e Eva desaparecem em meio à nuvem de fumaça de cigarro e o agradável zunzunzum islandês de tagarelice. Engraçado, penso enquanto estou me agasalhando, soa exatamente como uma algazarra de focas.

Na manhã seguinte eu tento, como sugeriu Harpa, abraçar a escuridão. Não está funcionando. Pelo contrário, a escuridão é que está me abraçando, me sufocando. Meu despertador diz 8h, mas lá fora diz meia-noite. Aperto o botão da soneca umas três vezes até que afinal, às 9:30h, consigo reunir forças para tomar a decisão de sair da cama. Olho pela janela do meu quarto. Ainda está escuro. Nem mesmo uma insinuação de amanhecer. O Sol é como a maioria das coisas na vida. Você só sente falta depois que ele vai embora.

Espere, eu realmente vejo algum tipo de luz. Não luz do sol, mas um brilho azulado. Seria a aurora boreal? Está vindo do prédio que fica do outro lado da rua.

Talvez algum exótico ritual *viking*? Ponho meus óculos. Agora me dou conta de que a luz vem de terminais de computadores. O dia de trabalho islandês começou. Como é que eles fazem isso? Como é que eles começam e terminam o dia na escuridão?

Meu despertador diz 9:55h. Oh, não. O bufê grátis do café-da-manhã termina em cinco minutos e, na Islândia, comida grátis é algo sem dúvida valioso. Desço aos trancos e barrancos, amontôo arenque e queijo gouda no meu prato e encho minha caneca de café até o topo. Na Islândia o café é um gênero de primeira necessidade, tão necessário quanto oxigênio.

É natural imaginar que toda essa escuridão acarrete uma epidemia de Distúrbio Afetivo Sazonal (DAS). Causada pela falta da luz do sol, a DAS leva a sintomas tais como desespero, apatia e vontade de comer carboidratos. Considero essa uma enfermidade particularmente cruel. Você não só está deprimido, mas vai na certa ganhar peso com todos esses carboidratos, o que em conseqüência o deixará mais deprimido e, portanto, voltado mais uma vez para os carboidratos, o que o deixará ainda mais deprimido.

Contudo, essa enfermidade é quase inexistente na Islândia. Há uma prevalência maior da doença no nordeste dos Estados Unidos do que aqui. Perplexos com os resultados, psicólogos teorizam que ao longo dos séculos os islandeses desenvolveram uma imunidade genética à doença. Aqueles que adquiriram a DAS morreram, levando seu acervo genético com eles.

Terminei minha terceira xícara de café e estou ansioso para começar. Não faz sentido ficar esperando pelo Sol — isso levaria meses —, então eu me agasalho e vou para a rua. Os islandeses, por motivos óbvios, têm diversas palavras para gelo. O tipo específico sob os meus pés agora é chamado "*hálka*": gelo voador. O gelo não voa, *você* voa. Escorrego e deslizo, quase caindo em diversas ocasiões, até conseguir ter controle no gelo voador.

Gosto de Reykjavik à primeira vista. A capital da Islândia parece mais um povoado cosmopolita do que uma pequena cidade. O melhor dos dois mundos. A camaradagem da cidade pequena, mas com *sushi* também. Em Reykjavik, um lugar que não pode ser visitado com uma caminhada de dez minutos provavelmente não vale a visita. Gosto disso — não só porque limita a quantidade de vezes em que estou exposto ao gelo voador, mas também porque parece correto. A maioria das cidades é maior do que o necessário. Para além de um certo ponto, as desvantagens da vida urbana começam a pesar mais do que seus benefícios.

Reykjavik não corre o risco de ultrapassar esse limite. A população total da Islândia é de apenas 300 mil pessoas, quase a mesma população de Louisville, Kentucky, ou o ponto de ônibus médio na China. A Islândia é tão pequena quanto um país pode ser sem deixar de ser um país.

Trinta anos atrás, o economista independente E. F. Schumacher defendeu a idéia de que, em se tratando de uma economia, menor é melhor. Mas será que menor também é mais feliz? Será que microestados como o islandês têm mais probabilidade de alcançar felicidade nacional do que países maiores como os Estados Unidos ou a China?

Num nível prático, a pequenez da Islândia significa que os pais não precisam se preocupar com aquele velho clichê a respeito de não se falar com estranhos. Não há estranhos na Islândia. As pessoas estão sempre esbarrando em amigos e conhecidos. Não é incomum que elas cheguem 30 minutos atrasadas ao trabalho porque no caminho encontraram uma verdadeira procissão de amigos. E, a propósito, essa é uma desculpa perfeitamente válida para justificar atrasos. É o equivalente islandês de dizer que o trânsito estava horrível. O lado ruim disso é que a Islândia é o pior país no mundo para se ter uma relação extraconjugal. O que não impede as pessoas de tentarem.

O ex-presidente francês Jacques Chirac, em seu discurso de despedida, declarou: "Uma nação é uma família." Chirac falava no sentido figurado, mas a Islândia realmente é uma família. Os geneticistas descobriram que todas as pessoas do país são aparentadas, até sete ou oito gerações para trás. Os islandeses podem entrar num site da Internet e descobrir o quanto são aparentados com um colega, um amigo — ou com aquela gracinha com quem eles dormiram na noite anterior.

Uma mulher me contou como isso pode ser enervante. "Você dormiu com esse cara que acabou de conhecer e então no dia seguinte você está numa reunião de família e lá está ele, num canto, comendo peixe defumado. Daí você pensa... 'Ai, meu Deus, acabei de ir para a cama com meu primo de segundo grau.'"

Toda essa proximidade, essa familiaridade, tem um efeito direto no funcionamento do governo. Veja só o exemplo do desemprego. Os políticos têm mais probabilidade de se importar se Hans está desempregado quando Hans é o melhor amigo do irmão deles. Nos Estados Unidos, há um entendimento tácito de que uma taxa de desemprego de 5% ou 6% é aceitável, e, no entanto, a inflação deve ficar bem baixa — não mais do que 1% ou 2%. Na Islândia acontece o inverso. Se a taxa de desemprego alcança 5%, isso é considerado um escândalo nacional. Presidentes chegam a perder seus cargos. E, no entanto, os islandeses são capazes de tolerar uma inflação relativamente alta. Por que essas diferentes abordagens?

A resposta se encontra na maneira como países se sentem a respeito da dor, a dor econômica. Inflação alta é uma dor compartilhada; todos sentem o aperto de preços mais altos quando vão ao mercado ou ao posto de gasolina. Todo mundo sofre um pouquinho; ninguém sofre muito. O desemprego é uma dor seletiva. Um número relativamente pequeno de pessoas sofre bastante, e, no entanto, a maior parte de nós não sofre nada.

Ou sofremos? Um desemprego alto, pesquisas revelaram, reduz a felicidade como um todo, muito mais do que inflação alta. O fantasma de perder o trabalho se espalha através de uma nação como uma pequena ondulação na água de um lago.

Um homem mais velho passa caminhando devagar. Ele está todo amarfanhado, tem uma barba desgrenhada e está com uma jaqueta de couro ao estilo dos pilotos da Segunda Guerra. Fico imaginado se não seria Bobby Fischer. Ouvi falar que o ex-campeão de xadrez morava aqui. Os islandeses amam Bobby Fischer. Ele participou de um dos torneios de xadrez mais famosos que já aconteceram, bem aqui em Reykjavik. Fischer foi brilhante, derrotando seu adversário, Boris Spassky, numa partida assistida em todo o mundo. Para os americanos, Fischer transformou-se em herói num instante, um Guerreiro da Guerra Fria que havia derrotado o Império do Mal, embora apenas no tabuleiro de xadrez. Para islandeses, Fischer foi também um herói, mas por uma razão diferente. Ele havia colocado a Islândia no mapa e isso é a melhor coisa que alguém pode fazer por esta minúscula nação.

Fischer não envelheceu bem. Tornou-se intratável e, em algumas vezes, incoerente. Vomitou comentários anti-semitas e anti-americanos também, depois dos ataques de 11 de setembro. Quando, em 2004, Fischer foi detido em Tóquio e correu o risco de ser deportado para os Estados Unidos sob a acusação de violar uma proibição de viagem à antiga Iugoslávia, o parlamento islandês saiu em seu socorro. Os islandeses concederam a ele cidadania e desde então ele tem vivido aqui, perambulando vagarosamente por Reykjavik, falando sozinho. Um fantasma da Guerra Fria.

O estranho caso de Bobby Fischer diz mais sobre a Islândia do que sobre Bobby Fischer. Os islandeses têm um amor imenso pelo jogo de xadrez, uma inabalável lealdade aos amigos, uma obsessão por entrar no mapa e uma grande tolerância para esquisitices — não apenas no que diz respeito a pessoas, mas, como descobri, a comidas também.

A ligação entre comida e felicidade está bem documentada. Os bons amigos do McDonald's sabem disso. É por isso que eles chamam a combinação deles de hambúrguer com batata-frita de McLanche Feliz, e não a Refeição que Vale a Pena ou a Refeição Existencial. As pessoas podem gostar de ficar ruminando a respeito da tristeza, mas querem engolir felicidade.

"Aquele que prova sabe", diz o velho dito dos sufi. O epicurista mais famoso da França, Jean Anthelme Brillat-Savarin, acreditava que a comida fosse o espelho das nossas almas: "Diga-me o que tu comes, e eu lhe direi quem és."

Então o que é que isso diz dos islandeses? Diz muita coisa, porque o que acontece é que este povo tem umas idéias bem estranhas a respeito de comida. Tradicionalmente, os islandeses não comem nada feio. Até a década de 1950, os islandeses devolviam ao mar as lagostas pescadas. Feias demais. E até hoje muitos islandeses evitam comer bacalhau pelos mesmos motivos, mesmo sendo esse peixe tão abundante nas águas do Atlântico Norte a ponto de praticamente saltar para o seu prato, cortar-se em filés e pular num delicioso molho *meunière* com limão. Em vez disso, os islandeses exportam bacalhau para a América, onde pelo visto as pessoas não têm qualquer escrúpulo quanto a comer coisas feias.

A preocupação exagerada que os islandeses têm a respeito da aparência da comida não se aplica ao gosto que ela tem. De que outra maneira explicar tais favoritos como *súrsaðir hrútspungar*, testículos de carneiro, ou *harkarl*, tubarão podre? Este último supostamente promove virilidade e saúde intestinal.

O poeta W. H. Auden experimentou *harkarl* quando visitou a Islândia na década de 1930. Ele não usou meias palavras em sua avaliação. "Tem mais gosto de graxa de sapato do que qualquer outra coisa que eu possa imaginar", escreveu Auden, acrescentando ainda que: "devido ao cheiro, tinha de ser comido ao ar livre."

Essa não chega a ser uma recomendação estelar do guia Zagat de restaurantes.

Mas eu estava curioso. Será que poderia ser tão ruim assim? Além do mais, senti uma certa responsabilidade de repórter. Se a comida é de fato o espelho da alma de uma nação, então eu tinha a obrigação de olhar nesse espelho, por mais desagradável que fosse a imagem refletida.

O melhor lugar para *harkarl*, fui informado, é o mercado do fim de semana. Localizado num armazém cavernoso próximo ao porto, é o lugar para onde os islandeses se dirigem em busca de barganhas, sejam quais forem nesta terra de café a dez dólares a xícara. O lugar está abarrotado de livros e roupas usadas e todo o tipo de bricabraque. Acho-o sofisticado de uma maneira revigorante, uma verdadeira ilha de convencionalismo num vasto mar de modernidade.

Depois de alguma perambulação, tropeço no *harkarl*. Parece bem inofensivo. Cubos de uma carne acinzentada, do tamanho de dados. A mulher por trás do balcão é carrancuda e musculosa. Fico imaginando se ela não teria matado o tubarão com as próprias mãos. Aproximo-me humildemente e peço um pedaço, por favor. Num movimento suave, ela espeta um cubo cinzento com um palito de dentes e me entrega, sem sorrir.

Respiro fundo, então engulo. Nesse exato instante minha mente é inundada por um só pensamento: Auden estava certo. Nunca comi graxa de sapato, mas imagino que seja esse o gosto. O *harkarl* tem um sabor ácido e insólito. E o pior de tudo é o persistente gosto ruim que permanece na boca. Um gosto que fica alojado no meu céu da boca e resiste ao despejo, apesar de todas as minhas tentativas de me livrar dele com muitos copos de água, um saco de castanhas-de-caju torradas com mel, um queijo gouda inteiro e duas garrafas de cerveja. Quando volto para o hotel, uma hora depois, o gosto havia migrado para minha garganta de forma ameaçadora e não dava sinal de que fosse sair tão cedo. Eu me sinto enjoado.

— Experimentou o *harkarl*, não foi? — diz o rapaz simpático da recepção, notando o meu desconforto.

— Sim, como é que você soube?

Ele não responde, só estala a língua em sinal de reprovação e então sugere que eu experimente uma bebida chamada *svarti dauoi*, ou morte negra. Trata-se da bebida nacional islandesa e é, posso garantir, a única substância conhecida pelo homem forte o suficiente para desalojar o gosto de tubarão podre da sua garganta. É bem verdade que dá uma ressaca especialmente desagradável, mas esse é um preço pequeno a se pagar pela libertação.

Estou deslizando por Reykjavik e algo parece... fora do lugar. Algo não me parece certo. A cidade, me dou conta, não parece sólida. Não é que seja gasosa, como o Catar, mas temporária, fugaz, como se tivesse sido construída ontem e pudesse com a mesma facilidade desaparecer amanhã. Eu quase espero alguém gritar: "Corta! Esta valeu!" e ver os encarregados do cenário rebocarem toda a cidade embora. A arquitetura, tal como é, explica em parte esse sentimento. Muitos dos edifícios são feitos de aço enrugado e possuem uma aparência frágil. Então há os penhascos, as montanhas e o mar, que se agigantam a cada esquina, ameaçando apagar a cidade. Num minuto estou submerso em urbanidade — cafés, lojas de *designers* —, daí entro numa outra rua e de repente a visão se transfigura, tornando-se selvagem e natural. Diferente de Nova York ou Xangai, Reykjavik não tem delírios de grandeza. É uma cidade que sabe seu lugar no cosmos, sabe que esse lugar é insignificante, e se sente confortável quanto a isso. Os islandeses vicejam nessa natureza provisória da vida. Isso os mantém alertas, dispara sua imaginação. Acima de tudo, lembra a eles da fragilidade da vida. As grandes cidades fingem imortalidade, na ilusão de que de alguma forma seu tamanho, sua conquista da natureza, seja por si só capaz de impedir a morte. Na Islândia, uma terra onde a natureza sempre tem a última palavra, a imortalidade é tão obviamente uma piada que ninguém a leva a sério.

De fato, os islandeses parecem florescer na sensação de destruição iminente que a natureza transmite. Kristin, uma produtora de televisão, contou-me a respeito de uma caminhada de dez minutos que ela fez recentemente partindo de sua casa, num subúrbio de Reykjavik, um lugar que faz limite com um campo de lava: "Não havia qualquer ser humano ao redor. Se eu caísse e quebrasse um tornozelo, morreria ao relento numa questão de horas." Isso me pareceu assustador, mas ela achou divertido. Será que é a mesma emoção que motiva o mergulhador ou o motociclista dublê? Acho que não. Ela não se refere a uma descarga de adrenalina, mas sim a uma profunda e atemporal conexão com a natureza — uma conexão que inclui a possibilidade de morte, mas que não é definida por essa possibilidade.

Andando por Reykjavik, não demoro a me dar conta de que se trata de um lugar de uma criatividade excepcional. A impressão que se tem é que a cada dois prédios um é uma galeria de arte, ou uma loja de música, ou um café repleto de escritores colocando no papel o Grande Romance Islandês. Talvez, fico pensando, esse seja o segredo da felicidade islandesa.

Os grandes pensadores há muito tempo já sinalizaram para uma conexão entre criatividade e felicidade. "Felicidade", Kant disse uma vez, "é um ideal não da razão, mas da imaginação." Em outras palavras, nós criamos nossa felicidade, e o primeiro passo para se criar qualquer coisa é imaginá-la.

O acadêmico britânico Richard Schoch, em seu livro *The Secrets of Happiness*, fala isso da seguinte maneira: "Sua imaginação deve, até um certo ponto, encontrar-se num domínio além da razão, porque ela começa imaginando uma realidade futura: o eu que você deve se tornar."

Temos uma tendência a pensar em cultura como algo antigo e frágil. Cultura é aquilo que herdamos de nossos ancestrais e que tanto preservamos quanto desperdiçamos. Isso é verdade, mas conta apenas parte da história. Cultura também se inventa. É claro que sim. Alguém teve que inventá-la de forma que pudéssemos acabar com ela.

A Islândia está inventando sua cultura agora. Enquanto você lê estas palavras, algum músico islandês está compondo a mais pura canção islandesa. Até agora, não existe tal coisa. Não há uma tradição de música instrumental na Islândia. Era muito frio e escuro naquele tempo para que alguém se desse ao trabalho, ou talvez os islandeses antigos estivessem bêbados demais na época. Então os jovens islandeses estão decidindo por eles mesmos o que é ou não é puramente islandês. É uma coisa maravilhosa de se observar, de estar presente no momento da criação.

Se é possível para uma língua estimular felicidade, encantar a alma criativa de todo um povo, então certamente essa língua é o islandês. Os islandeses amam sua língua. Amam sua língua ainda mais do que amam seu país, o que é muito significativo. Para os islandeses, a língua é o tabernáculo da cultura. Foi o que uma pessoa me disse aqui. Em qualquer outro país eu desprezaria tal declaração como uma hipérbole nacionalista. Poderia até mesmo rir disso. Não na Islândia.

Como qualquer islandês pode dizer para você (muitas e muitas vezes), eles falam a língua pura dos *vikings*, enquanto outros países escandinavos falam uma versão diluída e degenerada. Como os franceses, os islandeses protegem ferozmente sua língua nativa. Mas diferente dos franceses, os islandeses não são arrogantes quanto a isso. Todo mundo aqui fala tanto inglês quanto islandês.

A cada nova invenção — o computador, ou, digamos, bolinho *light* de mirtilo —, os países precisam inventar novas palavras. A maioria pega o caminho mais fácil e apenas empresta a palavra inglesa, moldando-a para que se encaixe em sua língua. Desse modo, no Japão um computador pessoal vira *persu-con*. Já islandeses insistem em inventar palavras 100% islandesas para esses aparelhos modernos.

Os lingüistas islandeses fazem isso recorrendo à língua dos *vikings*. É claro, os *vikings* não tinham uma palavra para lâmpada elétrica, que dirá para banda larga, então os lingüistas tiveram de ser criativos. A palavra islandesa para televisão — *sjónvarp* —, por exemplo, significa, literalmente, "arremessador de visão". O míssil balístico intercontinental representou um verdadeiro desafio. Afinal, os lingüistas apareceram com uma palavra que significa "objeto voador ígneo de longa distância". Nada mal. Minha favorita, entretanto, é a palavra para computador: *tolva*, ou "profeta dos números". Gosto do modo como isso faz com que o meu *PC* soe como algo mágico e vagamente ameaçador. O que não deixa de ser verdadeiro.

O maior elogio que qualquer estrangeiro já teceu à Islândia foi registrado no século XIX, quando o dinamarquês Rasmus Christian Rask declarou que havia aprendido islandês "para ser capaz de pensar". Ouvir isso me fez pensar a respeito da ligação entre língua e felicidade. Será que a língua pode nos fazer felizes? Será que as palavras por si só têm o poder não apenas de descrever nosso humor, mas de criá-lo?

Com certeza, algumas palavras podem evocar uma alegria instantânea. Palavras como "eu te amo" e "você já pode ser um campeão". Contudo, outras palavras — "auditoria" e "exame de próstata", por exemplo — têm o efeito oposto.

Todas as línguas compartilham de uma característica, e não é uma característica feliz. Como descobri na Suíça, cada cultura tem muito mais palavras para descrever estados emocionais negativos do que para descrever os positivos. Isso em parte explica porque achei tão difícil fazer com que as pessoas me falassem a respeito de felicidade. Elas literalmente não têm as palavras para se expressar sobre o assunto. E isso também me faz imaginar: será que em nós o sofrimento já vem de fábrica? Será que somos uma espécie de resmungões? Talvez. Ou talvez a felicidade seja tão sublime, tão auto-evidente que não requeira muitas palavras para ser descrita.

Um otimista pode apontar para algumas evidências promissoras do campo da neurociência. Pesquisadores da Universidade de Wisconsin descobriram que a parte do cérebro que controla a linguagem é, como a parte que controla a felicidade, relativamente nova em termos evolucionários. Será que há então uma conexão entre essas duas recentes atualizações dos nossos cérebros? Se é assim, será que a linguagem está só a passeio — ou está no comando de tudo e de maneiras que ainda não compreendemos?

Isso é difícil de dizer mas não há como negar que, ao menos para os islandeses, a língua é uma imensa fonte de alegria. Tudo de sábio e maravilhoso a respeito desta pequena nação nada convencional brota de sua língua. A saudação formal islandesa é "*komdu sæll*", o que literalmente pode ser traduzido por "venha feliz". Quando islandeses vão embora, eles dizem "*vertu sæll*", "vá feliz". Gosto muito dessa. É tão melhor do que "cuide-se" ou "depois a gente se vê"!

A língua islandesa, como as pessoas que a falam, é igualitária e sem nenhuma afetação. Bill Holm capturou a elegância casual da língua islandesa em — o que mais? — um poema:

> Num ambiente com ar condicionado você não pode entender a
> Gramática desta língua,
> A máquina zumbidora afoga as suaves vogais,
> Mas você pode escutar essas vogais nos ventos das montanhas
> E em mares pesados quebrando sobre o casco de um pequeno barco.
> Velhas senhoras podem soltar ao vento seus longos cabelos nesta língua
> E podem cantarolar, tricotar e fazer panquecas.
> Mas você não pode participar de um coquetel nesta língua
> E dizer coisas espirituosas em pé, com um drinque na mão.
> Você deve se sentar para falar esta língua,
> Ela é tão pesada que você não pode ser educado ou tagarelar nela.
> Já que uma vez começada uma frase, todo o trajeto de sua vida é exposto diante de você

Eu amo este último verso em particular. Explica como as palavras podem possuir um impulso próprio, para além do significado literal que transmitem.

O maior de todos os poetas islandeses foi um *viking* chamado Egill Skallagrímsson, que viveu há mais ou menos mil anos e é bastante conhecido, segundo um artista islandês, "como aquele miserável filho da mãe que escrevia uma poesia linda". Egill não era um poeta com quem fosse prudente se meter. "Ele escreveu alguns dos nossos mais belos poemas, mas também era capaz de vomitar em seu anfitrião e arrancar seus olhos caso se sentisse ofendido de alguma maneira." Imagino que os críticos literários daquele tempo tenham criticado a obra de Egill com muito cuidado. Tão consolidada é a ligação entre verso e violência na Islândia que Odin, antigo deus nórdico, é o deus tanto da poesia quanto da guerra.

Será que esse traço literário arrebatador explica a felicidade da Islândia? Não estou certo. Sei que um amor pela língua pode não garantir felicidade, mas permite que você expresse seu desespero de forma eloqüente, e isso vale alguma coisa. Como qualquer poeta (ou blogueiro) sabe, o sofrimento expresso é um sofrimento abrandado.

Mas ainda assim não fazia sentido. Por que será que Reykjavik, este povoado cosmopolita no fim do mundo, é tamanho baluarte de criatividade? Outros países nórdicos, Suécia e Dinamarca, têm populações maiores, mas não produzem o mesmo calibre de arte. O que há de tão especial a respeito da Islândia?

Desconfio que a resposta se encontre no nome. Terra do gelo. Imagine como era a vida algumas centenas de anos atrás durante aqueles longos e frios invernos. As pessoas viviam numa espécie de privação sensorial. A mente abomina o vácuo, como atesta a popularidade da TV a cabo, então os antigos islandeses inventaram anões, duendes e outras criaturas que supostamente habitavam o interior inóspito. Fantasioso? Insano?

Alda, uma blogueira célebre, me contou a respeito de uma experiência que teve pouco tempo atrás. Ela e uma amiga visitavam uma região remota do país, uma área onde a andorinha-do-mar ártica procria. Elas caminhavam pela praia quando, de repente, ouviram os sons de uma festa, risadas e tilintar de copos. "Quem estaria dando uma festa aqui fora, no meio do nada?", elas se perguntaram. Alda e sua amiga passaram os dez minutos seguintes tentando encontrar essa festa, sem sucesso.

Foi então que perceberam: não havia festa alguma. Era uma ilusão acústica causada pelo eco das ondas, que arrebentavam contra os penhascos, e o trinado dos pássaros. Alda, uma cria do Iluminismo, para não mencionar da Era da Informação, fora enganada pela magia negra da Islândia. Não poderia ter sido diferente com seus ancestrais de mil anos atrás.

Então há a parte da terra na equação Terra do Gelo. A maior parte das terras em geral apenas fica onde está. Podem ser terras bonitas, até mesmo deslumbrantes, mas em última análise isso é tudo o que fazem: ficam onde estão. Não a terra islandesa. Ela assobia, ela cospe. Ela arrota e, de vez em quando, expele gases. Existem razões geológicas consistentes para isso. Nenhuma delas me interessa. O que me interessa é como todos esses assobios, cuspes e jorros (e de vez em quando peidos) afetam a felicidade islandesa.

No mínimo, me contam os islandeses, a terra é em si uma fonte de inspiração criativa e, de forma indireta, de felicidade. O solo está, literalmente, deslizando sob seus pés. Existem, em média, vinte terremotos por dia na Islândia. Não do tipo cataclísmico, é claro, mas toda essa atividade sísmica deve mesmo sacudir as coisas.

Na Islândia, o tempo geológico é acelerado. Vulcões nascem não numa questão de séculos, mas ao longo de uma única vida. E se você tende a acreditar em vórtices de energia e outras coisas assim, então a Islândia é o país para você. As pessoas aqui falam de energia mais do que em qualquer outro lugar em que já estive. Um *designer* gráfico islandês me contou que ele armazena energia na forma da luz do sol durante os verões luminosos a fim de poder enfrentar os invernos escuros. Uma outra pessoa, um produtor musical, me disse que a "energia estranha" explica porque a maior parte dos lançamentos musicais ocorre durante o outono, quando tudo está morrendo.

Ao longo dos séculos, o mundo testemunhou um punhado de Idades de Ouro. Lugares e tempos de enorme criatividade e florescimento humano. Atenas do século V. Londres elisabetana. Florença Renascentista. Seattle do final do século XX. Idades de Ouro nunca duram muito. Elas são lugares transitórios.

"A história mostra que as idades de ouro urbanas são janelas de luz, raras e especiais, que por um breve espaço de tempo iluminam o mundo, tanto o que está do lado de dentro, como o que está do lado de fora, e depois mais uma vez são fechadas", escreve o historiador britânico Peter Hall em seu maravilhoso livro *Cities in Civilization* ("Cidades na civilização").

Será que a minúscula Reykjavik é uma dessas raras e especiais janelas de luz? Não diria que é uma nova Florença da Era da Renascença — isso seria um exagero —, mas as duas cidades têm alguma coisa em comum. A mesma população, aproximadamente 95 mil habitantes. E em Reykjavik, como na Florença do século XIV, não há uma elite criativa. A arte é produzida e desfrutada por todos.

Será que apenas a história e a energia sísmica explicam o alvoroço criativo em Reykjavik? Ou existe algo mais, algo que estou deixando escapar?

Uma coisa é certa. Os islandeses possuem um sentido natural de estilo. É o tipo de gente que me irrita. Um estilo falso pode ser falseado; um estilo natural não pode. Eu sei. Já tentei. Possuo uma quantidade ilimitada de roupas pretas, dois pares de óculos excêntricos que uso todo o tempo, diversos chapéus Kangol, alguns dos quais me tornaram conhecido por usá-los com a frente virada para trás. Minha barba é aparada. Meus colarinhos são diferentes. Para o observador casual, pareço um homem de meia-idade com uma noção razoável de estilo. Mas as pessoas com estilo de verdade, e praticamente todas as que têm menos de 25 anos, conseguem enxergar o que na verdade sou. Um moderninho falsificado. O equivalente falante e andante de uma imitação da Louis Vuitton.

Meu pior momento, o momento quando sei que tudo está perdido, em termos de moda, acontece — longo onde — numa loja de roupas usadas. O nome dessa loja, como todas as palavras islandesas, é impossível de ser pronunciado por estrangeiros, sujeitos a uma total e irreversível paralisia facial à primeira tentativa. Por razões de segurança, portanto, não vou divulgá-lo aqui. A loja vende mercadorias de segunda mão a um preço de mercadoria nova, o que na Islândia a torna um paraíso para os caçadores de pechinchas.

Encontro um cachecol cheio de estilo e vou então pagar por ele. O jovem que fica na caixa registradora está ocupado cavucando em busca de alguma coisa; ele se abaixa, expondo uma boa parte da cueca. Estou chocado. Não pela inesperada exibição de roupa íntima — já vi isso antes — mas pelo fato de que é uma cueca legal. Um cueca moderninha. Uma cueca na moda. Uma série de listras horizontais — vermelhas, azuis e verdes, com uma salpicada de roxo de muito bom gosto —, tudo bem combinado numa cueca. Bom deus, até mesmo a cueca deles é moderninha! Mais até do que a maior parte das minhas próprias roupas de sair. Fico ali parado, olhando para a cueca desse funcionário islandês por um tempo e então, eu sei, apenas sei: não tenho a menor chance neste país.

Ser moderninho da Islândia é uma coisa endêmica, atinge não apenas os jovens, mas também as pessoas de meia-idade. Pessoas como Larus Johannesson. Ele tem uma pequena loja de discos e um selo musical. Todo mundo conhece Larus. Várias pessoas me disseram que para entender a criatividade desenfreada da Islândia tenho de conhecer Larus.

Nós nos encontramos em sua loja de discos, uma miscelânea de sofás e CDs. Larus está usando um blazer esporte xadrez e óculos de aro preto, que ele ajeita no nariz quando aborda uma questão importante. Ele tem estilo natural. Só sei que gosto dele. Do lado de fora uma escuridão amena se estabeleceu sobre a cidade.

Larus me conta que já foi jogador profissional de xadrez. Sim, acho que faz sentido. Isso explica a mente, na certa se agitando por trás dos óculos moderninhos, e a timidez cativante, que, desconfio, ele deve ter trabalhado muito para superar. Os islandeses são célebres jogadores de xadrez. Por quê? Mais uma vez, alguém me diz, isso se dá por causa daqueles longos invernos. O que mais há para fazer no escuro?

Dizer que Larus tem uma formação eclética é como dizer que Roger Federer joga tênis como um amador. Em seus 40 anos, Larus ganhou a vida não apenas como jogador de xadrez, mas também como jornalista, como executivo de uma construtora, como teólogo e, agora, como produtor musical. "Eu sei", diz ele, notando minha incredulidade. "Mas esse tipo de currículo é bem normal na Islândia."

Ele acredita que ter identidades múltiplas (não personalidades múltiplas) conduz à felicidade. Isso vai contra a crença que prevalece nos Estados Unidos e outras nações ocidentais, onde a especialização é considerada a maior vantagem. Acadêmicos, médicos e outros profissionais levam uma vida inteira aprendendo mais sobre cada vez menos. Na Islândia, as pessoas aprendem mais e mais sobre cada vez mais.

Pergunto a Larus sobre o barato criativo no ar de Reikjavik. De onde vem isso — e como é que posso conseguir um pouco?

Ele ajeita os óculos no nariz.

— Inveja.

— O que é que tem a inveja?

— Não há muita inveja na Islândia.

A falta de inveja a que ele se refere é um pouco diferente daquela que vi na Suíça. Os suíços afastam a inveja escondendo as coisas. Os Islandeses contêm a inveja compartilhando as coisas. Os músicos islandeses ajudam uns aos outros, explica Larus. Se uma banda precisa de um amplificador ou um guitarrista, outra banda vai ajudá-la e ponto. As idéias também fluem livremente sem serem obstruídas pela inveja, o mais tóxico dos sete pecados mortais. Uma vez desencadeada, escreve Joseph Epstein em seu tratado sobre o assunto, "a inveja torna mesquinhos aqueles de quem ela se apodera".

Esta relativa falta de inveja é um sinal certo de uma Idade de Ouro, diz Peter Hall. Aqui ele descreve a Paris da virada do século, mas poderia muito bem estar descrevendo a Reykjavik do século XXI: "Eles viviam e trabalhavam uns sob a influência dos outros. Qualquer inovação, qualquer nova tendência, era logo conhecida e podia ser incorporada à vontade ao trabalho de qualquer um dos outros." Em outras palavras, os artistas parisienses de 1900 acreditavam em software de código aberto. O mesmo acontece com os islandeses. É claro que eles competem, mas no sentido original da palavra. A raiz de "competir" está no latim *competure*, que significa "buscar com".

O.k., havia identificado mais uma peça do quebra-cabeça. Inveja mínima. Mas ainda tinha a impressão de que deixava passar alguma coisa. Como é que pode ser possível que esta naçãozinha produza mais artistas e escritores *per capita* do que qualquer outra?

— É por causa do fracasso — diz Larus, ajeitando os óculos no nariz com firmeza.

— Fracasso?

— Sim, o fracasso não carrega um estigma na Islândia. Na verdade, nós, de certa forma, admiramos fracassos.

— Admiram fracassos? Isso soa... maluco. Ninguém admira fracasso.

— Nós gostamos das pessoas que fracassam se elas fracassam com as melhores intenções. Talvez elas tenham fracassado por não terem sido suficientemente impiedosas, por exemplo.

Quanto mais eu pensava nisso, mais sentido fazia. Porque se você é livre para fracassar, você é livre para tentar. Nós americanos gostamos de pensar que também abraçamos o fracasso, e é verdade, até certo ponto. Nós amamos uma boa história de fracasso desde que acabe com sucesso. É o exemplo do empreendedor que fracassa meia dúzia de vezes antes de acertar na mosca com uma idéia brilhante. O autor de *best sellers* cujo manuscrito foi recusado uma dúzia de vezes. Nessas histórias, o fracasso serve apenas para adoçar o gosto do sucesso. É um aperitivo. Para os islandeses, entretanto, o fracasso é o prato principal.

Larus me conta como é perfeitamente normal que adolescentes comecem uma banda na garagem e tenham todo o apoio dos pais. Essa garotada não espera sucesso. É a tentativa que conta. Além disso, se eles falham, sempre podem começar de novo, graças à rede de bem-estar social européia. Esta é uma nação de renascidos, mas não no sentido religioso.

O psicólogo Mihály Csíkszentmihalyi escreveu em seu livro *Flow* ("Fluxo"): "Não são as habilidades que realmente temos o que determina como nos sentimos, mas sim *aquelas que nós achamos que temos* (grifo meu)." Quando vi essa frase pela primeira vez, precisei relê-la umas quatro ou cinco vezes, convencido de que deveria haver algum erro de impressão, ou alguma confusão por parte de Csíkszentmihalyi. Ele parece defender um ponto de vista ilusório sobre a vida. Se acho que sou um virtuose do violino, mas na verdade não tenho ouvido musical, não estaria eu me enganando? Sim, mas isso não importa, Csíkszentmihalyi afirma. De um jeito ou de outro nós experimentamos o fluxo, um estado mental no qual estamos envolvidos de tal forma numa atividade que nossas preocupações se evaporam e perdemos a noção do tempo. Da mesma maneira, Martin Seligman, fundador do movimento da psicologia positiva, descobriu que pessoas felizes se lembravam de um número maior de acontecimentos bons em suas vidas do que de fato tinham acontecido. Pessoas deprimidas se lembravam do passado com exatidão. "Conhece-te a ti mesmo" pode no fim das contas não ser o melhor conselho. Uma pitada de ilusão sobre si mesmo pode ser um ingrediente importante na receita da felicidade.

Funciona para os islandeses. Não há ninguém na ilha dizendo que eles não são bons o suficiente, então eles simplesmente vão em frente e cantam, pintam e escrevem. Um dos resultados dessa atitude livre de amarras é que os artistas islandeses produzem muita bosta. Eles são os primeiros a admitir isso. Mas a bosta desempenha um importante papel no mundo da arte. De fato, o mesmo papel que desempenha no mundo da agricultura. É um fertilizante. A bosta permite que aquilo que é bom cresça. Você não pode ter um sem o outro. Com certeza, você não quer ver bosta emoldurada numa galeria de arte, assim como não quer ver um quilo de fertilizante entre os produtos expostos na sua quitanda. Mas, ainda assim, bosta *é* importante.

Há quase que uma ignorância intencional entre os islandeses no que diz respeito a dificuldades a serem enfrentadas. Larus diz que isso é premeditado. "Os islandeses são ignorantes, e esse é o nosso forte. É como se você caminhasse por um campo minado, mas não soubesse que as minas estão ali, então você apenas segue em frente. Não posso acreditar como são ingênuos alguns desses jovens músicos e escritores. É uma coisa incrível de se observar."

Eu sorrio e Larus não imagina como fico satisfeito em ouvir a palavra "ingênuo" usada de maneira não pejorativa.

Mais ou menos uns vinte anos atrás, tive um problema sério com essa palavra. Tinha 26 anos, era um jovem com pressa. Queria desesperadamente trabalhar num grande jornal e, é claro, nada era maior do que o *The New York Times*. Supor que eu teria uma chance no jornal mais respeitado de todos era, no mínimo, irrealista. Eu não possuía o *pedigree* requerido — não tinha estudado numa universidade de elite, nem tinha fluência em línguas estrangeiras. Uma *ouevre* nada impressionante. E também nenhuma idéia do que a palavra "*ouevre*" significava. De fato, nunca havia trabalhado num jornal antes, qualquer jornal, que dirá no majestoso *The New York Times*.

Mas tinha um plano. Eu entendia de aviação — tinha uma licença de piloto privado e havia escrito a respeito de pequenos aviões —, então tentei convencer o *Times* de que eles precisavam de alguém para escrever com autoridade sobre viagens aéreas. O momento era propício. O repórter de aviação do jornal estava prestes a se aposentar.

Fui convocado para uma entrevista. Na verdade, uma série de entrevistas, que tiveram lugar em cenários que iam ficando cada vez mais opressivos e intimidadores, começando pelo Harvard Club em Nova York e culminando com o *sanctum sanctorum*: o restaurante executivo do *Times*.

Sentado na cadeira de couro acolchoada sem me mexer, tentava disfarçar minha admiração reverente e meu nervosismo. Meu interrogador era um homem muito educado de nome John Lee. Seu encanto sulista camuflava uma falta de piedade inabalável e ele pouco fez para me deixar à vontade. Lee não recorreu a posições de estresse ou à tortura da água, em vez disso recorreu a uma técnica de interrogatório à moda antiga: pura intimidação.

Auxiliando o sr. Lee em seu esforço havia uma fileira de homens brancos e mortos. Antigos ganhadores do Pulitzer Prize, eles olhavam para mim de cima para baixo com ar de reprovação, reunidos num painel de madeira de uma parede ali perto. "Então você acha mesmo que está à altura do *New York Times*?" Imaginei aquelas pessoas me perguntando de maneira depreciativa. Não, espere, isso não foi imaginação minha. Foi John Lee.

— Então, você acha mesmo que está à altura do *New York Times*?

— Sim, senhor, eu acho — respondi, me recuperando razoavelmente, ao menos era o que eu achava.

Lee não era o tipo de homem que acreditava no que os outros diziam, e ele certamente não iria começar com algum jovem inexperiente que tinha tido a audácia — a *chutzpah*! — de achar que era um homem do *Times*.

Ele me perguntou o que eu faria para investigar a grande notícia daquela época, a explosão do Vôo 103 da Pan Am sobre Lockerbie, na Escócia. Não fazia a menor idéia e segui em frente blefando com uma resposta. Para ser honesto, nem mesmo me lembro do que disse, mas deve ter sido *Times*co o suficiente, porque consegui me qualificar para a etapa seguinte: um trabalho de experiência. Diligentemente, submeti a matéria e então... nada. Três semanas se passaram e nem uma palavra.

Eu já tinha quase desistido do meu futuro como um homem do *Times*, quando caminhava pela Segunda Avenida certa manhã e, como de costume, comprei um exemplar do jornal numa banca.

"Jesus Cristo", gritei. Transeuntes abriram espaço para mim, preocupados que eu fosse algum tipo de fanático religioso. Lá estava minha matéria. Na primeira página. É verdade que estava escondida lá embaixo, no canto mais baixo do lado direito e não havia o meu nome (assinaturas eram reservadas para membros do *staff*), mas mesmo assim. Minha matéria. Na primeira página do *New York Times*!

Assim começava minha breve, mas excepcionalmente movimentada carreira na grande imprensa. Fui admitido por contrato, uma espécie de período de experiência com duplo controle secreto, devido à minha pouca idade e *pedigree* suspeito. A promessa implícita era de que se eu fosse bem, passaria a fazer parte do quadro de funcionários. Trabalhei furiosamente, cavando o tipo de matéria que me levaria à primeira página. Estiquei a fronteira da esfera da aviação ao limite. Convenci meus editores a me deixarem escrever a respeito dos contrabandistas de droga da América Latina, já que eles usavam aviões para transportar sua carga ilícita. Escrevi a respeito de terroristas, já que eles explodiam aviões. Minha sugestão de escrever sobre o presidente dos Estados Unidos, já que ele andava de avião, foi logo torpedeada.

Dividia um cubículo — um casulo, era como nos referíamos ao local — com dois outros repórteres. Floyd era um homem grande, no sentido horizontal, que escrevia sobre mercados financeiros com real autoridade. Floyd tinha o hábito de se inclinar para trás na cadeira quando falava ao telefone, o que me forçava a me refugiar no lado oposto do espaço. Lá, eu encontrava meu outro colega de casulo: Kurt. Kurt era um repórter investigativo que operava num mundo de intrigas sombrias. Eu ouvia Kurt no telefone dizendo coisas como "Branca de Neve está no castelo", e não era ele quem cobria a Disney. Eu não me importava com a linguagem cifrada de Kurt — emprestava um ar de mistério ao casulo — mas me incomodava com a maneira como ele caminhava sem parar enquanto falava ao telefone, o que acontecia praticamente o tempo todo, e com o modo como o fio do telefone dele de tempos em tempos se enroscava no meu pescoço, cortando o oxigênio que meu cérebro sempre apreciou.

A cada seis meses, John Lee me convocava em seu escritório, onde ele me olhava com arrogância através dos óculos, esticava suas meias sociais pretas e me dizia que eu estava indo bem, fazendo um bom trabalho. Um B consistente, talvez até mesmo um B +, mas não um A, e um A é o que se espera de um homem do *Times*. Mais seis meses de período de experiência. Redobrei meus esforços, convencido de que afinal seria contratado. Até que um dia meu mundo desabou.

Kurt se aproximou de mim muito pálido.

— O que foi que aconteceu? — perguntei a ele.

— Atchim está na floresta.

— Kurt, apenas me conte abertamente. O que foi que aconteceu?

O que acabou acontecendo foi pior do que qualquer conto de fadas. Meu nome havia sido mencionado na reunião editorial diária, aquela em que os editores decidiam quais histórias colocar na primeira página da edição seguinte. O diretor executivo, Max Frankel, não gostou da minha matéria, um boxe a respeito de controladores de tráfego aéreo. Meu trabalho, ele declarou, era "ingênuo e pouco sofisticado".

Se você é jornalista, em especial um jornalista do *New York Times*, "ingênuo e pouco sofisticado" é absolutamente a pior coisa que alguém pode dizer a seu respeito. Teria sido melhor se Frankel tivesse dito que eu era um homem que batia na mulher ou que era adorador do demônio. Tudo menos ingênuo e pouco sofisticado.

Eu estava radioativo, e, como todas as coisas radioativas, precisava ser descartado rápido e decisivamente. Como era de se esperar, algumas semanas depois, me deixaram ir embora. Não, não me deixaram ir embora. Fui demitido.

Agora eu tinha tempo de sobra para refletir a respeito daquelas palavras fatais: ingênuo e pouco sofisticado. A parte não sofisticada não ofendia tanto; para ser honesto, talvez tivesse alguma verdade nela. Mas ingênuo? Isso doeu.

Nunca havia superado o insulto. Até agora. Sentado aqui com Larus, nesta naçãozinha, escura feito breu, podia sentir a ferida cauterizando. Aqui estava toda uma nação de pessoas ingênuas e eles pareciam estar indo muito bem.

Além do mais, qual era o problema em ser ingênuo? Cristóvão Colombo não havia sido ingênuo? Gandhi não havia sido ingênuo? Os New York Jets de 1969 não haviam sido ingênuos? O mundo, aliás, seria um lugar muito melhor com um pouco mais de ingenuidade.

Na Islândia, Larus me conta, ser ingênuo não é problema, porque você sempre pode começar de novo. Ele fez isso. Quatro vezes. Nós americanos também nos vangloriamos de ser uma nação onde tudo é possível. Mas nosso próprio sistema não nos encoraja a confiar tanto nisso. Largar o seu trabalho na América significa desistir do seguro saúde, trabalhar sem rede de proteção. Na Islândia, entretanto, uma pessoa me disse: "Você nunca tem que se preocupar se vai cair num buraco negro, porque não há buraco negro onde cair."

Larus está se revelando perspicaz exatamente como me foi anunciado e tenho mais perguntas para ele. Quero saber a respeito dos duendes, dos anões, "seres ocultos" que supostamente vivem nas proximidades de pedras enormes e arredondadas. Ouvi dizer que a maioria dos islandeses hoje em dia, no século XXI, ainda acredita nessas coisas.

Houve a história — as pessoas me juraram que era verdadeira — a respeito de uma equipe que trabalhava na construção de uma estrada no sul da Islândia. As coisas não paravam de dar errado. Os equipamentos de terraplanagem quebravam. Os caminhões não davam partida. "São os seres ocultos, morando naquelas pedras ali", alguém suspeitou. "Devemos estar perturbando eles." A princípio, a equipe ignorou esses avisos, mas as coisas continuavam não dando certo. Afinal, eles decidiram desviar das pedras e, como era de se esperar, os problemas se acabaram.

Então houve a islandesa equilibrada que conheci e que rejeitou a noção dos duendes, mas que no momento seguinte me contou como um fantasma — "uma presença muito real" — uma vez fizera com que ela fugisse de casa, apesar de todo o frio que fazia do lado de fora. Completamente nua.

Pergunto a Larus, com toda a diplomacia, se ele acredita nessas coisas. Larus faz uma pausa e me dá um sorriso meio esquisito que emana do canto de um olho, antes de ajeitar os óculos no nariz. Por duas vezes. Isso vai ser bom.

— Não sei se acredito neles, mas outras pessoas acreditam, e minha vida é mais rica por causa disso.

Que diabos isso significa? Larus estava bancando a Esfinge. Ele não revelaria mais nada. De fato, levei semanas cavando, perguntando e pensando antes de conseguir chegar a uma conclusão a respeito do que ele disse. Sem ser especialmente religioso, o povo islandês ocupa o espaço que existe entre não acreditar e não *deixar de* acreditar. É uma localização valiosa. Um lugar onde a porta para o inexplicado é sempre deixada ligeiramente entreaberta. Por via das dúvidas.

Uma vez visitei esse lugar. Era começo da década de 1990, quando morava em Nova Délhi, trabalhando como correspondente para NPR. Acordei de manhã ouvindo um som pouco usual. Na verdade, era uma completa ausência de som — um profundo e perturbador silêncio que eu não conseguia explicar. A Índia tem muitas características, e o silêncio não é uma delas. Mas naquela manhã, estava silenciosíssima. Nada de chamados cantarolados dos *subzi wallah*, puxando seus carrinhos de madeira carregados de legumes. Nenhum barulho enquanto minha cozinheira preparava o café-da-manhã. Fui para a sacada da minha casa e vi um homem carregando leite num balde de lata e andando num ritmo bem mais rápido do que a requerida languidez indiana.

— Onde você está indo? Onde estão todos? — gritei para ele.

— No templo, *sahib*. Todos estão no templo. É um milagre.

— O que é um milagre?

Mas o homem já tinha virado a esquina e não podia mais me ouvir.

Meus instintos de jornalista foram ativados. A Índia tem lá sua alta parcela de pretensos milagres, mas esse parecia ser de uma magnitude bem diferente. Peguei meu gravador e corri para o templo. A uns cem metros de distância, pude ver uma multidão reunida do lado de fora, fervilhando. Carros haviam parado em frente ao local, causando um imenso engarrafamento em ambas as direções. A multidão, diante do meu microfone e do meu rosto branco, abriu caminho para mim.

— O que está acontecendo? — perguntei sem me dirigir a qualquer pessoa em particular.

— É um milagre — disse um homem.

— Sim, eu sei que é um milagre. Que tipo de milagre?

— Os deuses. Eles estão bebendo leite.

Esse era novo. Nos meus dois anos de residência na Índia, eu tinha ouvido falar em água sagrada do Ganges aparecendo do nada, em curas impressionantes dos enfermos. Mas deuses bebendo leite? Fiquei imaginando se essa não era alguma nova engenhosa campanha de marketing da Associação das Fazendas Produtoras de Leite. Fui avançando aos poucos. Uma vez dentro do templo, pude ver diversas pessoas curvando-se servilmente sobre a estátua de Ganesh, o deus com cabeça de elefante, e derramando colheres cheias de leite para dentro dela. De fato, o leite evaporava logo que tocava a estátua. Não sabia o que pensar, mas gravei tudo diligentemente e, mais tarde, transmiti um relato a respeito disso.

Naquela noite, com a vida aos poucos voltando ao normal, liguei a TV. A apresentadora do jornal, uma mulher bonita que vestia um sari, relatava os acontecimentos do dia. O "milagre do leite", como as pessoas agora se referiam ao fato, havia começado naquela manhã num templo no Punjab. Logo a notícia se espalhou por toda a Índia e finalmente pelos templos hindus na Grã-Bretanha e Hong Kong. A vida na Índia havia paralisado, já que funcionários públicos abandonaram seus postos para testemunhar o milagre. A TV agora se enchia de imagens de fiéis em estado de êxtase, como os que eu tinha visto mais cedo naquele dia.

O programa então cortou para uma entrevista com um físico que explicava que o "milagre" era na verdade resultado da capilaridade, que dava a impressão de que as estátuas estavam bebendo leite. Não era de forma alguma um milagre, mas simples física de ensino secundário. Um pouco depois entrevistei Kushwant Singh, um dos membros fundadores da Associação Indiana de Racionalistas. "Mais uma vez", Singh me disse, "nós indianos agimos como asnos."

As autoridades indianas foram menos rudes, mas suspeito que elas também estivessem preocupadas com o que o "milagre do leite" dizia a respeito de um país em vias de se tornar uma importante potência econômica, para não dizer uma potência nuclear. O que foi que eu pensei? Honestamente não sei, mas agora, anos mais tarde, sei o que Larus diria: não acredito em tais milagres, mas outras pessoas acreditam e por causa disso minha vida é mais rica. Esse lusco-fusco de meia crença é, eu acho, um lugar nada mal para se habitar.

Larus precisa ir embora, algo a respeito de uma nova banda que tem um som incrível. Ele anota o número de um telefone.

— Este é meu amigo Hilmar. Você tem que conhecê-lo, sem falta. Ele é pagão.

— Ele é o quê?

— Pagão.

Que tolo fui eu. Pensei que os pagãos tinham seguido o caminho dos dinossauros e das refeições quentes em aviões.

Quando Larus se levanta para sair, só consigo pensar em uma pergunta, minha pergunta padrão.

— Ele é feliz, esse pagão?

— Oh, sim, muito feliz mesmo.

Então o que acaba acontecendo é que alguns dias depois me vejo sentado para tomar um café vespertino com Hilmar, o Pagão Feliz.

Nunca conheci um pagão antes. Não sabia o que esperar, então decido fazer aquilo que os jornalistas chamam de fazer o dever de casa, os acadêmicos chamam de pesquisa e as pessoas normais chamam de leitura. O paganismo era a religião original, antes da conversão em massa no ano 1000. Aquela foi considerada por muitos uma decisão de negócios, e os islandeses nunca foram cristãos particularmente bons. Eles vão à igreja se alguém nasce ou morre, mas fora isso eles são, como diz um islandês, "ateus com boas intenções".

Quanto mais aprendo sobre Hilmar, mais fico intrigado. Hilmar, cujo sobrenome não vou nem tentar escrever, é o cabeça da fé pagã na Islândia. Uma espécie de Druida-Mor. Ele celebra casamentos pagãos e funerais. Contudo, Hilmar não é um pagão qualquer. Ele é um pagão com talentos musicais. Ele compôs dúzias de trilhas para filmes e foi um dos mentores da estrela pop Björk, no início da sua carreira.

Meu primeiro contato com Hilmar acontece por e-mail, uma pequena ironia que me faz sorrir. Ele diz que está ocupado — talvez às voltas com sacrifícios humanos, suspeito — e só vai poder estar comigo dentro de alguns dias.

Nós nos encontramos no saguão do meu hotel. Hilmar se apresenta com um aperto de mão vigoroso e pagão. Ele tem uma barba esfiapada e rebelde, e olhos bondosos. Pendurado no pescoço, um pequeno pingente de prata: o martelo de Thor, o deus nórdico. Nós nos sentamos num café ali perto e pedimos umas bebidas. Para mim, chá verde. Para ele, *cappuccino*. Engraçado. Não sabia que pagãos tomavam *cappuccino*.

Hilmar é tímido, quase dolorosamente tímido. Olha para baixo enquanto fala, coisa que faz num murmúrio quase impossível de se escutar. Fico o tempo todo me inclinando para perto dele a fim de conseguir entender as palavras. Ele está usando um casaco verde pesado, que não tira durante toda a nossa conversa.

Hilmar parece um homem de outro tempo. Já encontrei pessoas assim antes. Pessoas que posso com facilidade imaginar caminhando pelas ruas da Londres elisabetana ou da Nova York da virada do século. Não é apenas a aparência — um bigode de pontas caídas, por exemplo — mas sua linguagem corporal e tiques verbais que as fazem parecer cronologicamente deslocadas. Eu localizaria Hilmar no início do século XIX. Consigo imaginá-lo compondo suas músicas à luz de lamparinas de óleo de baleia.

Como disse, a vida de Hilmar gira em torno destes dois amores: paganismo e música. Não estou bem certo de como abordar o primeiro, então começo perguntando pela música.

Quando Hilmar tinha oito anos, ouviu um parente, um músico profissional, tocar violino. Essa pessoa praticava dez horas por dia. Isso pareceu muito trabalhoso ao jovem Hilmar. Como poderia ele ser um músico e não trabalhar tanto?, perguntou ao parente. Torne-se um compositor, foi a resposta. E foi o que Hilmar fez. Ao longo dos anos ele volta e meia se dedica por um tempo a outra áreas, mas sempre acaba voltando para a música. Uma música linda, impressionante.

Hilmar opera no nível do sublime. O cotidiano — estacionar o carro, pagar as contas — não interessa nem um pouco a ele. Então, invariavelmente Hilmar estaciona mal e se esquece de pagar as contas.

Pergunto a ele como se sente quando está compondo.

— Perco a noção do tempo quando estou compondo. É uma atividade alegre. Você está fazendo algo que não poderia imaginar que faria. É maior do que você mesmo. Você está se expandindo.

Esses são os sinais clássicos de fluxo, como foram definidos por Mihály

Csíkszentmihalyi. A linha que separa o ator do ato fica nebulosa e, em alguns casos, desaparece de todo. Não há dançarino. Há apenas dança. Fluxo não é a mesma coisa que felicidade. De fato, quando interrompemos o fluxo para inventariar nossa felicidade, perdemos ambos.

Hilmar também diz que quando está compondo música, os centros matemáticos de seu cérebro disparam. Numa determinada altura do processo criativo, a trilha sonora se torna um quebra-cabeça a ser resolvido, um quebra-cabeça matemático. Pessoalmente, nunca associei matemática à felicidade, mas na mente de Hilmar elas parecem estar juntas.

Hilmar é um pagão bem-sucedido, mas não um pagão ambicioso. Seus objetivos hoje permanecem os mesmos de sempre: compor sua música. Ter um bom sofá. Ler bons livros. Hilmar possui muitos livros, até para os padrões islandeses. Outro dia, quando chegou em casa com um carrinho de mão cheio, sua filha de cinco anos de idade olhou para ele nos olhos e implorou: "Por favor, papai, por favor, chega de livros!" Hilmar tem uma resposta pronta para aqueles que criticam suas excessivas compras de livros. "Nunca é um desperdício de tempo estudar como outras pessoas desperdiçaram tempo."

Hilmar tem uma opinião a respeito do amor que o islandês tem pelos versos ("Não há nada que um islandês não seja capaz de transformar em poesia"), e tem uma opinião a respeito do heróico fracasso sobre o qual Larus e eu discutimos. É verdade, os islandeses gostam mesmo de um bom fracasso, e mais, diz ele, eles se entregam a um "deleite do sofrimento". Acho que sei o que ele quer dizer. O sofrimento é como um pedaço de carne de caça: não é particularmente nutritivo, com certeza não é saboroso, mas ainda assim é algo a ser mastigado, e isso é melhor do que nada. Eu tenho mastigado meu sofrimento há mais ou menos uns quarenta anos.

Afinal, tomo coragem para perguntar a Hilmar a respeito do paganismo. Ele tinha nascido pagão ou havia se convertido?

Acontece que não foi bem Hilmar que se converteu ao paganismo, mas o paganismo que se converteu a Hilmar. Era início da década de 1970, e o jovem Hilmar procurava por significados. Por acaso, conheceu Joseph Campbell, o grande estudioso dos mitos. Campbell convenceu Hilmar de que o futuro dele se encontrava em seu passado. A Islândia tinha uma grande tradição de mitologia, expressa num livro chamado *Eddas*. Hilmar ficou encantado. Ele gostou da idéia de se conectar com seu passado, da idéia de uma religião sem verdades reveladas, sem os deveres e proibições. Ele leu e releu o *Eddas*, juntando-se a um pequeno bando de islandeses que se dispuseram a reviver uma religião que passara os últimos mil anos morta.

Hilmar quer deixar algumas coisas bem claras. Os antigos *vikings* não estupravam ou pilhavam, pelo menos não mais do que qualquer outro naquele tempo. Aquelas foram histórias inventadas pelos colonos irlandeses que queriam difamar os recém-chegados *vikings*. O paganismo é uma religião pacífica, baseada num amor pela terra, o espírito do lugar, ele me conta. Existem muitos deuses e o *Eddas* contém narrativas fantásticas de gigantes de um olho só capazes de fazer milagres.

— Hilmar — eu digo —, você me parece um cara equilibrado, racional. Você acredita mesmo nessas histórias?

Hilmar faz uma pausa por um momento antes de responder e a resposta não é a que eu esperava.

— Bem, eu suponho que poderia ser uma mixórdia de pensamentos, mas todos precisam de um sistema de crenças para ter esses momentos transcendentais.

Isso é inacreditável. Aqui está o cabeça da fé pagã da Islândia me dizendo que a religião toda pode ser uma "mixórdia de pensamentos". Isso é como o papa dizer: "Bem, a Bíblia pode ser um bando de bobagens, mas é algo em que acreditar." No entanto, isso é exatamente o que Hilmar está dizendo. Não é aquilo em que a gente acredita o que nos torna felizes, mas o ato de acreditar. Em qualquer coisa.

— E então, alguma coisa ruim já lhe aconteceu, algum revés? — pergunto a ele.

Hilmar pensa por alguns momentos, coçando sua barba esfiapada.

— Sim, uma vez fui sacaneado pelo meu empresário, que me deixou sem dinheiro e com fome num apartamento em Londres. Mas eu era jovem o suficiente para me divertir com isso. Acho que você pode dizer que sou fatalista, mas num sentido feliz.

Hilmar tem algum tempo disponível, então enfrentamos o gelo voador e caminhamos até uma livraria. O lugar, chamado simplesmente de O Livro, é um templo de erudição aleatória. Assuntos e línguas não estão dispostos em nenhuma ordem discernível. Um livro islandês sobre estratégia de xadrez fica ao lado de um livro sobre jardinagem, por exemplo.

Hilmar é um freguês assíduo aqui. Em meio à bagunça ele começa habilmente a procurar para mim um exemplar do *Eddas*. E não uma cópia qualquer. "Existem muitas traduções ruins por aí", ele alerta, e continua procurando até encontrar uma boa.

De volta ao meu quarto no hotel, abro o livro e sua mixórdia de pensamentos. "Diferente dos deuses da mitologia grega e romana, os deuses nórdicos raramente brigam entre si pelo controle de heróis humanos ou semidivinos, nem desfrutam da satisfação da imortalidade. O universo deles está em constante perigo e suas ações muitas vezes têm conseqüências inesperadas", diz a introdução assinada por Jesse Byock, professor de estudos do islandês e do nórdico antigo na University of California (UCLA).

Nossa. Na Islândia antiga, até mesmo a vida dos deuses era dura. Por que perder tempo sendo um deus, se você não pode desfrutar da satisfação da imortalidade? Não é esse o sentido de ser divino?

Continuo a leitura. Muitos dos contos são difíceis de se acompanhar mesmo com uma boa tradução. Então encontro uma seção chamada "Ditados do Sábio". Isso me interessa. Paganismo à moda dos biscoitos da sorte. Há conselhos para viajantes:

Aquele que viaja muito precisa de sua inteligência por perto.
Os estúpidos deveriam ficar em casa.

E para bebedores:

Quanto mais o homem bebe, menos sabe,
Torna-se um tolo atrapalhado.

Mas a minha favorita é esta pedra preciosa:

Para o homem é melhor que ele tenha inteligência mediana,
Que não seja astuto e inteligente demais
O homem instruído cujo saber é profundo
Raramente é feliz de verdade.

Inteligência mediana. Nunca havia me ocorrido que pudéssemos ser inteligentes demais, instruídos demais. Deixe que alguns pagãos me ensinem essa lição de vida.

Estou sentado num café chamado Cultura. É um dos poucos pontos de encontro internacionais de Reykjavik, um lugar ecleticamente decorado onde *homus* é servido por garçons espanhóis. Completando a cena internacional está o rapaz sentado à minha frente, um americano chamado Jared Bibler. Nos últimos dois anos ele tem vivido na Islândia.

Jared está radiante e seus lábios têm a ondulação de um crônico sorriso arreganhado. Ele parece feliz, feliz de uma maneira irritante.

— E então, Jared — eu digo, optando pela abordagem direta —, que diabos você está fazendo na Islândia?

Jared dá um risinho de satisfação, seu sorrisinho arreganhado desabrochando num sorriso amplo como o do gato de *Alice*.

— Às vezes a vida leva você a algum lugar — diz ele, enigmático.

Para entender completamente a charada que é Jared Bibler você precisa saber um pouco de aviação internacional. A Islândia vem a estar localizada precisamente no corredor aéreo do Atlântico Norte. Isso significa que as pessoas voando a jato entre Nova York e, digamos, Londres, voam precisamente sobre a Islândia, assim como as pessoas indo de Nova York para Los Angeles voam precisamente sobre o Kansas. A Islândia, em outras palavras, é um país de sobrevôo.

Islandeses, assim como quem mora no Kansas, eu imagino, não são muito aficionados pela idéia de ter essas pessoas olhando para eles de uma altura de dez mil metros. Mas alguns anos atrás, um executivo da Icelandair, a companhia de aviação nacional, saiu-se com uma idéia brilhante. Escalas. Digamos que você esteja voando entre Nova York e Londres. A Icelandair permite que você pare em Reykjavik por alguns dias sem lhe cobrar nada a mais por isso. O plano funcionou, atraindo em sua maioria pessoas que viajam num esquema econômico e têm alguns dias disponíveis.

Na primavera de 2002, Jared, um universitário recém-formado e que morava em Boston, comprou uma passagem da Icelandair com escala e, em seu caminho de volta para Boston, passou três dias em Reykjavik. Em casa, os amigos de Jared perguntaram a ele a respeito da viagem para a Europa. Só o que ele conseguia falar, entretanto, era a respeito dos poucos dias passados na Islândia. Jared estava apaixonado pelo país — de uma maneira profunda, enlouquecida e irrecuperável. E como a maioria das pessoas apaixonadas, Jared ficou insuportável. Ele não conseguia parar de falar da Islândia e de como o lugar era maravilhoso. Logo seus amigos deixaram de perguntar a respeito de sua viagem à Europa.

Jared decidiu voltar para a Islândia, não como turista, mas como residente. Foi então que deu alguns telefonemas para amigos de amigos de amigos. Por acaso alguém conhecia alguém na Islândia? Nada. Afinal, algo mordeu a isca. A Câmara de Comércio da Islândia colocou-o em contato com uma empresa de software constituída de apenas duas pessoas e que estava interessada em expandir-se e tornar-se uma empresa de três pessoas. Jared voou para a Islândia para uma entrevista. Eles o levaram para almoçar, num restaurante moderninho chamado Vegamot. Era uma tarde de sábado e exatamente ali e naquele momento, com o céu vespertino de um tom de preto-chocolate, eles fizeram uma oferta de trabalho para Jared.

Foi assim que Jared Bibler, um rapaz que nunca imaginara viver fora dos Estados Unidos, que pouco tempo antes não era capaz de localizar a Islândia no mapa, fez as malas e mudou-se para Reykjavik.

— Eu simplesmente tive um pressentimento — ele me conta, mergulhando uma fatia de pita no *homus* — de que a vida era melhor aqui.

Jared nota meu ceticismo e, sem que eu precise pedir, entra em detalhes a respeito do que disse.

— Veja só, nós estamos vivendo numa era de uma mobilidade sem precedentes. Ao escolher um lugar para morar, você pode determinar como sua vida vai se desenrolar. Você de fato pode fugir de você mesmo, ou pelo menos do seu passado. Mas os americanos, quando pensam em se mudar para algum lugar, pensam na Carolina do Norte ou em Dakota do Norte. Eles não pensam no Canadá ou na Islândia.

O.k., eu admito, todos nós tivemos essa ânsia de fazer as malas e se mudar para algum lugar distante. Em geral, entretanto, esse lugar distante envolve uma praia de areias brancas ou, no mínimo, luz do sol. Por que a Islândia?

— Eu simplesmente amo isto aqui.

— Sim, mas o que você ama a respeito disto aqui?

Jared respira fundo e então, com uma paixão calculada, me conta o que ele ama a respeito da Islândia. Estou anotando tudo, mal conseguindo acompanhar.

Ele ama o modo como a água quente jorra do chão feito um ouro geotérmico. Ama a maneira como as pessoas convidam você para um café sem nenhuma razão em particular e falam por horas sobre nenhum assunto em particular. Ama a maneira como os islandeses chamam seu país, afetuosamente, de "Cubo de Gelo". Ama o fato de que, sem nem mesmo tentar, já conhece três membros do Parlamento. Ama o modo como em um revigorante dia de inverno a neve fica crocante sob seus pés, como um isopor celestial. Ama os corais que se enfileiram na principal rua de comércio em dezembro, as vozes fortes e radiantes, mandando a noite embora. Ama saber que na escuridão antes do amanhecer crianças de cinco anos de idade podem andar sozinhas e em segurança até a escola. Ama a sensação mágica, de outro mundo, de nadar no meio de uma tempestade de neve. Ama ter a certeza de que quando seu carro fica preso na neve alguém sempre, sempre, pára para ajudar. Ama o modo como os islandeses aplaudem quando o avião aterrissa no aeroporto internacional em Keflavík só por estarem felizes de chegar em casa. Ama a maneira como os islandeses conseguem ser um povo bastante orgulhoso e, no entanto, nem um pouco arrogante. E, sim, ama — não tolera, mas ativamente *ama* — a escuridão.

Acima de tudo, Jared ama viver numa cultura que não coloca pessoas em caixas — ou pelo menos lhes permite circular com liberdade de uma caixa para outra. Um ano depois de juntar-se à empresa de software, ele se transferiu para o setor bancário — uma jogada que teria sido impensável nos Estados Unidos.

— Eles teriam dito: "Você é um cara de software, o que é que você entende de bancos?" Mas aqui as pessoas simplesmente supõem que vai dar certo. — O que é mais uma coisa que Jared ama a respeito da Islândia: a atitude de que não importa o que aconteça, não importa o quão triste a vida possa parecer, as coisas sempre vão dar certo. E em geral é o que acontece.

Jared não ama tudo a respeito da Islândia. A pequenez do lugar torna-o claustrofóbico e propenso ao favoritismo; a postura das mulheres é de tanta independência que elas sequer admitem que ele abra uma porta para elas. Isso o deixa maluco. Mas essas são irrelevâncias. Jared Bibler é feliz na Islândia, mais feliz do que jamais foi.

E não é que Jared tenha apenas se sentado e deixado que a felicidade islandesa se derramasse sobre ele, como um banho de lama geotérmica. Jared trabalhou para isso. Ele aprendeu a falar islandês e aprendeu a gostar da comida islandesa (excetuando-se tubarão podre; ninguém aprende a gostar disso). Noto que Jered usa "nós" e não "eles" quando se refere aos islandeses.

Jared, em outras palavras, exibe todos os sintomas de alguém que virou "nativo", termo usado para descrever correspondentes internacionais, diplomatas e outros expatriados que se apaixonam tão completamente por um lugar que acabam cruzando a fronteira entre o que os antropólogos chamam de um "observador participante" e apenas um participante. Aqueles que viraram nativos são fáceis de se identificar. Eles falam a língua local, entendem o humor local. Eles usam as roupas locais. Em alguns casos eles desenvolvem imunidade aos micróbios locais. Lembro-me de conhecer um inglês que viveu tanto tempo na Índia que podia beber água da pia sem morrer.

A expressão "virar nativo" é quase sempre usada depreciativamente por aqueles com quem isso não aconteceu. Sim, nós diplomatas e jornalistas devemos aprender a língua local, comer a comida local, conhecer as idiossincrasias locais. Mas só até um certo ponto. Espera-se de nós que mantenhamos uma distância profissional. Os que viraram nativos são vistos como almas fracas, de certa forma traidores. Virar nativo é como se casar com a garota com quem você teve um caso durante uma festa de carnaval onde se bebeu muito. Da mesma maneira, nosso tempo no exterior deve ser um caso. Nada mais.

E, no entanto, ao longo dos anos conheci diversas pessoas que, como Jared, parecem se sentir mais em casa e mais felizes vivendo num país que não o de seu nascimento. Pessoas como Linda, no Butão. Ela e Jared são refugiados. Não refugiados políticos, fugindo de um regime opressor, nem refugiados econômicos, cruzando a fronteira em busca de um trabalho que lhes pague melhor. Eles são refugiados hedonistas, mudando-se para uma nova terra, uma nova cultura, simplesmente porque são mais felizes lá. Normalmente, os refugiados hedonistas têm uma epifania, um momento de grande clareza quando se dão conta de que sem dúvida nasceram no país errado.

Para meu amigo Rob esse momento chegou tarde da noite, num posto de parada de caminhões, em Billings, Montana. Rob, que é inglês, era jovem e viajava de mochila pelo mundo. Quando chegou a Billings, estava completamente sem grana. Seu plano era passar a noite no restaurante da parada de caminhões e decidir o que fazer pela manhã.

Rob pediu uma xícara de café; ele só tinha dinheiro suficiente para uma. Alguns minutos depois, a garçonete se aproximou, a garrafa na mão, prestes a servir mais uma xícara, quando Rob levantou a mão e disse: "Desculpe, eu não tenho mais dinheiro." A garçonete sorriu com gentileza para ele e disse duas palavras, duas palavras que mudariam a vida de Rob: "Refil grátis".

Refil gratuito. Ilimitado. Grátis. Para Rob, essas duas palavras falaram muito sobre a incrível liberalidade, sobre a alma generosa da América. E, de repente, sentado ali numa parada de caminhões encardida em Billings, sem dinheiro e agitado pelo excesso de cafeína, Rob se deu conta, sem qualquer dúvida, de que tinha achado seu lugar, o que Tennesse Williams chamou de "lugar do coração".

Alguns anos depois, Rob mudou-se para Boston. Logo entrou para NPR e nos tornamos colegas. Rob ainda tem seu sotaque britânico, é claro, mas eu não escuto esse sotaque. Eu escuto um americano.

Cientistas sociais têm investigado esse fenômeno. Eles o chamam de "adaptação cultural", e isso explica muito a respeito da felicidade. Assim como as pessoas, cada cultura tem sua personalidade própria. Algumas culturas, por exemplo, são coletivistas; outras são individualistas. Culturas coletivistas, como Japão e outras nações confucianas, dão mais valor à harmonia social do que à felicidade individual. Culturas individualistas, como os Estados Unidos, valorizam a satisfação pessoal mais do que a harmonia comum. É por isso que os japoneses têm uma expressão célebre: "O prego que se destaca leva a martelada." Na América, o prego que se sobressai consegue uma promoção ou uma chance no *American Idol*. Somos uma nação de pregos salientes.

Uma pesquisa analisou as personalidades de estudantes universitários japoneses e americanos. Primeiro eles determinaram se cada estudante era mais individualista ou coletivista em termos de conduta. Será que eles valorizavam mais palavras como "progresso pessoal" ou palavras como "harmonia de grupo"? Depois eles mediram a felicidade dos alunos, seu bem-estar subjetivo. Os estudantes japoneses com inclinações individualistas (ou seja, inclinações americanas) eram menos felizes do que os estudantes com personalidades mais coletivistas. Em outras palavras, aqueles que tinham uma boa adaptação cultural eram mais felizes do que aqueles que não tinham.

O que fazer com essa informação? Será que deveríamos administrar testes de compatibilidade cultural para alunos do ensino secundário, assim como costumávamos fazer testes vocacionais? Posso imaginar o telefonema do orientador da escola: "Olá, sra. Williamns, nós testamos o pequeno Johnnie e determinamos que ele se encaixaria com perfeição na Albânia. Ele realmente seria muito mais feliz lá. Um vôo sai às 19h. Posso fazer uma reserva para vocês?"

Não, não parece uma boa idéia. Só porque uma determinada cultura tem o número do nosso manequim, isso não significa que devemos vesti-la. Além disso, toda sociedade precisa de seus desajustados culturais. São essas pessoas — aquelas que são parcialmente, mas não completamente alienadas de sua própria cultura — que produzem arte e ciência da melhor qualidade. Einstein, um judeu alemão, era um desajustado cultural. Todos nós nos beneficiamos do trabalho de Einstein, tenha sido ele feliz ou não.

A última vez em que estive com Jared foi num outro café. Nós nos encontramos às 16h, numa sexta-feira. Eu pedi uma cerveja; Jared um *cappuccino*. Ele precisava ficar acordado e sóbrio. Ia de carro para o norte, para a borda do Círculo Ártico, esquiar com seus colegas. Mesmo assim, ele não estava de fato com pressa, e nossa conversa transcorreu de uma maneira tranqüila e relaxada. Do lado de fora, o céu havia ficado preto como carvão.

— Não sei — disse Jared, olhando fixo para o seu *cappuccino* como se os redemoinhos de espuma e expresso contivessem a resposta para todas as charadas da vida. — Eu apenas tive um pressentimento de que seria feliz aqui.

Estou começando a embarcar nessa coisa da escuridão. Ainda não chego a abraçá-la, mas estamos nos aproximando aos poucos, a escuridão e eu. O frio tem suas virtudes. Sem frio, não haveria aconchego. Aprendi isso vivendo em Miami, onde o aconchego está em falta, bem como motoristas ajuizados. Além disso, a escuridão faz com que você sinta que começou o dia mais cedo. Que tal, isso não é bacana? Você tem aquela sensação de estar adiante do Sol — uma sensação que em geral é reservada aos corretores da Bolsa e aos padeiros — mesmo saindo da cama ao meio-dia.

Talvez eu tenha começado a me tornar islandês. Bem, não islandês de fato. Por enquanto só sei pronunciar duas palavras islandesas com segurança, mas comecei a apreciar o profundo aconchego. Sinto-me como se tivesse caído do mapa e, estranhamente, ao mesmo tempo estivesse no centro do Universo. Tenho esbarrado com pessoas conhecidas, da mesma forma que acontece com o pessoal daqui.

Estou no Kaffitar, meu café favorito. Gosto do modo como as paredes são pintadas de azul, vermelho e outras cores primárias suaves. Gosto da maneira como os baristas gritam, numa voz cantarolada, quando um *latte* ou um *cappuccino* estão prontos.

Ouço Ragnar, um artista islandês que conheci, rindo e tagarelando numa outra mesa. Ragnar está com um cachecol de cores vivas jogado no pescoço. Ele estala os dedos de uma mão e gesticula com a outra. Mas há algo errado com a cena, algo que não está certo. Não consigo identificar exatamente o que é. Então, de repente, consigo entender. Ragnar está feliz. Ragnar é um artista. Esses dois fatos em geral não andam juntos. Artistas, verdadeiros artistas, devem sofrer.

O Mito do Artista Infeliz persistiu por um longo tempo. Poetas ingleses do século XIX como Byron e Shelley morreram jovens. Mais recentemente, cantores como Jimi Hendrix e Kurt Cobain deram sua contribuição para a disseminação do mito.

A Islândia derruba esse mito bobo de uma vez por todas. Conheci dúzias de artistas e todos eles eram, em sua maioria, felizes. Lembro o que Hilmar disse quando perguntei a ele se era feliz. "Sim, mas eu prezo minha melancolia."

Magnus, o pingüim bronzeado, disse algo muito semelhante.

— Você nutre sua pequena melancolia, e é como um barato que faz você se sentir vivo. Você perde um pouco o controle de você mesmo e sente aquele alívio do estado de consciência que se tem do quão frágil a vida é e do quão tremendamente frágil você é.

— Então você pode ter essa melancolia e ainda assim ser feliz?

— Com certeza!

A ciência social moderna confirma o que o pingüim bronzeado diz. O psicólogo Norman Bradburn, em seu livro *The Structure of Psychological Well Being* ("A estrutura do bem-estar psicológico"), diz que a felicidade e a infelicidade não são opostos, como muitas vezes pensamos. Não são dois lados da mesma moeda. São moedas diferentes. É possível, em outras palavras, que uma pessoa feliz também sofra de acessos de infelicidade e que pessoas infelizes experimentem grandes momentos de alegria. E aqui na Islândia, é a impressão que se tem, é até mesmo possível ser feliz e triste ao mesmo tempo.

Profundidade é uma coisa engraçada. Às vezes está ausente nos lugares onde se esperaria encontrá-la — universidades de elite, por exemplo — mas nos acerta em cheio e no alto da cabeça nos cenários menos esperados.

Esta é minha última noite na Islândia e estou determinado a permanecer acordado tempo suficiente para vivenciar a devassidão de fim de semana em todo o seu esplendor, bêbado. Dirijo-me a um bar recomendado por Jared. São 21h, e apenas um punhado de pessoas apareceu. Mesmo assim, o bar já está enfumaçado. Tenho a impressão de que este é o ambiente mais enfumaçado em que já estive, tão enfumaçado quanto um ambiente pode ser sem estar realmente pegando fogo.

Peço uma dose de Opala Azul, um drinque muito popular baseado numa bala ainda mais popular. Tem um gosto de bala Halls marinada em vodca durante uma noite.

Algo a respeito do bar cheio de fumaça, ou talvez das pastilhas para tosse infundidas com vodca, me faz pensar em Nietzsche. Em geral Nietzsche me dá dor de cabeça, mas uma coisa que ele disse não pára de subir borbulhando até minha consciência, como uma fonte termal. A medida de uma sociedade, segundo ele, é o quão bem ela transforma dor e sofrimento em algo que valha a pena. Não como uma sociedade evita a dor e o sofrimento — porque Nietzsche, ele próprio um homem profundamente perturbado (enlouqueceu no final da vida), sabia que isso era impossível. Os islandeses fizeram um bom trabalho não apenas ao sobreviver nesta estranha paisagem lunar, mas também ao transformar seu sofrimento em algo que vale a pena. Algo feliz até.

Conheci uma mulher chamada Sara. Pelo menos acho que ela é uma mulher. A primeira coisa que ela diz para mim é: "As pessoas estão sempre me confundindo com um homem ou uma lésbica." Posso entender o que ela quer dizer. O cabelo de Sara é cortado bem curto, seu rosto é quadrado e viril.

Sara diz que não é "uma pessoa luz do sol". Uma das coisas que ela mais gosta de fazer é nadar às 6h em uma manhã especialmente fria e atravessar a piscina para lá e para cá com o vapor se elevando na superfície da água. "É melhor ainda se estiver nevando", diz ela. Sara faz uma imitação maldosa tanto de turistas americanos ("Ei, Harvey, este é o meu *coofeeee* ou o seu?") como de doentes mentais. Os primeiros ela costumava encontrar no parque nacional onde trabalhava durante os verões, os últimos na enfermaria psiquiátrica onde ela trabalha agora. Gostei de Sara.

A conversa, naturalmente, se encaminha para a felicidade. Quando falo com as pessoas a respeito do meu projeto, todo mundo faz as mesmas duas perguntas: "Como é possível medir felicidade? Como é possível sequer defini-la?"

— Não estou certo — respondo. — Como é que *você* a define?

Sara pensa por um momento e então diz:

— Felicidade é o seu estado de espírito e o modo como você persegue esse estado de espírito.

Aristóteles disse mais ou menos a mesma coisa, apesar de não ter dito isso num bar islandês enfumaçado e freqüentado por mulheres andróginas. O modo como você persegue o objetivo da felicidade importa no mínimo tanto quanto, talvez mais, do que o objetivo em si. Eles são, na verdade, os mesmos meios e fins. Uma vida virtuosa leva necessariamente a uma vida feliz.

Saio do bar e tenho de abrir caminho em meio a um grupo que está entrando. São 4:30h, e a manhã ainda é uma criança. Volto para o hotel aos tropeções e desmaio na cama. Pelo menos desta vez, estou grato pela escuridão.

Recentemente me deparei com um anúncio da Dos Equis, a cerveja mexicana. Há uma foto de um cinqüentão, charuto na mão e meio parecido com Hemingway. Ele tem uma jovem mulher de cada lado e elas olham para ele com admiração. (E, claro, há umas cervejas também.) O homem está com um olhar, aquele do tipo eu-sei-das-coisas-da-vida. O texto diz: "Ser chato é uma escolha. Esses molhos insossos e essas calças de prega é você quem compra."

E assim é com a felicidade. Quando se exclui a conversa sobre genética, elos com a comunidade e renda relativa, felicidade passa a ser uma escolha. Não uma escolha fácil, nem sempre uma escolha desejável, mas mesmo assim uma escolha. Confrontados com um clima brutal e completo isolamento, os islandeses poderiam com facilidade ter escolhido o desespero e a bebedeira. Opção feita pelos russos. Mas em vez disso, esses intrépidos filhos e filhas dos *vikings* olharam bem para dentro da inflexível escuridão do céu do meio-dia e fizeram uma outra opção: felicidade e bebedeira. Essa é, acredito, uma opção mais sábia. Além disso, o que mais há para se fazer no escuro?

Capítulo 6

MOLDÁVIA

A felicidade está em outro lugar

Essa felicidade toda está começando a me deixar deprimido. Como disse uma vez o filósofo alemão e colega descontente Schopenhauer: "Por se sentirem infelizes, os homens não suportam olhar para alguém que considerem feliz."

É isso. O que preciso, o que vai me alegrar, é uma viagem para um lugar infeliz. De acordo com a Lei da Felicidade Relativa, tal lugar vai me dar uma injeção de ânimo, já que vou perceber que há profundidades de tristeza até onde ainda não afundei.

Um lugar assim também pode proporcionar revelações valiosas a respeito da natureza da felicidade. Conhecemos uma coisa pelo seu oposto. O quente não significa nada sem o frio. Mozart é valorizado pela existência de Barry Manilow. E lugares felizes devem sua posição, pelo menos em parte, aos infelizes.

Sim, preciso viajar para o lado escuro do planeta, algum lugar que não seja apenas um pouco triste, ou um pouco baixo astral, e sim verdadeira e profundamente triste. Mas onde?

O Iraque me vem logo à cabeça. Lá é de fato um lugar infeliz, como a carnificina diária na tela da minha TV pode confirmar. Mas a infelicidade do Iraque diz mais sobre a natureza da guerra do que sobre a natureza da felicidade. Faço uma pesquisa nas minhas anotações do *World Database of Happiness*. Vejamos. Alguns países africanos com certeza podem ser classificados como infelizes, e chego a considerar a idéia de pegar um avião para o Zimbábue. Mas a tristeza africana, da mesma forma, é diagnosticada com facilidade, apesar de que a cura possa revelar-se inalcançável.

Então me ocorre: a Moldávia. É claro. A antiga república soviética é, segundo dados de Ruut Veenhoven, a nação menos feliz do planeta. Até mesmo o nome soa melancólico. Moldááávia. Experimente falar. Note como o maxilar cai involuntariamente e seus ombros se encurvam, à moda de Bisonho, o burrinho pessimista do desenho do Ursinho Pooh. (Diferente de "Jamaica", um nome impossível de ser pronunciado sem um sorriso.) Posso até mesmo imaginar a palavra "Moldávia" fazendo às vezes de um sinônimo para uma vaga inquietação.

— Como está passando hoje, Joe?

— Não muito bem. Estou meio Moldááááavia.

— Sinto muito. Alegre-se.

Sim, a Moldávia é justo o tônico de que preciso.

Como fazer as malas para o lugar mais triste do mundo? Talvez eu devesse levar alguma literatura russa sombria — existe algum outro tipo? —, quem sabe algum Dostoiévski, apenas para mostrar que, sabe como é, sou um deles.

Antes de mais nada, contudo, preciso de duas fotos para o visto. Estou sentado num banquinho numa dessas lojas de fotos instantâneas. "Sorria", diz o funcionário. Fico paralisado. O que devo fazer? Será que uma foto sorridente vai me render pontos, como chegar com sacos de trigo a uma nação atingida pala fome? Ou o gesto seria interpretado como subversivo? Imagino um oficial da imigração austero — existe algum outro tipo? — dando uma olhada na minha foto sorridente e gritando para o colega: "Ei, Boris, venha cá. Temos um encrenqueiro aqui." Opto pelo meio termo: um quase sorriso neutro que pode ser interpretado tanto como alegria quanto como desprezo.

O próximo passo para a empreitada: encontrar a Moldávia no mapa. Isso se revela mais difícil do que eu esperava. Examino meu atlas diversas vezes antes de localizar o país, espremido entre a Romênia e a Ucrânia, dois países que por sua vez são infelizes de maneira significativa. A tristeza gosta de companhia.

Chegar à Moldávia acaba sendo praticamente tão complicado quanto encontrá-la no mapa. É quase como se os moldávios tivessem fora do ar, amuados em seu canto do globo. "Deixem-nos sozinhos. Nós não somos felizes, e gostamos das coisas assim. Vão-se embora daqui!"

Contudo, sei que é apenas um grito por ajuda e não estou disposto a desistir. Há um vôo que parte de Frankfurt pela Air Moldova. Mas de cara descarto essa opção; não estou disposto a confiar meu destino a algum piloto moldávio que sofre de uma séria depressão. Há outro vôo pela Austrian Airway partindo de Viena. Ótimo. Os austríacos podem não ter muito senso de humor, de uma maneira teutônica, mas eles alcançam um respeitável 6,5 na escala da felicidade. Reservo minha passagem.

O pequeno jato pousa em Chisinau, a capital da Moldávia, e em pouco tempo já estou de pé numa fila de controle de imigração. O aeroporto é pequeno, parece mais um terminal rodoviário da Greyhound do que uma porta de entrada internacional. Noto que já estou em busca de sinais aparentes de infelicidade. Será que está no ar? Será que é o equivalente emocional a pousar num aeroporto de grande altitude — La Paz, Bolívia — e imediatamente se sentir tonto? Não, não detecto qualquer alteração imediata em meu humor.

Uma mulher com um olhar severo está sentada atrás de um balcão onde se lê: "Visto na chegada." Dou a ela minhas fotos para o visto, com o meio sorriso neutro e três notas de vinte dólares estalando de novas. Como a experiência mostra, quanto mais ferrado é um país, mais esse país insiste em notas estalando de novas. Os suíços, por exemplo, não se importam com notas amarrotadas, rasgadas ou de alguma outra forma imperfeitas. Mas eu me lembro de estar na fila de uma companhia de aviação em Kabul enquanto o funcionário examinava cada nota de cem dólares que eu dava para ele como se fossem um autêntico Matisse ou, talvez, uma boa falsificação. Ele rejeitou pelo menos a metade. Uma tinha um rasgo mínimo, a outra foi considerada velha demais; uma terceira apenas não lhe pareceu em condições.

A mulher olha para a foto, depois ergue o rosto para olhar para mim e então para a foto novamente. Oh, não, fui descoberto. Sabia que não deveria ter mostrado nenhum dente. Mas daí, de repente, ela carimba meu passaporte, me pede para assinar algo e diz: "Aproveite sua estada." Não soa como se ela desejasse isso de verdade.

Entrei oficialmente na Moldávia, o país menos feliz do mundo. Há algo estranhamente estimulante a respeito disso, como se eu fosse Sir Edmund Hillary escalando o Monte Everest ou, numa analogia mais precisa, Jacques Cousteau mergulhando até o fundo do oceano.

Estou procurando por Natasha no meio da multidão. Ela ficou de me esperar e me levar até o apartamento da avó dela. É lá que vou ficar hospedado. Hotéis tem invenções maravilhosas, mas não são a janela ideal para a alma de uma nação. De fato, como demonstrou minha estada no Catar, eles são concebidos para fazer exatamente o oposto: manter uma distância confortável entre você e o país visitado. Não, se eu pretendia sondar as profundezas do sofrimento moldávio, precisava ser íntimo e pessoal. Precisava hospedar-me com um moldávio real. Descobri uma mulher chamada Marisha, da Marisha.net, que oferece esse exato serviço. Ela põe viajantes como eu em contato com moldávios como Natasha que estão precisando de dinheiro (ou seja, quase todos os moldávios) e que de bom grado alugarão um quarto extra por alguns dólares americanos estalando de novos. Marisha e eu tínhamos trocado alguns e-mails — fui discreto a respeito da minha pesquisa sobre felicidade, de forma a não levantar suspeitas infundadas. Em poucos dias, Marisha me mandou uma mensagem de volta. Havia encontrado um apartamento para mim. Localização central. Genuinamente moldávio. Perfeito.

Só que onde estava Natasha? Ela deveria estar aqui, segurando um cartaz com meu nome. Examino a multidão. Nada. Enfim, uma jovem, de não mais do que 19 anos, vem correndo ao meu encontro, com uma cartolina toda amassada numa das mãos.

— Sr. Eric?

— Natasha?

— Sim, desculpe pelo atraso.

— Tudo bem.

Natasha e eu caminhamos até o táxi que está nos esperando do lado de fora. Só então dou uma boa olhada nela. Está vestindo uma pretensa saia, salto agulha e tanta maquiagem que parece um quati. Um quati sexy. Começo a imaginar onde é que fui me meter. Será que Marisha, ou Marisha.net está alugando quartos ou coisa parecida?

Entramos num táxi Mercedes muito velho, com bancos gastos e um odor pungente não identificado. Natasha senta no banco da frente, os joelhos dela pousados tão perto do câmbio que chego a temer que o motorista passe a terceira marcha nela.

O rádio está tocando música pop russa aos berros. O pop russo é — como posso dizer isso com diplomacia? — ruim. Muito ruim. Tão ruim que pode ter contribuído para o colapso da União Soviética. Peço ao motorista que desligue o som. Ele me atende, de má vontade. À medida que nos aproximamos da cidade, as ruas vão ficando cada vez mais cheias de pedestres e começo a ver outras Natashas, muitas outras, todas vestindo as mesmas microssaias, com a mesma maquiagem de quati. Meu deus, eu penso, será que todas as mulheres na Moldávia são prostitutas? Isso é pior do que eu imaginava. Daí me dou conta. Elas não são prostitutas. Elas apenas se vestem assim. É o uniforme nacional.

Fora isso, a cidade me parece bem agradável. As ruas são arborizadas, e enquanto os carros — e as pessoas — parecem merecer uma boa escovação, não vejo sinais explícitos de sofrimento. Nesta Era, a Era Visual, nossas mentes estão treinadas a procurar sinais óbvios de infortúnio: edifícios bombardeados, adolescentes armados, nevoeiro enfumaçado. Então acabamos concluindo que um lugar é razoavelmente feliz se não tem qualquer um desses evidentes sinalizadores de desespero. No entanto, o sofrimento é como as águas calmas que se movem nas profundezas.

— É verdade — pergunto a Natasha — que as pessoas aqui são infelizes?

— Sim, é verdade — ela responde, num inglês razoável.

— Por quê?

— Não temos dinheiro para viver — diz ela, como se isso resolvesse a questão e eu pudesse ir para casa agora. Engraçado, eu penso, estive recentemente num país onde eles têm dinheiro demais para a vida. Talvez vocês e o Catar pudessem entrar num acordo.

— Quanto tempo você fica na Moldávia? — pergunta Natasha, enquanto o motorista passa a marcha nela.

— Quase duas semanas — eu digo. Ela inclina a cabeça, impressionada, como se a maior parte dos visitantes não resistisse tanto tempo.

Chegamos às minhas acomodações, no interior de uma série de prédios baixos projetados de uma maneira tipicamente soviética. Os soviéticos fizeram pela arquitetura o que o McDonald's fez pela comida *gourmet*. O apartamento dá para uma espécie de parque, que tem algumas peças avulsas de equipamentos decrépitos de *playground*, isso em muito menor número do que as garrafas de cerveja vazias espalhadas por todo o lugar. Há ainda mais lixo no vão da escada e mais alguns exemplos da expressividade dos jovens moldávios, grafites que dizem: "Poder Branco" e "Abaixo o Sistema".

Natasha me apresenta à sua avó e minha anfitriã pelas próximas duas semanas: Luba. Ela é uma *babuchka* (do russo, avó) atarracada, com uma coroa de cabelo avermelhado e uma expressão ameaçadora que, francamente, me assusta. Isso é levemente compensado pelo roupão que ela está usando, uma composição infeliz de cores vivas e estampas florais.

Russa de nascimento, Luba veio para a Moldávia décadas atrás, uma entre os milhões de russos que se espalharam por toda a União Soviética, determinados a disseminar a animação russa. A vida era doce. Até que o muro de Berlim veio abaixo, a União Soviética entrou em colapso e o mesmo aconteceu com a vida de Luba. Agora ela está reduzida a racionar comida e a alugar seu quarto extra para um americano neurótico numa busca insana pela felicidade. As voltas da história podem ser cruéis.

O inglês de Luba consiste apenas nas palavras "não" e "meio-meio", estas últimas sempre com um forte sotaque e acompanhadas de um movimento de gangorra com a palma da mão. Para Luba, tudo é meio-meio, do peixe vendido no mercado local ao presidente da Moldávia. Com exceção de Mikhail Gorbachev. Na avaliação de Luba o ex-líder soviético, o homem que apressou o colapso da União Soviética, se classifica bem mais abaixo do que o meio-meio.

Meu russo é mais extenso do que o inglês de Luba, mas pouca coisa. Além de "não" eu também sei dizer "sim", "não entendo" e "mais uma vodca, por favor". Então você pode imaginar o meu horror quando Natasha explica que está indo embora e que vou passar as próximas duas semanas sozinho com a sua avó. Deus me ajude.

O apartamento de Luba parece não ter mudado muito desde a época de Kruschev. A TV é o que há de mais importante e ela passa horas diante do aparelho assistindo a novelas russas e de vez em quando fazendo um som *psst*, como de ar que vazasse de um pneu furado, quando alguma coisa na TV a desagrada, o que acontece com freqüência. O apartamento também emite sons. Rangidos e barulhos de construção, coisa que considero alarmante já que não há construções em andamento nas proximidades. Deve ser o encanamento, digo a mim mesmo.

Pergunto a Luba se posso usar o telefone, um pedido que comunico encostando um telefone invisível no ouvido, e então ela aponta para uma coisa preta que se encontra num canto da sala. Trata-se de um telefone com disco rotativo. Não consigo me lembrar quando foi a última vez que usei um desses. É tão pesado e vagaroso como discar contra o vento. E, no entanto, há algo inesperadamente prazeroso sobre o peso do disco do telefone, a sensação do meu dedo aninhado nos orifícios, o zumbido à medida que cada número gira. Quando chego no último número, uma meia hora depois, sinto como se tivesse feito por merecer minha ligação telefônica.

Do outro lado da linha está Vitalie, um blogueiro, um dos poucos na Moldávia. Ele me pareceu alguém que poderia ser capaz de jogar alguma luz na questão da infelicidade moldávia. Combinamos um encontro para o dia seguinte. Vitalie me pergunta se conheço algum restaurante bom. Isso me parece estranho, já que ele morou aqui a vida inteira e só faz uma hora que estou na Moldávia. Interpreto isso como um sinal desencorajador a respeito das perspectivas culinárias da Moldávia. Mais tarde, alguém me explica que na Moldávia a relação entre anfitrião e visitante é invertida. É obrigação do visitante fazer o anfitrião se sentir à vontade. Hospitalidade invertida. Um dos muitos costumes peculiares deste país.

Faço uma pantomima para Luba a fim de mostrar que estou saindo para uma caminhada. Ela me entrega a chave e mostra como destrancar os muitos fechos de sua porta dupla. As ruas até que são bem agradáveis, de uma maneira cinza e soviética. Pelo menos há árvores. Pego um ônibus para chegar ao centro. Está lotado. Todos os rostos estão paralisados numa expressão que é ao mesmo tempo apática e vagamente furiosa, uma expressão que eu venho a identificar como a Carranca Moldávia. (Um parente próximo do Andar Arrastado Moldávio, que vem a ser o estilo de caminhar preferencial por aqui.)

Os moldávios levaram a pior parte do bolo soviético, e, verdade seja dita, o restante também não era lá muito bom. Quando o império russo entrou em colapso, os moldávios, diferente dos estados bálticos, não tinham um nacionalismo fervoroso ao qual recorrer. E diferente das nações muçulmanas da Ásia Central, não tinham uma fé inabalável ou uma cultura com a qual contar. Eles tinham apenas eles mesmos, e isso com certeza não foi suficiente.

À minha volta vejo tristeza. Um homem cego com óculos escuros e uma bengala, como alguma caricatura de um homem cego, segue cambaleando rua abaixo. Uma mulher idosa é tão encurvada que o tronco dela fica quase paralelo ao chão. Escuto alguém aos soluços atrás de mim, e quando me viro dou de cara com uma mulher de meia-idade de cabelos escuros, os olhos vermelhos de tanto chorar. Contudo, fico imaginando: será que este lugar é realmente tão infeliz, ou eu fui vítima do que os cientistas sociais chamam de tendência à confirmação? Eu esperava que a Moldávia fosse triste, então vejo tristeza em todo o lugar.

Passo por um prédio onde se lê Instituto Especial para Doenças Infecciosas. Está caindo aos pedaços e sujo, o tipo de lugar onde você pode pegar alguma doença infecciosa em vez de se curar de uma. Talvez, fico imaginando, seja isso o que torne a Moldávia especial. Decido parar num pequeno café ao ar livre. Um grupo de moldávios bebe cerveja. São 11h — um pouco cedo para cerveja, eu penso — mas eles parecem mais felizes do que qualquer um que eu já tenha visto até agora, a não ser pelos rostos sorridentes que vendem celulares nas propagandas. O ar está espesso com toda a fumaça. Moldávios fumam como se não houvesse amanhã, o que no caso deles pode ser verdade.

A Moldávia é um projeto de nação que deu terrivelmente errado e, como cirurgia plástica que dá terrivelmente errado, os resultados não são bonitos. Você tem vontade de desviar o olhar. Os russos tentaram criar uma nação a partir da Moldávia, quando em termos históricos nunca existiu uma, pelo menos não o tipo de nação que os soviéticos tinham em mente. Os moldávios são basicamente romenos. Eles compartilham das mesmas raízes históricas; a língua moldávia não é uma língua distinta mais do que o inglês americano é distinto do inglês britânico. Certa vez foi publicado um dicionário romeno-moldávio; era mais um panfleto do que um dicionário.

Aquele velho ditado a respeito do copo estar meio cheio ou meio vazio é errado de todo. O que importa mesmo é se a água está indo para dentro ou para fora do copo. Na Moldávia a água está jorrando para fora. Durante o período soviético, a Moldávia era mais rica do que a vizinha Romênia. Agora os romenos zombam de seus vizinhos empobrecidos do leste. Nos tempos soviéticos, os moldávios podiam viajar à vontade para qualquer uma das outras 14 repúblicas. Agora eles precisam de um visto para ir a quase qualquer lugar, a não ser para a Ucrânia. Como isso pode ser divertido? A canção mais popular na Moldávia é *Yesterday*, dos Beatles. Não é difícil entender por quê.

Não era para ser assim. No início da década de 1990, centenas de milhões de dólares em ajuda estrangeira foram despejados no país. Diziam que a Moldávia seria a nova Luxemburgo. Hoje, a única coisa que a Moldávia tem em comum com Luxemburgo é o fato de ninguém conseguir localizá-la no mapa.

Passo por uns policiais moldávios. Os policiais, como todos os homens moldávios, são mal-encarados e dão a impressão de que um banho lhes cairia muito bem. Diferente da maior parte dos homens moldávios, no entanto, eles são marcadamente rechonchudos. Nunca é um bom sinal quando o povo de um país é magro e sua polícia é gorda.

Vejo uma livraria e decido dar uma espiada. Está escuro do lado de dentro, mais um blecaute, mas na pouca claridade posso identificar muitos Pushkin. Os moldávios são muito orgulhosos do escritor russo, que morou aqui por muitos anos durante o século XIX. Alexander Pushkin não retribuiu o afeto. "Amaldiçoada cidade de Chisinau", ele escreveu a respeito da capital moldávia. "Para lhe ofender, a língua não descansa." Parte da hostilidade de Pushkin, suspeito, se deve ao fato de que ele não esteve aqui por escolha própria. Foi exilado para a Moldávia e é raro que as pessoas consigam nutrir afeição pelos lugares de exílio, mesmo que eles sejam lugares adoráveis — coisa que a Moldávia não é.

Passo por um cara de pescoço grosso e cara de bandido. Ele tem a aparência de alguém que poderia fazer parte da máfia. Quando ele passa por mim, eu me viro e noto que nas costas de sua camiseta está estampada a palavra "máfia".

Em meu caminho de volta ao apartamento de Luba, o ônibus pára de repente. O motorista faz um anúncio — pelo visto há um problema mecânico — e todo mundo começa a saltar. O que me impressiona é a resignação. Nenhum resmungo, nenhum suspiro, nenhuma palavra ou som. É tentador concluir que os moldávios são resignados de seu quinhão na vida e atingiram um estado de aceitação meio budista. Não acho que este seja o caso, entretanto. Suspeito que alguma coisa a mais esteja acontecendo aqui.

No final da década de 1960, o jovem Martin Seligman, agora o papa do movimento da psicologia positiva, realizou experiências com cachorros. Ele colocava um cachorro numa jaula e dava nele um choque elétrico, supostamente inofensivo. O cachorro, entretanto, podia escapar para o outro lado da jaula e evitar o choque, cujo início era sinalizado por um barulho alto e uma luz piscante. Depois, Seligman colocava o cachorro numa situação onde ele não tinha chance de se dar bem. Não importava o que fizesse, não conseguia evitar o choque. Então, e esta foi a parte que surpreendeu Seligman, quando ele devolvia o cachorro para uma jaula onde o animal podia com facilidade evitar o choque (pulando por sobre uma cerca baixa, por exemplo), o cachorro nada fazia. Ele apenas ficava ali e agüentava os choques. Ele havia sido ensinado a acreditar que a situação era irremediável. Ele havia aprendido a ser desamparado.

Quando desço do ônibus enguiçado, fico pensando: será que os moldávios são como os cachorros de Seligman? Será que foram subjugados — à base de choque — tantas vezes que simplesmente pararam de tentar reagir? Será que esta é a nação dos que aprenderam a ser desamparados?

Não, me explicam os moldávios, a origem do desespero deles é mais simples do que isso. Em uma palavra: dinheiro. Eles não têm o suficiente. A renda *per capita* é de apenas 880 dólares por ano. Eles precisam viajar para o exterior para fazer dinheiro. Algumas mulheres moldávias são atraídas para a prostituição. Alguns moldávios chegam até mesmo a vender um de seus rins por dinheiro.

Nada disso é bom, é claro, e eu não pretendo subestimar as dificuldades econômicas que os moldávios enfrentam. Mas se aprendi algo com as minhas viagens é que as coisas raramente são tão simples quanto parecem. Muitos países são mais pobres do que a Moldávia e, no entanto, mais felizes. A Nigéria, por exemplo, ou Bangladesh. O problema é que os moldávios não se comparam aos nigerianos ou aos bangladeshianos. Eles se comparam aos italianos e alemães. A Moldávia é o pobre que tem vizinhos ricos, o que não é uma posição feliz.

Quando volto para o apartamento, Luba me saúda na porta, depois de passar alguns minutos destrancando os vários trincos. As palmas abertas, os ombros encolhidos, eu "pergunto" como ela está. "Meio-meio", ela diz, apontando para seu ombro esquerdo, que está dolorido, presumo, e se abanando para indicar que seu coração está começando a incomodar. É incrível, penso, como duas pessoas podem se comunicar com um vocabulário compartilhado de apenas meia dúzia de palavras, sendo uma delas "vodca".

Alguns minutos depois, Luba inclina a cabeça para um lado e descansa nas mãos. Ela vai dormir. Aproveito a oportunidade para olhar as fotos, em porta-retratos e dispostas sobre o consolo da lareira. O passado de Luba. Há a fotografia de um homem, o falecido marido de Luba, calculo. Foi tirada de longe – de muito longe, acho, franzindo os olhos para conseguir distinguir seu rosto. Ele tem um emaranhado de cabelos grisalhos e traços masculinos bem fortes. Está de pé em frente a algum monumento soviético cinzento. Não está sorrindo, mas eu também não descreveria sua expressão como uma carranca. Aperto ainda mais os olhos e então vejo: o vestígio de um sorriso abortado, quase imperceptível, mas definitivamente ali. Mais tarde Luba viria a explicar através de um intérprete que a foto havia sido tirada no Casaquistão, onde eles haviam morado anos atrás. Fico imaginando se esse sorriso débil sobreviveu à Moldávia.

Meus dias engrenam numa rotina confortável. Quando acordo, Luba prepara o café-da-manhã para mim: um queijo moldávio forte, café instantâneo e um biscoito recheado com alguma coisa meio mole. Depois tomo um banho e saio pelas ruas de Chisinau, numa investigação da tristeza moldávia. Em poucos dias esqueço que o mundo para além da Moldávia existe. Fico pensando como é incrível que nessa era de banda larga e TV por satélite os lugares ainda possam engolir a gente tão completamente a ponto de fazerem nosso o mundo deles.

Compro uma garrafa de vinho moldávio e levo para o apartamento. Os moldávios são orgulhosos de seu vinho, um dos poucos produtos que eles exportam. Existem passeios às vinícolas moldávias e exposições de vinho moldávio. As pessoas fazem vinho em casa e com orgulho oferecem aos visitantes. Sirvo um copo para Luba, ela toma um gole, então fecha os olhos por um segundo ou dois antes de declará-lo meio-meio. Ela está sendo generosa. O vinho moldávio não chega ao nível meio-meio. A triste verdade é que ninguém tem a coragem de dizer para os moldávios que o vinho deles, seu tesouro nacional, não presta.

No dia seguinte, encontro o blogueiro Vitalie num restaurante ali perto — um que serve autêntica comida moldávia. Estou ansioso para experimentá-la, ciente de que a comida é um espelho da alma nacional. Vitalie tem uns 20 anos, um rosto luminoso e um inglês perfeito, que ele diz ter aprendido ao jogar fora seu livro didático. Um garçom mal-humorado nos conduz ao andar de baixo, um porão escuro e com cheiro de mofo. É meio-dia. Somos os únicos fregueses.

— Então, por que é que os moldávios são tão infelizes? — pergunto, indo direto ao ponto. Vitalie me dá um olhar do tipo quanto-tempo-você-tem.

— Bem, existe o problema de Transnístria — diz ele.

— Isso não pode ser resolvido com a ajuda de antibióticos? — eu pergunto.

Acontece que Transnístria não é uma doença, mas uma república separatista, uma estreita faixa da Moldávia controlada por forças pró-russos. Eles fazem conhaque e produtos têxteis na Transnístria. De vez em quando, uma bomba explode e mediadores de Bruxelas chegam de avião, vestindo paletós trespassados e bebendo água Evian. Conferências são organizadas, resoluções tomadas. Então os homens de Bruxelas voam para casa. Até a próxima bomba.

Vitalie declara toda a situação da Transnístria "definitivamente estúpida", e eu estou inclinado a concordar. Mais tarde eu viria a detectar um estranho orgulho que alguns moldávios têm da Transnístria, como se pensassem: "Sim, nós somos uma nação muito infeliz, retrógrada, mas pelo menos temos nossa própria república separatista, exatamente como um país de verdade."

Vitalie é consultor financeiro *freelance*. A maior parte dos seus clientes é estrangeira, então ele faz um bom dinheiro segundo os padrões moldávios: 230 dólares por mês. Sua esposa ganha mais ou menos a mesma coisa, o que os coloca solidamente na classe média alta. Eles moram num Kruschev-ka, um estilo de apartamento batizado em homenagem ao ex-líder soviético, mais lembrado por bater seu sapato numa mesa da Organizacão das Nações Unidas (ONU) e tão charmoso quanto. Blocos de cinco andares de apartamentos produzidos em massa, cada um com o comprimento de um campo de futebol. Cada unidade é minúscula.

— Foram construídos para as pessoas dormirem neles. Você trabalhava durante o dia, então para que precisaria de espaço? — explica Vitalie.

O garçom mal-humorado se aproxima para anotar nosso pedido. Vitalie recomenda algo chamado *mamaliga*, o prato nacional. Gosto da forma como soa. Como um personagem da Vila Sésamo. Ei, meninos e meninas, digam um grande olá para *mamaliga*.

Vitalie me serve um banquete de informações interessantes sobre a Moldávia. Como, por exemplo, a informação de que o presidente da Moldávia é um ex-padeiro e o primeiro-ministro um ex-confeiteiro. Eles formariam uma ótima equipe de serviço de bufê, mas pelo visto um time político não tão bom. Moldávios desprezam seu governo — isto é, quando chegam a pensar nele. Eles têm mais com o que se preocupar.

A grande queixa de Vitalie — e ele tem muitas — é o serviço ruim na Moldávia. Uma remanescência da era soviética, diz ele, quando o pessoal de vendas via os clientes como uma interrupção necessária que, se ignorada tempo suficiente e com hostilidade suficiente, iria finalmente embora. Essa atitude persiste e leva Vitalie à loucura. Diferente da maior parte dos moldávios, Vitalie se recusa a simplesmente aceitar isso. Ele reage. Outro dia, gritou com a gerente do supermercado e disse a ela que treinasse seus funcionários para serem mais corteses. Ela não recebeu bem a sugestão. "Este é o pessoal que nós temos", disse ela. Típico, comenta Vitalie. O estilo padrão do moldávio é o defensivo.

A comida está demorando muito. Onde está minha *mamaliga*?

A confiança — ou, para ser mais preciso, a falta de confiança — é o motivo pelo qual a Moldávia é uma terra tão infeliz, Vitalie me conta, ecoando as descobertas de pesquisadores a respeito da relação entre felicidade e confiança. Os moldávios não confiam nos produtos que compram no supermercado. (Podem ter sido incorretamente etiquetados.) Não confiam nos vizinhos. (Podem ser corruptos.) Não confiam nem mesmo nos membros de suas famílias. (Podem ser coniventes.)

Outra razão para a infelicidade moldávia?

— As pessoas na Moldávia não são nem russas, nem moldávias. Fomos maltratados e abandonados por todos. Não temos orgulho de nada. Nem mesmo da nossa língua. Há ministros no governo moldávio que não falam moldávio. Eles falam apenas russo. Odeio ter de dizer isto, mas é verdade: não há uma cultura moldávia.

Logo me lembro do Catar, que também não tem cultura. O Catar, no entanto, é um país fabulosamente rico e sem cultura. A Moldávia é uma nação paupérrima e sem cultura. No geral, os catarenses estão numa situação melhor. Pelo menos eles têm condições de alugar temporariamente a cultura de outros povos.

Pergunto a Vitalie a respeito da democracia, ao mesmo tempo em que me dirijo, reflexivo, ao meu copo de Sprite, como se uma bebida gasosa artificialmente aromatizada com sabor lima-limão de alguma forma simbolizasse a eterna busca da humanidade pela liberdade. A democracia moldávia pode estar longe de ser perfeita, mas com certeza é melhor do que o regime totalitário soviético. Não seria isso uma fonte de felicidade?

Não, diz Vitalie, sem um pingo de hesitação.

— Nos tempos soviéticos ninguém pensava a respeito de liberdade. O comunismo era tudo o que eles conheciam. Eles não acordavam todos os dias e diziam: "Puxa, gostaria de ter mais liberdade." Liberdade para fazer o quê? Pelo menos naquela época as pessoas tinham trabalho e um lugar para morar. Aquilo era um tipo de felicidade, que elas agora não têm mais.

Durante anos, cientistas políticos acreditaram que pessoas vivendo em regimes democráticos eram mais felizes do que aquelas que viviam sob qualquer outra forma de governo. Intuitivamente fazia sentido, e havia alguns dados que confirmavam isso. Mas o colapso da União Soviética mudou toda a situação. A maior parte dessas nações recém-independentes emergiu como quase-democracias. No entanto, os níveis de felicidade não aumentaram. Em alguns países eles declinaram e hoje as antigas repúblicas soviéticas são, em geral, os lugares menos felizes do planeta. O que está acontecendo? Aquele velho dilema do que vem primeiro, concluiu o cientista político Ron Inglehart: não é que a democracia faça as pessoas felizes, mas sim que as pessoas felizes têm mais probabilidade de estabelecer uma democracia.

O solo deve ser fértil, culturalmente falando, antes que a democracia possa criar raízes. As instituições são menos importantes do que a cultura. E quais são os ingredientes culturais necessários para que a democracia se estabeleça? Confiança e tolerância. Não apenas confiança naqueles dentro do seu grupo — família, por exemplo — mas confiança externa. Confiança em estranhos. Confiança nos seus oponentes, até mesmo nos seus inimigos. Dessa forma você sente que pode apostar em outras pessoas — e o que é a democracia senão uma gigantesca aposta?

Assim sendo, a democracia faz os suíços mais felizes, mas não os moldávios. Para os suíços, a democracia é o glacê em seu bolo próspero. Os moldávios não podem desfrutar do glacê porque não têm o bolo.

— O.k. — digo para Vitalie como último recurso —, mas agora vocês têm um McDonald's. Isso significa alguma coisa, não é?

Não, diz Vitalie. Não significa nada. O preço do McDonald's é proibitivo para moldávios comuns. Apenas alguns poucos oligarcas ricos e a máfia russa têm condições de comer lá. E crianças em excursão com a escola. Ele me conta que a turma de sua irmã de dez anos de idade fez recentemente uma visita ao McDonald's. Vitalie ficou imaginando qual seria o benefício educacional. Perguntou então à irmã dele se ela e os coleguinhas tinham tido a oportunidade de passar para o outro lado do balcão e aprender como eram feitos os hambúrgueres. Não, ela disse. Eles apenas comeram e foram embora. Vitalie suspeita de nepotismo — talvez alguém na escola tenha algum parente que trabalha no McDonald's. Na Moldávia o nepotismo é a explicação padrão para tudo. Em geral é a explicação correta. A corrupção é desenfreada, inacreditável, diz Vitalie. Ele me conta de pacientes que subornam funcionários de hospitais para furar a fila.

— É bem difícil permanecer limpo por aqui — diz ele.

Finalmente, chega a minha *mamaliga*. Experimento. Se a comida é uma janela para a alma de uma nação, então a alma da Moldávia é insossa e mole. E tem algo a ver com milho, penso.

— Que tal? — pergunta Vitalie.

— Nada mal — minto.

Conversamos um pouco mais enquanto vou comendo uns bocados da minha *mamaliga*, só o suficiente para não parecer rude. Pago a conta e nos levantamos para ir embora.

Estamos parados na esquina de uma rua movimentada, cercados por pedestres ensimesmados, já estamos quase nos despedindo, quando me dou conta de que havia esquecido de fazer uma pergunta óbvia.

— Vitalie, existe alguma coisa de que você goste a respeito da vida na Moldávia?

Vitalie faz uma pausa antes de responder.

— Nós não nos tornamos moles demais como as pessoas no Ocidente. Temos um pouco menos de expectativas, e acho que isso é uma coisa boa. Além do mais, tem as frutas e os legumes.

— O que é que têm as frutas e os legumes?

— São bem frescos.

Como se isso fosse uma deixa, passa por nós uma mulher carregando baldes de plástico cheios de framboesas e cerejas. Sim, eu penso, as frutas realmente parecem frescas.

Nas ex-repúblicas soviéticas existem três principais produtos: vodca, chocolate e corrupção. Sei de alguém que uma vez sobreviveu duas semanas no Usbequistão somente à base desses três itens. Compro dois deles na quitanda local e vou para casa; agora é assim que penso a respeito do apartamento de Luba, como minha casa. Então como meu chocolate e bebo minha vodca, uma marca enganosamente chamada Vodca Perfeita, enquanto Luba fica sentada diante da TV, fazendo seus *psst*, e de vez em quando rindo. Considerando-se tudo, penso que esta não é uma maneira de todo má de passar a noite na Moldávia.

No dia seguinte sento-me para um almoço com Marisha, da Marisha.net. Ela é a moldávia mais feliz que já conheci. De certo porque acabou de se casar com um britânico e pode sair do país quando bem entender. O marido era um de seus clientes. Marisha vive de ajudar os poucos turistas estrangeiros que se aventuram na Moldávia. Durante um tempo ela também ajudou homens que vinham à Moldávia em busca de noivas. Mas não faz mais isso. Muitas das mulheres, ela explica, estavam em busca de outra coisa que não amor. Eram "trambiqueiras", escreviam para seus namorados na América ou na Grã-Bretanha e diziam que precisavam de dinheiro para tirar o visto e poder visitá-los, ou alegavam que haviam acabado de ganhar um carro novo na loteria e só precisavam de alguns milhares de dólares para pagar o imposto. Será que você poderia me mandar o dinheiro? É um carro tão bonito!

— E os homens caem nessa? — pergunto a Marisha.

— Alguns caem.

Imagino algum pobre coitado, sentado diante de um computador em Cleveland, tentando entender por que é que desde que mandou o cheque pelo correio, algum tempo atrás, não tem notícias de Olga. Talvez ele mande um ou dois e-mails subseqüentes, imaginando que o servidor moldávio está mais uma vez fora do ar. Quanto tempo ele leva para perceber que foi passado para trás? Uma semana? Um mês?

Isso pode explicar a infelicidade do cara de Cleveland, mas o que dizer a respeito dos próprios moldávios? Por que é que são tão infelizes? Dinheiro, ela responde, mas Marisha não se refere à falta de dinheiro.

— Nós estamos substituindo valores reais por valores monetários.

Alguns minutos mais tarde, entretanto, Marisha já está falando com entusiasmo a respeito do novo megashopping, o primeiro da Moldávia, em construção nos arredores da cidade. Ela vê isso como um sinal de progresso. Eu quero gritar NÃO! Não façam isso! Quando vocês se derem conta estarão afogados em shoppings! Mas seguro minha língua.

Depois do almoço, caminhamos alguns quarteirões em ruas agradavelmente arborizadas até chegarmos ao Museu de Natureza e Etnografia. O museu parece não ter mudado nem um milímetro desde os tempos soviéticos; o mesmo pode se dizer das mulheres que trabalham lá. Elas parecem irritadas com a nossa presença. As exposições são rudimentares e, no entanto, estranhamente cativantes. A minha favorita é uma a respeito da terra da Moldávia. Diferentes tons e cores de solo estão em exibição em grandes cilindros.

— Nós não temos minerais — nenhum gás ou petróleo —, o tesouro da Moldávia é o nosso solo — explica Marisha. É verdade. Como disse Vitalie, o solo moldávio produz frutas e legumes muito frescos. Era de se esperar que o vinho fosse melhor.

Em outra sala há um mural gigante, um ideal soviético do cosmos e o lugar da humanidade nele. Os soviéticos negaram a existência de Deus e, no entanto, tentaram improvisar uma espiritualidade. O mural é uma miscelânea desagradável e atordoante de imagens que cobrem todo o teto e algumas partes da parede. Meus olhos não sabem para onde olhar primeiro. Há naves espaciais e arranha-céus — tudo desenhado com ângulos duros e cores escuras. Numa parede, um jovem casal, completamente nu, segura uma criança em direção ao céu, ao céu sem Deus. Não é de se estranhar que os moldávios estejam espiritualmente à deriva. Foi isso o que eles tiveram de suportar por mais de cinqüenta anos.

Aprendo mais no museu. Aprendo que ao longo dos séculos os moldávios foram invadidos pelos turcos, mongóis, tártaros, cazaques e, é claro, pelos russos. No entanto Marisha sustenta que a infelicidade moldávia é uma manifestação recente.

— Sempre fomos um povo feliz — diz ela, de maneira pouco convincente.

Marisha e eu estamos quase nos despedindo. Mas há algo que preciso entender.

— Marisha, não sei bem como perguntar isso, mas você já notou como as mulheres moldávias se vestem. É muito...

— Sexy.

— Sim. Por que isso?

— Elas acham que é normal.

Marisha oferece uma explicação, profundamente enraizada no princípio de oferta e demanda. São tantos os homens moldávios que deixaram o país em busca de trabalho no exterior, que agora as mulheres moldávias enfrentam uma competição feroz pelo que se tornou um recurso escasso: o homem moldávio. Esse desequilíbrio também explica por que os homens moldávios se importam tão pouco com sua aparência.

— Não cabe a eles ter uma boa aparência — Marisha me conta. — Cabe a eles fazer dinheiro.

Pego o ônibus para voltar ao apartamento de Luba. Está quente. O motorista abriu toda a camisa, revelando um peito flácido e cabeludo e, sem saber, sublinhando o argumento de Marisha.

Os moldávios acumularam um repertório de expressões para aliviar seu desespero, ou pelo menos para explicá-lo e assim diminuí-lo. Uma das mais populares é "*ca la Moldova*": "Isto é a Moldávia". Em geral a expressão é dita em tom de lamento, as palmas da mão abertas. Essa e sua companheira "*ce sa fac*" — "O que é que eu posso fazer?" — são empregadas quando o ônibus enguiça, de novo, ou o proprietário de seu apartamento, sem mais nem menos, exige quarenta dólares extras por mês.

A minha favorita, entretanto, a expressão que resume o país é: "*No este problema mea.*" Não é problema meu. Um país com tantos problemas e, no entanto, problemas que não são de ninguém. Ninguém se apropria deles. O prédio onde fica o apartamento de Luba, por exemplo, precisa desesperadamente de uma nova bomba de água. (Isso explica os barulhos estranhos.) Ela tentou fazer com que as pessoas cooperassem — todos se beneficiariam — mas ninguém o fez. Ninguém está disposto a contribuir com um dinheiro que vai beneficiar os outros além de si próprios.

O que os moldávios não conseguem reconhecer é o poder do altruísmo egoísta. Pode parecer catecismo, mas ajudar os outros faz com que a gente se sinta bem. Psicólogos da Universidade de Kobe, no Japão, provaram isso. Eles dividiram um grupo de estudantes universitários em dois. Um dos grupos não fez nada de diferente por uma semana. O outro grupo foi requisitado a contar as boas ações que havia realizado durante o mesmo período. Não foi pedido a eles que realizassem qualquer boa ação, apenas que as anotassem. Depois de uma semana, esse segundo grupo revelou um nítido salto em níveis de felicidade quando comparado ao grupo de controle. "As pessoas se tornaram mais felizes e mais gratas apenas porque contaram suas boas ações durante uma semana", concluíram os pesquisadores.

Enquanto isso, neurocientistas acreditam ter localizado a parte do cérebro que é ligada ao altruísmo. Para surpresa deles, essa vem a ser uma parte do cérebro mais primitiva do que se supunha inicialmente — a mesma parte associada às nossas ânsias por comida e sexo. Isso sugere que temos mecanismos neurológicos para o altruísmo e, portanto, não estamos fingindo quando nos dedicamos a ele.

"Nada é mais engraçado do que infelicidade", diz Nell, a mulher sem pernas que mora na lata de lixo e é personagem da peça de ato único escrita por Samuel Beckett, *Fim de partida*. Beckett nunca visitou a Moldávia. Eu aposto. Não vejo humor aqui, nem mesmo a variedade não intencional. Os moldávios, entretanto, de fato têm pelo menos uma piada. Explica muito a respeito da Moldávia.

Um dignatário em visita é levado a uma excursão pelo inferno. “Aqui”, diz o guia do passeio, “fica a nossa sala reservada para americanos”. Chamas se elevam em torno de um caldeirão de água fervente, enquanto numerosos guardas armados se mantêm de olho em seus prisioneiros. “E aqui fica a sala para os russos.” Mais chamas e outro caldeirão, apesar de um número menor de guardas. “E aqui fica a sala para os moldávios.” Outro caldeirão, mais chamas. Mas dessa vez não há nenhum guarda.

— Não consigo entender — diz o visitante. — Por que é que não há guardas vigiando os moldávios?

— Oh, isso não é necessário — responde o guia do passeio. — Se um deles sai do caldeirão, os outros se encarregam de trazê-lo de volta para dentro.

Inveja, aquela inimiga da felicidade, é comum na Moldávia. Trata-se de uma variedade de inveja que é especialmente virulenta, destituída da ambição impulsionadora que em geral acompanha a inveja. Então os moldávios têm todos os aspectos negativos da inveja sem qualquer dos benefícios — isto é, os prósperos negócios e os prédios altos construídos por homens e mulheres ambiciosos para provarem que são melhores do que qualquer outra pessoa. Os moldávios tiram mais prazer do fracasso do vizinho do que de seu próprio sucesso. Não posso imaginar nada menos feliz.

Mas começo a imaginar que talvez nem todos os moldávios sejam infelizes. Talvez apenas os moradores de sua capital sejam. Preciso sair de Chisinau.

Telefono para Marisha e explico meus planos. Ela traduz para Luba, dizendo que estarei fora por alguns dias. Meu destino, uma cidade chamada Cahul, no extremo sul, é acessível por uma série de táxis compartilhados conhecidos como *rutieras*. Luba se oferece para me mostrar onde pegar o primeiro deles. Saímos de seu apartamento e entramos no elevador. Faço um gesto na direção do grafite — um tumulto de cores, como se uma fábrica de roupas ao estilo *hippie* tivesse explodido aqui dentro, junto com alguns palavrões. Luba joga os braços para o alto e diz: “perestroika.” Essa é sua explicação de uma palavra só para tudo o que está errado com a Moldávia, para o fato de sua vida ser uma tamanha porcaria. Buracos na rua? Perestroika. Crime? Perestroika. Vodca ruim? Perestroika.

Caminhamos até um ponto de ônibus. Ficamos ali, esperando em silêncio, até que afinal uma *rutiera* chega. Luba diz alguma coisa em russo ao motorista e eu dou adeus para ela. A *rutiera* está lotada. Sempre estão. Só há lugar em pé. A uma distância de não mais do que 15 centímetros do meu rosto estão os peitos de uma mulher. São peitos bonitos. Sei disso porque uns bons dois terços de sua superfície estão expostos. Depois de alguns minutos, gotas de suor começam a se acumular nos peitos. Logo formam riachos. Estou fascinado, não de uma maneira erótica, mas sim de uma maneira fluido-dinâmica. Depois de mais ou menos 15 minutos, noto que os rios de suor formaram afluentes e estão se ramificando e passando de um peito para o outro.

A *rutiera* pára de tantos em tantos minutos e mais pessoas embarcam. Não posso acreditar no número de passageiros que eles conseguem amontoar dentro desta pequena van. Ninguém reclama. Nenhuma palavra. O teto é baixo. Tenho de me curvar. Noto que o motorista está descalço. Isso me incomoda, mas não sei bem por quê. A axila suada de um cara está no meu rosto. Isso me incomoda e sei exatamente por quê. Nós, os passageiros nesta van superlotada, somos como um organismo vivo, nos expandindo e nos contraindo a cada parada, quando algumas poucas pessoas desembarcam e muitas outras mais embarcam. Afinal, um assento vaga e eu experimento uma onda de alegria, de boa sorte. Benjamin Franklin, o primeiro autor de auto-ajuda da América, uma vez escreveu que a felicidade "é produzida não tanto por grandes doses de boa sorte que raramente acontecem, quanto por pequenas vantagens que ocorrem todos os dias". Ele estava certo.

Passamos por um *outdoor*, um anúncio de uma TV de plasma. "LG: a vida é boa", é o que está escrito. Eles espremeram uma boa quantidade de ironia nessas poucas palavras. Por exemplo, a vida não é boa na Moldávia. Além disso, ninguém na van tem a menor condição de comprar uma TV de plasma — a não ser eu, e eu prefiro meu plasma nas minhas veias, não na minha sala. O anúncio, na verdade toda a cultura consumista, está zombando dos moldávios, a maior parte deles nunca vai ter condições de adquirir os produtos anunciados — a não ser que vendam um rim. Joseph Epstein, em seu livro sobre inveja, descreveu toda a indústria de propaganda como "uma vasta e intrincada máquina produtora de inveja". Na Moldávia, toda essa inveja não tem para onde se dissipar; ela só acumula, como tantos lixos tóxicos.

Troco de van. Desta vez por uma menos lotada, mas um dos bancos está ocupado por um fazendeiro com mais ou menos duas dúzias de pintinhos que não param de piar. De primeira eu acho uma encantadora cor local, mas depois de alguns minutos, começa a me levar à loucura e tenho vontade de estrangular essas aves. Mas não faço isso. *Ca la Moldova*. Isto é Moldávia. A pessoa tem de se manter passiva a qualquer custo.

Está quente, então abro a janela que está junto de mim e acabo adormecendo. Quando acordo, talvez uma meia hora depois, noto que alguém fechou a janela. Abro de novo e cochilo mais uma vez. Quando acordo, a janela está fechada novamente. O que está acontecendo? Mais tarde descubro que é considerado sinal de má sorte abrir a janela de um veículo em movimento, mesmo que o veículo em questão não tenha ar-condicionado e esteja fazendo quase 40 graus do lado de fora. Os moldávios, acabo de descobrir, são um povo supersticioso. Algumas de suas superstições são otimistas, como aquela que diz: "se você espirrar, alguém está pensando em você." Mas a maior parte envolve as coisas terríveis que acontecerão se você for descuidado o suficiente para lavar sua roupa no domingo, dar dinheiro na segunda, brindar com um copo de água (seus filhos vão nascer burros), voltar para pegar algo que tenha esquecido, sentar direto na calçada, colocar sua bolsa no chão, ou, é claro, abrir a janela de um veículo em movimento. Acabo me dando conta de que muitas pessoas pelo mundo afora são supersticiosas, mas em geral isso é ligado a um sistema de crenças maior, religioso ou espiritual. A superstição moldávia é descompromissada, sem estar ancorada a coisa alguma a não ser a nuvem de pessimismo que paira sobre esta terra triste.

Algumas horas depois, chego a Cahul. Esta é supostamente a terceira maior cidade da Moldávia, mas a impressão que se tem é a de um povoado que cresceu demais. Localizo o meu hotel e, numa combinação de inglês rudimentar e russo rudimentar, a mulher na recepção me explica que eu tenho uma escolha entre três tipos de quarto: simples, semiluxo e luxo. Sem esquecer o antigo conselho grego sobre "todas as coisas com moderação", escolho semiluxo.

O quarto tem um certo charme decrépito. Mobília de madeira rachada, toalhas que parecem lixas e uma TV que pega 67 canais, nenhum deles em inglês. Assisto mesmo assim. Acho que é uma distração agradável e fico fazendo um jogo de adivinhação. Há uma mulher com um lenço na cabeça que grita raivosamente. Sobre o que será esta matéria? Clique. Lá está o presidente Bush dublado em russo. O que ele estará dizendo? Clique. Uma partida de futebol. Qual o placar? Não sei bem por quanto tempo fico fazendo isso, mas com certeza por mais tempo do que poderia ser considerado normal.

A missão oficial do U.S. Peace Corps é "ajudar os povos dos países interessados a suprir sua carência de homens e mulheres qualificados" e "ajudar a promover uma melhor compreensão dos americanos por parte dos povos assistidos". Na verdade, entretanto, a missão é espalhar um pouco de felicidade americana pelo mundo. Não podemos simplesmente chamar isso de U.S. Bliss Corps (*bliss*, estado de extrema felicidade), mas isto é o que é: uma tentativa de reconstruir o mundo em nossa própria imagem feliz.

Eu tenho pena dos voluntários do Peace Corps na Moldávia. Esse trabalho foi feito para eles. Combinei de me encontrar com um grupo de voluntários. Minha chegada é aguardada com ansiedade. Sou sangue fresco, um novo par de ouvidos por onde dar vazão aos desabafos. Encontro o café, que é bem agradável, metade ao ar livre, metade do lado de dentro. Nós nos sentamos, comemos saladas e bebemos cervejas. Não demora muito para a choradeira começar.

Abby, uma loura do tipo chefe de torcida organizada, dá a partida. Ela foi ao banco outro dia para tirar dinheiro de sua conta, mas o caixa não deixou que ela o fizesse.

— Ele não parava de dizer: "Por que é que você precisa retirar o dinheiro? Você acabou de tirar ontem." Não dava para acreditar. É o meu dinheiro!

— Eles não sabem como tratar clientes — diz um outro voluntário.

Todo mundo aqui tem uma queixa diferente, grande ou pequena. O peixe ruim, por exemplo, pelo que disseram é pescado em águas poluídas e pode ser mortal. A maior reclamação, entretanto, é a falta de filas.

— O atendimento não é feito por ordem de chegada. O mais chato é atendido primeiro — diz Abby. A falta de confiança é uma outra queixa popular. — Amigos não confiam nem mesmo uns nos outros. Se coisas ruins acontecem aos amigos, as pessoas pensam: "Ótimo, talvez não aconteça comigo", conta um voluntário.

A corrupção é um outro tema. Pagar um professor para receber notas e passar de ano é uma prática muito difundida, tanto é que os moldávios não vão a médicos que tenham menos do que 35 anos de idade. Eles suspeitam — cobertos de razão — de que esses profissionais tenham comprado seus diplomas. Assim, o raio da desconfiança é ampliado.

Mark tem 32 anos e é de Denver. Gosto dele. Fala espanhol e queria ir para a América do Sul, mas o Peace Corps o mandou para a Moldávia. Ele reclama que em seu apartamento há todos os tipos de problema: os canos pingam, as portas rangem. Ele trabalha num centro para vítimas de violência doméstica. Atende apenas uma mulher por semana, coisa que, Mark está convencido, diz mais do medo que as mulheres sentem de buscar ajuda, do que da extensão da violência doméstica na Moldávia.

Mark está preocupado que a Moldávia esteja começando a afetá-lo. Outro dia, uma mulher o abordou na rua.

— Ela disse: "Mark, o que é que houve? Você costumava sorrir. Nunca te vejo mais sorrindo." E eu pensei: ela está certa. Eu não sorrio mais. O que aconteceu comigo?

Esse não é o modo como o Peace Corps deve trabalhar. Espera-se que americanos jovens, alegres e em geral cheios de entusiasmo injetem um sentido de esperança nos desesperançados. Neste caso, os moldávios parecem rir por último. Isto é, se eles rissem.

Esses americanos que um dia foram alegres mal podem esperar para irem embora da Moldávia. Até que esse dia chegue, eles agüentam da melhor maneira possível bebendo muita cerveja. Abby gosta de fingir que está na Grécia. É quente, o campo é agradável e eles têm queijo feta aqui, às vezes, apesar de realmente não ser muito bom.

Na maior parte do tempo só escuto, absorvendo suas queixas como uma esponja. Não posso acreditar que as coisas sejam tão tristes por aqui.

— Ah, vamos lá, com certeza existe algo de bom a respeito da vida na Moldávia. Este lugar deve ter alguma característica compensadora.

De repente, o grupo antes tão loquaz fica em silêncio. Todos olham fixo para suas saladas. Afinal alguém, Mark, eu acho, diz:

— As frutas e os legumes. São frescos.

— É mesmo — outros fazem coro entusiasmados —, as frutas e os legumes muito frescos.

Volto para o hotel. Meu quarto semiluxo está quente. Telefono para a recepção.

— Onde fica o ar-condicionado?

— Oh, não, senhor, não há ar-condicionado no quarto semiluxo. Apenas no quarto luxo.

— Bem, posso me transferir para um quarto luxo?

— Não, senhor, isso não é possível.

— Vocês poderiam me arranjar um ventilador?

— Não, senhor. Isso não é possível. Mas o senhor fique à vontade para trazer o seu próprio ventilador.

Ligo a TV. Os canais nacionais estão tentando promover a cultura moldávia. Pelo que vejo, isso consiste em mulheres em trajes do gênero Heidi das montanhas, dançando em círculos, as mãos na cintura, enquanto um homem que usa um chapéu de pena de pavão canta. Pego no sono, mas não durmo bem.

Na manhã seguinte, vou rolando até o andar de baixo para tomar café com Joana. Ela é mais uma voluntária do Peace Corps. Já faz dois anos que está aqui, o que a torna a decana da turma. Todos disseram que eu deveria conhecer Joana.

Ela está à minha espera na cafeteria do hotel, um lugar encardido com uma garçonete que é conhecida por todos como A Escrota, uma alcunha que não é empregada de forma irônica. É bem possível que ela seja a garçonete mais mal-humorada que já me atendeu na vida. Em qualquer lugar que seja. Ontem, discutiu-se muito se A Cadela já teria sorrido algum dia. Alguém disse que sim. Ela já tinha sido vista sorrindo uma vez, mas os outros se apressaram em desqualificar tal sorriso como uma careta; as condições de iluminação haviam criado uma ilusão de um sorriso.

Joana e eu nos sentamos e fazemos nosso pedido, encolhidos por trás dos pequenos cardápios de papelão. A expressão da Cadela não pode ser interpretada como um sorriso sob qualquer condição de iluminação que seja.

Joana me pede para lhe passar o sal e se põe a esvaziar um saleiro inteiro dentro do café. "Sou chegada num sal", ela declara, em resposta ao meu olhar incrédulo. Joana coloca sal em quase tudo e faz outras "coisas estranhas com a comida", hábito que adquiriu da mãe.,

Pergunto a Joana por que decidiu se juntar ao Peace Corps.

— Sou uma pessoa de ação. Faço coisas — diz ela. Mas essa não é a razão real, ela acrescenta. A razão real são os aviões. Ela costumava ter pavor de voar. Chorava todas as vezes em que voava, com medo de que o avião caísse. Então um dia ela parou de chorar. Não que tivesse superado seu medo de voar, ela simplesmente havia parado de se importar se o avião caísse. — Foi quando me dei conta de que precisava de alguma coisa para passar a me importar outra vez, me importar se o avião caísse. — Então ela pediu demissão do seu trabalho na American Express em Nova York e juntou-se ao Peace Corps.

Joana havia pedido para ser enviada para uma "sociedade baseada na cultura do arroz, não uma sociedade baseada na cultura do trigo". Quem sabe na Ásia. Mas ouve uma confusão com a sua papelada e quando a confusão foi afinal desfeita todos os países produtores de arroz já haviam sido designados para outras pessoas e então Joana foi acabar na Moldávia. — Este era praticamente o último lugar para onde eu queria ir — diz ela. Fico impressionado, não pela primeira vez, de perceber que ninguém quer estar na Moldávia, incluindo os moldávios.

Joana fala, espontaneamente, que é uma alcoólatra em recuperação. A Moldávia pode tanto ser um ótimo lugar para ser um alcoólatra como um péssimo lugar, isso depende se você está em recuperação ou não. Os moldávios bebem pesado. Diferente dos islandeses, entretanto, eles o fazem sem alegria. Vejo mulheres moldávias bem vestidas entrarem discretamente nos minúsculos bares que se espalham pela cidade, virarem uma dose de vodca e então seguirem para o trabalho. O álcool como um anestésico.

Joana não pára um minuto, despeja mais sal no café e fala num ritmo vertiginoso. (A uma certa altura ela me conta que medita durante 45 minutos todas as manhãs. Isso me surpreende, e eu estremeço só em pensar como ela seria frenética se não meditasse.) Ela me conta como tentou organizar encontros do AA em seu povoado moldávio, mas a coisa não funcionou como ela planejara. A maioria das pessoas aparecia bêbada para as reuniões. Eles ouviam a palavra "álcool" e achavam que era alguma espécie de clube da bebida, ela conclui.

— Se eu fosse moldávia, beberia, também — diz ela.

Joana vive num povoado próximo dali com a família moldávia que a hospeda e um pequeno pássaro chamado Bu-Bu. São pessoas até bem legais, mas não deixam que ela tenha privacidade. Eles simplesmente entram no quarto dela a qualquer hora e a forçam a comer. Não deixam que ela abra a janela do quarto, mesmo quando está fazendo mais de 30 graus no lado de dentro e mesmo não havendo um aparelho de ar-condicionado. Isso deve trazer má sorte. (Na Moldávia, nunca se sabe.) E ela só tem permissão para dar a descarga duas vezes por dia, coisa que reserva para "momentos especiais". Além do mais, eles a consideram velha.

— Em Nova York eu era aquela garota *Sex and the City* de trinta e poucos anos. Aqui sou uma *babuchka*. Isso foi um verdadeiro choque para mim.

—Por que os moldávios são tão infelizes? — eu pergunto.

Joana não hesita.

— Falta de poder. Como moldávio você é desamparado, impotente, não há porcaria nenhuma que você possa fazer a respeito. Esse é o modo como as coisas são aqui. Todos os dias, a cada passo do caminho. Então há o nepotismo, que parece ser concebido para desestimular as pessoas. Aqui, há uma espera de um ano para quem quer começar a porcaria de um negócio. E eles compram diplomas universitários e não vêem nada de errado nisso. Essa é uma coisa que me deixa pau da vida. — Nessa altura, Joana bate a mão na mesa para enfatizar o que está dizendo. Pelo canto do olho, consigo notar A Escrota olhando ameaçadoramente para nós.

Contudo, Joana ainda não acabou. — Quando os estudantes se matriculam na universidade e pagam suas mensalidades, têm um diploma garantido, não importa o que façam lá. Se uma criança repete de ano, a culpa é do professor. Eu seria capaz de sair atirando coisas quando ouço falar a respeito disso.

Sinceramente espero que ela esteja falando em sentido figurado. A Escrota não ficaria nada feliz se coisas fossem atiradas por aí. Joana está sem fôlego e faz uma pausa para tomar seu café salgado.

A pesquisa sobre felicidade confirma isso que ela diz. As pessoas não têm muita probabilidade de serem felizes se não têm controle sobre suas vidas — não num sentido geopolítico abstrato, mas num sentido real, do dia-a-dia. Os moldávios estão presos num círculo vicioso de sofrimento. Sua infelicidade origina desconfiança, o que origina mais infelicidade, o que leva a mais desconfiança. Sinto-me obrigado a perguntar a Joana se ela é feliz aqui, apesar de me parecer mera formalidade.

— Sim, na verdade sou — diz ela. — Mais feliz do que era em Nova York. Eu me sinto mais útil aqui.

Mal posso acreditar. No entanto, isso faz sentido. Ser útil, prestativo, é um dos fatores para a felicidade que é pouco reconhecido. Pesquisadores da Universidade de Chicago recentemente observaram mais ou menos 50 mil pessoas nas mais variadas profissões. Os resultados foram surpreendentes. Os trabalhos de maior prestígio — advogados, médicos, banqueiros — tiveram um resultado baixo. Quem foram aqueles que apresentaram os níveis mais altos de felicidade? Clérigos, fisioterapeutas, enfermeiras e bombeiros. Em outras palavras, profissões de ajuda.

Aqueles engajados em altruísmo egoísta.

Além disso, diz Joana, a vida na Moldávia não é de todo ruim. Aqui existem algumas tradições legais, conta ela, como o respeito pelos mais velhos e pelos mortos. Uma vez por ano, há um feriado, uma espécie de "Páscoa para os Mortos" — é assim que ela o chama —, quando todos levam flores aos cemitérios e prestam homenagens aos seus familiares mortos. A impressão que se tem é a de que a Moldávia trata melhor os mortos do que os vivos.

— E é claro, tem as frutas e os legumes — ela diz.

— Bem frescos, não é isso?

— Exatamente.

Pago para A Escrota, que recebe o dinheiro sem uma palavra ou sorriso, e vou para o meu quarto fazer as malas. Já vi o suficiente da zona rural moldávia.

No caminho de volta para a capital, a van está quente, mas não me dou ao trabalho de abrir a janela. Fico preocupado de estar me tornando um moldávio e examino minha mente em busca de outros sinais desta enfermidade. Sim, não sou mais tão educado quanto era. Não digo mais "obrigado" ou "por favor", já que essas gentilezas jamais são retribuídas. Os moldávios entram numa loja e dizem apenas: "Quero isso, quero aquilo." Marisha me contou, exatamente com estas palavras, que os moldávios não podem se dar ao luxo de serem educados. Há algumas semanas eu poderia ter concordado com ela. Passei quatro anos vivendo no país que é provavelmente o mais educado do mundo, o Japão, e isso me levou à loucura. Toda hora era "por favor", "obrigado" e "*gomen nasai*", sinto muito.

Estava errado a respeito dos japoneses. Eles entendem intuitivamente que a polidez é o lubrificante que faz as engrenagens da sociedade funcionarem com mais suavidade. Sem ela, as peças começam a ranger umas contra as outras, desgastando-se. Sim, entre a polidez artificial do Japão e a descortesia genuína dos moldávios, fico com o Japão toda a vida, muito obrigado.

Luba me saúda na entrada do apartamento, usando aquele seu pavoroso roupão. Engraçado, eu penso, no pouco tempo em que fiquei aqui nos tornamos algo como um velho casal. Ela cozinha para mim. Eu realizo tarefas esporádicas pelo apartamento como trocar uma lâmpada ou abrir uma jarra de picles. Às vezes discutimos, o que é uma proeza e tanto, dadas as nossas limitações lingüísticas.

— Como foi a sua viagem? — ela faz uma pantomima.

— Meio-meio — eu digo e ela sorri.

Luba me oferece um jantar. Um peixe que está com uma cara boa e que trato de devorar. Alguns minutos depois, entro em pânico. Oh, não, eu comi peixe! Vou morrer, exatamente como o pessoal do Peace Corps havia me alertado.

Luba faz a pantomima de que tem de sair por um tempo para cortar o cabelo. Dou uma espiada pela janela e consigo vê-la enquanto passa pelo patético parque e caminha em direção ao, sem dúvida, patético salão de beleza. De repente me vejo tomado de afeto por essa *babuchka*, um sentimento que me pega desprevenido.

Acabo percebendo, entretanto, que sei muito pouco a respeito dela e de seu passado. Telefono para Marisha e combinamos que ela virá ainda esta semana para traduzir. Preciso ouvir a história de Luba.

Enquanto isso, pego o telefone rotativo e ligo para um telefone celular, uma espécie de salto tecnológico. Do outro lado da linha está Alexandru, ou Sandru, como ele se apresenta, um nacionalista moldávio ferrenho. Eu não sabia que existia tal coisa. Estou com esperança de encontrá-lo.

— Então você não tem um telefone celular? — Sandru pergunta, incrédulo.

—Não, eu não acredito neles. — Essa é uma coisa nova minha. Decidi parar de usar celulares. Depois de ter tido momentos fugazes de felicidade interrompidos por esses aparelhos na Suíça e no Butão, decidi que celulares são antagônicos à felicidade. Eles tiram você do momento e, ainda mais importante, tiram você do lugar.

— Sim, mas você está ligando para um telefone celular agora.

— Isso é diferente — eu argumento. — Não acredito em usá-los, mas as outras pessoas estão livres para fazê-lo.

Ele não parece se convencer, mas aceita a explicação e então concordamos em nos encontrar.

Pego um ônibus e, pela primeira vez desde que cheguei à Moldávia, testemunho um ato de bondade. Uma senhora idosa, com dentes de ouro e tufos de pêlo grisalho se projetando do queixo, está tentando entrar no ônibus, mas é muito fraca. Um homem segura seu braço e a puxa para dentro do ônibus. Não posso acreditar no que vejo. No fim das contas talvez haja esperança para este lugar. Ou não. Acontece que a mulher entrou no ônibus errado. Todos gritam para ela furiosos, inclusive o homem que a havia ajudado a embarcar. Na parada seguinte, seus companheiros de viagem praticamente a empurram para fora do ônibus.

Sandru é magro, jovem e está girando seus óculos escuros. Peço desculpas pelo atraso, mas na Moldávia um atraso de dez minutos não é um atraso de fato. Caminhamos até o seu ponto de encontro favorito, um lugar agradável com mesas do lado de fora e guarda-sóis. Sandru tem apenas 26 anos, mas tem ódio e amargura suficiente para uma pessoa de setenta.

Sandru odeia os russos pelo que fizeram com a Moldávia.

— Perdemos nossa identidade. Nós moldávios não encaixamos em lugar nenhum. Na Rússia, eles dizem que você é romeno. Na Romênia eles dizem que você é russo. A Moldávia é um corpo ferido. Precisa sarar. — Os moldávios são infelizes porque não sabem o que são. Como é que você pode se sentir bem a respeito de si mesmo se você não sabe quem é?

Quando a garçonete se aproxima para anotar nossos pedidos, Sandru fala com ela em moldávio. A garçonete responde em russo. Duas pessoas travando um diálogo em duas línguas completamente diferentes, nenhuma das duas dispostas a ceder.

— Você fala russo? — pergunto a Sandru, depois que ela já se afastou.

— Falo, fluentemente.

— Então por que é que você não fala russo com ela?

— Por que deveria? Este é o meu país, não o dela. Era ela quem deveria falar moldávio. Eu não posso admitir isso, ser humilhado o tempo todo. Você sabe o que eles me dizem? Eles dizem: "Por que é que você não fala russo? Por que é que você não fala uma língua humana?"

Na Moldávia a língua não é uma fonte de alegria, como é na Islândia, mas uma fonte de discórdia. Língua como arma.

— Você sabe — eu digo —, os russos alegam ter libertado a Moldávia.

— Sim, eles a liberaram do povo.

Tento outra tática e conto a ele a respeito de Luba. Ela é russa, pelo menos etnicamente, e é um amor de mulher. Ela também está sofrendo. Perdeu tudo.

— Fico satisfeito que ela tenha perdido tudo — diz ele, negando-se a recuar. — A verdade vai vir à tona. Ela sempre vem.

Meu encontro com Sandru me deixa apavorado. No ônibus, no caminho de volta para casa, fico pensando se por acaso interpretei mal este lugar. Interpretei

Luba mal. Será que aquela *babuchka* de bom coração foi realmente cúmplice na dizimação da Moldávia? Será que mais uma vez fui ingênuo e pouco sofisticado?

Estou 90 minutos atrasado para o jantar. Luba está furiosa. Faz um gesto na direção do relógio — ou da parte do pulso onde haveria um relógio se por acaso ela tivesse um.

Depois do jantar, Marisha chega ao apartamento. Está sorridente e borbulhante, como sempre — prova de que nem todo mundo numa situação desesperançada descamba para o desamparo condicionado.

Sentamos todos à mesa da cozinha e, em torno de um lanche de chá e queijo, a história da vida de Luba se revela.

Estes são os fatos: uma entre 13 filhos de uma família da região rural russa. Conhece o marido na faculdade de engenharia civil. Eles se casam e se mudam para Casaquistão. Trabalham em minas de urânio. (Sim, para bombas nucleares.) Têm uma linda filha, Larissa, e um filho, também. A filha adoece por causa da radiação, então eles se mudam para a Moldávia.

Luba pega um amarelado guia de funcionários e me mostra sua fotografia. Ela parece importante. Havia progredido bastante no Ministério da Construção, tinha um carro e uma *datcha*. Vivia bem, não de uma maneira extravagante, mas bem. Até que um homem entra em sua vida. Seu nome era Mikhail Gorbachev, e ele era um tolo, diz ela revirando os olhos. Foi rápido demais em desmantelar a União Soviética. Ela perdeu tudo. Nessa altura Luba desaba no choro. Ofereço a ela um lenço de papel. O marido tem um derrame e fica em coma por um ano, depois morre. Hoje ela sobrevive com uma pensão de quarenta dólares por mês. Sua filha está na Turquia trabalhando como "cabeleireira de cachorros". (Pelo menos é assim que Marisha traduz o que ela diz.) Seu filho está no extremo leste da Rússia, trabalhando em construção. Ela não o vê há dez anos. Ele teria de trabalhar seis meses para pagar pela passagem de avião.

— Há alguma coisa a respeito da vida que seja melhor agora? — pergunto.

— Sim, as lojas são maiores, e há mais variedade, mas apenas 10% das pessoas têm condições de comprar esses produtos.

— E a liberdade?

— Liberdade para fazer o quê? Liberdade para consumir? Não preciso dessa liberdade. Hoje, as pessoas livres são as que têm dinheiro. Minha filha sabe quanto vale o trabalho, mas minha neta, Natasha, apenas conhece o valor da liberdade. — E está subentendido que o valor não é alto.

Luba não está feliz. Disso não resta dúvida. Mas pergunto mesmo assim: o que torna a vida feliz? Imagino que ela vá mencionar dinheiro, pelo menos dinheiro suficiente para a sobrevivência, mas não é isso o que ela faz.

— Tenho uma postura diferente com relação ao dinheiro. Tudo se consegue com trabalho duro. Então a pessoa deve trabalhar muito. E ser boa com as pessoas. Todas as pessoas são boas e merecem amor.

Por um momento todos nós ficamos apenas sentados ali, então o encanto se quebra. Hora de voltar ao trabalho. Preciso acertar minhas contas. Entrego para Luba uma nota de cem dólares novinha em folha. Ela a recebe e então a aperta contra o lábio num beijo exagerado.

Volto para o meu quarto para fazer as malas e refletir sobre a tristeza de Luba. Jornalisticamente falando, trata-se de uma velha história. Escrevi muitas dessas histórias tristes ao longo dos anos. A paisagem geopolítica se modificou, forças tectônicas para além do controle de Luba, e então ela perdeu tudo. A posição privilegiada, um bom carro, a casa de campo. Assim, Luba é infeliz. Caso encerrado. Plausível, eu suponho, mas o que é que a ciência da felicidade nos diz sobre a infelicidade de Luba? Indicaria outras razões para sua tristeza além da óbvia razão monetária: a perda da camaradagem no trabalho, por exemplo, ou o fato de que ela raramente vê os filhos. Essas relações são as responsáveis por grande parte da nossa felicidade e elas têm pouco a ver com dinheiro. Algo não estava certo, entretanto. Aquela regra de ouro da psicologia positiva, adaptação hedonista, afirma que não importa qual seja a tragédia ou a boa sorte que nos aconteça; nós sempre nos adaptamos. Logo voltamos para o nosso "estado de equilíbrio". Já faz 15 anos desde o colapso da União Soviética. Por que será que Luba não se adaptou?

Acho que isso remonta à cultura. O mar em que nadamos. Seque este mar, como aconteceu na Moldávia, e não conseguimos respirar. Ficamos desorientados, e a adaptação hedonista entra em curto. Luba vive numa espécie de terra-fantasma russa. É a Rússia, mas não é. Os de etnia moldávia vivem em sua própria terra-fantasma. São romenos, mas não são.

Charles King, autor de um dos poucos livros a respeito da Moldávia, chama esse lugar de uma "nação criada por decreto". Eu iria mais longe. A Moldávia é uma nação fabricada. Ela não existe. Sim, você pode ir até lá, como eu fui, e caminhar por suas ruas, comer sua *mamaliga*, beber seu vinho ruim, conversar com seu povo triste. Mais tarde, seguro em casa, você pode abrir seu passaporte e admirar, se é que esta é a palavra, o carimbo que diz "República da Moldávia". Mas nada disso importa. A Moldávia não existe, e a existência é, na minha opinião, um pré-requisito para a felicidade. Precisamos de uma identidade sólida — étnica, nacional, lingüística, culinária, seja qual for — para nos sentirmos bem a respeito de nós mesmos. Podemos não usar essas identidades todos os dias, mas elas estão sempre lá, como dinheiro no banco, algo para recorrer durante os tempos difíceis e os tempos não ficam muito mais difíceis do que estão agora na Moldávia. Isto é, se tal lugar existisse.

Sim, está na hora de sair deste lugar inexistente e voltar ao mundo real que, por mais conturbado que seja, pelo menos existe. Em primeiro lugar, entretanto, decido fazer uma coisa. Uma coisa impulsiva e realmente tola. Chego a hesitar em mencionar isso aqui. Quando Luba não está olhando, escondo uma nota extra de cem dólares dentro do dicionário inglês-russo que ela tem numa estante e está sempre usando para procurar palavras. Coloco a nota perto de "*schaste*", a palavra russa para felicidade. Trata-se de um gesto melodramático, talvez até um gesto egoísta-altruísta. Certamente, um gesto ineficaz. A quem estou enganando? Toda a pesquisa, para não mencionar o meu tempo no Catar, conclui que cem dólares não vão tornar Luba mais feliz a longo prazo. Mas pode fazer isso a curto prazo, e às vezes o curto prazo já é bom o suficiente.

Estamos do lado de fora do prédio dela, eu e Luba, aguardando o táxi que vai me levar ao aeroporto e para o mundo lá fora. "Volte à Moldávia", Luba diz, me surpreendendo com seu jorro súbito de inglês. Digo a ela que vou, mas estou mentindo, e ela sabe disso. A verdade é que eu nunca quis tanto ir embora de um lugar quanto quero ir embora da Moldávia. Certa vez, Charles Dickens disse: "A pessoa sempre começa a esquecer um lugar assim que esse lugar fica para trás." Espero que ele esteja certo.

Chego ao aeroporto mais cedo — não quero correr riscos — e então me vejo com bastante tempo disponível. Peço uma taça de vinho moldávio ruim e avalio minha viagem por este lugar triste. Em primeiro lugar, posso muito bem descartar a Lei da Felicidade Relativa, que sustenta que um lugar triste como a Moldávia me faria sentir melhor a respeito de mim mesmo, já que sou, comparativamente falando, menos miserável do que o moldávio médio. Não foi assim que as coisas acabaram acontecendo. Os moldávios apenas me fizeram descer alguns níveis na escala hedonista, e já não me restavam muitos.

Será que ainda assim existem lições maiores a serem extraídas da infelicidade Moldávia, além do óbvio fato de que se deveria a todo custo e sob todas as circunstâncias evitar ser moldávio? Sim, acho que há. Lição número um: "Não é problema meu" não é uma filosofia. É uma doença mental. Os problemas das outras pessoas *são* problemas nossos. Se o seu vizinho perde o emprego, você pode se sentir como se tivesse se esquivado da bala, mas na verdade você não o fez. A bala o atingiu também. Você apenas ainda não sentiu a dor. Ou, como me contou Ruut Veenhoven: "A qualidade de uma sociedade é mais importante do que o seu lugar nessa sociedade." Em outras palavras, melhor ser um peixe pequeno num tanque limpo do que um peixe grande num lago poluído.

Lição número dois: a pobreza, a pobreza relativa, é com freqüência uma desculpa para a infelicidade. Sim, os moldávios são pobres se comparados a outros europeus, mas com certeza é a reação deles aos problemas econômicos que enfrentam, e não os problemas em si, o que explica sua infelicidade.

As sementes da infelicidade moldávia estão plantadas em sua cultura. Uma cultura que menospreza o valor da confiança e da amizade. Uma cultura que premia a mesquinhez e a fraude. Uma cultura que não abre espaço para a bondade desinteressada, que não abre espaço para o que Santo Agostinho chamava (muito tempo antes de Bill Clinton surgir) de "a felicidade da esperança". Ou, como está escrito no antigo *Mahabharata*: "A esperança é a âncora mestra de todo homem. Quando a esperança é destruída, um grande desgosto advém, o que é quase equivalente à morte propriamente dita."

Não, não vou sentir saudade de nada a respeito da Moldávia. Nada. Bem, isso não é de todo verdade. Vou sentir saudade de Luba e de seu roupão florido. Ela é uma boa alma. E, é claro, das frutas e dos legumes. São muito frescos.

Capítulo 7

TAILÂNDIA

A felicidade é não pensar

Às vezes, apesar de nossas melhores intenções, nos esborrachamos num clichê. E assim encontro-me à 1h da madrugada num bar chamado Suzie Wong's, assistindo a mulheres tailandesas nuas, pintadas com cores fluorescentes, executando danças eróticas, sacudindo os quadris e os ombros e fazendo coisas com bolas de pingue-pongue que, francamente, nunca haviam me ocorrido antes.

Tinha prometido a mim mesmo que não deixaria isso acontecer, mas uma coisa levou à outra e aqui estou eu. Gostaria de pensar que meu amigo Scott foi o culpado. Ele mora em Bangcoc e já deveria ter aprendido. Mas a verdade é que ainda no vôo de ida tive uma vaga indicação do problema que teria pela frente.

Sentado ao meu lado estava Nick, um empreendedor que transita entre Nova York e Bangcoc, onde tem participação em todo tipo de negócio. Ele está de bermuda, sandália e tem uma barba rebelde. Nick sabe muitas coisas a respeito da Tailândia e está ansioso para compartilhá-las comigo durante o vôo de 17 horas. Vou poupá-los da versão integral e cortar para os destaques.

Nick e o *muay Thai*, ou boxe tailandês: "Não sente nas primeiras filas. Isso é para turistas. Além do mais, o sangue vai espirrar todo em você. Sente atrás."

Nick e a roupa adequada para se fazer negócios na Tailândia: "Isto é o que uso para reuniões de trabalho. Bermudas. Mas nada de camisetas sem manga. Uma vez cometi esse erro. Os tailandeses não gostam de axilas cabeludas na cara deles. Não é bom para os negócios."

Nick e os costumes para quem quer sair com uma tailandesa: "Nem todas as garotas tailandesas são fáceis. A maioria é, mas nem todas. Se for uma garota respeitável, de uma família de classe alta, você vai precisar sair umas trinta vezes antes de conseguir trepar com ela."

As meninas no Susie Wong's fazem uma pausa. Scott se aproveita do intervalo para compartilhar comigo sua teoria a respeito de sexo. Para que o sexo aconteça, três elementos precisam estar perfeitamente alinhados: método, motivo e oportunidade. Para um homem de meia-idade, acima do peso, as chances de tal alinhamento acontecer são tão grandes quanto a Terra, a Lua e o Sol se alinharem para um eclipse solar total. Ah, mas não em Bangcoc, onde esse escorregadio terceiro elemento — oportunidade — se encaixa perfeitamente, graças à alquimia das taxas de câmbio internacionais com a permissividade tailandesa.

Concordo com ele e observo as pessoas à minha volta. Os clientes no Susie Wong's consistem quase que inteiramente em homens de meia-idade, fora de forma, as mãos segurando uma cerveja, os rostos paralisados num permanente olhar cobiçoso. Aqueles ratos canadenses me vêm à cabeça no mesmo instante. Como vocês devem se lembrar, na década de 1950, psicólogos canadenses implantaram eletrodos bem dentro do cérebro de ratos e conectaram esses eletrodos a alavancas que podiam ser acionadas pelos próprios animais para estimular o centro de prazer de seus cérebros. Deixados livres para fazer o que quisessem, os ratos apertavam as alavancas repetidas vezes — até duas mil vezes por hora. Todas as condutas habituais, inclusive a alimentação, foram deixadas de lado.

Isso pode muito bem descrever a vida de um estrangeiro morando em Bangcoc. Só que em vez de ficar pressionando a alavanca, ele está fuçando a carteira em busca de mais alguns *baht*. O princípio é o mesmo. A mesma estúpida obediência aos seus centros de prazer. Só que se o prazer fosse o caminho para a felicidade, então na Tailândia o *farang*, o estrangeiro, alcançaria a felicidade suprema, assim como o fariam os ratos canadenses. No entanto, nenhum dos dois a alcança. A felicidade é mais do que prazer animal.

À primeira vista, a permissividade tailandesa parece-se muito com a permissividade holandesa. Mas elas são diferentes. A permissividade holandesa é um sistema que é motivo de orgulho para os holandeses e algo que é promovido em vídeos que eles exibem para potenciais imigrantes. Dê só uma olhada, os holandeses dizem. É assim que somos. Você é capaz de lidar com isso? Os tailandeses não dizem nada do gênero. Eles simplesmente reconhecem os anseios humanos, eróticos e monetários, e convivem bem com isso. O autor canadense Mont Redmond explicou isso melhor quando escreveu que, na Tailândia, "Qualquer coisa grande demais para ser varrida para baixo do tapete é logo considerada mobília". Os tailandeses podem não gostar da mobília, podem estar sempre esbarrando nela, mas não negam sua existência.

Em Bangcoc, histórias apócrifas existem em abundância. Histórias que servem de advertência. Como a que ouvi a respeito de um jovem repórter que trabalhava para um eminente jornal britânico e se envolveu tão a fundo no mundo de vícios de Bangcoc que não pôde mais desempenhar seu trabalho, tendo de ser chamado de volta para Londres. Foi uma espécie de resgate médico, só que não no sentido usual; o resgatado estava sofrendo de um excesso de prazer, não de dor.

Eles são chamados de "sexpats", Scott me conta. Uma fusão, é claro, de "sexo" com "expatriado". O sexpat é identificado com facilidade pelo rosto bronzeado, pela grande barriga de cerveja e pela aparência em geral desleixada. O sexpat sabe que desde que sua carteira esteja razoavelmente recheada, o resto dele pode desabar. "É mesmo muito patético", diz Scott. O que eu não tenho coragem de dizer para Scott é que ele próprio está começando a desenvolver uma pança, seu rosto está ligeiramente bronzeado e suas camisas ficam sempre para fora da calça.

De volta ao apartamento de Scott, assistimos a um DVD pirata, mas o som está tão ruim e a imagem tão tremida que depois de dez minutos desistimos. Scott me entrega um livro grosso intitulado *The Teachings of the Buddha* ("Os ensinamentos de Buda"). Parece-se com um daqueles livros que você encontra em quartos de hotel por toda a Ásia, uma versão budista das Bíblias de hotel. Scott explica que de fato roubou o livro numa viagem pela Ásia. Ele logo avalia o que isso significa para sua contabilidade cármica, que já está muito no vermelho, mas decide não perseguir essa linha de raciocínio, imaginando que não daria em boa coisa.

Scott é um ateu devoto, mas desde que se mudou para a Tailândia, três anos atrás, adquiriu algumas nítidas tendências budistas. Ele, é claro, negaria o fato. O que sei é que ele está mais relaxado, e budistas são *relax*. Scott parou de acumular bens materiais, até mesmo seus adorados livros. Quando termina de ler um livro, passa adiante. "Depois que me dei conta de que livros não são troféus, foi fácil." diz ele, e prova o que diz me entregando uma cópia usada de *Um gosto e seis vinténs*, de Somerset Maugham. Scott é um grande fã desse autor. Ele vive sua vida da forma que Maugham aconselhou: "Siga suas inclinações prestando a devida atenção ao policial logo ali na esquina." Na Tailândia é muito provável que esse policial seja subornado ou simplesmente não se importe com o que você esteja metido.

Em Bangcoc, o bizarro é tão inevitável quanto o calor tropical, e Scott fez coisas aqui que nunca teria imaginado fazer em seu país. Como na vez em que comeu pizza de morango. Mas algumas coisas são bizarras demais, mesmo para Scott. O restaurante "sem as mãos", por exemplo. É lá que garçonetes tailandesas alimentam seus fregueses masculinos da maneira que uma mãe alimenta um bebê. Sem as mãos. Freud teria muito o que dizer desse restaurante. "É simplesmente estranho demais para mim", declara Scott.

A namorada de Scott é uma jovem tailandesa cheia de vida e se chama Noi. Ela era "dançarina". (Não faço muitas perguntas.) Agora cuida das roupas de Scott e cozinha para ele. A maior parte do tempo, entretanto, fica sentada em frente à TV, assistindo a novelas tailandesas. Ela é capaz de fazer isso por 15 horas seguidas. É de fato bem impressionante. Ela também é capaz de pechinchar feito o diabo com motoristas de táxi e preparar num instante um *pad thai*, um prato com macarrão de arroz frito que é mais gostoso do que qualquer coisa que já experimentei nos melhores restaurantes tailandeses. Tem um verdadeiro efeito estimulante. Os tailandeses acreditam firmemente que os temperos são os temperos da vida. Ah, e ela come insetos. Isso pode parecer chocante, mas não é nada de mais. A maior parte das pessoas do lugar de onde Noi vem, na Tailândia, come insetos — grandes besouros pretos e baratas-d'água — fritos em óleo e servidos inteiros. Ouvi dizer que eles fazem um barulho bem crocante quando você morde, mas não me sinto inclinado a investigar mais a fundo. Minha bravata culinária foi paralisada na altura do tubarão islandês podre.

Noi tem um sorriso deslumbrante, mesmo para os padrões tailandeses. Num segundo já está formado. O sorriso dela foi votado o "melhor sorriso" por suas colegas num *resort* onde ela certa vez trabalhou. Na Tailândia, a Terra dos Sorrisos, isso é de fato um grande elogio.

Alguns anos atrás, a Thai Airways veiculou um anúncio inteligente. A peça mostrava duas fotos de aeromoças sorrindo: uma da Thai Airways, a outra da concorrente. A foto parecia idêntica. Nele estava escrito: "Você é capaz de identificar o sorriso verdadeiro?"

De fato, havia uma diferença, uma que qualquer tailandês saberia identificar na hora, mas não a maioria dos estrangeiros. O que um tailandês sabe instintivamente é que um sorriso, um sorriso *de verdade*, não está localizado nos lábios ou em qualquer outra parte da boca. Um sorriso de verdade está nos olhos. Para ser mais preciso, nos músculos *orbicularis oculi* que ficam em torno da cada olho. Nós não conseguimos enganar estes músculos minúsculos. Eles ganham vida apenas para um sorriso genuíno.

O sorriso tailandês significa mais — e menos — do que o sorriso ocidental. É uma máscara ou, mais precisamente, muitas máscaras. O sorriso tailandês pode significar felicidade, mas também raiva, dúvida, ansiedade e até mesmo pesar. Tailandeses sorriem em funerais, algo que os estrangeiros consideram desconcertante.

Os tailandeses nos lembram que o sorriso não é privado. Pesquisadores descobriram que as pessoas, pelo menos as pessoas sãs, raramente sorriem quando estão sozinhas. Mais do que um reflexo de nosso estado interior, o sorriso é um gesto social.

Duvido que possa um dia existir um Harvey Ball tailandês, o inventor da famosa carinha sorridente.Tudo bem, os tailandeses diriam, é um sorriso, mas *que tipo* de sorriso?

Assim como dizem que os inuítes têm muitas palavras para neve, os tailandeses têm muitos nomes para sorriso. Há o *yim cheun chom*, o sorriso eu-admiro-você, e *yim thak thaan*, o sorriso eu-discordo-de-você-mas-pode-propor-sua-má-sugestão. Há o *yim sao*, o sorriso triste. E o meu favorito: *yim mai awk*, estou-tentando-sorrir-mas-não-consigo.

É tudo fascinante, mas também acho desconcertante esse pacote variado de sorrisos tailandeses. Abalou minha crença de que um sorriso, na sua essência, significa felicidade, contentamento. Não confio mais no sorriso tailandês. Não confio em mais *nenhum* sorriso. Vejo falsidade e dissimulação por todos os lados e me pego olhando fixo para o *orbicularis oculi* das pessoas, em busca de sinais de atividade. Talvez eu esteja certo em ser paranóico, talvez não. Às vezes, como Freud diria, um sorriso é apenas um sorriso.

Noi, como a maior parte dos tailandeses, acredita em acumular méritos. Ela mantém uma contabilidade em sua cabeça. Noi sabe que dar dinheiro a monges, ou alguma outra causa que valha a pena, rende a ela importantes pontos cármicos, resgatáveis numa vida futura. Ela é também louca pelo Scott e com freqüência comunica sua afeição com uma expressão tailandesa. "Eu amo você como um macaco gosta de banana." Acho isso adorável.

Nos raros momentos em que não está assistindo à TV, Noi está dando conselhos a Scott. Ela diz coisas como "Você é sério demais". E "Não pense muito!" Essas são expressões tailandesas comuns e elas dizem bastante a respeito desse país e de como aqui se define a boa vida.

Sempre me considerei uma pessoa que pensa muito. Não há quase nada a respeito do que eu não pense, do intensamente profundo ao surpreendentemente banal. A única coisa à qual não dediquei muitos pensamentos é... pensar.

Como a maioria dos ocidentais, nunca senti a necessidade de questionar o valor do ato de pensar. Para mim, isso faria tanto sentido quanto questionar o valor de respirar. Escute só a nossa língua. *Penso, logo existo. Pense antes de agir. Pense bem a respeito. Dê uma pensada nisso. Deixe-me pensar a respeito disso e depois falo com você. Que bom você ter pensado nisso.*

Algumas pessoas pensam (lá vem essa palavra outra vez) que nossa cultura pop venal desvaloriza o pensar. Isso não é verdade. A cultura pop desvaloriza um certo tipo de pensar — o pensar com profundidade — mas valoriza um outro tipo: a variedade superficial. Pensar de maneira superficial ainda é pensar.

Uma vida examinada, já foi dito, é uma vida boa. A psicoterapia se baseia nesses pressupostos — terapia cognitiva, mais especificamente. Se nós pelo menos pudermos consertar nossos padrões de pensamento defeituosos, nosso software errado, então a felicidade, ou menos sofrimento, virá a seguir.

Passei a maior parte da minha vida tentando pensar meu caminho para a felicidade e minha incapacidade de alcançar esse objetivo apenas comprova, em minha cabeça, que não sou um pensador bom o suficiente. Nunca me ocorreu que a fonte da minha infelicidade pudesse não ser um pensar defeituoso, mas sim o próprio pensar.

Até viajar para a Tailândia. Os tailandeses desconfiam profundamente do pensar. Para eles, pensar é como correr. Só porque suas pernas estão se movendo não significa que você esteja chegando a algum lugar. Você pode estar correndo numa esteira. Você pode até estar correndo para trás.

Tailandeses não compram livros de auto-ajuda, não freqüentam terapeutas, nem falam sem parar a respeito de seus problemas. Eles não assistem a filmes de Woody Allen. Quando pergunto a Noi e a outros tailandeses se são felizes, eles sorriem, é claro, e respondem com educação, mas tenho a nítida impressão de que estranham minha pergunta. Os tailandeses, eu desconfio, estão muito ocupados com sua felicidade para pensar a respeito dela.

De fato, me pego questionando aonde foi que todos esses anos de introspecção me levaram: uma biblioteca de livros de auto-ajuda e uma tendência irritante de dizer coisas como "Tenho algumas perguntas para fazer" e "O que você acha que isso *significa*?" Um tailandês nunca diria coisas assim.

A cultura tailandesa, por mais que seja rara em sua desconfiança do pensar, não é única. Os inuítes também fazem caretas para o pensar. A prática indica que alguém ou é maluco ou ferozmente teimoso. O geógrafo Yi-Fu Tuan descreve uma mulher inuíte que foi ouvida dizendo num tom indignado: "Eu *nunca* penso." Outra mulher reclamou para uma amiga a respeito de uma terceira mulher porque ela estava tentando fazê-la pensar e assim diminuir sua vida. "Pessoas felizes não têm razão para pensar; elas vivem, mais do que questionam o viver", conclui Tuan.

A respeito dessa realidade, a nova ciência da felicidade em geral tem permanecido silenciosa e suponho que isso não seja surpreendente. Um acadêmico, afinal de contas, não questionaria o valor de pensar mais do que um *chef* questionaria o valor de cozinhar. No entanto, alguns poucos psicólogos corajosos estudaram a relação entre introspecção e felicidade.

Num estudo, os psicólogos Tim Wilson e Jonathan Schooler fizeram os participantes escutarem uma composição musical, *A sagração da primavera*, de Stravinsky. Alguns deles não receberam instruções antes de começar a ouvir a música. Outros foram orientados a monitorarem sua felicidade, e ainda outros a "tentarem ficar felizes" enquanto estivessem escutando. Foram essas duas últimas categorias que extraíram a *menor* quantidade de prazer da música. Aqueles a quem não foram dadas quaisquer instruções acharam a música mais agradável. Conclusão inevitável: pensar a respeito de felicidade nos torna menos felizes.

O filósofo Alan Watts, se estivesse vivo, expressaria sua concordância quando soubesse desse experimento. Uma vez Watts disse: "Apenas a música ruim tem algum significado." Significado necessariamente impõe palavras, símbolos. Palavras apontam para outra coisa que não elas mesmas. Boa música não aponta para nenhum lugar. Ela apenas é. Da mesma forma, apenas a infelicidade tem significado. É por isso que nos sentimos compelidos a falar a respeito dela e é por isso que temos tantas palavras às quais recorrer. A felicidade não requer palavras.

Se você parar para pensar, existem basicamente três, e apenas três, maneiras de tornar-se mais feliz. Você pode aumentar a quantidade de emoções positivas (sentimentos bons). Pode diminuir a quantidade de emoções negativas (sentimentos ruins). Ou pode mudar de assunto. Essa terceira é uma que nós raramente consideramos ou, se o fazemos, é só para descartá-la como uma desculpa para não tomar uma atitude. Mudar de assunto? Isso é negação, protestamos, isso é covardia! Não, nós devemos nadar em nossa essência, analisá-la, prová-la, engoli-la e então cuspi-la, engoli-la de novo e conversar a respeito, é claro, sempre conversar a respeito. A vida toda acreditei que o caminho para a felicidade fosse pavimentado com palavras. Substantivos, adjetivos, verbos, se dispostos exatamente na constelação correta iriam me permitir sair saltitando até o paraíso como num jogo de amarelinha. Para os tailandeses, esta é uma abordagem estranha e bem tola da vida. Os tailandeses não confiam nas palavras. Eles a enxergam como ferramentas do engano, não da verdade.

Os tailandeses têm um jeito diferente, o jeito do *mai pen lai*. A expressão significa "deixa para lá". Não o "deixa para lá" que nós no Ocidente usamos freqüentemente com raiva, como em "Ah, deixa para lá, eu faço sozinho", mas um verdadeiro "deixa-isso-para-lá-e-vá-viver-a-vida". Estrangeiros vivendo na Tailândia ou adotam a postura *mai pen lai* ou enlouquecem.

"O mundo todo está ferrado", declara Denis Gray, fazendo um gesto para fora da janela de seu escritório, na direção do concreto que se prolonga até onde a vista alcança. Denis me mostra uma foto do mesmo ponto de vista em 1962. É praticamente irreconhecível se comparada ao mar de arranha-céus que vejo diante de mim agora. Apenas alguns prédios e um ou dois carros na rua. Denis gostaria de viajar de volta a 1962. Ele admite, entretanto, que a maioria dos tailandeses na certa não teria a mesma vontade. Os tailandeses lidam muito bem com a mudança, diz ele, mas o antigo não é honrado aqui.

Denis, um jornalista americano, viveu na Tailândia pelos últimos 35 anos. Ele odeia o que os tailandeses fizeram com Bangcoc, uma cidade que um dia foi conhecida como a Veneza do leste por causa de seus elegantes canais, há muito tempo cobertos. Mas ele ama a despreocupação tailandesa. Diz ele que quase todos os dias se depara com um exemplo de *mai pen lai*.

— Recentemente — conta ele — meu gerente administrativo e eu estávamos discutindo alguns problemas com as contas. Não conseguíamos encontrar uma solução, simplesmente não conseguíamos resolver. Por mais que trabalhássemos duro no problema, os números não fechavam. E então ele disse: "Denis, vamos deixar isto para lá. Não precisamos encontrar uma solução." E foi assim que fizemos.

Denis não é Pollyanna; ele admite que a *mai pen lai* tem suas desvantagens. Às vezes é usada como disfarce para incompetência ou pura preguiça. Mas ele acredita que seja, no total, uma abordagem mais sábia para os problemas da vida. Afinal de contas, como é que você pode escolher algo novo — uma nova carreira, um novo relacionamento, uma nova perspectiva na vida, sem primeiro largar mão da antiga? É como tentar carregar uma sacola de compras quando sua mão já está totalmente ocupada. O mais provável é que tudo acabe se espatifando e você seja deixado de mãos vazias.

Quero acreditar nisso, de verdade, mas parte de mim, a parte neurótica, resiste. Simplesmente não consigo deixar um problema sem resolver. Isso me parece desistir e desistir me dá arrepios. Talvez se eu tivesse passado 35 anos na Tailândia também acabasse aderindo ao *mai pen lai*. Ou quem sabe ficasse maluco.

Outra coisa que Denis gosta a respeito da Tailândia é o conceito de *jai yen*, coração sereno. A pior coisa que alguém pode fazer na Tailândia é perder seu *jai yen*. Essa é a razão pela qual os tailandeses não têm paciência para os estrangeiros arrogantes, ou seja, quase todos os estrangeiros.

— Os tailandeses são grandes fofoqueiros e armadores — Denis me conta. — Mas em 30 anos eu talvez possa me lembrar de uma dúzia de vezes em que alguém perdeu a calma no escritório. — Uau. Num escritório americano, as pessoas perdem a calma umas 12 vezes *por dia*. Denis tem uma lei tácita em seu local de trabalho: não exploda. Se estiver chateado com um colega, permita-se um tempo de esfriamento. Ocasionalmente, ele permite que as pessoas confrontem umas às outras, permite que "sejam americanos a respeito da situação". Mas não com muita freqüência.

Mais tarde, pergunto a Kunip, diretor de uma escola tailandesa, a respeito dessa noção de coração sereno. Estamos sentados na sala dos professores, que tem piso de madeira clara e me lembra a sala de uma classe executiva num aeroporto. A pele de Kunip é perfeita, assim como sua camisa branca e sua gravata vermelha. A aparência pessoal é muito importante para os tailandeses. Não apenas eles não gostam de axilas cabeludas na cara deles, como Nick havia mencionado, mas também não gostam de rugas ou sujeira. Kunip responde minha pergunta sobre *jai yen*, coração sereno, com uma história.

Um vizinho tinha uma bananeira que havia crescido com tanto vigor que acabou invadindo o terreno de Kunip. Insetos atraídos pela bananeira estavam se infiltrando em sua casa. Essa era uma situação em que um americano provavelmente teria dito para o vizinho: "Ei, faça alguma coisa a respeito da sua maldita bananeira! Minha casa está infestada de insetos." Ao menos isso seria o que eu teria dito.

Mas não foi o que Kunip disse. Ele quebrou uma folha da bananeira, apenas uma folha, sinalizando dessa forma para o vizinho o seu desprazer. Alguns dias mais tarde, o jardineiro do vizinho apareceu e podou a bananeira. O conflito foi resolvido sem que uma palavra tivesse sido dita.

— O relacionamento sempre vem em primeiro lugar. É mais importante do que o problema — explica Kunip.

Tento envolver minha mente com essa idéia. Nós no Ocidente em geral colocamos a resolução de problemas na frente dos relacionamentos. Em nossa busca por respostas, pela verdade, de bom grado jogaremos ao mar amigos e até família.

Mas por que, pergunto a Kunip, você não poderia apenas ter *pedido* com educação ao seu vizinho que fizesse algo a respeito da bananeira?

Isso teria sido visto como uma coisa tremendamente agressiva, ele responde. A ira é "estúpida, uma disposição de ânimo louca. É por isso que você tem de contê-la. Nós temos um provérbio a respeito disso: 'Mantenha a água suja do lado de dentro; mostre a água limpa do lado de fora.'"

Soa bem, essa noção de coração sereno, mas como conciliá-la com a taxa relativamente alta de assassinatos na Tailândia? Ou com a violência brutal do esporte nacional, o *muay Thai*, o boxe tailandês? Ou com a singular habilidade dominada por cirurgiões no hospital Yanhee em Bangcoc? Eles são especialistas, nível internacional, em recolocar pênis decepados. De fato, se o seu pênis e você vierem a se separar, esses são os cirurgiões que você deveria chamar.

Não é que eles sejam mais talentosos do que outros cirurgiões. Eles apenas têm mais prática. A cada dois meses, os jornais tailandeses publicam uma matéria sobre a esposa que, aborrecida com o comportamento genioso do marido, resolve fazer justiça com as próprias mãos — e uma faca. Recentemente, todos ficaram sabendo da extraordinária habilidade dos cirurgiões, então as esposas furiosas subiram de tom e adotaram uma nova e mais eficiente ameaça: "E isto aqui vai virar comida para os patos." Essas poucas palavras, ditas com uma calma convicção, levaram muitos tailandeses a se comportarem como santos.

Sim, considerando-se que eles seguem uma religião que adota o "meio-termo", tailandeses, evidentemente, parecem estar precisando de uma regulagem. Quando não estão mantendo seus corações serenos, estão cortando pênis fora.

As pessoas gostam de dizer que Bangcoc não é a "verdadeira Tailândia", da mesma maneira que Nova York não é a verdadeira América e Paris não é a verdadeira França. Não concordo. Essas cidades não se materializaram do nada. Elas cresceram organicamente no solo em que foram plantadas. Elas não são exceção à regra, mas sim a regra com anabolizantes. Nova York é Estados Unidos, só que mais Estados Unidos. O mesmo se aplica a Bangcoc.

Fiquei de me encontrar com um homem que ajudou a dar forma à silhueta dos edifícios contra o céu de Bangcoc. Sumet Jumsai, um dos arquitetos mais conhecidos da Tailândia, desenhou muitos dos mais inventivos prédios da cidade, tais como o Edifício Robô, uma estrutura que, sim, parece-se com um robô. Ele é descendente direto do rei tailandês Rama III. Foi educado na França e na Inglaterra, estudou em Cambridge, e, fico sabendo, fala um inglês impecável. Pelo jeito pode ser um intérprete cultural inestimável. Estou ansioso para encontrá-lo.

Só que meu táxi está preso no trânsito. O motorista não parece se importar — ele tem muitas vidas para viver. Mas eu tenho apenas uma e estou indo à loucura no banco de trás. Não consigo mais suportar a espera. Pago a corrida, salto do carro e faço sinal para um moto-táxi. O moto-táxi se parece muito com uma moto comum, só que os motoqueiros usam um colete cor de laranja e cobram uma pequena tarifa para transportar você com rapidez pela cidade. Eu me instalo na garupa e... zás!... ele acelera como um mensageiro da morte. Saímos costurando pelo trânsito, os carros ao alcance da mão. Essa é a maneira de se deslocar em Bagcoc e a melhor maneira, juro, de ver a cidade. Ao nível da rua.

As cidades ocidentais modernas foram desodorizadas. Elas não têm cheiro de nada. Bangcoc não. A cidade cheira a tudo. Macarrão de arroz recém-preparado, cravos recém-cortados, excremento humano recém-produzido. Um banquete para as narinas. Ao longo de umas poucas décadas frenéticas, Bangcoc evoluiu de uma cidade sonolenta para uma megalópole que se espalha em todas as direções. Uma cidade fumegante, palpitante, que não tem limites. Mesmo. Ninguém sabe com precisão onde termina Bangcoc, nem qual a sua população exata. Isso indica o quanto ela é indeterminada.

A velha pergunta sobre quem é mais feliz, os moradores da cidade ou o pessoal do interior, permanece sem resposta. A pesquisa é inconclusiva. Entretanto, lembro-me de algo que Ruut Veenhoven me contou. Em países em desenvolvimento como a Tailândia, as pessoas que vivem em cidades são mais felizes do que aquelas que vivem nas áreas rurais. Por quê? Será apenas porque as cidades oferecem oportunidades econômicas que não se encontram nos povoados? Isso é parte da história, eu penso, mas não a história toda. A verdade é que quando os tailandeses do interior se mudam para a cidade grande, eles na verdade não estão se mudando de todo. Eles levam o interior com eles e acabam colhendo o melhor de dois mundos.

Você encontra evidências disso em todos os lugares em Bangcoc, que não é tanto uma cidade, mas uma coleção de povoados. Nos *sois*, vielas que se entrecruzam em Bangcoc como centenas de minúsculos vasos capilares, a vida é conduzida, mais ou menos, como é no interior. O cheiro da fritura do macarrão, o chamado dos vendedores ambulantes, o sentido de fraternidade. Está tudo lá.

Chego ao escritório de Sumet Jumsai, ao mesmo tempo abalado e animado por conta do moto-táxi. Um segurança me conduz através de um jardim para um pequeno e agradável escritório no térreo. O lugar está abarrotado de desenhos e plantas, como se esperaria no escritório de um arquiteto. Sumet gira em sua cadeira para me cumprimentar. Ele tem uns 60 anos, eu imagino, é meio atarracado e está usando uma camisa cáqui de estilo safári. Um homem atraente e digno.

"Bem-vindo, bem-vindo", diz ele num inglês sem sotaque, guiando-me até uma cadeira. Logo me avisa que está "passando por uma fase rebelde" e me convida para juntar-me a ele. Felizmente, sua fase rebelde consiste em nada mais do que uma bebida forte.

Ele me serve um generoso copo de uísque, que, fico satisfeito em notar, tem um rótulo "Made in Bhutan". Tomo um gole e faço um brinde silencioso ao exército butanês. Deus os abençoe.

Sumet se serve de um copo de gim. Dá para perceber que não é o primeiro.

— Nós budistas temos apenas cinco mandamentos comparados com os seus dez. Não se entregar a intoxicantes é um deles — ele diz, bebendo seu gim.

Tenho várias perguntas para Sumet e quero chegar a elas antes que ele passe de agradavelmente bêbado para incoerentemente bêbado. Começo abordando o hábito de acumular méritos. Seria de fato como uma conta bancária cármica?

— Na verdade, sim. É bem simples de entender. Você acumula energia negativa, coisa que compensa fazendo pontos positivos. — Um cálculo espiritual que qualquer contador adoraria.

E quanto a *sanuk*, divertimento? Os tailandeses consideram o divertimento muito importante, não é?

Com isso, seus olhos se iluminam e ele fica todo empertigado num acesso repentino de sobriedade.

— Ah, *sanuk*. Se não for *sanuk*, não vale a pena fazer. As pessoas são capazes de pedir demissão de um trabalho que ofereça um bom salário só porque não é divertido.

— Mas todo mundo gosta de se divertir. Nós americanos praticamente inventamos a diversão.

— Sim, mas vocês americanos levam sua diversão muito a sério. Nós, não. Nós não acreditamos nessa mentalidade trabalhe-bastante, brinque-bastante. Nossa diversão é espalhada ao longo do dia.

— Como assim?

— Pode ser um sorriso ou uma risada durante o dia de trabalho. Não é tão tenso como nos Estados Unidos. Além disso, nossos padrões de feriados são diferentes. Nós não tiramos o mês de agosto todo, como os europeus. Nós tiramos um dia de folga aqui, uma semana de folga ali. Tudo é intercalado.

Sumet alcança uma caneta — uma Caneta Ridiculamente Cara, eu noto. Visivelmente animado, ele escreve alguma coisa e me mostra. Não faço a menor idéia do que significa. Está escrito em latim.

— Significa "você será como eu sou". Isso não é fantástico? — diz ele soltando o ar dos pulmões e explodindo de energia a ponto de me deixar um pouco assustado. Talvez esteja na minha hora de ir embora. Não, ele se acalmou de novo, e está me contando a respeito do irmão, que é um "bom budista". Ele medita todos os dias.

— Você medita? — eu pergunto.

— Não. Eu tenho uma mente ocidental. Quando pinto, entretanto, faço um tipo de meditação.

— Você é feliz?

— Em poucas palavras, sim. Em termos cristãos eu pequei. Mas compensei isso acumulando méritos, apesar de que não conscientemente. Tenho um fraco pelos oprimidos.

À medida que vou tomando mais copos de uísque butanês, nossa conversa começa a serpentear. Tento me disciplinar, ater-me às perguntas que tinha anotado, mas daí, inesperadamente, tenho um instante de *mai pen lai* e decido deixar que a conversa tome seu próprio rumo.

Então conversamos sobre Bangcoc. É como uma mini-Xangai, ele me conta, porque tudo muda num intervalo de poucos meses, então até mesmo os residentes precisam sempre reaprender sobre a cidade.

— Bangcoc é uma cidade global, com a configuração de um espaguete. É vibrante. Claro, Paris e Londres são vibrantes, mas você entra numa loja de departamentos em Paris ou Londres e as pessoas não sorriem. Aqui elas sorriem, e os templos, oh, os templos e as *sois*, onde você encontra um macarrão de arroz divino por apenas alguns *baht*.

Sumet me pede para ficar para mais um drinque, mas eu educadamente recuso. Quando me levanto para ir embora, percebo tristeza em seus olhos. Sumet, eu acho, gostou da nossa rodada de introspecção à moda americana. Ele na certa não tem oportunidade de fazer isso com freqüência. Fico com a impressão de que ele poderia ter falado e bebido por muitas e muitas horas.

Algumas pessoas pensam nas cidades como lugares ateus. No entanto, um dos propósitos originais das cidades era prover lugares para a harmonização com os deuses e foi nas cidades, não nas áreas rurais, onde o cristianismo criou raízes pela primeira vez. Em Bangcoc, o sagrado e o profano existem lado a lado, como um casal divorciado que, por razões financeiras, decide continuar a viver junto. Não é exatamente a combinação perfeita, mas também não é tão litigioso quanto pode parecer.

Estou no Skytrain, o monotrilho que desliza por Bangcoc como se fosse um brinquedo da Disney. Olho para o lado de fora e vejo os prédios de um templo budista, dourado e brilhante, espremido entre dois shoppings. Salto e caminho alguns quarteirões até o santuário Erawan. Uma lenda moderna cerca esse santuário. Anos atrás, operários enfrentaram uma série de problemas durante a construção de um novo hotel de muitos andares. Os equipamentos quebraram. Nada parecia dar certo. Então, alguém teve uma idéia. Construir um santuário para acalmar os deuses. Depois disso, o projeto transcorreu sem percalços.

Hoje, os tailandeses param junto ao santuário para uma rápida dose do divino. A princípio, não me parece uma localização particularmente divina, rodeado como está por um panteão de deuses ocidentais: Burberry's, Louis Vuitton, McDonald's, Starbucks.

No entanto, ninguém parece notar a incongruência. O ar recende a incenso, ou será que é escapamento de carro? Um homem deposita uma cesta cheia de ovos vermelhos no santuário, uma oferenda. Outros permanecem de joelhos, imóveis e silenciosos. Uma placa diz: "Por questões de segurança, por favor, não acenda velas grandes." Mesmo assim as pessoas acendem e então um segurança passa por ali e abana seu grande chapéu de palha para apagar as velas.

Sim, é um oásis de paz no meio de Bangcoc, mas alguns anos atrás um homem maluco usou um martelo para destruir a estátua dourada do santuário. Os corações serenos não prevaleceram. Uma multidão logo avançou sobre o homem e bateu nele até a morte. A mídia tailandesa condenou o assassinato e lamentou a perda da estátua.

Continuo minha perambulação por Bangcoc. As cidades asiáticas são nozes duras de se quebrar. Tantas coisas permanecem invisíveis a olhos nus. Somerset Maugham observou isso quando viajou para a região na década de 1920. "Eles são impenetráveis e brilhantes... e não lhe dão nada. Mas quando você vai embora é com uma sensação de que perdeu alguma coisa e pensando que eles têm algum segredo guardado."

Caminho pela Chinatown da cidade. Esta não é como as Chinatown-peças de museu que se vê em algumas cidades, mas sim uma parte florescente e viva da cidade. A influência chinesa na Tailândia remonta a muitos séculos e continua até hoje.

Passo por uma infinidade de lojas — a maior parte delas lojas de máquinas-ferramenta, por alguma razão. São todas impecáveis, de um jeito que eu não achava ser possível. Há cachorros sarnentos e algumas pessoas jogando algum tipo de jogo de tabuleiro. As lojas e muitas das casas são abertas à visão do público, a privacidade física sendo menos importante nesta parte da Ásia do que no Ocidente. Sinto-me como se possuísse visão de raios X e pudesse ver coisas que em geral estão longe do alcance do olhar: uma família preparando o jantar, um homem cortando o cabelo. Vejo um sujeito sentado calmamente numa loja. Ele está de calça jeans e descansa numa cadeira. Seus olhos estão fechados. Acredito que esteja dormindo, mas daí me dou conta de que ele está apenas encontrando um momento de paz em meio ao caos. Ele abre os olhos e eu desvio o olhar, envergonhado.

Em frente de cada loja, de cada casa, há uma casa dos espíritos. Essas casas se parecem com lindas e elaboradas casas de passarinho. A idéia é que dando um lugar para os espíritos maus habitarem, um espaço que seja só deles, eles vão se manter afastados da sua casa de verdade. Não é muito diferente das casas de hóspedes que ficam no quintal de muitas casas em Miami. O princípio é o mesmo.

Passo por placas que indicam a localização do Wrantoh, um centro de pedras preciosas ("Se tem brilho, nós temos") e de algo chamado "Banheiro Feliz, Vida Feliz". De fato, os tailandeses podem não *pensar* muito a respeito da felicidade, mas são malucos a respeito da palavra. Eu a vejo em todos os lugares. Há a Casa de Massagens Feliz, o Pub Feliz, um prato chamado Felicidade Dupla (*tofu* recheado com macarrão).

Minhas andanças me levaram ao escritório das Nações Unidas. É grande, tem um aspecto não oficial e, percebo, não há uma casa dos espíritos do lado de fora. A Organização das Nações Unidas me traz à mente muitas coisas. Felicidade não costuma ser uma delas. Mas as pessoas boas na ONU, como as pessoas boas do Peace Corps, também estão envolvidas no negócio da felicidade, com a ressalva de que, é claro, os burocratas nunca usariam esses termos.

Estou aqui para me encontrar com uma mulher de nome Sureerat. Um amigo nos Estados Unidos me disse que ela pode ter uma visão interessante a respeito da felicidade tailandesa.

Ela me cumprimenta com um sorriso e nós caminhamos até a cantina para um café. Sureerat já passou dos trinta, é solteira e vive com os pais. Isso não é incomum entre as mulheres tailandesas, tampouco entre os homens.

Pergunto a ela por que os tailandeses parecem tão felizes.

— O povo tailandês não é sério a respeito de nada. Não levamos nada a sério. Seja lá o que for, somos capazes de aceitar.

— Como assim?

— Vou lhe dar um exemplo. Nos Estados Unidos, quando você tropeça em alguma coisa e cai, ninguém interfere. É como se nada tivesse acontecido. Mas nós, os tailandeses? Nós rimos e rimos sem parar. É verdade que corremos até a pessoa e a ajudamos, mas ao mesmo tempo estamos rindo.

— Então vocês não têm nenhum estresse na vida?

— Eu tenho estresse. É claro que tenho. Mas há certas situações que não podemos controlar. Você não pode mudar as coisas externas a você, então você muda sua postura. Acho que essa abordagem funciona para o povo tailandês. É o que acontece, por exemplo, quando você está furioso com alguém, mas não pode fazer nada a respeito. Você quer bater na pessoa mas não pode, então respira fundo e deixa para lá. Do contrário, vai estragar o seu dia.

Ela faz isso parecer tão fácil como esvaziar os pulmões.

— Acho que os Estados Unidos são um dos países mais estressados do mundo. Vocês acham que precisam de dinheiro para comprar felicidade. Vocês contratam as pessoas para fazer tudo, inclusive cortar sua grama. Aqui, até mesmo as pessoas ricas fazem isso elas mesmas. Nós achamos divertido.

Lá vem essa palavra outra vez — "divertido", *sanuk*. Será que a diversão realmente tem um lugar especial no coração tailandês?

— Com certeza, nós rimos e fazemos piadas durante reuniões. Tudo é bem informal. É assim que você consegue que as coisas sejam feitas. Se não for divertido, não vale a pena fazer.

Os tailandeses não se divertem apenas uns com os outros, eles também se divertem à custa dos outros.

— Aqui nós fazemos graça com as pessoas gordas. Você pode chamar a sua amiga de "hipopótamo". Ela pode te dar um tapa, mas é tudo na brincadeira. Você não pode fazer isso nos Estados Unidos, pode?

Não, digo a ela, não pode.

Sureerat precisa voltar para o trabalho — ou para a diversão. Estamos passando por uma série de elevadores quando ela encontra uma amiga e fala alguma coisa para ela em tailandês. Depois, vira para mim e diz:

— Está vendo, essa é um bom exemplo. Ela é baixa como um camarão.

— Então você chama sua amiga de "camarão"?

— Não — diz ela, como se eu não estivesse prestando atenção — eu a chamo de lagosta. Entendeu?

Não, não entendi. Os tailandeses, eu concluo, são um povo que gosta de diversão, mas um povo não tão fácil de se entender.

Os tailandeses, mesmo aqueles que não praticam ativamente o budismo, mantém um certo equilíbrio que, confesso, considero enervante. Eles apenas não se abalam, mesmo quando a vida joga horror no caminho deles.

Depois do *tsunami* asiático em 2004, que só na Tailândia matou milhares de pessoas, quase ninguém culpou o governo. Eles poderiam tê-lo feito. Eles poderiam com facilidade ter apontado para a falta de um sistema de alerta, ou para a lenta e caótica resposta ao desastre. Com certeza, seria isso o que nós teríamos feito, ou que nós *realmente* fizemos, depois que o furacão Katrina devastou Nova Orleans. Sempre precisamos culpar alguém, alguma outra pessoa que não Deus, já que no momento Ele não está aceitando reclamações. Sua caixa de mensagens deve estar cheia.

Os tailandeses aceitam o que aconteceu, o que não quer dizer que eles *gostem* do que aconteceu, ou queiram que aconteça outra vez. É claro que não. Mas eles pensam a longo prazo: eternidade. Se as coisas não funcionarem nesta vida, sempre há a próxima, e a próxima, e assim por diante. Períodos de boa sorte naturalmente se alternam com períodos de adversidade, da mesma forma que dias de sol são intercalados por dias chuvosos. É assim que as coisas são. Numa visão de mundo como essa, a culpa não se destaca de forma proeminente, mas a sorte — destino — sim, e eu estava curioso a respeito do meu. Noi providenciou para que eu me encontrasse com uma *jao*, ou médium. Ela me assegura que a *jao* é uma boa *jao*, de uma boa família. Na Tailândia, adivinhos são um negócio de família. Uma habilidade que é passada de geração em geração.

Scott é cético a respeito disso, mas está disposto a me acompanhar. Ele está acostumado a ter sua mente atéia e racional atacada na Tailândia. Como aconteceu na manhã em que acordou e encontrou as pessoas fazendo garças de papel. Todos estavam fazendo isso, dos vendedores ambulantes aos corretores da Bolsa. Que diabos era aquilo? O que havia acontecido era que o rei proclamara que as pessoas precisavam de corações serenos na parte sul da Tailândia, assolada por uma insurreição muçulmana havia décadas. Então o primeiro-ministro apareceu com a solução perfeita: garças de papel! Sim, eles fariam milhares e milhares de garças de papel e as jogariam de aviões como um gesto de paz.

— Eles basicamente bombardearam o sul com essas garças de papel — diz Scott, um tanto incrédulo. — Foi a coisa mais bizarra que eu já vi.

Nós três saímos do apartamento de Scott e percorremos uma pequena distância por uma *soi* estreita, onde passamos por vendedores, salões de beleza e cachorros de rua. Entramos numa casa que em nada se destaca das outras e subimos ao segundo andar. Quase não há móveis. Apenas um ventilador de teto e chão de linóleo sem tapetes. Passamos por umas mulheres sentadas no chão, comendo e falando tailandês numa velocidade incrível, quase a única maneira em que é falado o tailandês.

Somos levados para o andar de cima até um outro recinto, também desprovido de mobília, mas não de divindades. Ao longo de uma das paredes há um pequeno panteão de deuses hindus. Há Hanuman, o deus macaco, há Krishna e, o meu favorito, Ganesha, o deus com cabeça de elefante. Ele é o deus da sabedoria e da inspiração poética, dois atributos que freqüentemente me fazem falta. Num canto há uma pequena estátua do Buda que, noto, está mais elevada do que qualquer coisa na sala, incluindo nós mesmos. O chão é pintado de azul e verde, um padrão berrante que lembra um tapete oriental de mau gosto. A sala não tem ar-condicionado e começo a suar instantaneamente.

Nós nos ajoelhamos e esperamos que a *jao* chegue. Scott está ainda mais cético agora, coisa que ele me conta sem rodeios depois que Noi sai para comprar oferendas para os espíritos.

Quando Noi volta, ela abre uma sacola de plástico e tira duas pequenas embalagens de leite, dois canudos e duas latas de Pepsi. Ela coloca tudo isso, junto com 39 *baht* (pouco mais de um dólar), sobre uma bandeja pintada de dourado. Scott sussurra: "O que acontece se você usa Coca em vez de Pepsi?" Eu o repreendo e dou uma cotovelada em sua pança.

A *jao* chega. É uma mulher magra, de meia idade, com uma aparência que não tem nada de extraordinário. Ela está de camiseta vermelha e usa uma *echarpe* cor de laranja jogada sobre um dos braços. Seu cabelo está preso num coque bem apertado. Ela senta em posição de lótus sobre uma coberta vermelha. Há um baralho junto dela.

A *jao* acende velas no altar da Pepsi e então me pede que recite alguma coisa em tailandês. Noi sussurra o texto no meu ouvido, bem devagar. Minha língua luta com cada sílaba estranha, mas dou um jeito de chegar ao final.

Os olhos da *jao* estão fechados, as palmas das mãos unidas na altura da testa no tradicional *wai* tailandês, um gesto que é em parte um cumprimento e em parte uma reza. Ela agita uma vareta de incenso como se fosse uma varinha. Seus lábios se movem, mas ela não emite nenhum som. Noi sussurra em meu ouvido que ela está "esperando pelo momento apropriado, o momento auspicioso para que os espíritos venham". Espero que esse momento chegue logo. Começo a sentir cãibras nas pernas. Gotas de suor escorrem da minha testa, caem nos meus olhos e eles ardem.

Então alguma coisa acontece. O corpo da *jao* começa a se sacudir sem controle. Ela está recebendo o espírito, Noi explica. Pelo visto, o espírito é um homem, porque a linguagem corporal da *jao* muda completamente, de feminina para masculina. Antes recatados, seus gestos agora são ríspidos e arrogantes, e ela repetidas vezes joga as mãos para frente de uma maneira meio agressiva. Antes, Noi havia se referido à *jao* como "ela", mas agora ela diz "ele". A transformação é completa.

Ela — desculpe, ele — revela informações a meu respeito, fatos sobre minha vida — ou mais precisamente, minhas vidas. Fico sabendo que numa vida passada escrevi um livro sobre a China, um livro que era desrespeitoso e que por isso não teve uma boa recepção. Ótimo, eu penso, devo ser o primeiro escritor a receber críticas ruins de uma vida passada.

— Cuidado com o que você escreve sobre o Buda — diz ela/ele. — As pessoas vão protestar. — Com esse último tanto de conselho, a *jao* cospe alguma coisa vermelha (um mastigatório de noz-de-areca que tinge a boca, eu espero) dentro da tigela dourada. Ela/ele faz isso com muita agressividade e eu sou pego de surpresa.

— Tudo faz parte da encenação — Scott sussurra e eu dou outra cotovelada nele.

Os pronunciamentos vão surgindo sem parar, um atrás do outro. Noi se esforça para seguir traduzindo. A *jao* me diz algumas coisas que são simplesmente erradas — que, por exemplo, sei falar tailandês. (Não sei.) Ela me diz algumas coisas que de um modo geral são verdadeiras — que eu não acredito em mim o suficiente. Ela me diz coisas embaraçosas — que eu deveria satisfazer minha esposa, sugerindo atos específicos que eu realmente não quero abordar aqui. E ela me diz coisas que, juro, não poderia de maneira alguma saber. Ela diz que tenho uma filha que não é sangue do meu sangue. É verdade. Minha esposa e eu adotamos uma menininha do Casaquistão. Estou sem palavras.

Quando chega a minha vez de fazer perguntas, tenho apenas duas. Quando serei feliz? *Onde* serei feliz?

— É melhor você ficar no seu próprio país, mas você não precisa se preocupar demais com as coisas. Não sinta inveja do que as outras pessoas têm. — Conselho sensato.

Agora ela/ele tem uma pergunta para mim.

— Você acredita em Deus?

Oh, não. Não sei bem como responder. Mentir para uma/um *jao* me parece carma ruim e além do mais eu não sei *em que* acredito. Nesse momento, por alguma razão, Luba da Moldávia me vem à cabeça e eu falo sem pensar "meio-meio". Ela/ele parece contentar-se com essa resposta e todos os presentes suspiram aliviados.

— Você deve acreditar em Ganesha — ela/ele diz. — Você tem um, certo? Um marrom.

— Sim, eu tenho, como é que você...

— Está sentado, não de pé, não é mesmo?

— Sim, mas...

Ela/ele me diz que estou negligenciando meu Ganesha. Devo dar flores a ele e benzê-lo regularmente. Assim todos os meus problemas vão desaparecer. Prometo fazer isso. Então a/o *jao* se sacode de novo, e ela/ele se torna ela outra vez. A sessão acabou.

Saímos para o calor e Scott e eu compramos algumas cervejas num mercadinho. Desabamos em duas pequenas cadeiras de plástico e fazemos uma análise do que acabou de ser revelado.

— Como é que ela poderia saber daquelas coisas? — pergunto a Scott.

Fácil, diz Scott. Há uma explicação racional. Algumas das respostas eram genéricas e poderiam se aplicar a qualquer um. Essas ele despreza com um abano da mão. As outras são mais difíceis de se explicar, mas não impossíveis. A adoção é comum na Tailândia, então a questão da filha adotiva foi uma adivinhação baseada em conhecimento e experiência.

— E a estátua do Ganesha marrom na posição sentada?

— Isso é fácil também. Muitos estrangeiros têm estátuas de Ganesha e em geral elas são de cor marrom e na posição sentada. — Mas a convicção havia sumido de sua voz. Percebo que assim é a vida para a maior parte dos tailandeses. Eles não têm controle sobre seus destinos. Um pensamento aterrorizante, sim, mas também libertador. Porque se nada do que você faz tem importância, então de repente a vida parece bem menos pesada. É apenas um grande jogo. E como qualquer criança de dez anos vai ser capaz de dizer a você, os melhores jogos são aqueles em que todos podem jogar. E os quais você pode jogar muitas e muitas vezes, de graça.

Este é o meu último dia na Tailândia. Estou arrumando as malas enquanto Scott dispara alguns e-mails e Noi, como sempre, assiste à TV. Eles estão mostrando imagens do rei. Nada de estranho a respeito disso. Mas são imagens velhas, da juventude dele, e está em todos os canais. Isso não é nada comum, diz Noi, e ela deve saber, dada a quantidade de TV a que assiste. Meu medo imediato é que o rei tenha morrido. Isso seria ruim para os tailandeses, que adoram seu monarca. Isso também seria ruim para mim. Com o país lançado num período de luto profundo, o aeroporto pode fechar e meu vôo parte em poucas horas. Percebo o meu impulso egoísta e em silêncio registro que, em termos cármicos, ainda tenho um longo caminho pela frente.

"É um golpe", grita Scott do outro aposento. Estranhamente minha primeira reação é: graças a Deus. Apenas um golpe. O rei está vivo. Minha segunda reação é: um golpe? Num país com Starbucks e KFC? Num país onde a diversão é o etos nacional e os corações serenos prevalecem (em geral)? Mas há tanques nas ruas e foi decretada lei marcial. Até mesmo os bares de danças eróticas fecharam.

Meus instintos de jornalista são ativados e eu telefono para NPR em Washington. Envio um pequeno artigo, mas a verdade é que meu coração não está nisso. Golpes não exatamente se encaixam na minha busca pelos lugares mais felizes do mundo e este é justo o tipo de infelicidade que eu tanto venho tentando evitar.

Estou determinado a pegar meu avião. Consigo achar um táxi. O motorista está desligado do drama que se desdobra e apenas parece satisfeito em notar que pela primeira vez a auto-estrada que leva até o aeroporto está toda desimpedida. No caminho passamos por um *outdoor* que anuncia algum *resort*. Há uma foto de praias perfeitamente brancas e de águas cristalinas e então, em letras garrafais: "O Paraíso Facilitado." Estou surpreso com duas coisas. Em primeiro lugar, a ironia de tal *outdoor* em pleno golpe e, e em segundo lugar, com a própria afirmação questionável. Será que é isso mesmo o que nós queremos? Paraíso facilitado? Será que não deveríamos ter de trabalhar no paraíso? Não é esse todo o sentido da questão?

O terminal do aeroporto está deserto. Não tenho certeza se isso se dá por causa do golpe ou porque são 3h da manhã. Espere. Vejo alguns passageiros. Na verdade, eu os escuto antes de vê-los. Estão falando alto e com sotaques novaiorquinos muito fortes.

— Com licença — eu interrompo —, vocês sabem se o aeroporto está aberto?

Eles parecem perplexos com a minha pergunta.

— Acho que sim — diz uma das mulheres. — Por que não estaria?

— Você não ouviram falar do golpe?

Eles logo se interessam.

— Não, um golpe? Um golpe de verdade?

— Sim, o exército decretou lei marcial. Há tanques nas ruas.

— Oh, meu Deeeus — diz uma outra mulher. — Isso é tãaoo fascinante. Harriet, você ouviu isso? Houve um golpe.

— Sério? — diz Harriet, olhando para mim admirada, como se eu mesmo tivesse dado as ordens. — E por que é que você acha que eles fizeram isso?

Não sei bem o que dizer para Harriet. Militares em todo o mundo vêm impondo sua vontade há muitos séculos. "É complicado", eu digo, e Harriet parece satisfeita com a resposta.

Afinal de contas o aeroporto está mesmo aberto. O golpe é apenas um golpe *light* — com metade dos tanques e um terço da desordem de um golpe regular. Logo os tanques iriam bater em retirada, os estabelecimentos comerciais reabririam e as meninas no Susie Wong's estariam de volta ao palco, girando e executando estranhos números com bolas de pingue-pongue.

Algumas semanas mais tarde, de volta a Miami, encontro um pequeno artigo. O recém-empossado primeiro-ministro da Tailândia, Surayud Chulanont, a face civil da junta, anunciou que de agora em diante a política oficial do governo não vai ser focada no crescimento econômico, mas sim na felicidade das pessoas. Trata-se de um ampla manobra de relações públicas, mas, mesmo assim, eis um governo militar com uma política para a felicidade!

Enquanto assimilo o sublime absurdo dessa notícia, reajo da única maneira sensata: sorrio. Um largo e autêntico sorriso tailandês. De verdade. Se você estivesse lá, você reconheceria. Você teria visto em meus olhos.

Capítulo 8

GRÃ-BRETANHA

A felicidade é um trabalho que nunca termina

Alguns anos atrás, uma experiência pouco usual foi realizada numa lúgubre cidade inglesa chamada Slough (rima com "*plough*") (rima com "tchau"). A experiência, como todas as grandes experiências dos dias de hoje, foi feita para a televisão. A BBC contratou seis "especialistas em felicidade" e os soltou em Slough, na esperança de "mudar o clima psicológico" do lugar.

Quando ouvi essa frase pela primeira vez, fiquei intrigado na hora. Foi nesse momento que me dei conta de que havia deixado passar um componente importante na equação da felicidade: mudança. Aqui estava eu saltitando pelo globo, em busca dos lugares mais felizes do mundo, até mesmo visitando os lugares mais infelizes do mundo, mas todo o tempo pressupondo que esses lugares eram estáticos, imutáveis. Ou eram felizes, ou não eram. Mas é claro que lugares, como pessoas, mudam. Talvez não muito, talvez não de maneira tão freqüente, mas com certeza mudam. E aqui estava uma refletida e ambiciosa tentativa de pegar um lugar triste e torná-lo feliz — ou no mínimo *mais feliz.* Seria isso possível?

Chego ao aeroporto de Heathrow com os olhos cansados, mas bastante animado porque os Estados Unidos e a Grã-Bretanha desfrutam uma "relação especial", como disse Winston Churchill. Sempre gostei dessa expressão, uma forma carinhosa de tratamento que se destaca em meio ao duro vernáculo da diplomacia internacional. Estava de fato me sentindo especial, relaxado de uma maneira não muito habitual, enquanto calmamente me dirigia até onde se encontrava o funcionário da imigração. Somos camaradas, eu e ele. Até mesmo suas roupas me deixam à vontade. No lugar de uniformes policiais ou militares, os funcionários da imigração britânica usam blazers, como se você tivesse participando de algum coquetel elegante e eles fossem seus anfitriões.

Entrego meu passaporte para o homem de blazer, imaginando que a coisa toda não deve demorar.

— Qual é o propósito de sua vista a Londres?

— Estou fazendo pesquisa para um livro.

— E sobre o que exatamente trata o livro?

— Felicidade.

Até esse momento ele vinha olhando para o meu passaporte, mas agora ele me olha bem nos olhos. E não é o olhar de um camarada.

— Felicidade?

— Sim, senhor.

— No Reino Unido?

— Hã... sim.

Com certeza minha história não era plausível. Possivelmente um disfarce para atos nefandos e, mesmo assim, de um tipo não muito convincente. Ele me enche de perguntas. Por quanto tempo você vai ficar no Reino Unido? Com quem você vai se hospedar? Essa pessoa é britânica ou americana? Você é um terrorista? O.k., ele não fez essa última pergunta, mas estava implícito. Afinal, depois de 20 minutos de interrogatório cerrado, exatamente quando começo a temer o início de uma revista íntima, ele carimba meu passaporte, com relutância.

"Suspeitar da felicidade está no nosso sangue", disse o escritor inglês E.V. Lucas, que escrevia relatos de viagem. Ou, como me disse um britânico, num inglês americano coloquial de forma que eu pudesse entender: "Nós não *trabalhamos* com felicidade." Não mesmo.

Na Grã-Bretanha, os felizes são poucos e suspeitos. Se você for inglês e por acaso se encontrar inexplicavelmente feliz, não entre em pânico. Mantenha a calma e considere o conselho do humorista inglês Jerome K. Jerome: "Não mostre [sua felicidade], e comece a reclamar como todo o mundo." Para os britânicos, a felicidade é uma importação transatlântica. E por "transatlântica" eles querem dizer americana. E por "americana" eles querem dizer bobagem infantil e tola. E decorativa.

Saio do terminal, dou de cara com um lúgubre dia londrino e pego um táxi para visitar meu amigo Rob e sua esposa, Nancy. Rob, como você se lembra, é o Americano Enrustido, o rei do refil. Agora ele está de volta a Londres, trabalhando como correspondente "estrangeiro" em seu próprio país. Isso me parece certo. Não há ninguém mais apropriado do que Rob, um *insider/outsider*, para explicar a Grã-Bretanha a um público americano. Rob fala ambas as línguas.

A casa de Rob é bela, aconchegante e transpira aquele charme de coisa usada que os ingleses sabem criar tão bem. Nancy teve uma "perfeita" educação inglesa. Isso significa que ela é cronicamente educada, assa seu próprio pão e aquece os pratos do jantar no forno. Como o marido, entretanto, ela não se sente lá muito confortável dentro da sua pele inglesa e o casal dá uma fugida para a América sempre que tem uma oportunidade.

Nós três nos sentamos para compartilhar uma garrafa de vinho e, como é inevitável que aconteça quando americanos e britânicos se reúnem, a conversa se volta para as diferenças que nos unem, diferenças nem sempre aparentes por causa da língua em comum que nos divide.

— Nos Estados Unidos — diz Nancy — toda conversa transcorre como se pudesse ser sua última conversa na face da Terra. Nada é omitido. Sempre fico com vontade de dizer: "Desculpe, mas acabei de te conhecer. Não a conheço. Eu realmente não quero ouvir você falar da sua histerectomia."

Nancy, entretanto, nunca chega a dizer isso. Seria ofensivo e os ingleses fazem de tudo para não ofender qualquer pessoa, seja quando e como for. Nancy considera essa reserva inglesa tão desconcertante quanto a loquacidade americana.

— Aqui, as pessoas se excluem de um pequeno núcleo feliz — ela diz. — Eu estava parada numa fila na Tate Gallery outro dia, e comecei a conversar com as pessoas — sabe como é, conversa fiada, do tipo "que fila horrível, não?" — mas ninguém disse nada. Eles apenas me olharam como se eu fosse maluca. No Reino Unido, não queremos incomodar ninguém. Quando alguém morre, não ligamos para os parentes para dar nossos pêsames, porque temos medo de incomodá-los. Não queremos ser inconvenientes, ou americanos demais.

Ser americano demais, ou apenas americano, é a pior coisa que um britânico pode ser. "Americano" é sinônimo de insistência, falta de tato e seriedade ingênua. Os americanos compram livros de auto-ajuda como se suas vidas dependessem deles. Os britânicos, como uma regra, não. Esses livros superficiais são vistos como um sinal de fraqueza. Um britânico brincou que se algum compatriota comprasse um livro de auto-ajuda, seria de certo algo como *Eu já não estou bem, você está menos ainda.*

Para os ingleses, a vida não gira em tono de felicidade, mas sim de batalhar para sobreviver. Nesse sentido, eles são como os antigos astecas. Quando uma criança asteca nascia, um sacerdote dizia: "Você nasce num mundo de sofrimento; então sofra e fique em silêncio." Há algo de nobre nessa atitude, nesse sofrimento silencioso. É verdade, a civilização asteca morreu séculos atrás, deixando apenas algumas poucas ruínas agora pisoteadas por turistas americanos queimados de sol. Mas não importa. Pelo menos eles tiveram a decência de não choramingar a respeito de sua extinção. Não dá para dizer que não é uma atitude respeitável.

Nessa altura, Rob se interpõe, provavelmente sentindo-se compelido a defender sua terra natal. Os britânicos, ele declara, possuem uma "felicidade latente". Está lá, movendo-se furtivamente em suas entranhas. Você só não consegue enxergá-la. Ou senti-la. Ou detectá-la de alguma maneira conhecida pelo homem. Mas Rob assegura: ela está lá.

No mesmo ano em que Thomas Jefferson escreveu o trecho que menciona a "busca da felicidade" na Declaração de Independência, em Londres, Jeremy Bentham, um advogado jovem e infeliz (existe algum outro tipo?) escrevia seu tratado sobre "maior felicidade para o maior número de pessoas" e trabalhava o seu cálculo daquilo que traz felicidade.

A filosofia de Bentham, o utilitarismo, não tem o otimismo cheio de entusiasmo que os americanos saboreiam. Como os próprios britânicos, o utilitarismo é prático e destituído de qualquer sentimentalismo. Mas o objetivo é o mesmo: uma nação feliz, de forma latente ou não.

Decido visitar Jeremy Bentham. Ele mora no campus da University College em Londres. Os prédios são todos antigos e suntuosos. Parecem mais catedrais do que salas de aula. Bentham está em um desses prédios, mas qual?

Encontro um setor de informações e me dirijo à jovem loura que está sentada atrás do balcão.

— Posso ajudá-lo?

— Sim, eu gostaria de me encontrar com Jeremy Bentham.

— O senhor tem o ramal?

— Oh, não, ele não está mais vivo.

Seus olhos se arregalam.

— Desculpe, não posso ajudá-lo, senhor — diz ela, avaliando se sou um lunático inofensivo ou um lunático perigoso.

— Não. Você não entende. Ele morreu faz mais ou menos uns 200 anos, mas ainda está no campus.

Lunático perigoso. Ela está prestes a chamar a segurança quando um aluno de graduação intercede a meu favor.

— Você está procurando pelo auto-ícone — diz ele.

— O quê?

— O auto-ícone. — Essa vem a ser a maneira como o agora morto Jeremy Bentham é chamado. O aluno de graduação me dá orientações para chegar até um outro prédio e lá eu o encontro, sentado calmamente num canto. Para a idade dele, até que está bem.

Fica numa cadeira de madeira, a mesma cadeira na qual escreveu seus artigos sobre felicidade, e usando as mesmas roupas que usava quando morreu, em 1832: um colete preto, um blazer e um chapéu de palha. Sob as roupas está o seu próprio esqueleto. Foi dessa maneira que Bentham quis se imortalizar.

Bentham adorava uma boa brincadeira filosófica, e não via por que a morte deveria interferir nisso. Seu testamento incluía as seguintes instruções: "Se acontecer de meus amigos pessoais e outros discípulos estarem dispostos a se reunir... o fundador do maior sistema de felicidade... irá de tempos em tempos ser transportado para a sala onde eles forem se encontrar." Até hoje, é o que se ouve por aí, Bentham é conduzido a reuniões universitárias, onde é incluído na lista como "presente, mas sem voto".

Para Bentham, a felicidade era uma proposição matemática e ele passou anos realizando pequenos ajustes em seu "cálculo da felicidade", um termo maravilhosamente atraente. Eu, por exemplo, nunca associei cálculo à felicidade.

No entanto, trata-se de matemática simples. Some os aspectos prazerosos de sua vida, depois subtraia os desagradáveis. O resultado é a sua felicidade total. Os mesmos cálculos, acreditava Bentham, podiam ser aplicados a uma nação inteira. Cada medida tomada por um governo, cada lei aprovada, deveria ser vista sob o prisma da "maior felicidade possível". Bentham, por exemplo, ponderou que dar dez dólares a um homem pobre contava mais do que dar dez dólares a um homem rico, já que o pobre tirava mais prazer desse dinheiro.

A teoria de Bentham é intrigante, mas imperfeita. Por exemplo, ele não distinguia, qualitativamente, um prazer do outro. O prazer adquirido por ajudar uma velhinha a atravessar a rua estava para ele no mesmo nível do prazer que um sádico tirava de bater na mesma velhinha sem motivo algum. Para Bentham, prazer era prazer.

Uma outra armadilha: o utilitarismo está interessado apenas em fazer a *maioria* das pessoas felizes. Está preocupado com a felicidade dos muitos, não com a miséria dos poucos, o que é bom se você tiver sorte e se encontrar entre os muitos felizes, mas não tão bom se você se encontra entre os poucos miseráveis.

Até hoje ainda persistem na Grã-Bretanha tendências benthamitas, uma disposição em aceitar a intervenção do governo na vida das pessoas em nome do bem comum. Os britânicos de bom grado pagam uma taxa para a BBC por cada aparelho de TV que possuem. Uma medida recente do prefeito de Londres, Ken Livingstone, impôs uma taxa de circulação para motoristas que entrem no centro de Londres durante as horas de pico. Isso é utilitarismo clássico. Relativamente poucas pessoas — motoristas que desejam entrar no centro de Londres — ficam bem menos felizes, de forma que a vasta maioria de londrinos fique um pouco mais feliz. Agora Nova York aderiu à idéia, embora lá a medida tenha se revelado mais polêmica do que em Londres, o que não é muito surpreendente. Os americanos são menos utilitários do que os britânicos.

Nos últimos tempos, conversas sobre a felicidade estão surgindo em todos os lugares da Grã-Bretanha. "Nós deveríamos pensar não só no que é bom para colocar dinheiro no bolso das pessoas, mas no que é bom para colocar alegria no coração delas." Essas palavras foram ditas não por algum maluco americanizado ou algum político de extrema-esquerda, mas pelo líder do Partido Conservador, David Cameron, um homem que aspira chegar ao cargo de primeiro-ministro.

E por falar nisso, não podemos nos esquecer do ex-primeiro-ministro, Tony Blair, o líder mais otimista e mais propenso à felicidade que os britânicos já conheceram. Blair possuía um otimismo ferrenho que beirava o americano. Para início de conversa, Blair sorria, algo que seus predecessores orgulhosamente evitavam. Blair era intrigado com a emergente ciência da felicidade, e brincava com a idéia de converter teoria em política. Em 2002, sua Unidade de Estratégia organizou um seminário sobre "satisfação de vida". Alguns (não Blair) chamaram esse grupo de Departamento da Felicidade.

O grupo publicou um artigo analítico sugerindo — apenas sugerindo, repare bem — maneiras como o governo poderia elevar a felicidade nacional. Entre as propostas estavam: um índice de felicidade, semelhante à Felicidade Nacional Bruta butanesa; ensino de "habilidades de felicidade" nas escolas; estímulo a "um maior equilíbrio entre vida profissional e lazer"; e imposição de impostos mais altos aos ricos.

Foi a última sugestão, como vocês podem imaginar, a que recebeu mais atenção. A noção de impostos mais altos como um caminho para a felicidade foi proposta pela primeira vez pelo economista britânico Richard Layard. Os ricos, Layard afirma, incitam inveja nos outros, expelindo uma espécie de "poluição social". Então, pondera Layard, da mesma forma como cobramos multas de poluidores industriais, deveríamos multar esses geradores de inveja, os ricos. Não surpreendentemente, a idéia encontrou alguma resistência. "Cuidado com a Brigada da Felicidade", vociferou uma manchete típica. Outros ficaram imaginando por que os ricos deveriam ser punidos só porque algumas pessoas não conseguiam controlar sua inveja.

Libertários ficaram furiosos: burocratas não são capazes de consertar buracos, como é que vão nos fazer felizes? Além do mais, os principais fatores que determinam nossa felicidade — amizade, sexo, confiança — estão de qualquer modo muito além do controle do governo.

Compreendo essas preocupações e não estou advogando um Departamento de Felicidade em qualquer governo que seja, mas não nos esqueçamos de que o governo já faz parte do negócio da felicidade. Todas as vezes em que oferece incentivos fiscais para casados, ou obriga o uso de cinto de segurança, ou luta para aumentar o PIB, o governo está se intrometendo na nossa felicidade. Além do mais, qual é o papel do governo senão, de fato, fazer os cidadãos mais felizes?

Os produtores da BBC não escolheram Slough por acaso. A cidade, perto de Londres e situada sob uma trajetória de vôo para o aeroporto de Heathrow, é uma piada de uma palavra na Grã-Bretanha. O nome em si já é problemático. "Slough" significa, literalmente, lamaçal. Uma cobra *sloughs*, ou seja, solta sua pele morta. John Bunyan escreveu sobre o "pântano do desânimo" em *O peregrino*. Em 1930, John Bertjeman escreveu este poema sobre Slough:

Aproximem-se bombas amigas e caiam sobre Slough!
Agora, o lugar não é para humanos,
Não há grama para servir de pasto a uma vaca,
Espalhe-se, Morte!

Aí ele pegou pesado. Até hoje os moradores de Slough se exasperam quando alguém menciona o poema. A reputação da cidade como um exemplo perfeito de desespero silencioso foi consolidada quando os produtores da série de TV *The Office* decidiram que a história se passaria em Slough.

A suposição tácita agora é a de que se os seis especialistas podem tornar Slough feliz, eles podem tornar *qualquer lugar* feliz. A série foi ao ar antes que eu chegasse ao Reino Unido, então eu consigo o DVD e sento na sala de Rob para assistir *Making Slough Happy* ("Fazendo Slough Feliz"). A tela se enche com a imagem aérea de uma grande cidade: "a tão denegrida cidade de Slough no condado de Berkshire", informa com gravidade um narrador.

Somos apresentados aos especialistas em felicidade: todos, sem exceção, intoleravelmente alegres. O narrador, numa voz de tenor do tipo voz-de-Deus, explica a experiência. Os especialistas em felicidade selecionaram cinqüenta voluntários de Slough. Eles vão passar por 12 semanas de intenso "treinamento de felicidade". Então vão espalhar o vírus da felicidade por todos os lugares, mudando assim o "clima psicológico da cidade". Ao menos é essa a idéia.

Deve ser interessante. Pego uma taça de vinho e me recosto na cadeira. A primeira tarefa é tirar a "temperatura de felicidade" dos voluntários. Os habitantes de Slough, é o que acabamos descobrindo, são quase tão felizes quanto o resto da Grã-Bretanha, que está bem abaixo dos supremamente contentes suíços e dinamarqueses, mas confortavelmente acima dos desanimados moldávios.

Na tentativa de elevar os níveis de felicidade, nenhum exercício é considerado exagerado ou vergonhoso demais. Ou americano demais. Os participantes se dão as mãos. Abraçam uns aos outros. Abraçam árvores. Dançam algo chamado de biodança. Fazem *tai chi*. Fazem ioga. Riem de maneira descontrolada. Mergulham em tanques de flutuação. Dançam nos corredores de um supermercado.

Aperto o botão de pausa. Não suporto mais. Assistir aos britânicos se livrarem de suas inibições é como assistir ao acasalamento de elefantes. É barulhento, estranho como o diabo e você não consegue deixar de pensar: será que isso é algo que eu preciso mesmo ver?

Respiro fundo. Pego o controle remoto. Clique. Cada um dos cinqüenta voluntários de Slough recebe um manifesto da felicidade. Contém dez dicas que são na maior parte senso comum, do tipo telefone para um amigo, ou conte suas bênçãos, ou (essa é a minha favorita) diminua pela metade o tempo que você gasta assistindo à TV. A ironia — de que o próprio manifesto é parte de um programa de TV — parece passar despercebida por todos os que estão envolvidos na experiência.

Num dos episódios, alguns dos cinqüenta de Slough entram numa limusine e visitam uma ganhadora da loteria. Ela conta a eles que — surpresa! — a vida dela não é necessariamente mais feliz, apenas mais confortável. Seu irmão morreu faz pouco tempo e ela disse que de bom grado abriria mão de cada dólar de seu prêmio para tê-lo de volta.

Clique. Outro episódio. Um dos especialistas em felicidade, um psicólogo cheio de dentes chamado Richard Stevens, está passando aspirador no chão com um olhar de maníaco, enquanto uma música inspiradora toca ao fundo. "Você pode passar o aspirador com amor e carinho," ele diz a um dos cinqüenta de Slough, que parece incrédulo. Então há Rex Burrow, de 83 anos, que declara ainda ter "muito o que fazer" na vida. Acho que ele não se refere a passar aspirador, mas posso estar enganado.

Uma das experiências mais interessantes foi a "terapia do cemitério". Mais uma vez a morte se intromete num livro sobre felicidade. Stevens organizou uma viagem a um cemitério local, de forma que os participantes pudessem se dar conta de que "nós todos vamos morrer, mas por enquanto estamos vivos". Alguns dos participantes consideraram o exercício encorajador. Outros o consideraram horripilante. Uma das mulheres foi às lágrimas.

Afinal, o grande momento. As 12 semanas se acabaram. Está na hora de verificar se os cinqüenta de Slough elevaram seus níveis de felicidade e se, quem sabe, mudaram o clima psicológico dessa denegrida cidade no condado de Berkshire. Primeiro, há a indispensável tensão dramática — alguns abraços, alguns choros, música orquestral. Stevens, óculos empoleirados no nariz, faz uma revisão dos dados, enquanto os demais especialistas em felicidade observam, cheios de expectativa. O envelope, por favor. E... é um grande sucesso! Segundo Stevens, os cinqüenta de Slough aumentaram seus níveis de felicidade em 33%. Ele nunca viu nada igual. O grupo começou com níveis de felicidade correspondentes àqueles da China. Agora eles superaram até mesmo a Suíça e a Dinamarca. Se Slough fosse um país, seria o mais feliz do mundo! Champanhe é servido, um brinde é proposto: "À felicidade maior em todos os lugares." Apoiado, apoiado. Tilintar de copos. Sobem os créditos.

Essa é a versão para a TV do *Making Slough Happy*. E, como sabemos, qualquer sobreposição entre TV e realidade é pura coincidência. Não consigo deixar de imaginar: será que esses especialistas em felicidade de fato mudaram o clima psicológico de Slough ou apenas divertiram cinqüenta de seus moradores por algum tempo?

Telefono para Richard Stevens. Ele soa surpreendentemente brusco ao telefone, quase rude, nem um pouco parecido como aquele camarada alegre e feliz que passava o aspirador e abraçava árvores na TV. Talvez ele esteja num dia ruim. Até mesmo os especialistas em felicidade ficam melancólicos. Ele concorda em me encontrar.

Ele está vestindo camisa branca e jeans. Está queimado, de maneira suspeita. Uma pessoa não se bronzeia naturalmente na Grã-Bretanha. Isso simplesmente não acontece. Algum tipo de tecnologia é necessário — seja um salão de bronzeamento ou um avião. Stevens explica que foi a segunda opção; ele acaba de voltar de um feriado de praia na Índia. Fico imaginando por que ele estaria tão rabugento ao telefone. Seu apartamento é impecável, claro e arejado. Há um piano num canto e sobre o piano a foto de uma mulher de pé ao lado de um Bill Clinton mais jovem.

Stevens explica como foi que reuniu seu "kit de ferramentas de felicidade" a partir de fontes variadas: budismo, psicologia evolucionária, movimento da nova psicologia positiva, música latino-americana. Ele e os outros especialistas em felicidade tiveram muitos obstáculos a serem superados. Em primeiro lugar, a administração da cidade de Slough não foi cooperativa e francamente não posso culpá-los. Eles haviam sido chutados no traseiro muitas vezes no passado e não estavam dispostos a se curvar outra vez, nem mesmo para a BBC.

Stevens explica que alguns dos exercícios foram melhores do que outros. A biodança se revelou complicada. Sensual demais para o inglês médio. A ioga do riso foi um fracasso. Nesse tipo de ioga as pessoas se reúnem e riem, sem serem provocadas por piadas ou humor de qualquer tipo. A idéia é disparar uma reação psicológica e espalhar uma risada contagiante. Completamente irracional, os clubes do riso começaram na Índia. Experimentei isso uma vez em Bombaim. Nós nos reunimos num parque de manhã bem cedo e permanecemos num círculo. Seguindo as orientações de um cardiologista chamado Madan Kataria, começamos a rir, assim, por absolutamente nenhuma razão. Funcionou. Não conseguia parar de rir. E estou rindo neste momento, enquanto revejo a cena em minha memória. Porém, os britânicos, não. Eles preferem seu prato de risadas servido com um aperitivo de humor.

Pergunto a Stevens se é possível, com tempo e recursos suficientes, realmente mudar o clima psicológico de um lugar. Ele pensa por um momento antes de responder, na certa ciente do fato de que níveis de felicidade são de uma teimosa estabilidade.

— Suponho que seja possível — diz Stevens. — Há diversas coisas que eu gostaria de fazer — trabalhar com as escolas, por exemplo, construir um sentido de comunidade. — Tudo isso é válido. Nada disso rende bons programas de televisão.

Stevens insiste para que eu não deixe de ir a Slough julgar os resultados por mim mesmo. Eu receava que ele dissesse isso. Minha última viagem a um lugar triste, Moldávia, deixou-me aterrorizado por semanas a fio. Temo que Slough possa me mandar para um lugar ainda mais fundo do abismo.

Para revestir-me de coragem vou ao encontro de Tim LeBon, um "conselheiro filosófico". Ele usa os ensinamentos dos antigos para ajudar as pessoas com seus problemas do século XXI. Problemas de relacionamento? Um chefe imbecil? Tim mergulha no profundo poço da filosofia e incorpora Aristóteles e Platão ou, se estiver se sentindo ambicioso, Nietzsche.

Tim ouviu falar a respeito de minha busca pelos lugares mais felizes do mundo e, como os funcionários da imigração no Heathrow, ficou imaginando que diabos eu estaria fazendo na Grã-Bretanha. Nós nos encontramos numa das mais felizes instituições britânicas: o *pub* local. O estabelecimento é conhecido como Queen Boadicea, e é enfumaçado, lotado e aconchegante. Conseguimos encontrar um sofá desocupado e pedimos duas cervejas.

Tim tem diversos clientes. Todos estrangeiros. Os britânicos não *trabalham* com terapia, filosófica ou de qualquer outro tipo, e pela mesma razão não compram livros de auto-ajuda. Como vocês já sabem, isso é visto como um sinal de fraqueza. Tim me conta uma história apócrifa. Ele foi até sua biblioteca local em busca de um livro americano de auto-ajuda chamado *Changing for Good* ("Mudando para sempre"). A coisa mais próxima que ele conseguiu encontrar, entretanto, foi *Changing for Dinner* ("Como arrumar-se para jantar"), um livro sobre etiqueta inglesa. "Isso mais ou menos resume tudo", diz Tim, olhando desolado para dentro de seu copo de cerveja.

Infeliz do terapeuta britânico. Os amigos de Tim não entendem seu ganha-pão. Aqueles que não o conhecem ficam francamente alarmados. Recuam horrorizados, como se ele tivesse acabado de se confessar um pedófilo. Ou um americano.

Por um lado, entendo o ceticismo deles. Eu mesmo tive muitas experiências com terapeutas e não posso dizer que elas tenham me tornando nem um pouco mais feliz. Ao mesmo tempo, a reserva britânica me deixa desconfortável. Ninguém até agora me deu sequer um "bom dia". Fico com a nítida impressão de que eles não querem que eu tenha um bom dia, ou, no mínimo, que não se importam. Talvez aqui haja uma corrente invisível de cordialidade, um canal subterrâneo de afeto humano. Seja o que for, está enterrado bem lá no fundo.

Tenho pena dos britânicos, privados que são dos saudáveis benefícios do complexo industrial da auto-ajuda. Será que não há nada que possamos fazer por essas tristes almas? Talvez um Plano Marshall Nova Era. Já consigo imaginar aviões inteiros de livros de Deepak Chopra e Wayne Dyer e CDs lançados por aviões sobre a área rural inglesa, com pequenos pára-quedas suavizando a velocidade de descida ao chão, é claro, porque não há nada mais dolorosamente irônico do que ser atingido na cabeça por Deepak Chopra e desmaiar. Alto-falantes poderiam transmitir Marianne Williamson no metrô. Sim, seria uma outra *Blitzkrieg*, só que dessa vez as bombas seriam amigáveis, armadas com uma carga útil de gloriosas auto-renovações.

Tim também dá um curso sobre psicologia positiva, mas ele não é um fanático. Às vezes, ele me diz, as pessoas escolhem não ser felizes, e tudo bem. Freud estava morrendo de câncer, aliás não muito longe deste *pub*, e no entanto recusou morfina. Ele desejava continuar a trabalhar e não queria que sua mente ficasse confusa. Se você acreditar que o prazer, ou pelo menos a ausência de dor, é o mais alto ideal do homem, então a decisão de Freud não faz sentido. No entanto a felicidade, como Tim a vê, é mais do que apenas uma série ininterrupta de momentos prazerosos, e essa é uma questão que o movimento da psicologia positiva parece não compreender.

Tim também considera perturbadora a ênfase que a psicologia positiva dá ao otimismo. O otimismo às vezes é algo maravilhoso, mas nem sempre. Tim me dá um exemplo. Digamos que você esteja num vôo e haja um problema no motor. Você gostaria de ter um piloto otimista no comando? Talvez, mas o que você quer mesmo, explica Tim, é um piloto sensato. Sensatez proveniente de anos de experiência.

— Parte da psicologia positiva diz respeito a ser positivo, mas às vezes risadas e palhaços não são apropriados. Algumas pessoas não querem ser felizes e pronto. Elas querem vidas significativas, o que nem sempre corresponde a vidas felizes.

Não tenho como contestar isso. Percebo que Tim combina com perfeição o otimismo americano com a circunspeção britânica num único pacote. Aposto que é um bom terapeuta.

Slough está situada a alguns quilômetros a oeste do aeroporto de Heathrow, junto à auto-estrada M25, o equivalente londrino da Washington Beltway. Isso localiza Slough precisamente numa terra de ninguém, nem parte de Londres, nem divorciada dela de todo. Não exatamente um lugar feliz para se ocupar, como qualquer um que esteja passando por um divórcio pode comprovar.

Caminho pela High Street. É bem agradável. É uma área apenas para pedestres, o que imediatamente faz com que eu me afeiçoe ao lugar. Tráfego nunca foi associado à felicidade e isso se aplica tanto a motoristas quanto a pedestres. Há os habituais estabelecimentos que vendem refeições rápidas de peixe com batata-frita e os quiosques onde se encontra comida indiana, além de um número excessivo de casas de penhores e casas de apostas. As cores são fracas e variam em tons de cinza que vão de escuros a claros. As pessoas também parecem acinzentadas e meio amarfanhadas. A palavra "desmazelada" me vem à cabeça. Sim, é isso, Slough é desmazelada.

Slough tem mais do que sua parcela de "*yobs*", o termo britânico para jovens que parecem encrenqueiros. (*Yob* é "boy" soletrado ao contrário.) Fui avisado a respeito disso. No entanto, não consigo levar a ameaça a sério. Para mim um *yob* soa como um bichinho de pelúcia que eu poderia comprar para a minha filha de dois nos de idade, e não como uma ameaça social.

Pego um jornal local, o *Slough Observer*, e dou uma lida nas manchetes. Há uma matéria sobre a crescente resistência ao "terror dos supermercados" e acabo entendendo não se tratar de um cara esquisito que fica observando as mulheres na seção de congelados, mas sim da abundância das grandes lojas que estão tirando do mercado os pequenos estabelecimentos familiares. Há uma matéria sobre uma briga que surgiu entre companhias de táxi rivais; parece que elas estão brigando para decidir quem tem o direito de pegar passageiros na estação de trem. Há uma matéria sobre cursos de línguas para novos imigrantes e quem deveria pagar por eles.

Slough, como a maior parte da Grã-Bretanha, é multicultural. Por um lado, essa é uma boa notícia. Os imigrantes incrementaram a insossa comida britânica, assim como a insossa personalidade britânica. Por outro lado, essa afluência de imigrantes trouxe problemas. Mais especialmente terroristas islâmicos. É aqui que o politicamente correto e a pesquisa da felicidade se separam. Diversidade, esse tão proclamado atributo, não necessariamente ajuda a promover um lugar feliz. As nações mais felizes do mundo — a Islândia, por exemplo — tendem a ser homogêneas em termos étnicos.

Meu primeiro objetivo: entrar na pele de Slough. Descascar sua espessa camada de abatimento para ver o que se encontra por baixo. Para levar isso a cabo, vou precisar vasculhar o meu arsenal de estratégias jornalísticas. Nós jornalistas somos sedutores, só que não estamos atrás de sexo (geralmente). Queremos informações, declarações e citações confiáveis. Como todos os grandes sedutores, dirigimos nossas investidas às prováveis conquistas que estão à mão.

Como jornalista de rádio, minha tarefa tem sido complicada por causa da necessidade de um microfone. Vocês ficariam surpresos de ver quantas pessoas por aí sofrem de fobia de microfone. O caso dos japoneses é grave. Lembro-me de uma vez ter usado meu microfone numa loja de departamentos em Tóquio. A julgar pelas expressões de puro medo, seria possível imaginar que eu tinha acabado de sacar uma pistola semi-automática ou então de abaixar as minhas calças.

Em países árabes, é crucial que você aceite de bom grado muitas e muitas xícaras de chá antes de fazer qualquer pergunta que possa ser interpretada como uma pergunta de verdade. Na Índia, descobri que lisonjear era a maneira de fazer as pessoas falarem. Na América, a fobia de microfone é extremamente rara e preliminares desse tipo não são necessárias. Pelo contrário, o desafio é fazer as pessoas *pararem* de falar.

Eu não estava muito certo de como deveria lidar com os britânicos. Por um momento considero a possibilidade de uma abordagem direta — "Oi, meu nome é Eric. Sou dos Estados Unidos. Você é feliz?" — mas logo descarto a idéia, que sem dúvida iria provocar uma resposta em que as palavras "cai" e "fora" apareceriam em destaque.

Em vez disso, decidi dar uma passada na barbearia local. Entre os jornalistas, essa é uma tradição consagrada pelo tempo, quase tão consagrada quanto entrevistar o seu motorista de táxi local, mas eu estava relutante em me envolver na disputa entre os motoristas de táxi de Slough.

A Barbearia Sabino's parece uma instituição local. Em outras palavras, parece antiga. E um pouco antiquada. Meu plano é me fazer passar por um freguês como outro qualquer em busca de um corte de cabelo. Trata-se de um plano brilhante, a não ser por um pequeno detalhe: não tenho cabelo nenhum. Sem problemas. Desembainho uma outra arma do meu arsenal jornalístico: humor.

— Será que vocês oferecem descontos para portadores de deficiência folicular?

— Não, mas nós de fato cobramos uma taxa de busca.

Boa defesa, meu camarada. Humor inglês da melhor qualidade. O sujeito espirituoso é Tony. Cabelo volumoso e preto. Uma pança do tamanho de uma pequena geladeira. Tony passou a vida inteira em Slough. Um lugar bom, diz ele. Você sempre pode encontrar trabalho aqui se quiser. Ou não. Sempre há o seguro desemprego. Tony fica um pouco na defensiva quando menciono o poema das "bombas amigas". Isso foi há muito tempo, ele diz, e, além do mais, uma das filhas do poeta depois pediu desculpas em seu nome. Caso encerrado.

— Então, o que exatamente é tão bom a respeito de Slough? — Eu pergunto, enquanto Tony examina meu cabelo em busca de qualquer coisa que se pareça com cabelo.

— Bem, nós temos uma localização central. Você pode ir para todos os lugares a partir daqui. São apenas 20 minutos até Londres ou Reading. O Castelo de Windsor também é bem perto.

Sinais de alerta disparam dentro da minha cabeça careca. Nunca é um bom sinal quando a melhor coisa a respeito de um lugar é o fato de que ele fica perto de outros lugares. Pergunte só aos residentes de Nova Jersey.

Estou saindo quando Tony recomenda que eu visite o museu de Slough.

— Certifique-se de que tem tempo suficiente — uns bons 20 minutos. Você não vai querer perder nada. — Não sei dizer se Tony está sendo sarcástico ou não, mas concedo a ele o benefício da dúvida.

Encontro o museu em um dos extremos da High Street, com um aspecto triste e negligenciado. Entro, pago uma pequena taxa e percorro as exposições, pelo menos é assim que elas são chamadas. Aprendo fatos importantes a respeito de Slough. Por exemplo, ainda no século XVII, Slough era uma parada popular para carruagens que viajavam entre Londres e Bath. Em outras palavras, mesmo naquela época, era um lugar próximo de outros lugares. Fico sabendo que os fazendeiros de Slough tinham "tamanho estoque de estrume que não precisavam fazer intervalos entre os cultivos". Tudo bem. O que temos até aqui? Historicamente, Slough era um *pit stop* cheio de estrume.

Outra exposição destaca uma velha foto em preto e branco de um exército de caminhões alinhados até aonde a vista alcança. Leio o cartaz: "Durante a Primeira Guerra Mundial, Slough foi utilizada como depósito de reparos para veículos militares, e recebeu por isso o apelido de 'O Depósito'."

Uma coisa deve-se dizer a respeito de Slough. É um lugar coerente. Espere, espere, há mais. Expostos de maneira bem organizada por trás de uma vitrine estão alguns dos produtos feitos em Slough: meias, tampas de caixas de fósforo, purificadores de ar Air Wick (por causa do montão de estrume, sem dúvida), creme para as unhas, barras de chocolate Mars. O radar foi supostamente inventado em Slough, também. Quanta ironia, eu penso, dado que Slough mal aparece no radar de qualquer pessoa.

Meus 20 minutos se esgotaram. Preciso tomar uma bebida. Mais uma vez, em nome da pesquisa. Se você quer conhecer uma cidade inglesa, precisa passar um tempo no *pub* local. Não fui eu quem disse isso. A antropóloga Kate Fox o fez. Ela passou anos examinando minuciosamente seus concidadãos como se estivesse estudando alguma tribo da Idade da Pedra em Papua, Nova Guiné. Em seu livro *Watching the English* ("Observando os ingleses"), ela descreve a importância que os nativos atribuem ao seu ritual da bebida: "Seria impossível até mesmo *tentar* entender o que é ser inglês sem passar muito tempo em *pubs*."

O *pub* é o lugar onde britânicos deixam de lado a timidez nativa. Todo o negócio — "*pub*" é, afinal de contas, uma redução de "estabelecimento público" — é concebido para encorajar as pessoas a interagirem. É por isso que nunca há garçonetes num pub inglês; em vez disso, os fregueses são forçados a pedir suas bebidas no bar, onde invariavelmente encontram outros fazendo a mesma coisa. Disso resulta uma conversa — meio constrangida, cheia de rodeios mas, ainda assim, uma conversa.

A inclinação inglesa para regras rigorosas de comportamento se verifica inclusive dentro dos *pubs*. Uma das regras que não me sai da cabeça é esta: Não se apresente logo de cara. Isso é considerado "enjoado como os americanos", diz Fox. Tomo nota disso e também do fato de que no Reino Unido a palavra "americano" é sempre precedida pela palavra "enjoado".

Encontrar um *pub* numa cidade inglesa é tão fácil quanto encontrar uma igreja no Alabama. Slough oferece diversas opções. Gosto do jeitão do Herschel Arms, batizado em homenagem ao mais célebre filho de Slough, Sir William Herschel, astrônomo do rei George III.

Apesar de seu *pedigree* inglês, o Herschel Arms pertence a um espirituoso irlandês de nome Tom. Há bricabraque por toda a parte. Um anúncio velho das "Pílulas Baldwin para os Nervos", que garante curar "nervosismo, irritabilidade, medo e pavor". Há um rádio antigo da década de 1930 e uma tabuleta que diz: "Evite ressacas. Mantenha-se bêbado".

Eu me instalo no bar e, seguindo o conselho de Fox, coloco uma nota de cinco libras na mão. "É aceitável segurar dinheiro ou um copo vazio numa das mãos para mostrar aos funcionários do bar que se está aguardando atendimento", ela aconselha. Pensando melhor, talvez isso não fosse necessário, já que até agora sou a única pessoa no *pub*.

A cerveja chega quente, é claro, e, no entanto, bebível. Estou absorvendo a atmosfera do Velho Mundo quando olho pela janela e vejo uma livraria islâmica com um letreiro que irradia intensamente, com brilho e nitidez: "Uma luz e uma mensagem clara chegaram para você de Alá." Alá e *pubs*, lado a lado. Tomo um gole da minha cerveja quente e em silêncio faço um brinde à nova Grã-Bretanha. Deus a ajude.

Vim até aqui para falar com verdadeiros cidadãos de Slough e confesso que estou nervoso. Kate Fox me assustou com suas observações de que "cada *pub* tem seu próprio código interno de piadas, apelidos, frases e gestos". Como seria possível saber quais são?

Justo quando a minha ansiedade está no auge, entra um homem magricela e muito distinto. Deve ter quase 70 anos. Está usando um blazer bem cortado e traz no bolso um lenço dobrado com esmero.

— Tempinho horroroso, não?

— É, tempinho horroroso.

As duas últimas palavras soam ridículas saindo da minha boca americana, mas ou o homem não repara, ou é educado demais para dizer qualquer coisa.

Ele se inclina em minha direção e diz:

— Você sabia que o nome deste *pub* é uma homenagem a William Herschel? Ele era um astrônomo.

— Sim, eu soube disso.

— Você sabia que ele descobriu um dos planetas?

— Não, é mesmo? Qual deles?

— Urano. (Aqui o freguês do *pub* faz uma piada com o nome do planeta em inglês, Uranos, que pronunciado soa como *your anus*, em português, "o seu anus".)

Há uma pausa incômoda. Seguro o riso. Tomo um gole da cerveja. Seguro mais outro riso. Afinal, ele intervém e me salva.

— Eu sei. Típico, não é mesmo?

Com isso, compartilhamos uma boa e cordial gargalhada.

O gelo devidamente quebrado, eu cautelosamente indago ao homem a respeito de Slough, cuidando para não ofender suas sensibilidades nativas.

— Então eu suponho que você esteja familiarizado com... é... com a reputação de Slough.

— É bem merecida. Este é um lugar muito desagradável. Uma grande porcaria.

Fim da preocupação com as sensibilidades nativas. Ele tinha ouvido algo a respeito do *Making Slough Happy*, mas está muito cético. E expressa esse ceticismo não através da sutil linguagem corporal inglesa, mas por referências mais escatológicas.

— Veja bem, se você tem algo que é fundamentalmente uma bosta, não pode fazer muito com isso, pode? — Com essas poucas palavras bem escolhidas o homem rejeitou toda a experiência da felicidade e boa parte do movimento da psicologia positiva. Não sei bem como responder, então mudo para um tema mais seguro.

— Legal este *pub*, não é?

— Oh, costumava ser. Mas agora está um pouco exagerado na decoração. E eles servem comida, você sabe. Agora tudo gira em torno da comida. — Ele diz essa última parte com uma repugnância moral, como se o *pub* tivesse passado a vender heroína com cerveja no lugar de rodelas de cebola frita.

Conversamos e bebemos. Eu peço uma rodada, o que faz com que ele simpatize comigo, assim como Kate Fox me disse que iria acontecer. Quando já estamos conversando há uma hora, nos apresentamos. O nome dele é Geoffrey, e essa é uma informação que considero tão preciosa como qualquer informação da CIA. Na Grã-Bretanha, conhecer o nome de alguém não é mera formalidade. É uma façanha.

Muitas cervejas são bebidas e muitas risadas compartilhadas, não consigo me lembrar bem por quê. Nunca vi ninguém rir desse jeito. Com o corpo rígido e ereto, como o de um soldado, Geoffrey inclina o tronco para trás, de forma que fique a quarenta e cinco graus em relação às pernas dele. É uma risada bastante controlada e, nesse sentido, uma risada muito inglesa.

Mesmo na atmosfera inebriada do *pub*, os ingleses se mantêm econômicos em suas emoções. Informações pessoais são ofertadas criteriosamente, como chocolates finos ou bons vinhos. Como qualquer economista será capaz de lhe dizer, a escassez cria valor. Então quando os britânicos se abrem e expõem suas feridas, isso é mais valioso e significativo do que quando um americano o faz. Pela primeira vez desde que cheguei à Grã-Bretanha, aprecio a virtude da reticência.

Aprendo bastante a respeito de Geoffrey. Fico sabendo que ele prefere o tempo quente ao frio e que, pelo menos no que diz respeito a ele, "aquecimento global é uma coisa boa". Descubro que na semana seguinte ele vai voar para um *resort* egípcio e "está se lixando se o avião cair", porque ele teve uma vida boa. Fico sabendo que a mulher de Geoffrey faleceu três anos atrás e apesar de não dizer exatamente isso, ele sente muita falta dela.

Suspeito que essa seja a razão pelo qual Geoffrey permaneça em Slough. Ele, é claro, nunca confessaria tal sentimento tão piegas. A relação entre morte e geografia é complicada. Às vezes, quando uma tragédia muito terrível acontece — quando alguém perde um filho, por exemplo —, as pessoas se sentem obrigadas a abandonar a cena sem demora, na esperança de que mudando a localização física, elas possam suavizar o intolerável pesar que recai sobre elas. Outras vezes, entretanto, nós nos sentimos compelidos a permanecer. O lugar é tudo o que resta e ir embora seria como que uma traição. Esse, imagino, é o caso de Geoffrey. Ele não ama Slough, mas ele amava sua esposa, ele a amava *aqui*, nesta tão denegrida cidade de Slough no condado de Berkshire, então aqui ele permanece.

É claro, ele pensou em ir embora, Geoffrey me conta, mas não consegue encontrar forças para isso.

— Quer dizer, no final você vem para casa porque é onde você vive. — A última fala me parece profunda, embora no meu estado de confusão etílica eu não saiba dizer precisamente por quê. É só na manhã seguinte, depois de ter voltado cambaleante para o meu hotel e desabado num profundo sono Slough, que me dou conta. *Você vai para casa porque é onde você vive.* Esse foi o jeito inglês de Geoffrey dizer — num tom peremptório e sem deixar transparecer qualquer emoção — o que nós todos sabemos que é verdade: lar é onde está o coração.

Acordo e noto que nevou faz pouco tempo. A neve está bonita, cobrindo as árvores e o chão com um manto branco. Entretanto, pelo visto a neve é um evento raro na área londrina e os poucos centímetros de precipitação criam um estado de emergência nacional. Por todo o sul da Inglaterra as pessoas estão pondo a mão na massa por causa do Grande Acontecimento da Neve, como noticia um repórter local esbaforido. Você iria achar que os alemães estão bombardeando Londres novamente. As escolas estão fechadas. Os aeroportos estão fechados. Mas o locutor ofegante me assegura que as pessoas estão determinadas a continuar com a vida normal. Não podemos deixar que a neve nos vença.

Eu também estou determinado a me manter firme diante dos flocos brancos e fofos. Decido não desmarcar meu compromisso com Heather White. Ela é uma das cinqüenta de Slough e estou curioso em saber se a experiência da TV teve algum impacto duradouro na sua personalidade. Heather mora na Shaggy Calf Lane (Travessa do Bezerro Peludo). Quando ela me disse isso ao telefone, sorri. Parece algo saído de uma fábula.

Já no local, percebo que a Shaggy Calf Lane não difere de qualquer outra rua inglesa. Nenhum bezerro à vista, peludo ou não, apenas diversos carros pequenos transitando pelo lado errado. Caminho até a porta da frente da casa de Heather e toco a campainha. Havia me preparado para nosso encontro lendo a respeito dos hábitos de saudação dos nativos. Aquilo que Samuel Johnson observou mais de 200 anos atrás ainda é válido hoje: "Quando dois ingleses se encontram, a primeira coisa que falam é sobre o tempo". Não apenas uma conversa qualquer, mas uma conversa tranqüilizadora, reconfortante. "Você nunca deve contradizer alguém quando estiver discutindo o tempo", alerta George Mikes, um humorista húngaro. Certo. Por sorte, tenho condições meteorológicas de verdade, o Grande Acontecimento da Neve, para falar a respeito.

— Que tempo está fazendo — digo a Heather White quando ela me saúda na porta.

— Oh, eu não sei, não. Não está tão ruim assim.

Isso me desconcerta. Ela não está seguindo o roteiro.

Heather está usando um colete de lã azul e óculos de aro preto. Ela tem oitenta anos, mas sua mente é ágil e afiada, e não à toa ela diz que se sente com 35. Heather vem de uma orgulhosa família de militares britânicos. O pai dela foi comandante de Winston Churchill quando os dois serviram na Índia. Aos 13 anos de idade, durante a Segunda Guerra, a própria Heather recebeu uma medalha por ter sido ferida por estilhaços quando trabalhava de bicicleta como mensageira.

Ela me convida para entrar, enxotando Lizzie, sua *bull terrier*. Sou levado até uma sala de estar que está cheia de desenhos de *bull terriers* e de muitos livros: um livro de culinária indiana, uma biografia de Jane Austen, uma tradução para o inglês do Alcorão. Heather White é uma mulher de muitas surpresas.

Heather passou a maior parte da vida em Slough mas, assim como Geoffrey, faz algumas ressalvas a respeito do lugar, coisa que ela expressa num clássico eufemismo inglês.

— Slough é uma porcaria. Uma completa porcaria. Eu odeio esta cidade.

Heather não gosta do que aconteceu a Slough nos últimos anos. Não gosta dos projetos habitacionais. Não gosta do tráfego. Não gosta dos shoppings. Não gosta dos asiáticos, a não ser dos seus vizinhos, que são do Paquistão e muito agradáveis.

Aponto para a foto de um homem, pendurada na parede. Como eu suspeitava, é o marido de Heather. Ele morreu muitos anos atrás, diz ela, e era "um verdadeiro *boffin*".

— Era mesmo, que pena — eu digo sem entender direito.

Heather olha para mim como se eu fosse meio pirado. Um *boffin*, acabo aprendendo, é o que os britânicos chamam de um inventor brilhante. De fato, ele era um homem brilhante de várias maneiras. Quando ele e Heather estavam começando a namorar, ele escrevia cartas de amor para ela em grego antigo. Ela precisava pedir para uma amiga traduzir.

Heather White é feliz, só que já devia ser feliz antes de os especialistas em felicidade baixarem em Slough. Não por coincidência, Heather White é enfermeira, uma das profissões que os pesquisadores da Universidade de Chicago descobriram estar entre as mais felizes. Tecnicamente, Heather é aposentada, mas está sempre indo ao hospital para ajudar numa coisa ou outra. Heather é útil. Heather anseia pela manhã de segunda-feira.

Heather nunca tinha ouvido falar da "ciência da felicidade" até ser abordada pelos produtores de *Making Slough Happy*. Ela decidiu experimentar pela farra. Heather achou a experiência boa, mas fica imaginando por que é que eles não introduziram exercícios que envolvessem cachorros e jardins, os dois pilares da felicidade inglesa. Em especial cachorros. "Você leva o cachorro para o hospital e os pacientes se recuperam melhor. Eu já vi isso acontecer. Os cachorros são a chave para a felicidade."

Um exercício do qual ela gostou em especial foi o de fotografia. Sua tarefa era fotografar os rostos de Slough, fotos que depois seriam reunidas num mural gigante e exibidas na High Street. Heather mal havia tirado uma foto na vida. Mas ela é uma pessoa que aprende rápido e, o que acabou se revelando, uma boa fotógrafa. Havia apenas um problema: as pessoas de Slough não sorriem e não gostam que tirem fotos delas. Então Heather apontou sua câmera para baixo e em vez disso fotografou tampas de bueiros. Clique, clique. É impressionante quantas tampas de bueiro diferentes existem. Clique. Cada uma é diferente, como flocos de neve. Só que não tão bonitas. Mais pesadas também.

Um dos companheiros participantes emprestou um livro para Heather a respeito da psicologia positiva. Era tão "tipicamente americano", diz ela. Tão água-com-açúcar. Heather White encara a vida como o seu chá, puro e amargo.

— Você alguma vez se sente para baixo, Heather?

— Oh, sim, é claro. Quando isso acontece, eu apenas paro um pouco para me lamentar e depois sigo em frente.

Ah, uma boa lamentação. É o que há a respeito dos britânicos. Eles não lamentam, resmungam, ou reclamam. Até que o fazem. Então é melhor sair da frente.

A Grã-Bretanha é um ótimo lugar para rabugentos como eu. Há vários companheiros rabugentos com os quais posso confraternizar. Há livros para rabugentos e até mesmo uma série de TV. Chama-se *Grumpy Old Men* ("Dois velhos rabugentos") e é bastante popular.

Consegui o livro com informações sobre a série e folheei o prefácio, escrito por um rabugento chamado Arthur Smith. Ele começa observando que "a vida é uma merda organizada por filhos da puta". Em seguida ele fica negativo.

Arthur, como a maior parte dos britânicos, eu suspeito, tira um prazer perverso de sua rabugice. De que outra forma interpretar esta descrição de como ele se sente em pleno lamento?

— Quando eu me zango sem parar, vou ficando mais energizado e agitado com a minha própria desgraça e misantropia, até que alcanço uma espécie de orgasmo da negatividade. — Uau. Isso sim é rabugice no seu mais alto grau. Ele elevou o "apreço pela melancolia" do Hilmar a um patamar completamente novo. Os britânicos não apenas curtem a melancolia, eles sentem prazer com ela.

Sou capaz de me identificar. Afinal de contas, meu sobrenome é pronunciado "whiner" (resmungão em inglês), e me esforço para fazer jus ao nome. Tenho uma tendência constrangedora, por exemplo, a suspirar pesadamente. Faço isso a todo instante, enquanto escrevo, dirijo e até quando estou em reuniões. As pessoas acham que estou entediado ou agitado, mas isso em geral não é verdade. É só a minha maneira de liberar a pressão rabugenta que cresceu dentro de mim. Um bom suspiro, como um bom gemido, é um mecanismo de autocorreção. Mas aqui na Grã-Bretanha, terra dos rabugentos, não estou à altura. Uma vez libertadas, as rabugices britânicas são uma força da natureza, notáveis, no mínimo, pelo seu poder de permanência.

Como eu, Heather White é uma rabugenta amadora. Ela apenas geme por alguns minutos e então retorna ao seu estado normal de contentamento. Ela conta suas bênçãos: seu cachorro, seu jardim, seus amigos. E agora um certo grau de fama, desde que o programa foi ao ar. No entanto, Heather não sonha em ficar rica. Ela não saberia o que fazer com todo o dinheiro.

— Já vi muita gente com dinheiro que é infeliz. São as pessoas, não o dinheiro o que faz você feliz. Cachorros também.

Heather se oferece para me levar de carro de volta ao hotel. Estou colocando meu cinto de segurança quando ela nota minha apreensão.

— Você não está com medo que eu dirija mal, está?

— Não — eu minto.

No fim ela se revela uma motorista excelente, navegando com habilidade pelas ruas cobertas de neve, enquanto vai cantarolando baixinho para si própria. Nesse momento eu percebo que Heather White é feliz de uma maneira latente.

Combinei de me encontrar com Richard Hill em frente ao restaurante chinês. A um quarteirão de distância posso perceber que ele não está bem. Anda devagar, muito cuidadoso. Ele está encurvado e pálido, apesar de ter apenas cinqüenta e poucos anos. Quando me aproximo, noto seus dentes tortos e amarelados.

Nós nos sentamos num café e Richard pede um enorme *cappuccino*. Parece mais uma tigela, uma tigela muito grande. Richard descarrega três envelopes de açúcar em seu *cappuccino* enquanto me conta que aos 30 anos de idade teve seu primeiro ataque cardíaco. Não foi muito longe daqui. Ele estava na casa de um amigo, assistindo TV, quando a dor o atingiu como um *tsunami*. Desde então, ele teve dois outros ataques do coração. Richard sofre de um uma angina grave. Seu corpo produz colesterol em excesso. Exercícios e dietas não ajudam. Ele está doente demais para trabalhar. Passou por duas cirurgias de *bypass* cardíaco e toma remédios para controlar seu precário estado de saúde. Mas ele sabe que sua vida é mais precária do que a da maioria das pessoas.

— Eu poderia cair morto a qualquer momento — ele me diz, com a maior naturalidade, enquanto despeja mais um envelope de açúcar em seu cappuccino.

Estou apenas sentado ali, desejando ter me matriculado no curso de ressuscitação cardiopulmonar da Cruz Vermelha, quando Richard, um galês, explica como foi parar em Slough. Ele estava se recuperando daquele primeiro ataque cardíaco quando decidiu que gostava bastante de Slough e passaria a chamá-la de lar. "Uma cidade brilhante", diz ele, e está sendo sincero. É multicultural e Richard acha que isso é uma boa coisa. Ele pode ir para a Índia, para o Paquistão ou para a Polônia sem nunca sair de Slough.

Richard ouviu falar de *Making Slough Happy* e não conseguiu resistir. Ele se considera razoavelmente feliz, mas ali estava uma chance de sentir-se ainda mais feliz — de graça — e de quebra ainda aparecer na televisão. Como não gostar da idéia?

De cara achou o manifesto da felicidade meio bobo, mas aos poucos foi passando a gostar. Faz uns 18 meses que a experiência terminou e ele ainda recorre às declarações com freqüência, mesmo que só para coisas óbvias, diz ele, tais como contar as bênçãos e ser grato por cinco coisas todos os dias.

Não posso imaginar quais as razões que esse homem adoentado e desempregado pode ter para ser grato, então pergunto quais são elas.

— Por ainda estar vivo. Essa é a maior. Por não ter tido um ataque do coração no meio da noite e morrido. Não se trata de um medo teórico. Cheguei perto da morte. É algo que você tem de vivenciar. Não é uma coisa intelectual.

— Mas os seus problemas de saúde devem deixá-lo menos feliz.

— Não, eles me deixaram mais feliz.

— Mais feliz?

— Sim. Deixa eu ver se consigo explicar. Quando foi a última vez que você checou seu coração?

A pergunta me deixa nervoso. Hoje por acaso vem a ser meu aniversário e eu agora estou confortavelmente, se é que podemos dizer assim, na idade em que os ataques do coração acontecem com mais freqüência.

— Minha filha de dois anos verificou meu coração com um estetoscópio de brinquedo, isso conta?

— Não. Quando foi a última vez que você fez um angiograma?

— O que é um angiograma?

— A questão é: você não sabe das condições do seu coração, enquanto eu sei *exatamente* as condições do meu coração. Sei que está funcionando de maneira razoável, apesar de ter dores no peito e tudo o mais. Eu poderia empacotar, mas qualquer outra pessoa também poderia. Entrei numa fase em que perdi todas as minhas ambições por causa dos problemas no coração e não conseguia me inspirar para fazer qualquer coisa, porque poderia cair duro no dia seguinte. Daí meu primo morreu de repente e ele andava perfeitamente saudável. Cinqüenta e dois anos de idade. Um fazendeiro bem atlético. E eu comecei a pensar: "Sim, eu poderia cair morto, mas qualquer outra pessoa também. Pelo menos eu conheço o estado de um dos meus órgãos vitais."

— Mas você não tem medo de morrer?

— Não. Tenho medo de doenças dolorosas que levam à morte, mas não estou com medo de morrer de um ataque do coração. Cheguei perto algumas vezes e se morrer é isso, por mim tudo bem.

Direciono a conversa de novo para a experiência do *Making Slough Happy*, mas a morte continua nos seguindo. Richard me conta que para ele a terapia do cemitério foi o ponto alto. Ele ficou vagando pelo cemitério, como havia sido instruído, e encontrou uma lápide para um menino de 4 anos de idade.

— E eu me pus a pensar que isso é trágico para as pessoas que ficaram para trás, mas esse menino não tinha consciência de sua própria mortalidade, então, desde que não tenha sofrido, teve com certeza uma vida maravilhosa.

Richard concorda com a minha teoria de que a cultura britânica dificulta a felicidade. A mais óbvia manifestação é a ausência de abraços. Os britânicos não abraçam nem mesmo suas próprias mães. Uma vez, quando ele tinha dez anos de idade, Richard visitou o Canadá e descobriu um admirável novo mundo de abraços. Ele passou a abraçar sua mãe todas as vezes em que eles se encontravam. Abraçar, diz ele, "eleva o seu espírito".

Apresento uma proposta a Richard. Se eu desse a ele cinco anos e 50 milhões de dólares e pedisse a ele que fizesse Slough feliz — realmente feliz, não feliz para a televisão —, o que ele faria?

— Bem, você precisa mostrar para as pessoas que o dinheiro não é necessário. Basta botar o manifesto da felicidade em ação. Converse com alguém que esteja deprimido. Aprecie o momento. É isso. Como este *cappuccino*. Se estivesse ruim nós nos apressaríamos em reclamar. Mas se estivesse excelente, se excedesse nossas expectativas, será que escreveríamos para elogiar o café? Não, não escreveríamos.

Richard terminou seu *cappuccino*, que a propósito estava excelente. Saímos do café. O céu está cinzento. Para mim parece mais um dia nublado. Mas Richard Hill, signatário do manifesto da felicidade, um homem pairando entre a vida e a morte, olha para o céu, identifica pedaços de azul e declara que este é um dia parcialmente ensolarado.

Pasta de dentes ou papel higiênico? Essa era a escolha cruel que Veronica Puglia enfrentava. Era recém-divorciada, vivia do seguro desemprego e tinha dinheiro apenas para um desses itens. Qual deles seria: pasta de dentes ou papel higiênico? Mais tarde eu conto. Primeiro, um pouco mais a respeito de Veronica. Ela é filha de imigrantes poloneses. Seu nome de solteira significa "cheio de nozes" em polonês, um fato do qual ela evidentemente se orgulha. Um dia, uma de suas filhas entregou para ela um folheto do *Making Slough Happy*. Eles estavam em busca de voluntários. Veronica ficou intrigada. Ficou imaginando se tal coisa seria possível, se daria para fazer uma cidade inteira mais feliz. Ela mesma não se importaria de ser um pouco mais feliz.

Funcionou. A experiência a deixou mais feliz, mas não foi a ciência da felicidade que fez isso. Nenhum avanço terapêutico, nenhuma revelação retumbante. O que aconteceu foi a velha e boa socialização. Sair e encontrar pessoas.

Veronica estava entre os voluntários que se encontraram com a ganhadora da loteria. Ela não acredita muito nessa pesquisa a respeito de loterias, felicidade e adaptação hedonista. Mostre-me o dinheiro, é o que ela diz. Outros podem esbanjar seus ganhos, mas *ela* saberia o que fazer com os milhões. Ela seria feliz. Ganhar daria a ela opções e ter opções é bom, Veronica supõe. Bem, a maior parte das opções. Não aquela entre pasta de dente e papel-higiênico mas, como uma ganhadora da loteria, essa seria uma escolha que ela nunca mais teria de fazer. Se ela ganhasse, ela abriria um *pub*. Sim, posso imaginar isso. Veronica daria uma excelente dona de *pub*. Aquela que faz com que você sinta que o *pub* é uma segunda casa.

As circunstâncias da vida de Veronica pioraram desde que a experiência acabou. Ela foi dispensada de seu trabalho numa escola local, onde ensinava os alunos a escrever currículos, e por isso está de volta ao seguro desemprego, guardando cada centavo e mal conseguindo pagar as contas. A vida é dura à beça, ela me diz.

— Então, Veronica — pergunto com cautela —, o quão feliz você tem estado ultimamente? Numa escala de um a dez?

— Um seis — ela diz, mas dá para perceber que não está satisfeita com sua resposta. Ela está refletindo.

— Não, isso não está certo. Eu apenas disse isso porque era quanto eu *pensava* que deveria ser, dada minha situação de vida, vivendo do seguro desemprego, divorciada e tudo o mais. Só que na verdade sou um oito. Não, oito e meio. Sim, é isso o que eu sou. Um oito e meio. — Ela tem saúde e duas lindas meninas. E toda a segunda à noite ela e alguns dos cinqüenta de Slough se encontram no Red Lion Pub para uma noite de jogos beneficentes.

E então qual foi a escolha: pasta de dente ou papel higiênico? Veronica calcula que existam dois tipos de pessoa no mundo: Pessoas Pasta de Dente e Pessoas Papel Higiênico. Veronica? Ela é uma pessoa Pasta de Dente. Você sempre pode encontrar um substituto para papel higiênico — guardanapos de papel, por exemplo. Mas não pasta de dente. Pasta de dente, diferente de papel higiênico, faz mais do que desempenhar uma função necessária. Também dá uma sensação gostosa na boca, faz *você* se sentir bem. Sim, Veronica é uma pessoa Pasta de Dente.

Anoitece em Slough. Estou caminhando de volta ao meu hotel. Decido parar no cemitério de uma igreja e experimentar um pouco da terapia do cemitério. Caminho com dificuldade pelo chão malcuidado onde há neve suja e derretida, parando em cada uma das lápides e dizendo os nomes em voz alta. Para mim, uma coisa não é real até que eu diga em voz alta. Um menino de 13 anos de idade. Um homem de 84. Uma menina de 19 anos. Eu sei que isso deveria me fazer sentir uma pessoa de sorte por estar vivo, mas não consigo conclamar esse sentimento. Estou com frio e cansado e me sinto idiota, em pé, num cemitério, conversando comigo mesmo.

Então me deparo com uma lápide para uma Ellen Greensway, que morreu no dia 25 de março de 1914. Ela estava exatamente com a minha idade quando faleceu. Consigo me identificar com Ellen. Ela não é uma abstração. Bem ali, de pé entre a neve suja e as ervas daninhas, tremendo por causa do frio, faço uma promessa para mim mesmo: vou me lembrar que todos os dias daqui para frente são como um molho. Um molho suculento, com muita gordura, cremoso, indutor de ataques do coração.

A experiência da TV foi boa mas fico imaginando como é que poderíamos tratar de realmente fazer Slough — ou qualquer outro lugar — mais feliz? Seria apenas uma questão de eliminar problemas? Reduza o crime, livre-se daqueles projetos habitacionais feios, diminua a poluição do ar e a felicidade vai escorrer como cerveja quente da torneira? George Orwell era cético a respeito dessa abordagem: "Quase todos os criadores da utopia se pareceram com o homem que tem uma dor de dente e, portanto, pensa que a felicidade consiste em não ter dor de dente."

Ele tem razão. Certamente, felicidade não é apenas "a ausência de sofrimento", como aquele megapessimista Schopenhauer acreditava, mas sim a *presença* de algo. Mas o quê? E será que você pode fazer lugares se modificarem ou o lugar tem que *querer* mudar?

Em Slough, não posso evitar os fatos. A teoria viral da felicidade nunca foi adiante. Os cinqüenta de Slough podem ter aprendido uma coisa ou outra a respeito de felicidade, mas a mensagem nunca se espalhou até muito longe. Será que isso significa que a teoria viral é imperfeita?Acho que não. É apenas uma questão de números. Plante o suficiente em sementes de felicidade — pessoas com Richard Hill, Heather White e Veronica Puglia — e finalmente as leis do crescimento exponencial são ativadas. O momento da virada é alcançado e a felicidade, eu acredito, vai se espalhar como um incêndio florestal californiano.

E o que fazer nesse meio tempo? Suponho que devemos continuar plantando sementes. Além do mais, plantar é o que importa, não a colheita. Como muitos filósofos observaram, a felicidade é um subproduto. A felicidade é, como Nathaniel Hawthorne observou, a borboleta que pousa em nosso ombro espontaneamente.

Então, em vez de tentar ativamente tornar os lugares e as pessoas mais felizes, talvez estivéssemos melhor levando em consideração o conselho do autor canadense Robertson Davies: "Se você não está feliz, é melhor parar de se preocupar a respeito disso e ver quais tesouros você pode colher do seu tipo pessoal de infelicidade."

Colocado dessa forma, vejo a desmazelada Slough de sempre numa luz toda diferente. Não se trata mais de uma denegrida cidade de Slough no condado de Berkshire, alvo de piadas, mas sim de um tesouro perdido de infelicidade, esperando ser desenterrado.

Capítulo 9

ÍNDIA

A felicidade é uma contradição

Alguns lugares são como família. Ela nos irrita infinitamente, especialmente durante as festas familiares, mas não deixamos de nos reunir, porque sabemos, lá no fundo do coração, que nossos destinos estão entrelaçados.

Para mim, esse lugar é a Índia. Eu a odeio. Eu a amo. Não alternadamente, mas *simultaneamente*. Porque se há alguma coisa que esse país enervante e sedutor nos ensina é isto: é possível ter dois pensamentos contraditórios ao mesmo tempo e, acima de tudo, fazer isso sem que a sua cabeça exploda. Os indianos fazem isso o tempo todo.

Quando embarcou num vôo para Bombaim, em 1958, o escritor nascido na Hungria Arthur Koestler disse que queria "olhar para a difícil situação do Ocidente de uma perspectiva diferente, de uma latitude espiritual diferente". Sim, é isso! Uma latitude espiritual diferente, ou, como disse o autor Jeffrey Paine, "um caminho alternativo para a modernidade" — e, ele poderia ter acrescentado, direto para a felicidade.

Quando Koestler desembarcou em Bombaim, entretanto, o calor e o mau cheiro do esgoto não tratado fizeram com que ele se sentisse como se "uma fralda molhada e fedorenta tivesse sido enrolada em torno da minha cabeça por algum brincalhão abominável". Seria possível concluir que a Índia decepcionou Koestler, mas não acho que isso seja verdade. A Índia não decepciona. Ela cativa, enfurece, e, às vezes, contamina. Nunca decepciona.

Sempre quis ser correspondente estrangeiro e a Índia com certeza era estrangeira. Então, quando a NPR me ofereceu a chance de viver e trabalhar lá, aceitei sem pestanejar, apesar de nunca ter colocado os pés na Índia. Eu sabia pouco a respeito do país além dos clichês usuais de encantadores de serpentes e pobreza desesperada.

Então, num dia de dezembro de 1993, contrariando qualquer bom senso, cheguei ao aeroporto internacional Indira Gandhi, em Nova Délhi, arrastando dois baús recheados de gravadores, cadernos de anotações e algumas peças de vestuário inadequadas para as condições climáticas do local.

Como correspondente, cobri assuntos de peso como reformas econômicas, proliferação nuclear e um surto de peste bubônica que desmentia as alegações da Índia de que estava no caminho da modernidade. É claro, eu também sabia da *outra* Índia — a Índia dos gurus e dos milagres — e ocasionalmente essa Índia era elevada ao nível de notícia, como naquela manhã em que acordei para encontrar o "milagre do leite" varrendo a nação.

Perambulando pelas ruas estreitas das vizinhanças de Paharganj, o distrito dos mochileiros, costumava ver os puxa-sacos de lamas, viajantes desgrenhados que economizavam cada rúpia e que pouco tomavam banho. Mas eles tinham um luxo que eu não tinha: tempo. Passavam meses vadiando pelas praias de Goa, se drogando, ou fazendo caminhadas pelo Himalaia, se drogando. Quando não estavam se drogando, eles se dedicavam superficialmente a questões espirituais num dos muitos *ashrams*. O que exatamente acontecia dentro desses retiros espirituais permanece um mistério. Ouvi histórias de sexo grupal e também de iluminação. Como um jornalista sério, entretanto, não podia justificar uma viagem para esses lugares. Depois de dois anos, deixei a Índia sem ter pisado nem uma vez sequer num *ashram*. Senti-me enganado.

E então voltei para a Índia, dessa vez com uma pauta diferente, uma pauta da felicidade. E com uma pergunta que precisava muito responder: por que é que tantos ocidentais presumivelmente sãos deixam para trás suas nações ricas e eficientes, e viajam para nações pobres e ineficientes em busca da felicidade? Será que estão romantizando o Oriente, deixando-se seduzir por charlatões com barbas escorridas? Ou será que o estudioso do século XIX Max Mueller acertou quando disse que indo para a Índia estamos voltando para nossa "antiga morada", cheia de memórias, desde que sejamos capazes de interpretá-las?

Sempre que volto à Índia — mais ou menos uma vez por ano — é diferente e, no entanto, a mesma coisa. Sim, agora há um McDonald's no meu mercado favorito em Délhi, mas virando a esquina está a loja que vende estátuas de Ganesha. Sim, há telefones celulares, caixas automáticos e cibercafés, mas nada disso atingiu minimante que seja os alicerces da cultura indiana. Esses últimos estrangeiros intrusos não são diferentes dos mongóis ou dos britânicos, ou de qualquer um dos outros que ao longo dos séculos tentaram subjugar o continente. A Índia sempre emergiu vitoriosa e não foi repelindo esses invasores, mas incluindo-os.

O Taj Mahal, hoje considerado a quinta-essência dos ícones indianos foi, entretanto, construído por um imperador mongol que naquela época não era totalmente indiano. Agora ele é. Da mesma forma, o McDonald's sujeitou-se ao paladar indiano e, pela primeira vez, abriu mão dos Big Macs e de todos os hambúrgueres de seu cardápio, já que hindus não comem carne. Em vez disso, eles servem McAloo Tikki, o McVeggie e um híbrido culinário, o Paneer Salsa Wrap. O McDonald's não mudou a Índia, como alguns temiam. A Índia mudou o McDonald's.

E assim é com viajantes ocidentais que buscam sua felicidade aqui. Mesmo antes dos Beatles meditarem com Maharishi Mahesh Yogi às margens do Ganges, estrangeiros foram atraídos para a Índia. Annie Besant, E. M. Forster, Christopher Isherwood, Martin Luther King Jr., e muitos outros. Alguns vieram em busca de soluções para problemas políticos em seus países de origem. Outros queriam transcender sua existência terrena nem que fosse apenas por um momento, e experimentar o eterno. Alguns queriam apenas relaxar. Isso tudo a despeito da Índia não ser um lugar particularmente feliz, de acordo com Ruut Veenhoven e seu banco de dados. Procurar por felicidade numa terra de sofrimento? Uma contradição? Sim. E não.

Ouvi falar de um novo e popular guru de nome Sri Sri Ravi Shankar. Ele tem o cabelo preto longo, sedoso e escuro e um sorriso sereno. É um guru senso comum, se é que tal coisa é possível.

O *ashram* de Sri Sri fica localizado bem perto de Bangalore, o Vale do Silício da Índia. Bangalore é a Nova Índia, a Índia das centrais de atendimento e dos shoppings — "Índia Resplandecente", como um partido político a chama. Muitos dos engenheiros de software e trabalhadores das centrais de atendimento telefônico da cidade — os cibercules" (cule: trabalhador local assalariado pelos portugueses em antigas colônias da China e da Índia), como são chamados, escapam para os *ashram* sempre que podem. A Nova Índia se volta para a Velha Índia em busca de salvação ou, pelo menos, de um período de manutenção.

Indo para o *ashram* de táxi, passamos por vacas, cachorros, carnes penduradas em ganchos, alfaiatarias, um edifício reluzente da Oracle, uma placa de um curso de inglês "Speak Easy English". Ultrapassamos uma versão motorizada de um riquixá, uma dessas ameaças de três rodas que zumbem pelas cidades da Índia como enxames de abelhas assassinas. A fumaça preta do escapamento me faz tossir. Vejo uma placa que indica o "Hospital Superespecializado Mais Avançado da Ásia". A doença e a cura. A Índia tem tudo. Serviço completo.

Afinal, passamos por uma arcada branca, entramos no *ashram* e, de repente, estamos num pequeno Jardim do Éden, exuberante e verde, com mangas e bananas viçosas crescendo por todos os lados. Parece tranqüilo de uma maneira feliz. Talvez esse seja o segredo do *ashram* indiano. Talvez eles não sejam lugares excepcionalmente tranqüilos, mas apenas pareçam ser quando comparados à cacofonia do lado de fora de seus portões.

A recepção é básica, não tão amigável quanto eu esperava. Ninguém me abraça ou parece se importar muito com a minha presença. Sri Sri Ravi Shankar, ou Guru-ji, como é respeitosamente chamado, está em todos os lugares. Há uma grande foto dele atrás do balcão da recepção e uma outra no outro extremo da sala. Ele também está num telão de TV.

Uma mulher burocrática me entrega um formulário e me pede para preenchê-lo. Eles querem saber se alguma vez procurei aconselhamento psicológico. Minto e marco não. No item "ocupação" escrevo consultor. Faço isso para o caso de eles não gostarem da idéia de ter um jornalista bisbilhotando o *ashram*. Chego a considerar se, em termos cármicos, mentir no meu formulário de inscrição para o *ashram* pode ser uma má idéia, mas esse pensamento vai embora tão rápido quanto veio.

O *ashram* é inteiramente auto-suficiente, um navio cruzeiro para a alma. Não há motivo para sair. Tudo o que você precisa está aqui: comida, lavanderia, caixa eletrônico, farmácia, cibercafé. Tudo, eu ia aprendendo rápido, a não ser ironia, que é de fato escassa.

Arrasto minha mala por um caminho que tem um jardim muito bem cuidado. Uma placa diz: "Por favor, toque as flores apenas com seus olhos." Passo por algumas pessoas. Elas parecem calmas de uma forma alarmante. Digo "olá". Eles respondem com "*Jai Guru Dev*". Uma saudação estranha, eu penso. Mais tarde, aprendo que significa "Vitória à Grande Mente". Não sei bem quem tem a grande mente, se nós ou o Guru-ji.

Troco minhas roupas por outras mais folgadas, trajes *ashram,* e caminho por uma trilha íngreme até o refeitório. Tiro meus sapatos e deixo do lado de fora, ao lado de dúzias de outros. Um homem joga uma comida supervegetariana (nada de laticínios, cebola ou alho) em meu prato e eu me sento. Só que não há lugar para sentar. Todo mundo está sentado no chão. Algumas pessoas sentam no chão com naturalidade, as pernas se enroscando na posição de lótus com toda a facilidade. Não sou um desses.

Um homem santo, ou *sadhu*, senta perto de mim. Sua roupa é cor de açafrão, ele tem uma barba longa e natural, além de um risco vertical na testa, feito com carvão. *Jai Guru Dev*, ele diz. Depois de rezar em silêncio, a palma das mãos unidas, ele começa a comer. Faz isso com habilidade, cavando o arroz e a lentilha em movimentos fáceis e fluidos. Eu sou menos gracioso. Deixo cair metade da comida no colo. Mais comida escorre pelo meu queixo. Algumas lentilhas conseguem chegar até minha boca, por mero acaso. Sinto-me ridículo. Posso entender alguém que comeu com as mãos durante toda a vida lutando para fazer a transição para garfo e faca, mas o que pode ser mais instintivo, mais humano, do que comer comida com as próprias mãos?

Alguém se aproxima de mim e me bate no ombro. Por um momento, penso que ele pode estar prestando aconselhamento espiritual — afinal de contas, isso é um *ashram* — mas seu conselho, acabo descobrindo, é bem mais prático. Ele me informa que devo usar apenas a mão direita para comer. A mão esquerda é usada para outras finalidades corpóreas.

Vejo algumas pessoas usando camisetas que dizem "O compromisso de servir é a chave da felicidade". Na verdade, a pesquisa confirma isso. As pessoas que prestam serviços voluntários com freqüência são, segundo estatísticas, mais felizes do que aquelas que não o fazem. Por uns instantes considero salientar isso a eles, mas desisto da idéia. Um *ashram* indiano não é lugar para estatísticas.

Quando estou saindo do refeitório, noto um quadro de avisos com cartazes que destacam o crescente império de felicidade de Guru-ji. Há a Escola de Jornalismo Sri Sri e a Escola de Administração Sri Sri. O termo "guru da administração" logo me vem à cabeça. Rio comigo mesmo, só que não para mim mesmo. Bem alto. No entanto, ninguém se importa. Esta é a beleza da vida num *ashram*. Você pode de repente cair na gargalhada — ou chorar, ou regredir para uma conduta infantil, ou pular feito um louco num pé só — e ninguém nem pisca. Está tudo bem. No *ashram*, tudo é bom. A não ser, eu viria a aprender, desrespeitar Guru-ji. Isso definitivamente não é bom.

O templo principal do *ashram* se parece com um gigantesco bolo de noiva em três camadas com uma grande lâmpada elétrica azul em cima. No lado de dentro é todo mármore branco e arcos. No palco há uma foto do Guru-ji. É enorme, de mais de um metro de altura, pousada numa espécie de trono e contornada por uma grande grinalda de flores. O mármore branco é frio e a sensação de pisar nele de pés descalços é agradável.

O efeito total, entretanto, beira o sinistro — no teto há elementos cor-de-rosa e ornados em demasia e a entrada para o templo é ladeada por dois cisnes de um metro e meio de altura. Isso, associado às latas de lixo na forma de coelhinhos, cria uma atmosfera que lembra um pouco a Disney.

Há uma pequena trupe musical sentada no chão junto à foto de Guri-ji. "*Shiva om, Shiva om*", eles cantam. As pessoas à minha volta começam a se mexer, primeiro devagar, mas à medida que o ritmo aumenta, a dança vai ficando frenética. Algumas pessoas passam a dar piruetas e a rodopiar de maneira enlouquecida. Outras se dão as mãos. E eu? Eu recorro ao meu estilo padrão e apenas observo. É incômodo que eu não consiga me soltar, nem mesmo aqui. Mas por outro lado, acabei de chegar, digo a mim mesmo. Permita-se um tempo.

Há uma predominância de indianos no *ashram*. São trabalhadores estressados da área de informática em Bangalore. Uma mulher chegou à cidade vinda de um Estado vizinho. Ela esperava se matricular num curso de software da Oracle, mas já estava cheio, então, em vez disso, ela se matriculou no *ashram*. Software ou espiritualidade. Na Índia as duas coisas são intercambiáveis.

Há também alguns estrangeiros aqui, e eu encontro dois deles: Elsa, de Portugal, e Eva, da República Dominicana. Elas estão pulando de um *ashram* a outro. Acabaram de passar duas semanas no *ashram* de Sai Baba, não muito longe daqui. As condições de vida lá eram mais duras, elas me contam. As regras eram rigorosas e impostas por homens corpulentos que usavam lenços brancos. Além disso, não havia nenhum dos luxos encontrados neste *ashram*. Não posso imaginar a que luxos elas se referem. Meu chuveiro não tem água quente e no jantar cada um lava sua própria louça, o que é tranqüilo, mas não luxuoso. No entanto, o que elas sacrificam em conforto material ganham em recompensa espiritual.

— Nós vimos coisas incríveis — diz Elsa, meio misteriosa.

— Swami chama você. Você não vai até ele. Ele convoca você — diz Eva.

Eva parece baratinada pela insuficiência de informações neste *ashram*.

— Ninguém nos disse para onde ir — ela fala para um dos funcionários do *ashram*, uma ponta de pânico na voz. — Não nos deram nenhuma informação. — Ela me parece incrivelmente tensa para alguém que acabou de passar duas semanas num *ashram* — e, afinal de contas, a idéia não é essa? Encontrarmos informação por nós mesmos e não precisarmos de ninguém que nos diga o que fazer?

Hoje é nossa primeira sessão. Somos mais ou menos trinta na aula, denominada Arte de Viver, e apenas alguns poucos estrangeiros: eu, Elsa e Eva. Sentamos no chão, é claro. Nossa professora é uma indiana chamada Ami. Ela é uma ex-executiva de empresas. Agora ela e seu marido viajam pelo mundo, espalhando a palavra de Guru-ji. Ela está sentada em posição de lótus, numa plataforma elevada, de maneira que fica um pouco mais alta do que o resto de nós. Está usando um *salwar khameez* longo e gracioso e tem um sorriso que é o mais sereno que vejo desde a Tailândia.

Começamos nos apresentando. Sem problema, eu penso. A não ser pelo fato de termos de dizer "eu pertenço a você" a todos na sala, um de cada vez. Isso me deixa desconfortável. Acabei de conhecer estas pessoas. Como posso pertencer a elas? Agüento firme até o fim, murmurando a parte do "eu pertenço a você". Em seguida eles nos informam das regras do *ashram*.

Regra número um: use roupas folgadas.

Sem problema.

Regra número dois: nada de álcool pelos próximos três dias.

Um leve problema. Vou sentir falta do meu copo noturno de vinho, mas calculo que possa passar três dias sem isso e então compensar mais tarde.

E a última regra: absolutamente nenhum café, chá ou qualquer cafeína que seja.

Grande problema. Essa notícia me atinge como um soco inesperado e com certeza teria me derrubado no chão se eu já não estivesse nele sentado. Estou procurando localizar as saídas, tramando minha fuga. Sabia que a iluminação vinha a um custo, mas não tinha idéia de que o preço fosse tão alto. Um sentido de pânico verdadeiro se instala. Como é que eu vou sobreviver pelas próximas 72 horas sem uma única xícara de café?

Ami não percebe meu medo, ao menos não visivelmente. Ela já está passando para o próximo exercício: uma meditação guiada. Cheguei a fazer meditação no passado, mas sempre achei o silêncio desconcertante. No rádio, silêncio é algo a ser evitado a todo custo. Claro, eu já havia inserido um segundo ou dois de silêncio para um efeito dramático, mas mais do que isso é sinal de que algo deu terrivelmente errado. É por isso que dizemos que ficou um branco no ar.

E essa história de contar respirações? Não posso fazer isso. Na minha cabeça, cada respiração me deixa um passo mais próximo da morte, e por que você iria querer fazer a contagem regressiva da sua própria morte?

Ami aperta um botão num aparelho de CD e a voz de Guru-ji , aguda e serena, preenche a sala. "Agora você está em paz com o seu ambiente. Seja grato a esse corpo maravilhoso, a esse instrumento."

Meu instrumento está meio desafinado, e quanto a maravilhoso? Sim, em 1987. Mas eu entendo o que ela quer dizer. Deveríamos ser gratos por estarmos vivos. Nossos olhos têm de estar fechados, mas eu trapaceio e os abro por um segundo. O sorriso de Ami é radiante; ela está resplandecente. Não há outra palavra para expressar sua figura. Isso deve ser prova suficiente de que Guru-ji sabe das coisas, que o *ashram* é para valer, e, no entanto, não posso desprezar minhas dúvidas.

Ao mesmo tempo, algumas das palavras de Guru-ji, transmitidas através de Ami, soam verdadeiras: "Estamos sempre adiando a felicidade. Nós só podemos vivenciar a felicidade agora. O momento presente é inevitável." Gosto muito dessa última parte. É bem melhor do que aquele velho refrão darma: "Esteja aqui agora", que sempre me pareceu imperativo demais, quase uma ordem. "Eu disse: 'Esteja aqui agora, caramba!'" Mas se o momento presente é inevitável, então posso muito bem abraçá-lo.

Ami continua: "Peça a uma criança que escolha chocolate ou paz de espírito, e ela vai escolher chocolate. Mas um adulto? Provavelmente paz de espírito." A não ser que esse adulto viva na Suíça, eu penso. Lá, chocolate *é* paz de espírito.

Estamos num intervalo, então aproveito a oportunidade para conversar com alguns indianos da minha sala. A maioria é da área de tecnologia da informação e todos trabalham demais. O curso Arte de Viver os interessa porque dá a eles um choque de espiritualidade sem requerer o sacrifício de uma vida inteira. Eles não precisam se tornar *sanyasis*, aqueles que renunciam a todos os seus bens mundanos e perseguem uma vida puramente espiritual. Tudo o que o Guru-ji requer de seus discípulos é um fim de semana de três dias.

Conto a eles a respeito da minha busca pelos lugares mais felizes, sobre Ruut Veenhoven e seu banco de dados. Se alguém pode entender isso, certamente são essas pessoas dos microprocessadores. No entanto, eu me deparo com semblantes franzidos e expressões de incredulidade.

— Por que você iria querer quantificar a felicidade? — pergunta Binda, um engenheiro de software.

Trata-se de uma pergunta simples que me deixa desarmado e para a qual não tenho uma boa resposta. Passei muito tempo considerando se *podemos* medir a felicidade, mas não muito tempo pensando se *deveríamos* fazê-lo.

Muitas destas pessoas já moraram fora, mas continuam voltando para a Índia. Por quê?

— Imprevisibilidade — eles dizem, quase a um só tempo.

É uma resposta surpreendente. Nós no Ocidente pensamos na imprevisibilidade como uma ameaça, algo a ser evitado a qualquer custo. Queremos que nossas carreiras, nossas vidas familiares, nossas estradas e nosso tempo sejam totalmente previsíveis. Não há nada que a gente goste mais do que uma coisa garantida. Embaralhar as músicas do iPod é mais ou menos o máximo de confusão com que podemos lidar.

Mas aqui estão alguns engenheiros de software me dizendo que gostam de imprevisibilidade, que anseiam por ela, que não podem viver sem ela. Suspeito, não pela primeira vez, que a Índia se encontre numa latitude espiritual além do alcance da ciência da felicidade.

No jantar, encontro Eva e Elsa dedicadas a uma atividade decadente. Elas estão sentadas em cadeiras. Em frágeis cadeiras de plástico, mas ainda assim fora do chão e isso parece ser o auge do luxo. Um aviso escrito à mão diz que as cadeiras são reservadas para "os mais velhos e para os visitantes internacionais". Pessoas que não são chegadas a um chão. Fico grato quando me chamam para sentar com elas.

Eva me conta que no outro *ashram* nós não poderíamos estar conversando dessa maneira, no chão ou em qualquer outro lugar. Homens e mulheres são segregados.

— Sai Baba quer que você se concentre no seu desenvolvimento espiritual e não na sua... — ela pára de falar e faz um movimento em direção à pélvis como quem espana alguma coisa — não na sua consciência corporal. — Isso não é problema, eu penso. O chuveiro frio diário já tratou muito bem de cuidar da minha consciência corporal.

Hoje é o grande dia. Vamos aprender a técnica de respiração *sudarshan kriya*. Essa é a parte principal do curso, a faixa seletiva na estrada para a felicidade. Tomamos nossos lugares no chão e, mais uma vez, eu me contorço para ficar na posição de lótus. Ami nos pede para tirarmos qualquer objeto de couro que estejamos usando, até mesmo pulseiras de relógio, já que o couro é "pele morta e restringe o fluxo de *pranha*." *Pranha* significa "energia", e é uma palavra que, assim como "toxinas", você ouve muito em qualquer *ashram*. Não nego a presença nem de uma nem de outra, mas os termos são usados tão repetidamente que quase acabam perdendo o significado. Eu me retraio todas as vezes em que escuto falar neles.

Todo mundo está um pouco nervoso. Ouvimos falar a respeito dessa técnica de respiração, mas os detalhes foram mantidos em segredo. Ami nos pede: "Deixem livres os seus sentimentos, não se segurem, e se ouvirem alguém rindo ou chorando, não olhem. Essa é a experiência *deles*. *Eles* estão tendo uma experiência, não vocês." Isso me preocupa. O que será que estamos prestes a fazer que será capaz de provocar tão fortes reações emocionais? Não estou com a menor disposição para isso. Faz 24 horas desde que tomei minha última dose de cafeína e estou me sentindo rabugento ao extremo.

Fazemos alguns exercícios e na verdade não é nada de tão bizarro assim — algo do tipo bocejar, só que acordados. Depois, deitamos de barriga para cima por uns dez minutos. A mulher perto de mim está gemendo e parece que está sentindo dores. Fico meio preocupado e por alguns segundos chego a considerar abrir os olhos para ver o que está acontecendo, mas essa é a experiência *dela*, então não me manifesto.

Afinal, somos autorizados a abrir os olhos e voltar para a posição de lótus. Depois, compartilhamos (mais uma palavra muito usada no *ashram*) nossas experiências. Eva fala primeiro:

— Nunca experimentei nada igual. Vi muitos rostos, inclusive o do Guru-ji. Ele deve estar aqui conosco agora. — Todos aplaudem.

— Eu perdi o controle — alguma outra pessoa diz.

— Não estou mais com dor de cabeça — diz uma terceira, sob mais aplausos.

— Eu saí daqui, não sei para onde fui, mas saí — diz uma mulher que claramente voltou do lugar para onde havia ido.

Elsa, entretanto, teve a mais dramática das experiências.

— Vi fogos de artifício nos olhos da minha mente, azuis e vermelhos, todas as cores do espectro. E ainda senti umas pontadas na batata da perna, como se alguma eletricidade estivesse me atingindo.

Não vivenciei tais pirotecnias. Sim, eu me senti meio tonto, um pouco mal-humorado, mas isso deve ser falta de cafeína e de circulação nas pernas, graças a esse negócio de ficar sempre sentado no chão. O que está errado comigo? Onde estão meus fogos de artifício espirituais?

Então chega a vez de Satish, um engenheiro de software bem magro. Ele adormeceu durante o exercício e continua dormindo depois que acabamos de compartilhar. Alguém sacode Satish, mas ele está num sono muito, muito profundo e não acorda. A sessão acabou. Está na hora de irmos embora, mas ele está bloqueando a única saída. O que fazer? Ami pede que nós apenas passemos por cima dele e não perturbemos sua experiência. Quando estou passando com todo o cuidado sobre o corpo de Satish, que está de bruços e roncando, não posso deixar de pensar o quanto ele tem sorte. Está vivendo a melhor experiência de todas.

Durante o almoço, Eva e Elza estão em êxtase por conta da sessão.

— Se todo mundo meditasse dez minutos por dia, o mundo seria um lugar melhor — diz Eva. Ela é muito suscetível aos acontecimentos do mundo. Anos atrás, parou de acompanhar as notícias. Ela costuma levar tudo para o lado pessoal. Eva me conta que desenvolveu um cisto no seio durante a guerra do Iraque, o que é de fato mais informação do que eu preciso.

Meu despertador toca às 6h. Um outro dia. Uma outra experiência em abstinência de cafeína. Minha cabeça está latejando, minha *pranha* está perigosamente baixa. Consigo apenas me arrastar até a ioga matinal. Sou um *ashramita* rabugento.

Sinto-me um pouco melhor depois da ioga. A circulação do sangue retornou às minhas extremidades. Nossa segunda experiência respiratória *kriya* é mais interessante para mim. Depois que acaba eu me sinto bastante tonto, como não me sentia desde que fumei aquele haxixe marroquino (em nome da pesquisa), meses atrás. Enquanto ficamos deitados no chão, palmas das mãos para cima, no que é conhecido como *shavasan* ou "pose do homem morto", imagens se agitam pela minha mente. Vejo Ami nua, e tudo bem. Sinto como se estivesse morrendo, e tudo bem, também. Estou tendo uma experiência.

Outro exercício. Somos separados por sexo e temos de olhar nos olhos do parceiro "com uma inocência infantil". Meu parceiro é um indiano cabeludo de meia-idade, vendedor de bebidas. Olhar fixo nos olhos dele me deixa muito desconfortável. Finalmente o exercício acaba, e mais uma vez formamos pares com uma pessoa diferente. Desta vez somos orientados a contar a história das nossas vidas, e eu me dou conta de que prefiro falar com alguém por cinco horas seguidas do que olhar fixo nos olhos dessa pessoa (com inocência infantil) por cinco segundos.

Em seguida, eles nos mostram um vídeo rápido sobre Guri-ji. Ouvimos depoimentos de um ex-terrorista, um prisioneiro, uma vítima do *tsunami*, uma pessoa infectada pelo vírus da AIDS, todos dando testemunhos dos poderes do Guru-ji e falando sobre como ele e sua organização Arte de Viver mudaram suas vidas. Sri Sri é retratado como um guru multinacional, um protagonista na cena mundial, alguém que com freqüência faz palestras em instituições honradas como a Associação Psiquiátrica Americana.

No *ashram*, se fala muito de Guru-ji e sempre em termos respeitosos. Ami revira os olhos e fica vermelha como uma colegial apaixonada sempre que menciona seu nome. Como todos os gurus, os primeiros anos de Sri Sri são repletos de histórias de prodígios. Dizem que aos quatro anos ele já estava lendo o *Bhagavad-Gita*, um texto sagrado hindu. Quando começou o seu *ashram* muitos anos atrás, a terra era estéril. Mas, Ami explica, "o próprio Guru-ji tirava água do poço e dizia: 'é tão exuberante, verde e bonita. Será que vocês não enxergam?' E aconteceu. Tudo, inclusive este prédio, veio a ser exatamente como ele disse que se tornaria. A graça de Guru-ji está aqui, eu garanto a vocês."

Tenho de ser sincero: toda essa veneração ao guru me faz perder o entusiasmo. Se eu quisesse alguém para venerar, sempre há a minha esposa. Não precisava vir até a Índia. Ficar bajulando alguém é tão contraproducente e irritante como bajular você mesmo. Narcisismo às avessas ainda assim é narcisismo.

Já havia encontrado com o Guru-ji em pessoa. Dias antes de viajar para o *ashram*, estive em Délhi, visitando amigos, quando notei um pequeno anúncio dizendo que Sri Sri Ravi Shankar estaria dando uma palestra: "Sucesso sem Estresse". Não poderia perder isso.

Chego cedo, mas já há uma longa fila. Somos revistados de maneira rotineira antes de passarmos para o auditório. Na entrada há uma caixa de madeira onde podemos depositar perguntas para Guru-ji. Escrevo uma pergunta, dobro o pedaço de papel e enfio pela pequena fenda.

Não se pode ouvir um guru falar com o estômago vazio. Vou até a lanchonete para comprar uma pipoca e escolho um lugar nas primeiras fileiras. No palco há um sofá branco, enfeitado com um tecido dourado, e ladeado por duas pequenas mesas. Atrás do sofá há uma placa enorme. "Sucesso Sem Estresse", é o que está escrito, "uma palestra de sua santidade Sri Sri Ravi Shankar". Logo abaixo estão os logotipos dos 15 patrocinadores corporativos. Pelo visto é necessário muito dinheiro para manter a máquina do guru em funcionamento.

Guru-ji está atrasado. O público começa a ficar agitado quando de repente as luzes diminuem e uma pequena trupe, sentada no chão, começa a cantar. *Shiva om, Shiva om.* O ritmo fica mais rápido e a platéia começa a bater palmas ritmadas. *Shiva om, Shiva om.* Uma voz entoa: "Antes de você chegar havia a escuridão, agora há a luz." *Shiva om, Shiva om.* Quando o Guru-ji entra é recebido com o clamor da platéia que está de pé e aos gritos, como se ele fosse um astro do rock.

Luzes que vêm do teto iluminam Guru-ji como um raio de sol. Ele está usando uma túnica branca longa e solta. Enrolada em seu pescoço está a maior grinalda de flores que já vi na minha vida. Deve pesar mais de 20 quilos. Fico surpreso de ver como ele consegue ficar de pé com um negócio desses no pescoço. Guru-ji acende a luz cerimonial, enquanto executivos de terno e autoridades observam com admiração. Agora Guru-ji está falando. Seus lábios estão se movendo, mas não conseguimos escutá-lo. Um murmúrio de preocupação se espalha pela platéia. O que há de errado com Guru-ji? Como é que podemos prestar atenção na sabedoria, se não conseguimos escutá-la?

Guru-ji está ajustando alguma coisa em sua túnica. Ele bate nessa coisa de leve. Nada. Bate de novo. Nada ainda. Mexe mais. Bate de novo. Nada. Mexe mais. Bate de novo e dessa vez o som de umas batidinhas toma conta da platéia, seguido da voz alta e sábia do Guru-ji.

— Toda a coisa depende de um pequeno botão — diz ele, com um brilho de sagacidade nos olhos.

A platéia ri e aplaude. Quando um guru diz uma coisa desse tipo, suas palavras são impregnadas de uma significância profunda, enquanto que se eu ou você disséssemos isso, as pessoas apenas achariam que estávamos falando de um pequeno botãozinho e nada mais. Assim, da mesma maneira que algumas pessoas são famosas por serem famosas, gurus são sábios por serem sábios. Eles não têm como errar.

Guru-ji nos diz para cumprimentarmos a pessoa ao nosso lado, é o que fazemos.

— Vocês realmente cumprimentaram essa pessoa, ou foi uma formalidade? — pergunta ele. — Vocês agiram como um comissário de bordo que diz: 'Tenha um bom dia'? Na verdade estão pouco se importando? — Na platéia, a multidão produz uma onda de risos abafados.

Guru-ji nos conta que um bebê sorri 400 vezes ao dia. Adultos apenas 17. Adultos casados até menos, diz ele, e a multidão cai na gargalhada mais uma vez.

— O que é a vida sem um sorriso, sem uma risada? Uma pessoa estressada não é capaz de sorrir.

Como qualquer bom orador, Guru-ji passa de uma extremidade do palco à outra, incluindo toda a platéia do evento. Ele nos diz que precisamos criar um espaço para a imperfeição nas nossas vidas.

— Por que perdemos a paciência? Porque amamos a perfeição. Criem um pequeno espaço para a imperfeição em suas vidas. Vocês ainda estão me acompanhando?"

— Sim! — grita a platéia quase a um só tempo.

As luzes diminuem e ele nos pede para massagearmos nossos maxilares e sobrancelhas. A sensação é gostosa. Então, somos instruídos a fazer o som do "*om*". A palavra é do sânscrito, a língua dos textos hindus antigos. É uma língua baseada em vibrações. Em sânscrito você não apenas ouve palavras, você as sente.

Ouvir e sentir aproximadamente mil pessoas dizendo "*om*" ao mesmo tempo é algo que vale a pena contemplar. Todo o espaço parece vibrar. Penso que gosto disso, sim, gosto disso e me dou conta do quanto associo a Índia a sons — o chamado cantado do vendedor ambulante, a buzina berrante de um riquixá motorizado, os cânticos de um sacerdote hindu. Todo som, não apenas o sagrado, é uma vibração. E uma vibração é, é claro, movimento. Ar fazendo pressão contra ar. Nada mais. No entanto, este simples ato da física pode resultar num concerto para piano de Mozart, numa auto-estrada na hora do *rush*, num sussurro de um amante ou no ratatatá de uma arma semi-automática.

É hora das perguntas. Uma mulher puxa um pedaço de papel da caixa de madeira. O primeiro deles contém justamente a minha pergunta. Mal posso acreditar. Deve haver dúzias, se não centenas, de perguntas nesta caixa. Quais são as chances de ela escolher o meu? Deve ser um sinal. Na Índia, tudo é um sinal.

Ela lê em voz alta. "Será que a felicidade é o mais elevado ideal ou há algo maior que deveríamos estar nos empenhando para alcançar?" Essa é uma pergunta que vem me incomodando já há algum tempo. Aqui estou eu, viajando milhares de quilômetros em busca dos lugares mais felizes do mundo, admitindo que a felicidade seja, como Aristóteles acreditava, o *summun bonum*: o bem supremo. Mas será que é? Ou há uma destinação mais importante?

Guru-ji não hesita.

— Sim, há algo mais elevado do que felicidade. O amor é mais elevado do que a felicidade.

A audiência aplaude.

Guru-ji espera que todos fiquem quietos e prossegue:

— Não apenas o amor excede a felicidade, mas numa competição entre verdade e amor, o amor vence. Nós devemos nos empenhar por um amor que não traga distorções.

Não entendi bem o que ele quis dizer com essa última parte. Mas aqui não haverá perguntas subseqüentes. Nós já passamos para a próxima: "O que nos acontece depois que morremos?"

Essa é uma grande, *a grande* pergunta, e todo mundo, inclusive eu, fica na maior expectativa.

Guru-ji faz uma pausa para criar um efeito dramático.

— Eu poderia dizer a vocês — ele começa —, mas quero que tenham algum suspense. Não quero que cheguem do outro lado e digam: "Oh, era isso o que eu esperava. Que tédio."

A platéia ri. Eu, no entanto, me sinto passado para trás. Já cobri o suficiente de entrevistas coletivas para saber quando alguém se esquiva de uma pergunta com astúcia.

Agora as pessoas gritam perguntas da platéia. Algumas das respostas do guru são sábias, algumas apenas loquazes. Algumas são ambas as coisas.

— Como é que podemos acabar com o terrorismo?

— O terrorismo é simplesmente uma falta de humanismo. Toda criança deveria aprender um pouco de religião, dessa forma não pensarão que os outros são ruins.

— Como posso saber o meu destino?

— A vida é uma combinação de liberdade e destino, e a beleza é que você não sabe qual é qual.

— Quando é que vou conseguir um bilhão de rúpias?

— Pergunte a algum adivinho. Mas, lembre-se, ele vai lhe cobrar cem rúpias.

— Expectativas levam à decepção, então o que devo fazer?

— Você está esperando uma resposta de mim? Melhor não esperar.

— Quando é que a Índia vai se livrar da corrupção?

— Quando você se levantar e lutar contra a corrupção.

Gosto dessa resposta. Foi verdadeira, e exigiu ação do perguntador. O hinduísmo é uma religião de ação, mais do que de crença. No *Bhagavad-Gita*, Senhor Krishna diz a Arjun que suas ações, não suas crenças, vão libertá-lo. Ou, como fala Guru-ji: "Quando você está na banheira, você precisa se mexer um pouco para sentir o calor."

Mais pessoas estão gritando, as perguntas são infinitas, mas Guru-ji levanta a mão e diz: "Desculpe, esse é todo o tempo que eu tenho por esta noite", e com isso simplesmente vai embora.

As pessoas se levantam para sair. Todos parecem satisfeitos com a performance da noite. Vou embora como se tivesse recebido o equivalente espiritual de uma pipoca: saborosa, fácil de engolir e com certeza de algum valor nutricional, mas não suficiente para saciar a fome.

Sou incapaz de separar a mensagem do mensageiro. Minhas antenas estão de prontidão para o menor sinal de hipocrisia que, uma vez detectada, nega qualquer sabedoria que um guru possa comunicar. Nem todo mundo pensa desse modo.

Na década de 1980, um guru popular chamado Bhagwan Shree Rajneesh, ou Osho, atraiu numerosos adeptos na Índia e nos Estados Unidos. Ele estabeleceu um *ashram* no Oregon, um complexo elaborado que ocupava uma área enorme. Osho pregava a importância do amor e do estado de atenção plena. Entretanto, o que aconteceu foi que Osho tinha amorosamente comprado 93 Rolls-Royces e foi então preso pelas autoridades numa violação das leis de imigração. Eu tinha lido seus ensinamentos, e alguns deles me pareceram bem sábios e sensatos, mas a história dos Rolls-Royces foi uma verdadeira ducha de água fria. Não pude levar Osho a sério.

Esse não foi o caso, entretanto, com Manju, minha amiga indiana. Manju, uma advogada muito criteriosa de Délhi, não viu razão para jogar fora a sabedoria de Osho junto com seus Rolls-Royces. "Fico com o bom e descarto o ruim", ela disse para mim quando almoçamos um dia. Em outras palavras, indianos não esperam perfeição, ou mesmo coerência de seus gurus. O guru é sábio. O guru é impostor. Dois pensamentos contraditórios que, para Manju, coexistem confortavelmente em sua mente indiana.

É meu último dia no *ashram*. O curso acabou. Despeço-me de Ami. Ela sorri para mim exultante e diz: "Há uma revolução espiritual a caminho, talvez não no curso das nossas vidas, mas está chegando." Digo algo pouco convincente do tipo "eu realmente espero que sim" e vou embora.

Tenho inveja de pessoas como Ami. A mente dela é clara, desimpedida. Sua *pranha* é elevada. Seu rosto brilha. Gostaria de ser como ela. O que me impede? Será que sou assim tão apegado à ironia e à inteligência? Ao sucesso? Um ano de viagens e reflexões sobre a felicidade provou de maneira bastante convincente que nenhuma dessas coisas leva à felicidade, e ainda assim não consigo largar mão delas.

Digo adeus a Eva e Elsa, que estão maravilhadas com seu novo guru. Elas já fazem planos de freqüentar o curso avançado. Eva me dá um grande abraço. Ela diz que estou diferente... mais calmo e com mais energia. Eu me retraio à simples menção dessa palavra, mas ela está certa. Eu me sinto mesmo mais relaxado. Estou respirando mais profundamente, sobrevivi a três dias sem café e de fato minhas dores de cabeça quase desapareceram. A circulação voltou às minhas pernas.

De onde veio tudo isso? Não consigo identificar nenhum momento específico, ou qualquer posição em particular em que tenha torcido meu corpo. Isso apenas tomou conta de mim sorrateiramente. Talvez seja assim que aconteça a iluminação. Não com uma trovoada ou um relâmpago, mas um gotejamento que não pára, não pára, até que um dia você se dá conta de que o seu balde está cheio.

O problema com o *ashram* indiano é que uma vez do lado de fora você está de volta à Índia. Meu táxi fica preso no trânsito. Minha garganta arde por causa da fumaça do escapamento. Meus olhos ardem. As ruas parecem ainda mais caóticas do que pareciam alguns dias atrás, ou talvez minha mente, serena e livre de cafeína esteja reagindo mais ao calor, à poeira, ao barulho. Sempre fui especialmente sensível ao barulho, que é comprovadamente prejudicial à felicidade, algo a que o ensaísta Ambrose Bierce chamou de "um fedor no ouvido".

Afinal, chegamos a um edifício de dois andares e de aspecto simples, numa parte movimentada da cidade. Shanti Road, número um. Pertence a um artista chamado Suresh. Soube que ele aluga quartos extras e que sua casa é uma espécie de galeria de arte permanente. Todo mundo passa pelo número um da Shanti Road. Parece uma boa maneira de me recuperar, se é que essa é a palavra certa, da minha experiência no *ashram* e, ao mesmo tempo, de conseguir conhecer melhor Bangalore.

Foi Suresh mesmo quem projetou o número um da Shanti Road. Ele construiu a casa em torno de uma grande amendoeira. Suresh ama tanto essa árvore que seus amigos brincam que ele é casado com ela.

Subo com minhas malas aos trancos e barrancos por uma escada circular. A sala de visitas no número um da Shanti Road é apinhada de quadros, livros e bricabraque hindu. Há enormes pilhas de pratos na pia da cozinha. Moscas pairam sobre cascas de mangas e grãos de café como uma frota de helicópteros de ataque. "A empregada não apareceu hoje", Suresh explica. Todo mundo na Índia tem uma empregada, mesmo artistas em dificuldades.

Ainda é de manhã cedo, mas a galeria de Suresh já está em franca atividade. As pessoas estão sentadas pelo espaço, reclinadas, fumando e bebendo quantidades copiosas de café, reduzindo sua *pranha* a níveis perigosamente baixos e não estão nem aí para isso. O ar está denso de fumaça e ironia. Eu respiro fundo.

— Bem-vindo ao anti-*ashram* — alguém diz. Sou apresentado a Harsha, cujo nome significa "felicidade", a Vikran, a Arjun e a outros cujos nomes não consigo guardar.

Quando cheguei, já estava em curso uma acalorada discussão e a Índia estava na berlinda. Todos reclamam a respeito do crescimento exponencial de Bangalore e das conseqüências disso para sua amada cidade. Minha chegada, recém-saído do *ashram*, desvia a conversa de tráfego para espiritualidade. Trata-se de uma guinada e tanto, mas uma guinada com a qual esse grupo lida com naturalidade.

— Este é um país baseado na síndrome do Deus — diz Vikram, ou Viki, como seus amigos o chamam. Ele tem um brinco de ouro numa orelha, está usando uma camisa cor de açafrão e é abertamente *gay* num país que não é tão aberto a respeito dessas coisas. — As pessoas precisam de muletas — diz Viki — e os gurus são muletas.

Sinto-me compelido a defender os gurus, o meu em particular, um impulso que me surpreende. Conto a eles a respeito da técnica de respiração que aprendi e meu estado de relaxamento latente que resultou dela.

— Alguém desenvolve uma técnica de respiração e então você quer todas as respostas dele — diz um escultor robusto chamado Vivek. — Você está aumentando o fluxo de oxigênio para o cérebro. É por isso que dá uma onda — diz Roy, que é médico e deve saber do que fala. Roy trata de muitos pacientes, mas nunca encontrou pessoalmente com nenhum deles. Ele interpreta exames de raios X para um hospital nos Estados Unidos.

Tá, então aí está uma explicação médica para aquela tonteira que experimentei. Será que isso a torna menos real?

— É como uma pedicure espiritual — concorda uma outra pessoa. — Você vai se sentir melhor por um tempo, mas nada mudou de verdade.

— As pessoas santas têm de renunciar — diz Viki. — Isso em última análise diz respeito à negação e renúncia.

Transmito para esse grupo de céticos como foi que Guru-ji previu com precisão um *ashram* luxuriante, quando o solo era pedregoso e árido, e especialistas diziam que nada poderia crescer ali.

Mitologia de guru clássica, alguém opina. Eles sempre anunciam que vão construir alguma coisa ou plantar alguma coisa mesmo que os especialistas tenham dito que não é possível. Só que essas revelações acontecem sempre em retrospecto. São artigos de fé, não há registro delas, então elas não podem ser provadas nem refutadas.

— Por que é que as pessoas não podem apenas sentar e meditar em paz? — diz uma outra pessoa.

— É entediante demais — diz Viki.

— Será que você pode ser ao mesmo tempo genuíno e uma fraude? — eu pergunto.

— Pelo visto, pode — diz Suresh. — Isso é a Índia.

— Tudo na Índia é verdadeiro, seu oposto também é verdadeiro — alguma outra pessoa diz.

Minha cabeça está girando. Parece que vai explodir. Suresh, percebendo minha inquietação, me oferece café, mas eu recuso. O meu eu descafeinado já sobreviveu três dias. Quero ver quanto tempo mais posso durar.

A conversa ricocheteia do trivial ao profundo e para o trivial de novo. Estou sendo chicoteado espiritualmente. O assunto de *samsara* vem à tona. Trata-se da crença oriental de que nós nascemos muitas vezes, até alcançarmos a iluminação. Então somos liberados e não voltamos a esta terra.

— Pessoalmente, não me importo em voltar como um cachorro ou uma árvore — diz Viki. — Não estou com pressa de sair deste planeta.

— Em algum lugar do Universo alguém recebeu uma partícula de tempo. Nós somos essa pessoa, é nossa partícula de tempo — diz Suresh, enigmático.

A breve explosão de otimismo de Viki se dissipou e ele está controlando a emoção outra vez.

— Você sabe qual o melhor negócio neste país? Religião. Sou muito cético —

diz Viki, como se houvesse alguma dúvida disso. — Se tenho um problema, procuro meu melhor amigo, não um guru. Eles estão fazendo muito dinheiro, esses gurus. Não acho que exista qualquer *sadhu* de verdade. Eles são todos falsos.

Um deles se levanta para ir embora. Outra pessoa chega. Na Índia, a casa de um homem é o seu castelo, só que é um castelo permeável, sem fosso e propenso a ser invadido, tanto por amigos, quanto por inimigos. Pelo meu apartamento em Délhi passava um desfile permanente de humanidade: encanadores, eletricistas, entregadores, homens santos, funcionários públicos, motoristas de táxi. Pode ser terrivelmente irritante; às vezes você quer apenas ficar à toa de cueca sem ser perturbado. Esse rio de humanidade que nunca pára de correr, entretanto, também significa que na Índia você nunca está sozinho.

Na Shanti Road número um, a conversa serpenteia como o Ganges, deslizando de um assunto a outro sem um padrão discernível. Um tema recorrente, entretanto, é a mudança que está acontecendo em Bangalore.

— Nós nos transformamos em corujas — diz Viki. — As pessoas ficam acordadas a noite toda, trabalhando ou farreando. Por que é que todo mundo está correndo por aí com tanta pressa? E o tráfego é uma loucura.

Não se esqueça dos telefones celulares, alguém diz.

— Todo mundo tem um — diz Viki, no mesmo tom de voz que ele poderia usar para dizer: "Todo mundo tem tuberculose."

— Você tem, Viki? — eu pergunto.

— Sim, eu tenho — diz ele, meio sem jeito, sacando um reluzente modelo novo do bolso. — Mas eu resmungo e rosno com ele. Tenho a atitude correta. — Ele mostra os dentes como quem rosna.

— Lá pelos 30, 35 anos essas pessoas, os *cibercules*, vão estar acabadas — alguém diz. — Vão acordar um dia e perceber que a vida passou por elas.

Estou tentando calcular se essas são preocupações válidas ou apenas um desdém pelo que não se pode ter, quando Emma chega.

Ela galga as escadas carregando duas malas enormes. O vôo de Londres foi um pesadelo. Faz 24 horas que ela está viajando. Não, ela não precisa dormir, precisa de um cigarrinho e um café, já, e Suresh produz as duas coisas sem demora.

Emma é uma refugiada hedonista de primeira ordem. Quando tinha cinco anos de idade, crescendo em Londres, dava puxões nos saris das mulheres nos restaurantes. Uma das primeiras palavras que ela falou foi "Índia".

Quando tinha 25 anos, Emma afinal viajou para a Índia. Voou até Délhi e depois pulou para dentro de um táxi, mergulhando na loucura que é uma rua indiana. A maior parte das pessoas acha isso perturbador, aterrorizante, mas não Emma. Sentada no banco de trás do táxi, ela sentiu um profundo sentido de calma tomar conta dela. Talvez tenha chorado, talvez não. Não se lembra. No entanto, de uma coisa ela soube com certeza: estava em casa.

Devidamente cafeinada e nicotinada, Emma desaba numa cadeira e entra na conversa.

— O que é que você gosta tanto a respeito da Índia? — pergunto.

— Amo o som das buzinas, os riquixás, as mulheres equilibrando potes na cabeça, o *wallah* dos amendoins anunciando seu produto, os sinos nos templos. Amo o sotaque indiano. A lista é interminável, sério. Amo tudo.

Não posso deixar de notar que a maior parte das coisas que ela menciona é auditiva. A Índia é um banquete para os ouvidos. Talvez isso mude à medida que a Índia for enriquecendo, porque, para ser honesto, não há nada mais mortalmente tedioso do que o som da prosperidade. O tedioso zumbido de um aparelho de ar-condicionado ou o clique abafado de um teclado simplesmente não podem competir com as chamadas melódicas dos vendedores ambulantes num mercado a céu aberto ou com o ritmado som de uma máquina de costura em funcionamento numa daquelas fábricas que exploram trabalhadores. Até mesmo o tráfego do Terceiro Mundo, com sua sinfonia de buzinas e o tilintar de campainhas, é melhor do que o monótono zunir de uma auto-estrada moderna.

Emma morava em Bangalore. É por isso que ela conhece Suresh e sua gangue. Agora ela está de novo em Londres, mas ainda volta à Índia com freqüência. Segue-se uma rodada de geografia da Índia. Eles falam de amigos, conhecidos, amigos de amigos, toda a gama de relações. Um bilhão de almas na Índia e os moradores do número um da Shanti Road parecem conhecer todas elas. Este país é uma corrente de círculos interligados de maneira infinita.

Emma abre sua mala e mal posso acreditar no que vejo. Dentro dela estão dúzias e dúzias de bolsas, cada uma cuidadosamente embrulhada em plástico. Emma está no negócio de bolsas. Ela cria os modelos em seu ateliê em Londres e manda fazê-las em Hong Kong e aqui em Bangalore. Falo para ela do meu vício por bolsas e seus olhos se iluminam. É o olhar de um traficante de *crack* que acaba de ser apresentado a um consumidor pesado.

Peço a Emma que analise meu vício por bolsas. Como vocês se lembram, possuo mais malas do que a maior parte das pessoas — incluindo os profissionais da área de saúde mental — consideraria normal.

— Hmmm — diz ela, como um psicanalista a quem tivessem encaminhado um caso particularmente desafiador. — É uma coisa relacionada à segurança, um cobertor de segurança. Além disso, você carrega coisas numa bolsa, bagagem. Então a sua obsessão representa uma extensão de sua bagagem emocional. É isso: você precisa de um lugar para colocar sua bagagem emocional.

Nada mal, nada mal mesmo.

Sou apresentado a Chandra, um cara rechonchudo que vive no apartamento de baixo. Sua cabeça careca é grande e bulbosa e ele está vestido com uma *kurta* verde que bate na altura do joelho. Ele me faz lembrar um marciano amigável. De fato, Chandra é um geógrafo cultural, o que me parece perfeitamente razoável. Ele morou nos Estados Unidos por 18 anos, em lugares como Waco, no Texas, e Fargo, em Dakota do Norte. Até hoje, a mera menção da palavra "Fargo" é suficiente para fazê-lo sentir calafrios. Ele desenvolveu também uma atração por reprises de *Seinfeld* e a cada manhã é tomado por um amedrontador sentimento de que precisa estar em algum lugar, em qualquer lugar, por volta das 8:30h.

— E foi só a partir do ano passado que consegui tirar um cochilo à tarde sem me sentir culpado — ele acrescenta.

Preciso dar um tempo dessa conversa, então vou até o terraço. Uma vez alguém me disse que se você quer conhecer a Índia, basta ficar de pé numa esquina, qualquer uma, e dar uma volta de 360 graus. Você vai ver tudo. O melhor e o pior da humanidade. O ridículo e o sublime. O profano e o profundo. Aqui, na Shanti Road número um, você nem mesmo precisa dar a volta completa. Do terraço posso ver tudo. Numa direção há uma favela. Um amontoado de barracos com telhado de zinco que, à primeira vista, parecem um depósito de lixo. Só quando você olha com mais cuidado é que se dá conta de que pessoas vivem ali. Olhe numa outra direção e você vê um reluzente prédio de vidro, um escritório da Cisco Systems.

Como eu disse, na Índia tudo é um sinal, especialmente os sinais. Como aquele do outro lado da rua, de uma empresa chamada Soluções Sublimes. Não tenho idéia do que a empresa faz, na certa alguma coisa ligada a software, mas adoro o nome.

Volto para a sala e continuo a participar da conversa, pego o bonde andando.

— É tudo verdade. E é tudo falso — alguém está dizendo e todo mundo concorda.

Emma está na quinta xícara de café e no sétimo cigarro. Seus olhos ficaram enormes, agora ela fala muito rápido. De repente, acaba a luz e os ventiladores vão parando aos poucos. Começo a suar quase que instantaneamente. No entanto, ninguém se altera.

— Bangalore é a capital da falta de luz — alguém diz.

— E como ficam as empresas de alta tecnologia? — pergunto. — Como é que elas fazem negócios com todas essas interrupções no fornecimento de energia?

— Ah, por favor — diz Viki, como se eu fosse terrivelmente ingênuo, o que, é claro, eu sou. — Eles têm supergeradores e estão numa rede independente.

— Todo o mundo da tecnologia da informação está numa rede separada — diz Chandra, e é evidente que ele não está falando de eletricidade. O pessoal do setor de alta-tecnologia, aqueles que se deram muito bem, mora em condomínios fechados com nomes como Colônia do Dólar. Eles fazem compras em shoppings, que também possuem seus próprios geradores. Eles veneram Lakshmi, a deusa da riqueza.

Cada prédio antigo que é demolido em Bangalore é substituído por um conjunto de escritórios ou um complexo de lojas. Quando o termo "complexo de lojas" é traduzido para a língua local, ele surge, literalmente, como "compra complicada".

Pergunto a Emma a respeito do seu índice de felicidade.

— Sou um cinco, não, um quatro. Acho que talvez três e meio.

Quanto mais ela pensa, mais rápido o índice cai, o que, como qualquer tailandês é capaz de dizer a você, é exatamente o problema dela.

Eu deveria ser mais feliz, mas o medo foi se insinuando para dentro de mim e minha confiança se acabou. Quando eu era pintora, quando era mais moça e não tinha nada, era feliz.

Pesquisadores descobriram que ao longo do curso de uma vida a felicidade forma uma curva em U. Somos mais felizes na juventude e na idade madura. Emma está na parte mais baixa da curva, uma vala emocional. Contudo, não tenho coragem de dizer isso a ela. Temo que isso possa abaixar ainda mais a sua classificação de felicidade.

Emma me diz que a energia aqui é melhor do que em Londres. Lá vem essa palavra de novo, mas dessa vez não me afeta. Dita aqui, por uma refugiada hedonista que faz bolsas e fuma um cigarro atrás do outro, ela de alguma forma soa verdadeira.

Minha vida no número um da Shanti Road cai numa agradável rotina. Acordo todas as manhãs antes do amanhecer, um mau hábito que adquiri no *ashram*, e faço os exercícios de respiração *kriya*. Tudo bem, então é apenas uma dose de oxigênio e nada transcendental. Não me importo. Faz com que eu me sinta bem, me dá energia. (Deus, agora *eu* estou usando essa palavra.) E como estou sem tomar café, qualquer energia que eu consiga nunca é demais.

Mais tarde, vou para o terraço e observo o Sol nascer sobre a favela vizinha. Os pobres vivem suas vidas de uma maneira mais pública do que o resto de nós. Uma criança está agachada, defecando, uma mulher banha um homem jogando baldes de água sobre sua cabeça. Outro homem tem uma farpa ou alguma coisa espetada no pé; uma pequena multidão se juntou à sua volta, discutindo, eu imagino, a melhor maneira de remover a coisa. Um outro homem está escovando os dentes. A maioria dessas pessoas tem trabalho e ganha em média três dólares por dia. E elas não estão no nível mais baixo da escala na Índia, longe disso. Essa é a beleza da vida na Índia — não importa o quão baixo seja o seu degrau, sempre há alguém abaixo de você. Uma escada infinita.

Em seguida, eu e Suresh vamos na moto dele até um dos parques de Bangalore — Bangalore era conhecida como a Cidade dos Jardins antes de se tornar a Cidade da Tecnologia da Informação — e fazemos um passeio. Ainda é cedo, mas o parque está cheio de pessoas caminhando, meditando, defecando, fazendo ioga, rindo. No caminho de volta, paramos para comprar algumas *idlis* e outros itens esponjosos que no sul da Índia são considerados café-da-manhã.

O resto do meu dia transcorre na base da preguiça. Fico sentado por aí, lendo e pensando em café. A maior parte do tempo, entretanto, fico apenas sentado. Os indianos, e os homens indianos em particular, são grandes sentadores. Categoria internacional. Não consigo competir com eles, mas faço o melhor que posso.

A uma determinada altura, Chandra, o marciano amigável, sugere uma ida ao Khoshy's, um café, para continuarmos nosso sentar por lá. O Khoshy's é uma verdadeira instituição em Bangalore. Funciona desde 1940, sete anos antes de a Índia conquistar sua independência da Grã-Bretanha.

Quase não mudou desde então. As paredes são cor de mostarda e precisam de uma nova pintura com urgência. Ventiladores de teto giram, mas não tão rápido. Nada se move muito rápido no Khoshy's. Nem os garçons, nem os *chefs*, nem os fregueses e esse é justamente o seu atrativo. As pessoas passam horas e horas aqui, encontrando amigos, bebendo ponche de gengibre e comendo a especialidade da casa, as "smileys", batatas-fritas preparadas na forma de carinhas sorridentes.

Hoje temos a companhia de Meena, amiga de Chandra. Ela escreve uma coluna para um jornal de circulação nacional. Tem cabelo curto, meio grisalho, e uma sagacidade arrebatadora.

— Não me leve a mal — Meena diz, a cabeça ligeiramente inclinada. — Os gurus têm a sua utilidade. Eles só não são para mim.

Nunca havia pensado nisso dessa forma. Os gurus têm suas utilidades.

Tempos atrás, Meena passou seis meses nos Estados Unidos trabalhando para o *Baltimore Sun*. Ela não via a hora de ir embora. Há distância demais entre as pessoas nos Estados Unidos e com isso ela quer dizer mais do que distância física. Meena achava sinistro o silêncio das ruas. "Onde estão todas as pessoas?", pensava ela.

— Os americanos são muito ocupados — ela diz. — Se não estão ocupados trabalhando, estão ocupados relaxando.

Peço um outro refrigerante de limão. Meena quer a mesma coisa, mais uma *massala* com amendoim, sem pimenta.

— O que os americanos podem aprender com a Índia? — pergunto à Meena.

— Vocês poderiam aprender a relaxar, a viver vidas sobrepostas. Nós somos um país *ad-hoc*. Nós aceitamos muitas imperfeições. Vocês poderiam ser mais assim.

Na verdade, entretanto, a Índia está imitando os Estados Unidos. Shoppings, condomínios fechados, *fast-food*. Agora tudo isso está aqui. Meena não gosta da Índia Resplandecente. Ela prefere a Índia sem brilho, que na verdade nunca foi assim tão fosca.

— A classe média indiana está se afastando da pobreza e isso é perigoso — diz ela. — O velho caminho que você tomava para chegar a Deus passava pelo sofrimento e pela renúncia, à maneira dos *sanyasi*. Isso não atrai o pessoal jovem. Todos agora estão ligados no guru instantâneo.

Chandra concorda.

— Esses novos gurus não requerem sacrifícios.

Chandra me oferece uma carona em sua lambreta para voltarmos ao número um da Shanti Road. Nós dois somos homens razoavelmente pesados e a lambreta sobrecarregada segue cambaleando de maneira precária. Ficamos tão próximos dos outros carros que quase posso sentir o escapamento deles nas minhas canelas. Testemunhei um acidente alguns dias atrás e agora vejo sinais de perigo iminente em todos os lugares. Uma ambulância passa, a sirene ligada, e eu me dou conta de que é a primeira vez que vejo uma ambulância na Índia. Agora estamos passando por um letreiro que diz: "Tratamento de Cérebro e Coluna." Oh, Deus, eu penso, um outro sinal. Vamos bater. Mas alguns minutos depois Chandra pára no número um da Shanti Road. Estamos bem.

Nessa noite vou até o terraço. O ar está suave e fresco. Olho para a favela — não há como não olhar — e vejo alguns garotos vasculhando uma pilha de lixo, em busca de algo que eles possam vender por algumas rúpias. Passar alguns anos na Índia acaba deixando uma pessoa insensível a essas imagens. Mas sempre há algo que penetra sua armadura, não importa o quão dura ela possa ter se tornado.

Vejo uma menina, ela não pode ter mais do que quatro anos de idade, mexendo no lixo com uma das mãos e segurando alguma coisa com a outra. O que será? Aperto os olhos e vejo que é um bichinho de pelúcia sujo, mas, fora isso, intacto. Minha armadura se dissolve. Esta não é a Índia feliz. Este é o país onde, como observou Mark Twain, cada vida é sagrada, com exceção da vida humana. Os indianos podem se importar bastante com suas famílias e seu círculo de amizades, mas nem mesmo tomam conhecimento de qualquer pessoa fora desse círculo. É por isso que as casas indianas são impecáveis, enquanto que apenas alguns metros para fora da porta da frente se acumula uma enorme pilha de lixo. Ele está fora do círculo.

Emma acabou de voltar de uma visita à sua fábrica. No chão, ela espalhou pilhas de bolsas. Estão por todos os lados e são lindas. Fico tentado a tirar a roupa e rolar sobre as bolsas, mas consigo me controlar. Aqui é um lugar condescendente, mas até mesmo os habitantes do número um da Shanti Road têm seus limites.

Vou à cozinha e noto que agora a pia está imaculada, as moscas bateram em retirada. Mona, a empregada de Suresh, deve ter voltado.

Ouço Mona antes de vê-la. As argolas que ela usa nos punhos e tornozelos soam musicalmente. Ouvi dizer que Mona é muito feliz, apesar de ser paupérrima e de viver numa das favelas que vejo do terraço. Mona sabe apenas uma palavra em inglês — "super" —, então peço a Suresh que traduza.

— Mona, você é feliz?

— Sim, feliz.

— E qual é o segredo para a felicidade?

— Você não deve pensar muito. Você não deve ter nada na cabeça. Quanto mais você pensa, menos feliz será. Viva de maneira feliz, coma de maneira feliz, morra de maneira feliz. — E com isso ela joga os braços para o alto com um floreio. Mona e os tailandeses se dariam muito bem.

— Mas, Mona, você não tem dificuldades? Não tem problemas com o dinheiro?

Ela joga os braços para o alto novamente, dessa vez com muito mais veemência, indicando que estou pensando demais. Falando demais também. A conversa acabou. Ela tem trabalho para fazer. Mona se afasta, suas argolas tilintando no suave ar da noite.

Não sei o que concluir a respeito de Mona. Estou bem ciente do perigoso mito do selvagem nobre e feliz. Eles têm tão pouco, mas são tão felizes. Estatisticamente, isso não é verdade. Os países mais pobres do mundo são também os menos felizes e isso na certa se aplica à Índia. O país se classifica no nível mais baixo do espectro de felicidade de Ruut Veenhoven.

Mas Mona não é uma estatística. Ela é uma pessoa e, segundo ela mesma, uma pessoa muito feliz. Quem sou eu para discordar? A pobreza não garante a felicidade, mas tampouco a nega.

Alguns anos atrás, o pesquisador da felicidade Robert Biswas-Diener entrevistou centenas de moradores de rua de Calcutá, os mais pobres entre os pobres, e registrou seus níveis de felicidade (mais uma vez, baseado nos relatos dos próprios entrevistados). Então fez a mesma coisa com algumas centenas de pessoas em Fremont, Califórnia.

Os miseráveis de Calcutá, ele acabou descobrindo, são significativamente mais felizes do que aqueles na Califórnia, apesar de os moradores de rua da Califórnia terem mais acesso à comida, abrigo e serviços de saúde. Biswas-Diener atribuiu o surpreendente resultado ao fato de que os moradores de rua de Calcutá, por mais que tenham pouco em termos de riqueza material, realmente têm fortes vínculos sociais. Família. Amigos. Eu iria mais adiante e diria ainda que na Índia ninguém deixa de ter um lar. As pessoas podem não ter uma casa, mas têm um lar.

Há uma outra razão, eu penso, para que os pobres de Calcutá sejam mais felizes do que os pobres dos Estados Unidos. Se um indiano é pobre, é por causa do destino, dos deuses, ou de algum carma negativo acumulado numa vida passada. Em outras palavras, eles não são culpados. Agora, se um americano é pobre, isso parece um fracasso pessoal, um defeito de caráter.

Certo dia, algo raro acontece: fico sozinho na Shanti Road número um. Estou reclinado no sofá-cama, lendo um livro e ouvindo música pop hindu que está tocando no rádio, quando escuto o inconfundível tilintar de Mona. Ela graciosamente equilibra um balde de roupas num dos ombros. Então conversamos, apesar de não compartilharmos uma língua comum. Desde as minhas pantomimas com Luba na Moldávia não vivia uma experiência assim.

Mona "pergunta" se eu gostaria de tomar um chá. Agradeço e digo que não, mas ela insiste. Você realmente deveria tomar um chá. Quer que eu ligue o ventilador do teto? É uma boa idéia. Está quente. Talvez essa velocidade seja muito alta; vou diminuir. Mona mostra — com seu jeito perspicaz — que é melhor não fazer muitas coisas ao mesmo tempo. Ela desliga o rádio. Alguns minutos depois diz que meu chá está esfriando e que eu devo tomá-lo. Ela comunica tudo isso com um movimento musical dos braços. As estatísticas que se danem, Mona é feliz. E sábia também.

O Diwali chegou. Tradicionalmente, essa festa é conhecida como o Festival das Luzes, mas hoje em dia é o Festival dos Altos e Abomináveis Fogos de Artifício. Todas as ruas se convertem em zonas de tiro livre. Os cachorros ficam traumatizados, assim como eu. Por três dias inteiros meus ouvidos ficam cheios desse terrível fedor. Pop. Bum. E a fumaça! Ela paira por sobre a cidade, que agora parece uma gigantesca zona de guerra.

No terraço, Suresh e Emma cuidam dos preparativos para o feriado. Emma está fazendo uma tigela de Diwali: velas e flores flutuando na água. Acendemos algumas estrelinhas. A minha não se mantém acesa. Suresh me conta que seu deus hindu favorito é Shiva, o destruidor, "porque você precisa destruir para conseguir criar".

Emma diz que nunca sente destruição iminente na Índia, sensação que seria perfeitamente compreensível. "Já na Grã-Bretanha, ando sempre morta de medo."

Suresh separa um pacote de biscoitos para as crianças da vizinhança e Mona distribui uma sacola de compras. Estamos sentados em torno da velha amendoeira, que se estende sobre o terraço como um teto.

— Suresh, você nunca se cansa de todas essas pessoas sempre indo e vindo? Às vezes você não tem vontade de ficar sozinho?

— Não, mesmo quando as pessoas estão por perto eu sou capaz de ficar sozinho. É uma técnica em que me aperfeiçoei.

Meu vôo não vai demorar a sair. Tenho tempo para mais uma passada no Khoshy's, onde me tornei um freqüentador assíduo. Marquei de me encontrar com um professor chamado Sundar Sarukkai. Ele escreveu um artigo sobre felicidade que me chamou atenção. Num parágrafo curto, Sundar conseguiu captar o paradoxo que vem me incomodando faz tempo: "O desejo é a causa original do sofrimento, mas o desejo também é a causa original da ação. Como é que podemos nos opor à paralisia da ação quando não há desejo para nos motivar?"

Exatamente. O hinduísmo — na verdade a maioria das religiões do Oriente — nos diz que lutar, até mesmo lutar pela felicidade, provoca o próprio fracasso. No momento em que você tenta melhorar a si mesmo, você falhou. Fim de jogo. Entretanto, se você ficar apenas ali, deitado feito um zumbi, você também perde. O que fazer então?

Sundar parece ter algumas respostas. Ele tem pós-graduação tanto em filosofia como em física. Seu cabelo vai até a altura dos ombros e, como descubro mais tarde, ele tem parentesco com o Guru-ji.

Conseguimos uma mesa de canto. Gosto dele de cara. Sundar tem os olhos brilhantes de Guru-ji, mas não sua evidente santidade. Estou ansioso para falar a respeito de ambição, justamente o substantivo que, mais do que qualquer outra coisa, sabotou minha busca pela felicidade. A ambição é a origem do meu sucesso e do meu tormento. Uma contradição que, imagino, apenas um indiano pode fazer com que sua mente aceite.

— Todo mundo é ambicioso. É da natureza humana. A pergunta é: que preço estamos dispostos a pagar pela ambição? Não apenas um preço econômico, mas um preço social. — E, diz ele, o americano médio está disposto a pagar um preço mais alto do que o indiano médio.

— Mas será que os indianos não querem ser bem-sucedidos?

— Sim, claro que queremos, mas nós lidamos com a decepção de maneira diferente. Nossa postura é: "Tudo bem, você fez o melhor que pôde, agora deixe que o universo decida."

— O que você quer dizer com isso?

— Aquilo a que algumas pessoas chamam de acaso, nós chamamos de Deus. Mas vamos chamar de imprevisibilidade. Você faz a mesma coisa dez vezes e não funciona. Na 11ª, funciona. O Universo inteiro é acaso e probabilidade. Então nós aceitamos tudo.

Aí está ela de novo: essa crença hindu de que tudo na vida é *maya*, ilusão. A partir do momento que enxergamos a vida como um jogo, não mais conseqüente do que um jogo de xadrez, então o mundo parece bem mais leve, bem mais feliz. O fracasso pessoal se torna "uma causa tão pequena para se preocupar quanto o papel de perdedor numa performance de uma peça qualquer de verão", escreve Huston Smith em seu livro *As religiões do mundo*. Se tudo é teatro, não importa qual o seu papel, desde que se dê conta de que é apenas um papel. Ou, como disse Alan Watts: "Uma pessoa genuína é aquela que sabe que não passa de um grande número de um espetáculo, e o realiza com total entusiasmo."

Nós nos sentamos no Khoshy's e conversamos por quase duas horas. Não há pressa e nenhuma pauta. É imprevisível, mas de uma maneira boa. O tempo parece dilatar-se. Isso, eu me dou conta, é o que gosto da Índia. As pequenas pedras preciosas escondidas em meio à imundície, a esqualidez e a ganância. Estou, ouso dizer, feliz.

"O número um da Shanti Road é o lugar mais feliz da Índia", Emma disse pouco depois de chegar. Naquele momento, não sabia do que ela estava falando. Agora sei. Aprendo que "shanti" é uma palavra em sânscrito que significa "paz interior". Talvez o número um de Shanti Road não seja afinal de contas o anti-*ashram*. Talvez seja apenas um outro tipo de *ashram*.

Meu vôo parte dentro de poucas horas. Bangalore está tudo, menos tranqüila. Diwali acontece a todo vapor. Fogos de artifício estouram por todos os lados. O ar está espesso com uma fumaça corrosiva. Suresh me ajuda a sair depressa por uma passagem lateral, até um táxi que está me esperando. Sinto-me como se tivesse embarcando no último helicóptero prestes a sair de Saigon. Dou um abraço nele e desejo que seja feliz. Então o táxi se afasta e o número um da Shanti Road desaparece numa nuvem de fumaça.

Estou aliviado em deixar essa loucura toda para trás. Quero ficar. Uma contradição? Sim, mas uma contradição com a qual posso conviver e que posso até aprender a apreciar.

Capítulo 10

ESTADOS UNIDOS

A felicidade é nosso lar

Caisdomínio. A palavra ficou pendurada no ar como uma manga pronta para ser colhida. Eu não sabia o que significava, mas soava grande e suculenta e eu mal podia esperar para saborear.

A palavra havia sido dita por meu amigo Craig Baggott. Craig era um homem grande e desajeitado, com um topete grisalho desgrenhado e olhos que cintilavam com malícia quando ele dizia coisas como "caisdomínio". O que acontecia com freqüência.

Craig era capaz de fazer mágica com uma tira de papel higiênico, girando-a com muita graça, numa manobra que havia apelidado de "a dança do papel higiênico". Ele adorava carros e refrigerante Mountain Dew — duas paixões que com freqüência combinava em viagens de carro, que de repente decidia fazer pelo país. Ele apenas pegava um dos filhos, alguns litros de Mountain Dew e botava o pé na estrada. Craig não fazia nem as costumeiras paradas para o banheiro. Não acho que isso fosse uma coisa tipicamente masculina; acho que Craig, uma pessoa não religiosa no sentido convencional, encontrava uma espécie de paz transcendental numa estrada longa e não queria interromper isso.

Craig era mais tranqüilo, mais confortável em sua própria pele, do que qualquer outra pessoa que já conheci. Toda a energia que a maioria de nós gasta se preocupando com carreiras, casamentos e pêlos nasais Craig canalizava apenas para simplesmente ser Craig. Esse era, tenho certeza, um uso muito mais eficiente e nobre da energia a que chamamos de vida.

Então, quando Craig pronunciou a palavra "caisdomínio", prestei atenção. Como a essa altura você já deve ter adivinhado, um caisdomínio é uma combinação de cais e condomínio. Não sou de dar muita bola nem para cais, nem para condomínios, mas de alguma forma achei a combinação irresistível. A parte "cais" de "caisdomínio" soava frívola e — não vamos medir as palavras aqui — irresponsável, porque, afinal, o que é um cais sem um barco, e o que é um barco senão um sorvedouro flutuante de dinheiro? Mas a parte "domínio" de "caisdomínio" ancorava todo o empreendimento num alicerce de integridade financeira, porque o que é um condomínio senão um investimento, e o que é um investimento senão o exato oposto de um barco? Daí a genialidade de um caisdomínio.

Imaginei uma vida alegre e despreocupada que consistia principalmente em ficar bebendo aqueles drinques que vêm enfeitados com pequenos guarda-chuvas. Os habitantes dos caisdomínios, imaginei, bronzeavam-se com facilidade. Nunca usavam gravata e, apostei, raramente sentiam necessidade de colocar a camisa para dentro da calça. Eu queria desesperadamente ser um deles.

Miami, Craig me garantiu, era onde esses caisdomínios podiam ser encontrados. Por que não? Depois de uma década quicando pelo mundo como correspondente estrangeiro, estava na hora de voltar para casa e Miami parecia um ótimo lugar para entrar novamente nos Estados Unidos. Um primeiro passo de volta ao lar. Miami tinha clima tropical, corrupção e agitação política. Todas essas coisas com as quais eu havia me acostumado no exterior. Miami, junto com o Havaí e alguns lugares da Califórnia, é o Jardim do Éden dos americanos. Algumas pessoas (os mais velhos) vêm para Miami para morrer, enquanto outros (cubanos) vêm para renascer. Eu não era idoso nem cubano mas estava em busca de um novo começo, logo isso me tornava o morador ideal de Miami.

Minha esposa e eu aterrissamos no malcuidado aeroporto de Miami, numa visita de reconhecimento. Saímos do terminal e demos de cara com um calor e uma umidade deliciosos. Diferentes línguas ocupavam o ar úmido, nenhuma delas o inglês. Sim, eu poderia ser feliz aqui.

Foi no dia seguinte que recebemos o telefonema. Era de um outro amigo de Craig. Craig havia sofrido um colapso enquanto jogava uma partida do jogo eletrônico Tetris. Sua filha adolescente o havia encontrado no chão. Ela fez tudo certo — ligou para a emergência e deixou a porta aberta e escorada enquanto corria até o elevador para receber os paramédicos — mas era tarde demais. Craig havia partido. Em seu laudo, o médico-legista atribuiu a morte de Craig a um extenso infarto do miocárdio. Contudo, tenho minha própria teoria. O coração de Craig, tão grande e generoso, tinha apenas enguiçado por excesso de uso.

Palavras ditas pelos mortos carregam uma urgência especial. É impossível ignorá-las. E assim foi com a profecia do Craig sobre Miami. Eu soube então, as lágrimas me ardendo os olhos, que estava de mudança para Miami. E ponto final.

Miami está associada à felicidade, senão ao próprio paraíso. Praias. Palmeiras. Sol. Mas o paraíso vem com suas próprias pressões inerentes. O paraíso grita: "Seja feliz, caramba!" Eu me lembro de um dia ter passado por um *outdoor* a caminho do trabalho. Havia uma foto de um VW Beetle conversível amarelo e, logo abaixo, as palavras: "O desgosto não combina com você. Ouse ser feliz." O que este anúncio está dizendo? Acho que está dizendo que, no alvorecer do século XXI, a felicidade americana não está a cargo dos deuses ou da sorte, como foi o caso durante a maior parte da nossa história. Não, a felicidade agora está à disposição. Tudo o que precisamos é força de vontade suficiente para convocá-la, determinação para experimentá-la, e, é claro, dinheiro suficiente para poder pagar por um VW Beetle conversível com rádio satélite opcional e bancos de couro.

A atual fixação dos Estados Unidos na busca pela felicidade coincide com uma era de prosperidade material sem precedentes. Muitos comentaristas sugerem que isso não se trata de uma coincidência. Já na década de 1840, Alèxis de Touqueville observou que os Estados Unidos eram povoados por "inúmeros homens de sorte, insatisfeitos em meio à sua abundância". Ou, como Kevin Rushby escreve em sua recente história do paraíso: "Toda essa conversa sobre paraíso só começa quando alguma coisa é perdida." O que foi que perdemos?

O lugar dos Estados Unidos no espectro da felicidade não é tão alto quanto se possa imaginar, dado nosso *status* de superpotência. Não somos, por nenhum critério que seja, a nação mais feliz da Terra. Um estudo realizado por Adrian White na Universidade de Leicester, na Grã-Bretanha, classificou os Estados Unidos como o 23º país mais feliz do mundo, atrás de países como Costa Rica, Malta e Malásia. É verdade que a maior parte dos americanos — 84% de acordo com um estudo — descreve a si próprio como "muito" ou como "razoavelmente" feliz, mas pode-se dizer com segurança que os Estados Unidos não são tão felizes quanto são ricos.

De fato, há muitos sinais de que somos menos felizes do que jamais fomos, como o psicólogo David Myers mostrou em seu livro *The American Paradox: Spiritual Hunger in an Age of Plenty* ("O Paradoxo Americano: Fome Espiritual em Tempo de Fartura"). Desde 1960, o número de divórcios dobrou, o suicídio entre adolescentes triplicou, a taxa de crimes violentos quadruplicou e a população carcerária quintuplicou. Além disso, há as crescentes taxas de depressão, ansiedade e outros problemas de saúde mental. (Há uma forte evidência de que o que estamos testemunhando seja um crescimento genuíno desses transtornos e não apenas uma disposição maior em diagnosticá-los.)

E o que dizer de todo esse dinheiro? Somos o país mais rico do mundo, a nação mais rica que já existiu. Por um lado todo esse dinheiro é bom. A sobrevivência básica não é uma questão para a maioria dos americanos. Americanos mais ricos são, em média (ligeiramente), mais felizes do que os pobres. Entretanto, um fato atrapalha o argumento dinheiro-igual-à-felicidade: como nação, somos três vezes mais ricos do que éramos em 1950 e, no entanto, não mais felizes. O que está acontecendo?

Uma dinâmica em curso é o aumento de expectativas. Nós nos comparamos não aos Estados Unidos de 1950, mas aos Estados Unidos de hoje e, mais especificamente, aos nossos vizinhos de hoje. Da boca para fora louvamos a noção de que dinheiro não pode comprar felicidade, mas agimos como se pudesse. Quando indagados a respeito do que aumentaria a qualidade de suas vidas, a resposta número um dos americanos foi dinheiro, de acordo com um estudo da Universidade de Michigan.

O complexo industrial da auto-ajuda também não ajudou. Ao dizer que a felicidade vive dentro de nós, o que esse movimento de auto-ajuda fez foi nos voltar para dentro, justo quando precisávamos olhar mais para fora. Não para dinheiro, mas para outras pessoas, para a comunidade e para os tipos de vínculos humanos que tão claramente representam fontes de felicidade.

Americanos trabalham mais horas e demoram mais tempo se deslocando para o trabalho do que praticamente qualquer outro povo no mundo. Deslocar-se para o trabalho, em particular, foi considerado nocivo à nossa felicidade, assim como à nossa saúde física. Cada minuto que gastamos com o deslocamento é um minuto a menos que podemos passar com a família e os amigos — tipos de atividade que nos fazem felizes.

Em seu livro *Bowling Alone* ("Jogando Boliche Sozinho"), o cientista político Robert Putnam justifica de maneira convincente a idéia de que o nosso senso de conexão está sofrendo um desgaste. Passamos menos tempo visitando amigos e familiares, pertencemos a menos grupos comunitários. Cada vez mais, levamos vidas fragmentadas. A Internet e outras tecnologias podem ter atenuado nossa solidão, mas não acredito que a tenham eliminado.

Americanos, como todo mundo, são notoriamente ruins em prever o que vai nos fazer felizes e o que não vai. Essa peculiaridade da psique humana é para nós especialmente frustrante, porque, mais do que qualquer outra nação, temos à nossa disposição os melhores meios para perseguir a felicidade de maneira vigorosa. Um fazendeiro de Bangladesh pode acreditar que uma Mercedes S-Class vai fazê-lo feliz, mas ele na certa vai morrer sem nunca ter feito um *test-drive* dessa crença. Não é assim que acontece conosco, os americanos. Temos condições de adquirir muitas das coisas que julgamos serem capazes de nos fazer felizes e, portanto, sofremos a confusão e a decepção quando isso não acontece.

Nos últimos cinqüenta anos, os níveis de felicidade americanos permaneceram extraordinariamente estáveis, sem serem perturbados pelos eventos cataclísmicos. Depois dos ataques de 11 de setembro de 2001, pesquisadores não encontraram uma diminuição significativa nos níveis de felicidade americanos. A crise dos mísseis cubanos em 1962 precipitou um ligeiro *aumento* na felicidade nacional. A maior parte das pessoas no mundo extrai felicidade do cotidiano. O historiador Will Durant disse: "A história com muita freqüência tem sido a imagem de um rio de sangue. A [real] história da civilização é um registro do que aconteceu nas margens."

Ainda somos uma nação tremendamente otimista. Dois terços dos americanos dizem estar esperançosos a respeito do futuro. Esperançosos, eu imagino, de que nos tornemos mais felizes.

Quando se trata de pensar a respeito da felicidade, ponderar a respeito dela, preocupar-se com ela, refletir sobre ela, lamentar sua falta, e, é claro, persegui-la, os Estados Unidos são de fato uma superpotência. Oito em cada dez americanos afirmam pensar em sua felicidade pelo menos uma vez por semana. O simples tamanho e alcance do complexo da indústria de auto-ajuda é testemunha não só do nosso descontentamento, mas também da nossa crença na possibilidade de auto-renovação.

Nenhum outro documento fundador de uma nação celebra de maneira tão proeminente a felicidade. É claro, a Declaração de Independência apenas sacraliza o direito a se *buscar* a felicidade. Cabe a nós, como uma vez disse Benjamin Franklin em tom de brincadeira, capturá-la. Fazemos isso de inúmeras maneiras, algumas legais, algumas não. Algumas sensatas, outras nem tanto.

Morar em lugares diferentes é uma das maneiras que os americanos têm de buscar a felicidade. De fato, a nossa é uma nação fundada na inquietude. O que eram os peregrinos senão refugiados hedonistas, em busca de felicidade em algum outro lugar? E o que é o nosso tão proclamado "espírito de fronteira" senão um anseio por um lugar mais feliz? "Nos Estados Unidos, embarcar no mundo significa deixar para trás o mundo que conhecíamos antes", escreveu o editor e professor Ellery Sedgwick em sua autobiografia, *The Happy Profession* ("A Profissão Feliz").

Sedgwick escreveu essas palavras em 1946. Desde então, nos tornamos ainda mais móveis. Todos os anos, aproximadamente 40 milhões de americanos se mudam. Alguns, é claro, por conta de alguma oportunidade de trabalho ou para estarem mais próximos de um parente adoentado. Mas muitos se mudam apenas porque acreditam que serão mais felizes em outro lugar.

Isso com certeza funcionou para os refugiados hedonistas que encontrei pelo caminho — Linda, Lisa, Rob, Jared. Teria sido a "energia" desses lugares o que atraiu essas pessoas até eles? Não tenho certeza. Uma explicação melhor, eu acho, é a de que eles se permitiram viver como pessoas diferentes em lugares diferentes.

A habilidade de escolher onde moramos é, no esquema da história humana, um fenômeno muito recente. Ao longo dos séculos, a maior parte das pessoas crescia onde havia sido plantada. Era preciso que houvesse alguma catástrofe — enchente, escassez de alimentos, ou hordas de mongóis saqueadores a se mudarem para a vizinhança (lá vem a vizinhança!) — para provocar um deslocamento. Com exceção dos muito ricos, que francamente sempre foram um pouco instáveis, as pessoas não se mudavam pela emoção de mudar. Aventura, no bom sentido da palavra, é um conceito moderno. Durante a maior parte da história, aventura era algo infligido a você, não algo que você buscasse e, certamente, não algo pelo que você pagasse. Aquele velho provérbio chinês,

"Que você viva em tempos interessantes", na verdade funcionava como uma maldição.

Onde fica o lugar mais feliz dos Estados Unidos? Aqui a ciência da felicidade fica me devendo. Não consegui encontrar um estudo definitivo que respondesse a essa questão. Christopher Peterson, da Universidade de Michigan, me disse que as pessoas ficam mais felizes quanto mais para oeste se mudam. A teoria dele, entretanto, contradiz os achados de David Schkade, da Universidade da Califórnia, em San Diego. Ele e seus colegas pesquisaram pessoas na Califórnia e em Michigan e descobriram que elas eram igualmente felizes (ou infelizes, dependendo da sua perspectiva). As pessoas em Michigan *achavam* que seriam mais felizes caso se mudassem para a Califórnia, uma crença a que Schkade chama de uma "ilusão focada". Estabelecidos no frio e desolado Estado de Michigan, essas pessoas imaginam uma vida mais feliz na Califórnia, mas deixam de levar em conta o lado negativo da vida por lá: os engarrafamentos, o preço alto dos imóveis, incêndios florestais, para citar apenas alguns. "Nada em que você esteja focado vai fazer tanta diferença quanto você pensa", ele conclui.

Segundo outros estudos que vi, o Meio-Oeste é o lugar mais feliz, ou o condado de Ozark, ou pequenas cidades com populações de menos de cem mil pessoas. Isso é inconclusivo e frustrante. Contudo, uma coisa está clara: as diferenças *dentro* dos países não são nem de perto tão grandes quanto as diferenças *entre* os países.

Tentei gostar de Miami. Tentei de verdade. Fiz o possível para me encaixar. Fui à praia. Estudei espanhol. Bebi uma quantidade enorme de café cubano. Por um momento cheguei a considerar fazer implantes de silicone. E, no entanto, todo aquele Sol me esfriou.

Se eu fosse latino talvez tivesse gostado de Miami. As nações latino-americanas são surpreendentemente felizes, dada sua relativa pobreza. Alguns estudos sugerem que os latinos mantêm esse bônus de felicidade quando migram para os Estados Unidos. Perguntei qual era a opinião do meu amigo Joe Garcia, um cubano americano. Ele acha que isso faz algum sentido.

Uma das razões é o foco latino na família. "É um estilo de vida comunitária. Você é parte de algo muito maior do que você mesmo", disse Joe enquanto passávamos o tempo, à moda de Miami, num café para ver e ser visto. "E há essa ênfase em viver o momento. Temos uma expressão em espanhol que pode ser traduzida como 'O que você dançou ninguém tira de você.'"

Bom na teoria, mas acontece que eu danço mal. Não é de se estranhar que Miami não seja para mim.

O que é o paraíso para um homem pode ser o inferno para outro e vice-versa. Quando missionários europeus desembarcaram pela primeira vez na Groenlândia, diversos séculos atrás, com a intenção de converter os nativos pagãos ao cristianismo, eles ofereceram a costumeira abordagem da cenoura amarrada na ponta da vareta: converta-se e você ganha uma chance no céu; não se converta e será condenado a uma eternidade no inferno.

— Como é o inferno? — perguntaram os groenlandeses curiosos.

— Oh, é muito, muito quente — responderam os missionários. — É quente o tempo todo.

Os groenlandeses examinaram a congelada tundra ártica que era a casa deles e disseram:

— Nós vamos preferir o inferno, obrigado.

"O paraíso envelhece", diz meu vizinho Andy, quando faço essa pergunta delicada. Nós nos encontramos em sua casa em Miami. Andy está se preparando para vendê-la e então sair da cidade. Para ele já chega.

Andy se mudou para cá faz 22 anos, não porque fosse o paraíso, mas porque havia acabado de sair do exército e conseguido um emprego. Ele era jovem e solteiro. A vida era boa. Entretanto, ele nunca se sentiu como se pertencesse a Miami. O lugar não é adequado para ele.

Andy é, como ele diz, uma pessoa "de água doce, não uma pessoa de mar". Ele diz isso como se fosse uma predisposição biológica, como tipo físico ou nível de colesterol.

Os acontecimentos de agosto de 1992 jogaram alguma luz sobre a razão do desânimo de Andy em Miami. Faz 15 anos, mas Andy ainda consegue escutar em sua cabeça o som baixo e ribombante, como um trem de carga; ele ainda pode sentir a casa sacudindo, ainda se lembra de acordar e encontrar barcos no jardim da frente, apesar de não morar perto da água. "Foi realmente muito, muito louco", diz ele a respeito do furacão Andrew, agora o segundo mais destrutivo furacão na história dos Estados Unidos, depois do furacão Katrina.

Do lado de fora, os escombros se acumulavam numa pilha de quase três metros de altura. Durante dois meses não havia eletricidade. E, no entanto, as pessoas não pararam de se mudar para o sul da Flórida, em busca do paraíso no que era, para Andy, um verdadeiro inferno.

Andy anseia por uma mudança de estação. Uma mudança de estação de verdade, não as duas estações de Miami: quente e quente de uma maneira insuportável. Ele quer sentir a variação gradativa das temperaturas e a mudança na qualidade do ar, vivenciar um ciclo natural, sentir a passagem do tempo. Nesta região, um mês se mistura ao outro e a vida parece dolorosamente eterna.

Em Miami, Andy nunca se sentiu "culturalmente confortável". Ele não fala espanhol e isso prejudicou suas perspectivas como corretor de imóveis. Ele ainda acha que aqui as pessoas são rudes, independente das etnias.

— Estou aqui há 22 anos e não agüento mais.

— Quando foi que você teve o estalo? — pergunto.

— Foi um longo estalo. Preciso sair daqui.

— Há alguma coisa da qual você vai sentir saudade a respeito de Miami?

— Nada. Nem do tempo, nem das árvores, nem da praia. Nada.

Com certeza, Andy é um homem que já deveria ter ido embora de Miami há um bom tempo. Permanecer num lugar tempo demais é como permanecer num relacionamento tempo demais. Você se torna amargo e as chances de violência doméstica aumentam. A reconciliação se torna impossível.

Andy fez sua pesquisa e focou na Carolina do Norte. A região montanhosa na parte oeste do Estado. Mais especificamente Asheville. A pequena cidade, com uma população de mais ou menos 70 mil habitantes, atende muitas das suas exigências; tem montanhas, coisa que ele ama. E estações.

Ele fez uma visita e num instante se sentiu em paz no lugar. Não é bem uma sensação espiritual — essa não é uma palavra que Andy usaria — mas Asheville realmente exerce nele um efeito calmante, quase narcótico. Ele também gosta do tamanho. Asheville é grande o suficiente para ter uma cena cultural movimentada e uma variedade de restaurantes, e, no entanto, não tão grande que seja afetada por problemas de uma grande cidade, tais como engarrafamentos e altos índices de criminalidade. Andy reconhece que na certa não irá freqüentar muitas exposições de arte ou performances teatrais, mas ele gosta de saber que elas estão lá, por via das dúvidas.

O maior medo de Andy: ter descoberto Asheville tarde demais.

— Não quero chegar lá em cima e descobrir que o resto da Flórida também já se mudou para lá.

Cynthia Andros está três anos adiante de Andy. Ela já se mudou para Asheville. Cynthia cresceu em Miami e se sente quase tão afeiçoada à cidade quanto Andy.

Estamos num restaurante japonês em Asheville, comendo sushi. "Eu como muito sushi", Cynthia alerta, então pedimos uma porção extra — verdadeiras pilhas de tekkamaki, que não ficam nada a dever ao mercado de peixe *Tsukiji*, em Tóquio. Para uma cidade tão pequena, Asheville tem um número desproporcional de restaurantes asiáticos, academias de ioga e "reuniões rituais masculinas".

Cynthia é uma alma inquieta, já morou em Paris e San Diego, entre outros lugares. Três anos atrás, decidiu que estava na hora de se mudar. Sentou-se com um mapa e material de pesquisa e tentou calcular — sim, essa é a palavra, calcular — onde seria mais feliz. Foi tudo cuidadosamente ponderado.

Cynthia tinha seus critérios. Ela não se mudaria para algum lugar plano, tanto em termos topográficos como em termos culturais. Ela queria quatro estações, mas um clima temperado. Isso eliminava Minneapolis, que do contrário teria sido bem cotada. Ela não pode viver em lugares de pouca umidade; fica com dor de cabeça. Portanto, isso eliminava Estados como Arizona e Novo México. A comida era importante, também. Ela precisava ter acesso regular não apenas a queijo feta, mas "a uma variedade de queijos feta".

Cynthia é fotógrafa de natureza, então precisava estar próxima do mundo natural. (Mais uma vez a biofilia em ação.) Ela precisava de um circuito de arte, música ao vivo e outros sinais de vida cultural.

No final, entretanto, não foi a parte racional e calculista do cérebro de Cynthia que tomou a decisão de se mudar para Asheville, mas a parte intuitiva. Ela estava em visita aos pais em Sarasota, na Flórida, quando a Carolina do Norte começou a surgir em todos os lugares. Ela viu *outdoors* que mostravam a Carolina do Norte. Comerciais de TV sobre a Carolina do Norte. Abria uma revista ao acaso e — bam! — lá estava uma matéria sobre a Carolina do Norte. Em particular, as montanhas da Carolina do Norte. Cynthia nunca tinha visitado a Carolina do Norte, entretanto ali estava o lugar, insinuando-se para dentro de sua vida.

— A Carolina do Norte mexeu comigo, e o que mais eu podia fazer além de sorrir? Então sorri.

Não sei bem o que achar da história dela. De cara fico na defensiva quando ouço histórias fantásticas assim. Não acredito em sinais — fora da Índia, quer dizer, onde tudo é um sinal. Mas daí pensei a respeito. Será que os sinais de Cynthia são realmente tão diferentes da minha experiência com Craig? Aquilo era um sinal também, apesar de naquela época eu não ter pensado assim.

Cynthia examinou um mapa da Carolina do Norte e descobriu que há montanhas apenas na parte oeste do Estado e que há apenas uma cidade na montanha: Asheville. Então decidiu visitar. Alguns meses depois, estava de mudança para Asheville.

Cynthia se sente confortável e bem acolhida, pelo menos dentro da Asheville propriamente dita.

— Veja — ela diz a meia voz —, se eu piso fora de Asheville, estou nas cidades radicais, intolerantes, sulistas, do Cinturão Bíblico. Há pessoas lá que não viajam. Conheci muitas que nunca estiveram num avião. Você não acreditaria.

Acabo me dando conta de que Asheville é uma ilha. Uma ilha bicho-grilo de liberalismo impertinente num Estado que não é tão liberal. Ilhas podem ser lugares de paraíso ou auto-exílio e eu não estou certo em que categoria se encaixa Asheville.

Pergunto à Cynthia se ela é feliz em Asheville.

"Sim", diz ela. Gosta de estar a 15 minutos de carro de qualquer lugar. Gosta das montanhas, tão próximas e envolventes. Gosta de poder assistir a óperas ou a espetáculos teatrais. Asheville não preenche todos os seus requisitos — não há uma grande extensão de água nas proximidades e nenhum grande aeroporto — mas até mesmo o paraíso requer algumas concessões.

Cynthia, entretanto, ainda não está bem pronta para chamar Asheville de lar. É lar "por enquanto", ela diz. E isso, eu me dou conta, é o problema com hedonistas que não param quietos, caso de Cynthia e de muitos de nós americanos em nossa perpétua busca pela felicidade. Podemos estar até bem felizes agora, mas sempre há o amanhã e a perspectiva de um lugar mais feliz, de uma vida mais feliz. Então nenhuma opção é descartada. Nós nunca nos comprometemos inteiramente.

Penso que isso é uma coisa perigosa. Não podemos amar um lugar, ou uma pessoa, se estamos sempre com um pé na rua.

Laurey Masterton foi parar em Asheville por razões muito diferentes. Era final da década de 1980, e Laurey trabalhava em Nova York como iluminadora em produções teatrais. Ela precisava dar uma parada e se inscreveu num programa da Outward Bound, uma organização educacional sem fins lucrativos, pioneira em educação experimental ao ar livre. Naquele tempo, havia cinco sedes da Outward Bound nos Estados Unidos. Ela escolheu a que ficava na Carolina do Norte por causa das cobras. Laurey morria de medo de cobras e a Carolina do Norte tinha mais cobras venenosas do que qualquer outra sede. Foi essa a escolhida. Ela calculou que se iria enfrentar seus medos, poderia muito bem fazer isso em grande estilo.

Laurey se apaixonou pelas Montanhas Blue Ridge. Descobriu também que tinha capacidade de liderança. Logo se inscreveu como instrutora do Outward Bound, fez as malas e mudou-se para Asheville. No começo a vida era difícil. Laurey estava acostumada a ficar no meio de tudo, mas em Asheville não havia tudo. Entretanto, ela agüentou firme. “Eu sentia que estava no lugar certo”, ela disse.

Certa noite, o proprietário do lugar onde ela morava deu uma festa e ela preparou o jantar. Na festa havia um grande número de pessoas proeminentes de Asheville e uma delas disse a Laurey: “Você é uma boa cozinheira. Devia abrir um restaurante.” Essa pessoa deu para Laurey um livro sobre como fazer exatamente isso e ofereceu alguns conselhos.

Laurey chama isso de trilha dourada. Um caminho aparece, em princípio indistinto, mas cada vez mais claro se você estiver disposto a olhar de perto. E Laurey de fato olhou. Ela montou um serviço de bufê e depois um restaurante. Quando a encontrei recentemente em Asheville, num dia chuvoso de verão, nós nos sentamos para um café em seu novo e espaçoso restaurante no centro da cidade.

Gosto de Laurey à primeira vista, de uma maneira que não experimentava desde que conheci Karma Ura no Butão. Então quando Laurey me conta que aos 12 anos de idade perdeu tanto a mãe quanto o pai, num intervalo de alguns meses, e que por duas vezes sobreviveu ao câncer, isso faz todo sentido. O que não mata você não apenas o torna mais forte, como também mais honesto.

Laurey é feliz em Asheville. Sempre que volta de uma viagem, a primeira coisa que a impressiona quando salta do avião é a maciez do ar, que parece acariciar sua pele. Isso e as montanhas. Laurey sente como se elas a estivessem abraçando. "Eu reajo profundamente a um sentido de lugar", diz ela. Basta andar cinco minutos de carro a partir da sua casa e ela já está em plena floresta, ou em pleno restaurante tailandês. Ela é membro da Câmara de Comércio, mas pode se apresentar para o trabalho de short e tênis.

Laurey acredita que haja algo de especial a respeito de Asheville. Ela já ouviu tantas histórias incríveis a respeito de como as pessoas chegaram aqui, que já não se surpreende quando escuta mais alguma. "Muitas pessoas giram o globo e o dedo delas pára em Asheville."

Ela reconhece que existe tensão em Asheville. Tensão entre os moradores antigos que não querem que nada mude, os recém-chegados que querem que tudo mude e as pessoas que já estão aqui há mais de dez anos e querem impedir que outros entrem.

Quando ela se mudou para Asheville, havia literalmente galhos e folhagens levados pelo vento na rua principal, e talvez apenas dois restaurantes em toda a cidade. Outro dia, ela saiu para jantar e ficou chocada ao perceber que não reconhecia uma única pessoa. Isso nunca havia acontecido antes.

— E por acaso Asheville é o seu lar? — pergunto.

Mais uma vez aquela ligeira hesitação. Aquela falta de comprometimento.

— Faz 20 anos que estou aqui, então acho que isso aqui é lar; todas as coisas com as quais me importo estão aqui.

A resposta dela me faz lembrar algo que um cineasta islandês me contou. Há uma pergunta simples, ele disse, cuja resposta identifica seu verdadeiro lar. Essa pergunta é a seguinte: — Onde você quer morrer?

— Onde você quer morrer? — pergunto a Laurey.

— Em Vermont, onde cresci — diz ela. Lá, não em Asheville, é onde ela quer que suas cinzas sejam espalhadas.

O problema de encontrar o paraíso é que outras pessoas podem encontrá-lo também. E é isso o que está acontecendo com Asheville. Espalhou-se a fama de que esse é um excelente lugar para se viver. A revista *Money*, a revista *Outside*, e outras, todas já disseram isso.

Asheville está no ápice. Pode ir para ambos os lados. Cynthia já viu isso acontecer antes. Aconteceu em Destin, na Flórida. Ela viveu lá por vários anos e viu o lugar mudar "de um tranqüilo vilarejo de pescadores para um lugar qualquer ganancioso, tenso e superpovoado." E ela tem medo de que a mesma coisa aconteça a Asheville. O paraíso é um alvo em movimento.

EPÍLOGO

Já chegamos lá?

Minha busca chegou ao fim. Percorri dezenas de milhares de quilômetros. Suportei a escuridão do meio-dia na Islândia e o calor sólido no Catar, a eficiência cheia de nove-horas da Suíça e a total imprevisibilidade da Índia. Sobrevivi a um golpe *light,* saboreei pequenas descobertas e lamentei a perda de uma Caneta Ridiculamente Cara. Posso ter salvado a vida de um inseto bobo. Fumei haxixe marroquino e comi tubarão podre. Cheguei até mesmo a parar de tomar café por um tempo.

E agora me encontro de volta ao Mundo dos Aeroportos, em Nova York, matando tempo antes do meu vôo de volta para casa, em Miami. Bandeei-me para os lados do bar e já estou bem adiantado em meu segundo *bloody mary*. Amo os bares de aeroportos. Todo mundo é de algum outro lugar, a caminho de algum outro lugar e, no entanto, há esse inesperado aconchego. Todos imobilizados no inevitável momento presente.

É tudo muito budista, eu penso, quando noto o crachá da atendente do bar. Mal posso acreditar nos meus olhos. Está escrito: "Feliz."

— Este é seu nome de verdade? — pergunto.

— Sim. Meu pai ficou tão feliz quando eu nasci que me batizou assim.

— Então, desculpe perguntar — tenho certeza de que as pessoas perguntam isso o tempo todo —, mas qual é?

— Qual é o quê?

— O segredo... para ser você, para ser Feliz?

— Apenas não deixe de sorrir. Mesmo quando estiver triste. Continue sorrindo.

Não se trata de um conselho dos mais profundos, sou obrigado a reconhecer. Mas Feliz é sábia, porque apenas um tolo ou um filósofo faria generalizações radicais a respeito da natureza da felicidade. Como não sou filósofo, então aí vai: o dinheiro conta, mas menos do que imaginamos e não da maneira como imaginamos. A família é importante. Assim como os amigos. A inveja é tóxica. Assim como pensar excessivamente. Praias são opcionais. Confiança não. Nem gratidão.

Aventurar-me além desse ponto, entretanto, é entrar em águas traiçoeiras. Uma foca escorregadia é o que a felicidade é. Pelo caminho, encontrei toneladas de inconsistências. Os suíços são tensos e felizes. Os tailandeses são relaxados e felizes. Os islandeses encontram alegria em suas bebedeiras, os moldávios apenas sofrimento. Talvez uma mente indiana consiga digerir essas contradições, mas a minha não consegue. Irritado, recorro a um dos expoentes da pesquisa da felicidade, John Helliwell. Talvez ele tenha algumas respostas.

— É simples — ele diz. — Há mais de um caminho para a felicidade.

É claro. Como é que eu posso ter deixado isso passar? Tolstoi às avessas. Todos os países sofridos são parecidos; já os felizes são felizes à sua própria maneira.

Vale a pena considerar o carbono. Nós não estaríamos aqui sem ele. O carbono é a base de toda vida, feliz ou não. O carbono é também um átomo camaleônico. Agrupe-o de uma maneira — encadeados e em fileiras apertadas — e você tem um diamante. Agrupe-o de outra maneira — uma mixórdia desorganizada — e você tem um punhado de fuligem. A organização faz toda a diferença.

Os lugares são a mesma coisa. Não são os elementos o que importa tanto mas sim como eles são dispostos, e em que proporções. Combine-os de uma forma e você tem a Suíça. Combine-os de outra forma e você tem a Moldávia. Alcançar o equilíbrio certo é importante. O Catar tem dinheiro demais e não tem cultura suficiente. Não há como absorver todo aquele dinheiro.

E então há a Islândia: um país que não tem o direito de ser feliz e, no entanto, é. A Islândia alcança o equilíbrio. Um país pequeno, mas cosmopolita. Escuro e luminoso. Eficiente e relaxado. A determinação americana casada com a responsabilidade social européia. Uma combinação perfeita e feliz. A liga que segura todo o empreendimento é a cultura. Faz toda a diferença.

Tenho algumas dúvidas a respeito da minha viagem que não param de me incomodar. Não consegui ir a todos os lugares. E, no entanto, minhas dúvidas se estendem para além das questões de itinerário. Fico imaginando se a felicidade é de fato o maior bem, como acreditava Aristóteles. Talvez Guru-ji, Sri Sri Shankar, esteja certo. Talvez o amor seja mais importante do que a felicidade. Certamente, há momentos em que a felicidade parece irrelevante. Pergunte a uma mãe solteira que trabalha se ela é feliz e ela na certa vai responder: "Você não está fazendo a pergunta certa." Sim, nós queremos ser felizes, mas pelas razões certas, e, no fim das contas, a maioria de nós escolheria uma vida rica e cheia de significado a uma vida vazia e feliz, se é que tal coisa é mesmo possível.

"O sofrimento tem uma utilidade", diz o psicólogo David Myers. Ele está certo. O sofrimento nos alerta para os perigos. É o que estimula nossa imaginação. Como a Islândia prova, o sofrimento tem seu próprio encanto saboroso.

Outro dia, uma manchete no *site* da BBC me chamou a atenção. Dizia: "Exposição ao Barro Aumenta Felicidade." Pesquisadores da Universidade de Bristol, na Grã-Bretanha, trataram de pacientes com câncer de pulmão com uma bactéria "amigável" encontrada num tipo de solo. Os pacientes relataram se sentirem mais felizes e tiveram uma qualidade de vida melhorada. A pesquisa, por mais que ainda esteja longe de ser conclusiva, aponta para uma verdade essencial: florescemos na sujeira. "A vida boa não pode ser mero prazer. Ela deve conter um tanto de garra e verdade", observou o geógrafo Yi-Fu Tuan.

Tuan é o grande e pouco reconhecido geógrafo de nosso tempo e um homem cuja obra tem me acompanhado ao longo das minhas viagens. Ele chamou um capítulo de sua autobiografia de "Salvação pela Geografia". O título tem ar de troça, mas apenas ligeiramente, já que a geografia pode mesmo ser nossa salvação. Somos moldados por nosso meio ambiente e, se você levar essa crença taoísta um passo adiante, pode dizer que *somos* o nosso ambiente. Lá fora. Aqui dentro. Não faz diferença. Vista dessa forma, a vida parece bem menos solitária.

A palavra "utopia" tem dois significados. Significa tanto "lugar bom" quanto "lugar nenhum". É assim que deveria ser. Os lugares mais felizes, acho, são aqueles bem junto do paraíso. A convivência com uma pessoa perfeita seria intolerável; da mesma forma, nós também não gostaríamos de viver no lugar perfeito. "Uma vida inteira de felicidade! Nenhum homem poderia suportar isso: seria o inferno na Terra", escreveu George Bernard Shaw, em sua peça *Homem e super-homem*.

Ruut Veenhoven, guardião do banco de dados, estava certo quando disse: "A felicidade requer condições confortáveis, mas não o paraíso." Nós humanos somos eminentemente adaptáveis. Sobrevivemos a uma Era do Gelo. Podemos sobreviver a qualquer coisa. Encontramos felicidade numa variedade de lugares e, como moradores da desmazelada Slough demonstraram, os lugares podem se modificar. Qualquer atlas da felicidade deve ser traçado a lápis.

Meu passaporte está mais uma vez enfiado na gaveta da minha escrivaninha. Estou reaprendendo os prazeres de estar em casa. A simples alegria de acordar todos os dias na mesma cama. A agradável realização de que a familiaridade gera contentamento e não apenas desgosto.

Contudo, de vez em quando minhas viagens vêm à tona novamente, e de maneiras inesperadas. Outro dia meu iPod pifou. Perdi toda a minha coleção de músicas — eram quase duas mil. Em outros tempos, teria ficado furioso. Dessa vez, entretanto, minha raiva se dissipou como uma tempestade de verão e, para minha surpresa, encontrei as palavras tailandesas *mai pen lai* em meus lábios. Deixa para lá. Esquece. Estou mais ciente da natureza corrosiva da inveja e faço o possível para suprimi-la antes que cresça. Não levo mais os meus fracassos tão a sério. Vejo beleza num céu escuro de inverno. Posso reconhecer um sorriso genuíno a 20 metros de distância. Tenho um recém-descoberto apreço por frutas e legumes frescos.

De todos os lugares que visitei, de todas as pessoas que conheci, uma não pára de voltar à minha lembrança: Karma Ura, o estudioso butanês e sobrevivente de câncer. "Felicidade pessoal é uma coisa que não existe", ele me disse. "A felicidade é 100% relacional." Naquela época, não tomei ao pé da letra. Achei que ele estivesse exagerando para reforçar seu argumento: o de que nossas relações com outras pessoas são mais importantes do que pensamos.

Mas agora me dou conta de que Karma quis dizer exatamente o que disse. Nossa felicidade é completa e absolutamente entrelaçada com as outras pessoas: família, amigos, vizinhos e a mulher que limpa o escritório e você quase não nota. A felicidade não é um substantivo ou um verbo. É uma conjunção. Tecido conjuntivo.

Bem, já chegamos lá? Será que descobri a felicidade? Ainda possuo um número obsceno de bolsas e sou propenso a debilitantes acessos de hipocondria. Mas eu realmente experimento momentos felizes. Estou seguindo o conselho de

W. H. Auden: “dance enquanto pode.” Ele não disse dance *bem*, e sou grato por isso.

Não sou 100% feliz. Estou mais para meio-meio, eu diria. Considerando-se tudo, isso não é tão mau. Não, não é nada mau.

Waterford, Virgínia, julho 2007

AGRADECIMENTOS

Numa dessas cruéis ironias da natureza humana, escrever um livro sobre a felicidade acaba sendo uma empreitada dolorosa e, às vezes, infeliz — não apenas para o autor, mas para aqueles que têm a infelicidade de cruzar seu caminho rabugento. Tenho uma gratidão imensa a essas pessoas que, apesar de todo o bom senso e instinto de autopreservação, gentilmente me ajudaram em cada passo do caminho.

Meu agente, Sloan Harris, acreditou no projeto desde o comecinho e me guiou pelas águas instáveis do mundo editorial, com habilidade e compaixão. Na TWELVE, Cary Goldstein e Nate Gray proporcionaram valioso suporte, em questões grandes e pequenas. Timothy Mennell, com seus olhos de lince, aparou, enxugou e poliu o manuscrito.

Ter Jonathan Karp como editor é suficiente para fazer feliz até mesmo o escritor mais misantropo. Jon guiou o projeto desde o início até o ponto final. Ele sabe quando deixar um escritor escrever e quando interferir e salvá-lo de si mesmo.

Devo minha gratidão à divisão internacional da National Public Radio por seu apoio e coleguismo ao longo dos anos. A vice-presidente de notícias da NPR, Ellen Weiss, foi incentivadora e também compreensiva quanto à minha prolongada ausência.

Várias pessoas forneceram valiosa orientação e encorajamento em momentos cruciais. David Shenk e Laura Blumenfeld ofereceram conselhos indispensáveis a respeito do mundo dos livros. Bobbie Roessner trouxe sábias palavras de encorajamento — palavras às quais recorri durante as muitas reviravoltas difíceis e os solavancos do caminho para a felicidade. Simplesmente não é possível mergulhar em tantos países, como eu fiz, e não contar de maneira considerável com a bondade — e os contatos — dos outros. Pedindo desculpas àqueles que eu com certeza deixei de lembrar, sou grato a Tony Judge, Karl Blöndal, Odai Sirri, Kaleb

Brownlow, Kavita Pillay, Lisa Kirchner, Stokes Jones, Grace Pless, Krista Mahr, Leif Pettersen, Michael Hawley e Linda Neuman. Na Suíça, meu amigo Bruno Giussani generosamente compartilhou seu tempo e seus *insights*. No Butão, Mark Mancall compartilhou seu profundo conhecimento a respeito desse país e me colocou em contato com todas as pessoas certas.

Obrigado a Joe Garcia por explicar Miami sob um ângulo bronzeado e à Universidade de Miami em Coral Gables por disponibilizar um escritório e o acesso à sua ampla biblioteca. A maior parte das páginas iniciais do livro foram escritas na Books & Books, em Miami, e o proprietário da loja, Mitchell Kaplan, foi desde o início um grande incentivador. Minha assistente de pesquisa, Gretchen Beesing, explorou com habilidade o denso e surpreendentemente traiçoeiro mundo da pesquisa da felicidade e por isso sou muito grato a ela. Na Holanda, o dedicado pessoal do *World Database of Happiness* generosamente permitiu que eu tivesse acesso aos seus arquivos.

Pelo caminho, sou grato àqueles que de bom grado abriram suas casas para mim: Susan Gilman, Scott Neuman, Rob Gifford, Nancy Fraser e Suresh Jayaram. Eles me ofereceram não apenas uma cama onde dormir, mas também uma fartura de *insights* e sugestões. Sarah Ferguson ofereceu suporte moral durante todo o tempo, assim como o melhor refúgio para escritores no mundo.

Diversas pessoas leram os primeiros esboços do livro e ofereceram sugestões valiosas: Amy Bickers, Chuck Berman, Barbara Brotman, Dan Charles e Dan Grech. Tiro meu chapéu para todos eles.

A família é uma grande fonte não apenas de felicidade, mas também de apoio literário. Sou grato aos meus pais e ao meu irmão, Paul, por suportarem minha rabugice antes, durante e depois deste projeto. Um grande obrigado à minha filha, Sonya, uma das minhas grandes fontes de felicidade, por ter tolerado minhas longas ausências de casa. Obrigado também aos meus sogros e à Marie Jo Paris por ajudarem a cuidar tão bem dela enquanto eu percorria o mundo.

Por fim, quero agradecer à minha esposa, Sharon. Este livro literalmente não existiria sem ela. Corajosa e estoicamente, ela suportou um tipo de sofrimento peculiar infligido aos cônjuges de autores da felicidade. Ela nunca desistiu do projeto, ou de mim, e por isso estou grato para além das palavras. Ela é minha editora, ela é minha confidente. Ela é minha felicidade. Este livro é dedicado a ela.

Este livro foi composto em Minion Pro, corpo 10,5/16.
Impresso pela Ediouro Gráfica sobre papel Pólen Soft 70g
para a Agir em janeiro de 2009.